新时代"枫桥经验"

中国式现代化市域实践研究

中共绍兴市委党校◎著

国家行政学院出版社
NATIONAL ACADEMY OF GOVERNANCE PRESS
·北 京·

图书在版编目（CIP）数据

新时代"枫桥经验"：中国式现代化市域实践研究 /
中共绍兴市委党校著 . -- 北京：国家行政学院出版社，
2024. 9. -- ISBN 978-7-5150-2922-1

Ⅰ . D63

中国国家版本馆 CIP 数据核字第 2024Y4B780 号

书　　名	新时代"枫桥经验"：中国式现代化市域实践研究
	XINSHIDAI"FENGQIAO JINGYAN"：ZHONGGUOSHI XIANDAIHUA
	SHIYU SHIJIAN YANJIU
作　　者	中共绍兴市委党校　著
责任编辑	曹文娟
责任校对	许海利
责任印制	吴　霞
出版发行	国家行政学院出版社
	（北京市海淀区长春桥路 6 号　　100089）
综 合 办	（010）68928887
发 行 部	（010）68928866
经　　销	新华书店
印　　刷	中煤（北京）印务有限公司
版　　次	2024 年 9 月北京第 1 版
印　　次	2024 年 9 月北京第 1 次印刷
开　　本	170 毫米 × 240 毫米　16 开
印　　张	22.75
字　　数	366 千字
定　　价	70.00 元

本书如有印装质量问题，可随时调换，联系电话：（010）68929022

《新时代"枫桥经验":中国式现代化市域实践研究》
编委会

主　　任　孟志军

副 主 任　徐　枫　何　龙　金　燕　戴大新　李　俊

　　　　　陈云伟　葛　斐　杨宏翔

编　　委　（按姓氏笔画排列）

　　　　　王麒麟　占志刚　田海斌　刘开君　江　颖

　　　　　许其龙　李　萍　李亚明　吴　萍　吴建标

　　　　　宋世洋　宋潞平　张　乐　张　立　陈　方

　　　　　陈汉荣　郑国达　封志强　赵国珍　赵斯敏

　　　　　俞秋惠　祝丽生　晏　东　徐　琪　高秋云

主　　编　孟志军

副 主 编　戴大新　葛　斐

执行主编　刘开君

编　　辑　（按姓氏笔画排列）

　　　　　尹华广　刘林艳　李明月　杨焕兵

　　　　　陈　静　陈怡伶　赵诗莹　曾　云

序　言

　　中国式现代化是人类有史以来人口规模最大的现代化，随着中国式现代化的快速全面推进，我国社会治理也面临着前所未有的机遇和挑战。在这一大背景下，中国社会治理的经验和智慧显得尤为重要。其中，"枫桥经验"作为一种诞生于中国本土的社会治理模式，自诞生以来便以其务实高效就地化解矛盾的鲜明特征，赢得了广泛的赞誉和认可。随着我国不同时期社会治理实践的创新，其核心理念、主要做法和表现形态，逐渐由"一地之计"推广为"全国之策"，由"一域之计"扩展为"多域之策"，由"治村之计"升格为"治国之策"。当前，在中国式现代化新征程上，更要高度重视"枫桥经验"的独特价值，进一步传承和发展"枫桥经验"，推动其与时俱进，为全国各地奋力谱写中国式现代化新篇章贡献"枫桥"智慧。

　　"枫桥经验"是与时俱进的社会治理经验。自诞生以来，"枫桥经验"在不同历史时期的基层社会治理中都展现出重要价值。在诞生初期，"枫桥经验"是社会主义教育经验。20世纪60年代，我国社会整体处于较为严格的社会管制阶段，全国上下正在开展以改造"四类分子"为主题的社会主义教育运动。绍兴枫桥的干部群众创造性地发明了以说服教育为主的改造方式，取得了"一个不杀、大部不捉"就成功改造"四类分子"的成效，并获得毛泽东同志的批示肯定，随之成功推向全国。改革开放后，"枫桥经验"逐渐成为社会治安管理经验。这一时期我国社会整体上进入社会管理阶段，由于经济社会急剧转型，法律制度不够健全完善，全国各地一度出现违法犯罪猖獗、矛盾纠纷频发等现象。这一时期枫桥镇也面临社会治安混乱、矛盾纠纷频发的困境。为改变这一局面，枫桥镇党委、政府重新发掘"枫桥经验"基本精神，积极探索社会治理新模式，坚持"小事不出村、大事不出镇、矛盾不上交"的原则，将矛盾化解在基层，持续筑牢基层和谐稳定的基石。这一做法取得了显著成效，枫桥镇的社会治安状况得到了极大改善，群众满意度大幅提升。进入21世纪以来，"枫桥经验"在基层社会平安建设中再次发挥重要价值。2004年，时任浙江省委书记的习近平同志带领浙江省委"一班人"在深入调研基础上，作出了建设"平安浙江"的重大决策，并强调要把坚持和发展"枫桥经验"作为"平安浙江"建设的总抓手。党的十八大以来，"枫桥经验"又成为我国基层社会治理经验。党的十八大之后我国进入社会治理阶段，党和国家对我国社会治理提出了新的目标和要求。这一时期，我国社会结构更加复杂，利益群体更加多元，基层社会治理难度和复杂度都大幅提升。面对基层社会治理的复杂局面，作为"枫桥经验"发源地的浙江绍兴进一步加强探索，充分利用信息化、智能化手段，不断创新社会治理方式，同时更加注重发动群众，广泛吸纳社会各类主体参与，积极打造社会治理共同体，将"枫桥经验"升级迭代为新时代"枫桥经验"。我们坚信，在中国式现代化新征程上，"枫桥经验"必然能够紧随时代步伐，发挥出新的时代价值。

"枫桥经验"具有推进基层治理现代化的普遍指导价值。"枫桥经验"不是局限于一地、一域的特殊治理经验，而是具有普遍指导意义的治理方法论。首先，"枫桥经验"已经由"一地之计"发展为"全国之策"。"枫桥经验"虽然诞生在枫桥，但是其破解的是中国各地普遍存在的基层社会治理问题，尤其是矛盾纠纷化解问题，因而其基本经验和治理方式方法，不仅适用于发源地，而且对全国各地都具有普遍指导意义。因此，"枫桥经验"自诞生之日起就从绍兴枫桥走向了全国。而且随着时间的推移，"枫桥经验"不仅在全国范围内得到推广和应用，还在各地得到创新和发展。各地区结合本地实际，不断探索和创新社会治理模式，形成了各具特色的"枫桥经验"实践做法。这些做法在继承传统"枫桥经验"的基础上，更加注重信息化、智能化手段的运用，更加注重群众参与和多元共治，更加注重预防和化解社会矛盾。这些创新实践不仅丰富了"枫桥经验"的内涵和外延，也为中国社会治理提供了更多的经验和智慧。其次，"枫桥经验"已经由"一域之计"扩展为"多域之策"。在社会主义教育运动时期，"枫桥经验"是专门改造"四类分子"的政治运动经验，而改革开放后则被成功应用于社会治安、平安建设和矛盾纠纷化解等多个领域。正如习近平同志所指出的："'枫桥经验'虽然诞生在农村，但其强化基层基础、就地解决问题的基本精神具有普遍的指导意义，不仅适用于农村，而且适用于城市，不仅适用于社会治安工作，而且也完全适用于建设'平安浙江'的其他各项工作。"① 如今，"枫桥经验"已经从乡村走向城市，从线下延伸到线上，从陆地拓展到海上，从个别专业扩散到多个行业，应用场域不断扩展，正在逐步形成新时代"枫桥经验"的乡村版、城市版、网络版和行业版等不同版本。最后，"枫桥经验"已经由"治村之计"升格为"治国之策"。"枫桥经验"在诞生之初仅仅是绍兴枫桥的地方探索，由于其在基层社会矛盾纠纷化解中展现出了独特价值，并得到党和国家领导人的反复肯定和推广，进而逐渐发展成为推进基层治理现代化的重要典范。党的十八大以来，"枫桥经验"的时代价值进一步提升，特别是2018年以来，连续被写入《中共中央关于坚持和完善中国特色社会主义制度、推进国家治理体系和治理能力现代化若干重大问题的决定》《中共中央关于党的百年奋斗重大成就和历史经验的决议》《高举中国特色社会主义伟大旗帜　为全面建设社会主义现代化国家而团结奋斗——在中国共产党第二十次全国代表大会上的报告》《中共中央关于进一步全面深化改革　推进中国式现代化的决定》等重要文件。为此，我们有理由相信，在中国式现代化背景下，"枫桥经验"将在全国各地、围绕多个领域治理进一步创新发展。

新时代"枫桥经验"蕴含了新的时代价值。进入新时代，我国社会主要矛盾已经转化为人民日益增长的美好生活需要和不平衡不充分的发展之间的矛盾，这一变化对社会治理提出了新的更高的要求。新时代"枫桥经验"在继承传统的基础上，不断与时俱进，展现出新的特征和价值。首先，新时代"枫桥经验"更加注重信息化、智能化手段的运用。随着信息技术的快速发展，大数据、云计算、人工智能等新技术在社会治理领域得到了广泛应用。通过数据分析、智能预警等手段，更好地实现了对社会矛盾的及时发现和有效处置，提高了社会治理的效率和水平。其次，新时代"枫桥经验"更加注重群众参与和多元共治。社会

---

① 习近平：《干在实处，走在前列——推进浙江新发展的思考与实践》，中共中央党校出版社2006年版，第506页。

治理是一项系统工程,需要政府、社会、市场等多方共同参与。新时代"枫桥经验"坚持群众路线,广泛发动群众参与社会治理。通过建立健全群众自治组织、推广"微治理"等方式,促进群众自我管理、自我服务、自我教育、自我监督的目标实现。新时代"枫桥经验"还注重发挥社会组织、企业等多元主体的作用,形成了多元共治的社会治理格局。最后,新时代"枫桥经验"更加注重预防和化解社会矛盾。社会矛盾是社会治理的重点和难点。新时代"枫桥经验"坚持问题导向,注重从源头上预防和化解社会矛盾。通过建立健全矛盾纠纷排查化解机制、加强基层基础工作等方式,实现了对社会矛盾的早发现、早报告、早处置。新时代"枫桥经验"还注重加强社会心理服务体系建设,帮助群众解决心理问题,促进社会和谐稳定。新时代"枫桥经验"的这些特征和价值,将助力构建更加和谐稳定的社会治理体系,为积极推动中国式现代化提供有力的支撑和保障。

中国式现代化是中国共产党领导全国各族人民在长期实践中形成的具有中国特色的社会主义现代化道路。中国式现代化坚持以人民为中心的发展思想,并将这一思想贯穿中国式现代化的全过程和各领域。无论是经济建设、政治建设、文化建设还是社会建设、生态文明建设等各方面,都致力于不断满足人民日益增长的美好生活需要。中国式现代化注重全面协调发展,这一特点体现在中国式现代化的各个领域和层面。在市域层面,中国式现代化的实践主要体现在以下几个方面:

一是加强市域社会治理。市域社会治理是中国式现代化在市域层面的重要内容之一。通过加强市域社会治理体系建设、推动市域社会治理创新等,不断提升市域社会治理的能力和水平。同时,注重发挥基层自治组织的作用,推动形成共建共治共享的社会治理格局。

二是推动城乡融合发展。在市域层面,中国式现代化致力于打破城乡二元结构,推动城乡融合发展。通过实施优化城乡空间布局、加强基础设施建设、推动公共服务均等化等措施,促进城乡资源要素的合理配置和高效利用,缩小城乡发展差距,实现城乡共同繁荣。

三是促进经济转型升级。市域经济是中国式现代化的重要支撑。通过推进供给侧结构性改革、优化产业结构、培育新动能等方式,促进市域经济转型升级。同时，注重发挥市场在资源配置中的决定性作用，激发市场活力和社会创造力，推动市域经济持续健康发展。

四是加强生态文明建设。在市域层面，中国式现代化注重生态文明建设，推动形成绿色发展方式和生活方式。通过加强生态环境保护和修复、推动绿色产业发展、倡导绿色消费等措施，促进人与自然和谐共生，实现可持续发展。

新时代"枫桥经验"与中国式现代化及其市域实践之间存在紧密的联系和相互促进的关系。首先，新时代"枫桥经验"原本是中国式现代化的重要内容。它作为一种独特的社会治理模式，为中国式现代化提供了重要的支撑和保障。通过传承和发展新时代"枫桥经验"，我们可以更好地推动中国式现代化的进程，推进国家治理体系和治理能力现代化。其次，新时代"枫桥经验"为中国式现代化在市域层面的实践提供了工具价值。它告诉我们，在市域社会治理中要坚持群众路线、注重信息化智能化手段的运用、加强基层自治组织建设等原则和方法。这些原则和方法将为我们推动市域社会治理创新、提升市域社会治理能力提供有力的指导和支持。最后，中国式现代化的市域实践为新时代"枫桥经验"的创新和发展提供了更为广阔的空间。在新时代背景下，中国式现代化面临着新的机遇和挑战。我们需要不断探索和创新社会治理模式，以适应新时代的发展要求。新时代"枫桥经验"作为中国社会治理的重要经验之一，将在中国式现代化及其市域实践中不断得到丰富和发展。

在这样的背景下，近些年来作为"枫桥经验"发源地的绍兴市，在中国式现代化市域实践中不断坚持和发展新时代"枫桥经验"，勇立潮头、敢于争先，积极进取、锐意创新，围绕市域范围内中国式现代化实践，广泛运用新时代"枫桥经验"开展各领域治理。不仅为中国式现代化绍兴实践提供了和谐稳定的社会环境，更为走出一条运用新时代"枫桥经验"推进中国式现代化市域实践新路子提供了市域范例。本书对近些年来绍兴市在中国式现代化市域实践过程中，传承并发展新时代"枫桥经验"的一系列有益探索和经典做法，进行了较为全面的经验总结和理论分析。本书从党领共治、预防化解、依法治理、固本强基和数字赋能五个维度展开，系统阐述了绍兴市的实践经验：一是如何发挥党建引领作用，广泛发动和组织人民群众参与社会治理，实现多元共治；二是如何运用有效的治理手段，立足预防，追求源头化解、医治"未病"，不断降低治理成本；三是如何通过优化执法、司法等法治手段，化解矛盾纠纷，服务于基层社会治理；四是如何聚焦基层社会，进一步下沉治理资源，不断夯实加固基层治理体系；五是如何借助新的数字技术，创新治理工具和治理手段，实现基层社会治理效能整体跃升。本书聚焦绍兴市的实践经验，是因为绍兴市的经验做法既具有一定的前沿探索性，又具有相当的典型代表性。因此，本书对于绍兴市实践经验的系统论述，将对各地在市域层面通过运用新时代"枫桥经验"优化社会治理布局，助力中国式现代化市域实践不断向前推进具有重要参考价值。

新时代"枫桥经验"是中国社会治理的宝贵财富，其对于中国社会治理的突出价值已经在其诞生之后的各个历史时期得到充分证明。发挥"枫桥经验"的重要价值，关键之一在于把握其"变"与"不变"，既要坚持其一以贯之的基本精神，又要紧随时代步伐、紧扣时代需求，不断创新治理方式、治理手段。当前，中国式现代化和中华民族伟大复兴正在稳步迈向新台阶。我们需要进一步传承和发展新时代"枫桥经验"，推动其与时俱进，为进一步推进国家治理体系和治理能力现代化贡献力量。中国式现代化是全域发展的伟大实践，市域范围的整体实践是中国式现代化的重要面向。我们要深刻认识新时代"枫桥经验"与中国式现代化及其市域实践之间的紧密联系和相互促进关系，充分运用新时代"枫桥经验"开展各地域、各领域、各时期的社会治理。要坚持党的领导，坚持人民至上，坚持"三治融合"，坚持多元共治，坚持基层基础，坚持依法治理，坚持就地化解，不断推动中国社会治理体系和治理能力现代化，为全面推进中国式现代化，实现中华民族伟大复兴的中国梦而努力奋斗！

中共中央党校（国家行政学院）国家治理教研部

副主任、二级教授　宋世明

2024 年 8 月

目录

总论 001　从"治村之计"到"治国之策"：
"枫桥经验"的诞生、发展与演进

中共绍兴市委党校　刘开君

一 019　**党领共治**

021　深化党建引领基层治理三张"金名片"
中共绍兴市委党校　张乐

037　党建引领现代社区治理的越城实践
中共绍兴市越城区委党校　王小媛　余晓平

051　基层协商民主落地落实的绍兴样本
中共绍兴市委党校　韩兴雨

068　社会组织参与基层治理品牌化
——基于对上虞区社会组织的调研分析
中共绍兴市上虞区委党校　赫林　杨琴　潘新新

082　越城"五邻社"共建共治共享密码
中共绍兴市越城区委党校　余晓平　何冰儿

二 101　**预防化解**

103　探索和谐劳动关系的新思路
中共绍兴市委党校　罗新阳

118　探索未成年人"青枫护苗"模式

　　中共诸暨市委党校　赵国强

　　诸暨市人民检察院　杨瑞霞

135　打造新时代"枫桥经验"企业版

　　中共诸暨市委党校　田胡杰

150　健全基层社会治安防控体系

　　中共绍兴市上虞区委党校　林洋　陈玉婧

　　绍兴市公安局　斯校坤

三 169　**依法治理**

171　调解法治化的实践探索

　　中共绍兴市委党校　尹华广

187　"大综合一体化"行政执法改革

　　中共绍兴市委党校　刘开君

207　智慧司法赋能基层社会治理

　　中共绍兴市委党校　赵海丽

223　司法监督赋能基层社会治理

　　中共绍兴市柯桥区委党校　胡钦晨　杨晓辉　费婷

四 241　**固本强基**

243　建设基层平安共同体

　　中共绍兴市委党校　周珊

258　深化基层社会治理网格化

　　中共绍兴市委党校　杨焕兵

273　打造新时代基层德治高地

　　中共绍兴市柯桥区委党校　俞鸿　吴雨晴　吴晓灵

五 291 **数字赋能**

293 数字赋能基层治理：基层智治"141"体系

　　中共绍兴市委党校　王新波

308 基层社会矛盾风险治理"一网打尽"："数智枫桥"

　　中共绍兴市委党校　曾云

326 数字乡村的"整体智治"逻辑："浙里兴村（治社）共富"

　　中共绍兴市委党校　刘开君

346 **后记**

从"治村之计"到"治国之策":"枫桥经验"的诞生、发展与演进

中共绍兴市委党校　刘开君

当前,新时代"枫桥经验"已经成为全国社会治理领域的典型经验,其从"治村之计"升格为"治国之策",反映了我国基层社会治理变迁的历史脉络和一般规律性,成为展示"中国之治"的一张金名片[①],同时也已成为研究中国基层社会的经典案例[②],解剖新时代"枫桥经验"这只"麻雀"具有重要的理论和实践价值。2023年9月20日,习近平总书记在浙江省诸暨市考察枫桥经验陈列馆时强调,新时代"枫桥经验"是基层社会治理的重要经验,新形势下要充分发动群众、组织群众、依靠群众解决群众自己的事情,做到"小事不出村、大事不出镇、矛盾不上交"[③]。2023年11月6日,纪念毛泽东同志批示学习推广"枫桥经验"60周年暨习近平总书记指示坚持发展"枫桥经验"20周年大会在人民大会堂召开。会前习近平总书记接见了全国104个"枫桥式工作法"单位代表,要求进一步总结、提炼、推广新时代"枫桥经验"。当前,全国各地认真学习贯彻60周年纪念大会精神和习近平总书记关于坚持好发展好新时代"枫桥经验"的系列指示精神,努力推动新时代"枫桥经验"创新发展。

---

① 万建武:《"枫桥经验":"中国之治"的一张金名片》,《求是》2023年第23期。

② 钱弘道:《论"枫桥经验"的起源和生命力》,《河北法学》2023年第12期。

③ 《鉴往知来:历久弥新的"枫桥经验"》,新华网,http://big5.news.cn/gate/big5/www.news.cn/2023–09/21/c_1129876242.htm。

一、"枫桥经验"的诞生和发展历程

（一）诞生：教育人改造人的典型做法

"枫桥经验"诞生时是改造"四类分子"（即地主分子、富农分子、反革命分子、坏分子）的典型做法。1956年"三大改造"的完成标志着我国社会主义制度基本框架正式确立，然而新生政权依然面临着来自国内和国际的各种挑战。为应对当时社会矛盾的需要，1963年5月，中共中央印发《关于目前农村工作中若干问题的决定（草案）》（以下简称"前十条"），决定在全国农村开展社会主义教育运动（以下简称"社教运动"），旨在通过监督管制和说服教育的方式把"四类分子"改造成为社会主义新人[1]，为全国社教运动探索积累经验。同年9月，中共中央根据试点情况再次印发《关于农村社会主义教育运动中一些具体政策的规定（草案）》（以下简称"后十条"），提出除行凶报复、抢劫、放火、投毒等引起极大民愤的现行犯外，对有破坏活动的"四类分子"基本采取"一个不杀，大部不捉"的方针[2]。浙江省则决定选择在萧山、上虞、诸暨三个县级行政区开展再试点。绍兴枫桥的干部群众普遍接受省委工作队的观点，采取"文斗"方式，在试点运动中创造了"在党的领导下，发动和依靠群众，坚持矛盾不上交，就地解决，实现矛盾少、治安好"的经验做法。1963年11月22日，毛泽东同志批示肯定该做法，并要求全国各地推广学习，这标志着"枫桥经验"正式诞生。[3]此后的1964年、1965年，全国持续掀起了学习推广"枫桥经验"的高潮。

随后，"枫桥经验"的适用范围得到拓展。20世纪60年代中期至70年代中期，绍兴枫桥的"四类分子"得到改造，然而"懒汉"、"二流子"、失足青少年、一般违法人员等问题又引起当地干部群众的广泛关注。为此，绍兴枫桥的干部群众运用"枫桥经验"动员群众、组织群众、依靠群众教育人改

---

[1] 钱弘道：《论"枫桥经验"的起源和生命力》，《河北法学》2023年第12期。

[2] 卢芳霞、余钊飞、刘开君等：《"枫桥经验"概论》，浙江人民出版社2020年版，第4—5页。

[3] 同上书，第5—9页。

造人的基本理念，再次创造了典型做法，就地解决了社会问题，赢得了社会各界的普遍赞誉。例如，在改造"懒汉""二流子"等方面，绍兴枫桥的干部群众紧紧抓住"少捕、矛盾不上交"的重点，主动将流窜到外地作案的流窜犯找回来，依靠生产队的群众教育改造和帮助他们，并创造了"管头、管脚、管肚皮"的典型做法。"管头"即开展思想政治和社会主义道德教育，"管脚"即组成帮扶小组防止外逃，"管肚皮"即安置参加生产劳动并妥善解决生活问题。该做法被当作就地改造流窜犯的典型经验向全国推广。①在帮教失足青少年和一般违法人员方面，强调"浇花要浇根""帮人要帮心""帮人要帮富""帮人要帮到底"等，也赢得了基层干部群众的赞誉。总体上，这些经验都是依靠人民群众，运用"枫桥经验"解决人民内部问题的典型做法，在维护社会稳定方面发挥了积极作用。②但在"文化大革命"期间，公检法等部门受到冲击，起源于公安部门的"枫桥经验"也遭到批判。

20世纪70年代末期，"枫桥经验"为全国范围的拨乱反正提供了范例。1977年12月至1978年1月，第十七次全国公安会议强调，坚持推广"枫桥经验"。绍兴枫桥的干部群众认为，经过10多年教育改造的"四类分子"已成为社会主义新人，应当予以摘帽。在当时的实践操作中一般按照3%的比例摘帽，对此，绍兴枫桥的干部群众坚持实事求是的基本原则，自1978年4月起在全国率先突破规定比例为改造好的"四类分子"摘帽，再次为全国提供了典型经验。1979年1月，中共中央作出《关于地主、富农分子摘帽问题和地、富子女成分问题的决定》，这标志着"枫桥经验"突破规定比例为"四类分子"摘帽的经验在全国推广。③1979年2月，《人民日报》长篇通讯《摘掉一顶帽，调动几代人》全面总结和推广了"枫桥经验"。至20世纪80年代初期，全国也基本完成了摘帽工作。

---

① 卢芳霞、余钊飞、刘开君等：《"枫桥经验"概论》，浙江人民出版社2020年版，第10—11页。

② 宋世明、黄振威：《在社会基层坚持和发展新时代"枫桥经验"》，《管理世界》2023年第1期。

③ 卢芳霞、余钊飞、刘开君等：《"枫桥经验"概论》，浙江人民出版社2020年版，第15—16页。

（二）发展：基层社会治安综合治理的典型做法

1978年12月，党的十一届三中全会作出了我国实行改革开放的历史性决策，也开启了"枫桥经验"发展的新篇章。改革开放伊始，"枫桥经验"面临着何去何从的问题。彼时，社会流动性增加，基层社会治安面临新形势新挑战，1991年2月中共中央和国务院下发《关于加强社会治安综合治理的决定》，同年3月第七届全国人民代表大会常务委员会第十八次会议审议通过《关于加强社会治安综合治理的决定》。这表明当时基层社会亟须相应政策和法规来规范秩序，各级党委和政府也需要可复制可推广的具体做法供基层学习借鉴。对此，绍兴枫桥的干部群众创造了依靠群众管治安的社会治理典型做法，又一次为全国基层社会治安综合治理提供了可复制可推广的实践范例。

改革开放初期，基层社会治安形势变化倒逼绍兴枫桥的干部群众推动"枫桥经验"转型发展。20世纪80年代，绍兴枫桥作为东南沿海改革开放地区的一个缩影，以乡镇企业为代表的民营经济开始萌芽并快速发展，特别是纺织、服装、五金等劳动密集型产业的快速发展吸引着来自全国各地的劳动力向此集聚。这就意味着，经济的快速发展也带来了社会治安形势的严峻变化，如何管好社会治安，为人民安居乐业和企业快速健康发展创造和谐稳定的社会秩序，成为亟待解决的实践问题和理论议题。对此，绍兴枫桥的干部群众再次想到"枫桥经验"，创造了依靠群众管治安的系列典型做法，形成了在全国推广的"打、防、教、管"一体化的社会治安综合治理经验，走出了一条"矛盾少、治安好、发展快、社会文明进步"的新路子。[1]其要点可归纳为"五个依靠"：依靠群众就地解决纠纷引起的治安问题，依靠群众就地教育挽救违法人员，依靠群众加强公共复杂场所治安管理，依靠群众加强内部安全防范，依靠群众协助公安机关查破刑事案件。[2]这个时期的"枫桥经验"充分体现了党的群众路线的基本理念，创造性地解决了当时的基层社会问题，因此也得到了社会各界的肯定并向全省乃至全国推广。

---

[1] 周长康：《枫桥学派是怎么形成的——三评冯树梁先生新著〈中国犯罪学话语体系初探〉》，《犯罪与改造研究》2018年第2期。

[2] 卢芳霞、余钊飞、刘开君等：《"枫桥经验"概论》，浙江人民出版社2020年版，第24页。

在此期间，绍兴枫桥的干部群众在实践中创造了流传甚广的"四前工作法"（组织建设走在工作前、预测工作走在预防前、预防工作走在调解前、调解工作走在激化前）①等典型经验做法，这也表明从源头上预防和减少社会矛盾的理念逐渐形成。查阅当时市县相关调研报告发现，人们所熟知的"小事不出村、大事不出镇、矛盾不上交"这一"枫桥经验"的经典表述，正是在20世纪80年代至90年代期间，经过10多年的实践创新和理论提炼逐渐形成的。时至今日，这依然是新时代"枫桥经验"核心要义的重要表述。

（三）创新：平安建设的典型做法

尽管"枫桥经验"自诞生之日起就包含着"平安"的成分和实现基层社会平安和谐的理念，但"枫桥经验"真正与平安建设深入结合并成为平安浙江建设的重要抓手，却是从21世纪初开始的，这是由浙江经济社会发展的具体省情催生的。"枫桥经验"作为平安浙江建设的典型经验，表明浙江率先面临"成长的烦恼"。浙江是东南沿海改革开放先行地、市场经济和民营经济先发地，改革开放以后民营经济逐步从"村村点火、处处冒烟"的零散状态发展成强势崛起的块状经济。然而，经济社会发展"一条腿长、一条腿短"的状况也暴露出来。例如，经济增长了、收入增加了，但是生态环境却遭到不同程度的破坏；外来人口增加带来了劳动力、消费等红利，而社会治安却面临挑战，甚至严重刑事案件和低俗、恶俗、媚俗文化现象不时露头。这些负面现象严重影响基层社会治理成效和人民群众的安全感。

正是在这一背景下，2004年时任浙江省委书记习近平同志带领省委"一班人"深入基层，开展了40多次调查研究，随后作出建设平安浙江的决策部署，并把创新发展"枫桥经验"作为平安建设的总抓手，要求把影响经济社会各领域平安和谐的矛盾风险就地化解在基层、消灭在萌芽状态。②相比此前的"枫桥经验"，作为平安建设典范的"枫桥经验"更具鲜明的时代特征。

---

① 金伯中：《新时代"枫桥经验"论要》，浙江人民出版社2022年版，第36页。
② 刘君君、门理想：《浙江构建风险闭环管控大平安机制研究》，《中国应急管理科学》2022年第10期。

1. 平安浙江建设更体现综合性

平安浙江建设是涵盖国内平安和国际平安等多维度的大平安，主要包含经济、政治、文化、社会、生态、治安、民生、重点部位8个方面。在实践中，逐渐形成"一手抓经济报表、一手抓平安报表"的经济发展与平安建设统筹平衡的理念，旨在为经济健康发展和人民群众安居乐业创造和谐稳定的社会秩序。党的十八大以来，平安中国的理念和做法与21世纪初的平安浙江建设一脉相承。

2. 平安浙江建设更强调源头治理

相较于此前"枫桥经验"强调的就地化解矛盾，平安建设进一步强调靠前环节，更加提倡从源头上预防和减少社会矛盾，这就需要依靠更高质量的基层治理能力。在基层实践中，逐渐形成了"矛盾不上交、平安不出事、服务不缺位"的表述。随着基层社会治理的任务加剧、难度增加、范围扩大，乡镇（街道）综治中心模式也逐渐形成，将乡镇（街道）分散的公安、政法、司法、民政、信访等资源力量集中起来，共同应对基层治理需求。

3. 平安浙江建设更强调调解

平安建设的目标在于，通过提升全社会的平安意识、健全管控机制、开展重点领域和环节治理等措施，预防和减少社会矛盾、刑事案件，维护基层社会和谐稳定。对于无法预防的社会矛盾，则及时通过调解等方式化解在基层。在"枫桥经验"实践创新中，逐渐形成了人民调解、行政调解、司法调解、社会调解相互衔接的基层社会矛盾调解体系。正是在此情景下，诸暨市枫桥镇诞生了"老杨调解室""娟子工作室"等一批调解品牌。

（四）深化：基层社会治理现代化的典型做法

党的十八大以来，中国社会改革逐渐从"发展型"改革转变为"治理型"改革，①这种变化体现在基层社会的各个方面。特别是在党的十九大报告中，我国社会主要矛盾被界定为人民日益增长的美好生活需要和不平衡不充分的发展之间的矛盾；党的十九届四中全会首次把"治理体系和治理能力现代

① 燕继荣：《体系与能力再造：新时代十年国家治理改革》，《中国行政管理》2023年第10期，第6—13页。

化"作为主题。这些变化也反映到基层社会治理实践中。一般认为，以党的十八大为标志，新时代"枫桥经验"开始孕育和发展。2018年在纪念毛泽东同志批示学习推广"枫桥经验"55周年暨习近平总书记指示坚持发展"枫桥经验"15周年大会上，新时代"枫桥经验"被界定为"党领导人民创造的一整套行之有效的社会治理方案"，并明确坚持发展新时代"枫桥经验"的基本路径是坚持党的领导、坚持人民主体、坚持"三治融合"、坚持预测预警预防、坚持基层基础。①这次会议成为"枫桥经验"发展史上的标志性事件，有力推动了新时代"枫桥经验"从单纯的矛盾化解方法向基层社会治理综合方案的转型发展。

党和国家高度重视新时代"枫桥经验"，将其作为基层社会治理的典型经验。习近平总书记在不同场合多次强调，各级党委和政府要坚持好、发展好新时代"枫桥经验"。例如，2003年11月在纪念毛泽东同志批示"枫桥经验"40周年暨创新"枫桥经验"大会上，习近平同志提出，要充分珍惜"枫桥经验"，大力推广"枫桥经验"，不断创新"枫桥经验"。②这使"枫桥经验"在维护浙江社会秩序稳定中显示出更为强大的生命力。又如，2013年10月在纪念毛泽东同志批示学习推广"枫桥经验"50周年大会前夕，习近平总书记再次强调，各级党委和政府要充分认识"枫桥经验"的重大意义，发扬优良作风，适应时代要求，创新群众工作方法，善于运用法治思维和法治方式解决涉及群众切身利益的矛盾和问题，把"枫桥经验"坚持好、发展好，把党的群众路线坚持好、贯彻好。③此后，坚持和发展新时代"枫桥经验"被陆续写入《中国共产党农村基层组织工作条例》，2019—2020年、2022—2024年中央一号文件，2019年国务院《政府工作报告》，党的十九届四中全会《决定》、五中全会《建议》、六中全会《决议》，党的二十大报告，党的二十届三中全会《决定》，以及《中共中央　国务院关于支持浙江高质量发展建设共同富裕示范区的意见》等中央政策文本当中。

2018年以来，新时代"枫桥经验"进一步深化发展，并再次走向全国，

---

① 《郭声琨：坚持和发展新时代"枫桥经验"最大限度防范化解社会矛盾，促进社会安全稳定》，中国长安网，http://www.chinapeace.gov.cn。

② 《习近平讲故事》(第二辑)，人民出版社2022年版，第72页。

③ 《习近平讲党史故事》，人民出版社2021年版，第247页。

成为全国基层社会治理领域的一张"金名片"。2023年11月6日，纪念毛泽东同志批示学习推广"枫桥经验"60周年暨习近平总书记指示坚持发展"枫桥经验"20周年大会在人民大会堂召开，标志着新时代"枫桥经验"从"治村之计"发展成为基层社会治理的"治国之策"。①同时，新时代"枫桥经验"的应用领域和适用范围不断扩展，特别是浙江主动适应基层社会治理情境变化，自觉扛起发源地的使命担当，推动新时代"枫桥经验"从乡村走向城市、从局部走向全局、从基层走向市域、从矛盾化解走向信访矛盾化解，并在生动实践中创造了"群众唱主角，干部来引导，德法加智治，有事当地了"的新时代特征。

与此同时，浙江各地自觉运用新时代"枫桥经验"的基本理念解决当地问题，创造了各具特色的经验做法。例如，杭州市构建出市域社会治理"六和塔"体系，着力打造新时代"枫桥经验"城市版。舟山市创造出海上"枫桥经验"，着力通过调解方式化解海上渔民矛盾。诸暨市民营企业富润集团运用"枫桥经验"的基本理念，着力打造新时代"枫桥经验"企业版，努力为职工创造良好的工作生活环境。绍兴市纪委市监委创造性运用新时代"枫桥经验"，推动纪检监察规范化向行政村（社区）延伸，着力打造新时代"枫桥经验"纪检监察版。绍兴市还以创建首批"全国市域社会治理现代化试点合格城市"为契机，打造了新时代"枫桥经验"全市域升级版。特别是2022年以来，绍兴市把新时代"枫桥经验"运用于解决基层各领域的痛点、堵点、难点问题，创设并推进"枫桥式"乡镇（街道）、"枫桥式"基层示范窗口、"枫桥式"行政村（社区）、"枫桥式"工作法、"枫桥式"标志性成果等"枫桥式"系列品牌。这些创建做法被全国各地学习借鉴。

二、"枫桥经验"始终得以传承的理论特征

纵观60余年的发展历程，从"枫桥经验"到新时代"枫桥经验"之所以能够常创常新，是因为其总能捕捉时代发展变化的脉搏，自觉适应时代需求，始终坚持以新理念引领发展、以新动能塑造优势、以新答卷造福人

---

① 曾业松、郜爱红、郑寰等：《解码新时代"枫桥经验"》，《中国领导科学》2019年第6期。

民，同步推进实践创新、理论创新和制度创新，在推动基层社会治理理念、目标、工具、制度、模式等创新发展中永葆生机活力。在此过程中，新时代"枫桥经验"在保持基本理念不变的前提下，不断丰富和发展其核心要义，表现出以下6个相对稳定的理论特征。

（一）始终把党的领导作为根本保证

中国共产党的领导是中国特色社会主义最本质的特征，也是中国特色社会主义制度的最大优势。"枫桥经验"之所以始终充满生机和活力，就在于始终牢牢把握党的领导这一最本质特征和最大优势，把党的领导落实到基层社会治理的全过程和各方面，充分发挥党总揽全局、协调各方的领导作用，使党组织成为基层社会治理的"领头雁"。把党的政治优势、组织优势转化为推进基层社会治理现代化的强大势能。在"枫桥经验"基层实践创新中，逐渐形成了"党建引领基层治理"的表述，并被中央采纳作为指导基层治理的基本政策要求。实践表明，党建引领不仅是一种政治要求和制度安排，更是一种有效的治理方式，只有依靠各级党组织的强大政治势能和组织优势，建强基层战斗堡垒，才能有效整合碎片化的职能、政策、资源、信息和力量，推动"碎片化"治理向"整体智治"转变。特别是习近平总书记持续的重视、指导和推动，为新时代"枫桥经验"继续创新和发展注入了强大的生命力。面向未来，坚持和发展新时代"枫桥经验"需要在基层社会治理领域持续构建和完善基层党组织领导的"一核多元"治理结构，以整合各方面资源力量。

（二）始终把以人民为中心作为根本立场

一路走来，以人为本始终是"枫桥经验"的力量所在、生命所在，甚至可以把"枫桥经验"看作党的群众路线在基层的实践化、地方化、特色化。坚持以人民为中心的根本立场，就要做到一切为了人民、一切依靠人民，着力解决好人民群众急难愁盼问题，让乡里乡亲根据实际，用各种有效方法化解矛盾问题。①"以人民为中心"在基层社会治理中具体有两层含义：一是要

---

① 陈文清：《坚持和发展新时代"枫桥经验"提升矛盾纠纷预防化解法治化水平》，《求是》2023年第24期。

坚持以人民群众作为价值旨归，做到社会治理为了人民群众、社会治理成果由人民群众共享、社会治理成效由人民群众评价；二是要彰显人民群众作为治理主体的地位，动员人民群众、组织人民群众参与社会治理。其核心就是把党的群众路线落实到基层场域，搭建平台、健全机制、创新形式，充分发动群众、组织群众、依靠群众，构建共建共治共享的基层社会治理共同体，让群众成为直接参与者、最大受益者、最终评判者和坚定支持者。值得注意的是，虽然在新形势下动员群众、组织群众的具体方式方法有了较大变化，但是也需要避免以"人民至上"为借口，把人民群众当"巨婴"，采取"大包大揽式"的治理方式，而实质上剥夺群众有序参与基层社会治理的权利和机会。

（三）始终把就地化解矛盾作为基本目标

"建设一个既充满活力又稳定有序的基层社会，既是人民群众的追求，也是党和国家的奋斗目标，其关键在于加强和创新基层治理"[①]，因此基层社会既是场域又是目标，基层治理则是手段。实际上，从其发展历史可以看出，"枫桥经验"始终把构建既充满活力又安定有序的基层社会作为目标导向，体现在具体目标中则是始终坚持把"就地化解社会矛盾"作为基本目标，只是不同历史阶段所针对的基层社会矛盾问题具有差异性，因此才使"枫桥经验"在不同历史阶段表现出具有差异性的做法。20世纪六七十年代，把"四类分子"改造成社会主义新人是"枫桥经验"关注的重点，20世纪八九十年代则重点关注影响基层社会活力与稳定的社会治安问题，到21世纪初期该问题进一步演化为基层平安建设，党的十八大以来则重点关注基层社会治理问题中的矛盾预防和化解。实践表明，无论时代如何发展，无论基层社会矛盾的具体内容和形式如何变化，"枫桥经验"就地化解基层社会矛盾、维护基层社会秩序稳定的基本理念始终得以传承。未来坚持和发展新时代"枫桥经验"依然需要将化解人民内部矛盾作为基本目标，努力实现活力与秩序的统一。

---

① 郁建兴等：《重构基层社会——浙江桐乡"三治融合"建设（2013—2023年）研究》，商务印书馆2023年版，第3页。

（四）始终把"三治融合"作为基本方法

习近平总书记曾经多次对"三治融合"作出经典论述："法律是成文的道德，道德是内心的法律。法律和道德都具有规范社会行为、调节社会关系、维护社会秩序的作用，在国家治理中都有其地位和功能。法安天下，德润人心。法律有效实施有赖于道德支撑，道德践行也离不开法律约束。""要运用法治手段解决道德领域突出问题。""要依法加强对人民群众反映强烈的失德行为的整治。"①自治、法治、德治作为不同的治理工具，在基层社会治理中发挥着各不相同的功能，适用于不同的治理对象和治理场景，共同维护着基层社会治理的目标，单独依靠三者中的任何一个均不能有效地实现基层社会活力与治理的统一。坚持自治、法治、德治"三治融合"是源自浙江桐乡的经验做法，并被吸收为新时代"枫桥经验"的基本内容，这是在长期实践中逐渐形成的。基层自治是主线，法安天下是底线，德润人心是高线。实际上，在"三治融合"被正式提出之前，"枫桥经验"也始终蕴含着自治、法治、德治的基因。未来坚持和发展新时代"枫桥经验"，更要坚持将"三治融合"作为基本方法论，创新"三治融合"的载体机制，从而取得更好的治理成效。

（五）始终把基层基础作为坚实支撑

基层治理现代化是国家安全和社会稳定的基石，60余年来"枫桥经验"始终将基层作为基本场域。"基层基础是坚实支撑，必须坚持大抓基层的鲜明导向，实现重心下移、力量下沉、保障下倾，不断筑牢国家安全和社会稳定的根基。"②正因如此，从"枫桥经验"到新时代"枫桥经验"，固本强基始终是其重点议题。理论和实践表明，党的工作最坚实的力量支撑在基层，经济社会发展和民生最突出的矛盾问题也在基层，基层既是产生矛盾问题的"茬口"，也是解决矛盾问题的关键点位。一路走来，"枫桥经验"始终聚焦解决抓基层、打基础、强保障的问题，推动社会治理重心向城乡基层下移、

---

① 《习近平谈治国理政》(第二卷)，外文出版社2017年版，第133—134页。

② 陈文清：《坚持和发展新时代"枫桥经验"提升矛盾纠纷预防化解法治化水平》，《求是》2023年第24期。

力量向城乡基层下倾、资源向城乡基层下沉，致力于把各类矛盾风险化解在基层、解决在萌芽状态，着力筑牢国家安全和社会稳定的根基。面对观念多元化、结构原子化、需求多样化的基层社会，未来坚持和发展新时代"枫桥经验"更加需要注重源头治理、综合治理、系统治理，从源头上预防和化解基层社会矛盾，努力把矛盾纠纷解决在基层、化解在萌芽状态，努力做到"小事不出村、大事不出镇、矛盾不上交"。

（六）始终把助推发展作为基本要求

高质量发展是全面建设社会主义现代化国家的首要任务，也是"枫桥经验"始终不变的目标诉求之一。60多年来，"枫桥经验"始终把创造和谐稳定的社会环境作为根本目标，把维护稳定的着力点落在加快经济发展和人民安居乐业上，努力解决各个领域在发展中碰到的矛盾问题，创造平等发展、安居乐业、和谐稳定的社会环境。"枫桥经验"诞生之初，其中的"就地改造"也隐含了把劳动力就地留在生产队的意涵。20世纪70年代以后，"枫桥经验"在发展过程中始终蕴含着"发展好、治安好、产量高"的要求。改革开放后，正确处理改革、发展、稳定三者之间的关系，既是党中央的大政方针，也是"枫桥经验"的实践要求。进入21世纪，时任浙江省委书记的习近平同志面对浙江转型发展要求，在平安浙江建设中要求做到"一手抓经济报表、一手抓平安报表"。党的二十大报告中更有"统筹发展和安全"的表述，并在报告布局中把坚持和发展新时代"枫桥经验"置于国家安全板块予以深描。近年来，在"枫桥经验"发源地浙江省诸暨市的群众中流传着"依靠富裕群众减少矛盾、依靠动员群众预防矛盾、依靠服务群众化解矛盾"的经典表述，这正是新时代"枫桥经验"把助推发展作为原则要求的有力实践证明。未来只有在基层治理场域中统筹好发展与安全的关系，新时代"枫桥经验"的实践创新才会持续长青。

三、更好地坚持和发展新时代"枫桥经验"的未来图景

没有科学发展、创新发展，就没有"枫桥经验"的与时俱进。"枫桥经验"自诞生以来从未故步自封，而是牢牢抓住了每个社会发展阶段的主要矛

盾，不断与时俱进、传承创新，彰显出强大的时代性、创新性和实践性，从而跟上了时代发展、适应了社会变化、赢得了普遍认同，成为不同时期基层社会治理的生动范例。未来要做到以坚持党的领导作为根本保障、以科学理论作为根本指引、以人民为中心作为根本立场、以就地解决矛盾作为目标导向、以依法办事作为时代特征、以基层基础作为坚实支撑①，以贯彻落实《绍兴市坚持和发展新时代"枫桥经验"五年（2024—2028）规划》为抓手，推动新时代"枫桥经验"再深化再创新。我们认为，面向未来应当充分体现"枫桥经验"从"治村之计"到"治国之策"的演变逻辑，利用好发源地的创新资源优势，推动新时代"枫桥经验"再创新再发展，引导和鼓励其他地方跟进创新，形成全国各地争相创新的生动局面。为此，应当把握以下原则要求，推动新时代"枫桥经验"在多维度的转变中持续发展提升。

（一）坚持四个方面基本原则

在新时代"枫桥经验"的实践创新过程中，逐渐从基层干部群众的切身感悟中形成了一些被广泛认可的基本原则，有利于更好地推动新时代"枫桥经验"实践创新、理论创新和制度创新。

1. 坚持守正创新的原则

"枫桥经验"始终是发展的、变化的、动态的，在不同历史时期创造了不同的具体做法，为解决基层社会治理中的普遍性问题提供了范例。坚持守正创新的原则，既要坚守"社会治理"这块主阵地，又要适应基层社会情境变迁，不可抱残守缺，固守某一个历史阶段、某一个领域的具体做法，而反对基层干部群众的持续创新，更不可以"权威"自居，变相排斥其他部门的实践创新。当前和未来，不仅浙江诸暨作为发源地应当深化实践创新，其他地区也应运用新时代"枫桥经验"的基本原则，结合各地需求开展相关领域的治理创新。

2. 坚持群众首创的原则

"枫桥经验"一直是贯彻落实群众路线的生动实践，每个历史阶段、每

---

① 陈文清：《坚持和发展新时代"枫桥经验"提升矛盾纠纷预防化解法治化水平》，《求是》2023年第24期。

个具体创新做法，都凝聚着基层干部群众的智慧和汗水。他们直接面对基层社会治理中的具体问题，在创造性地执行各级党委和政府社会治理相关政策、解决基层社会问题的实践过程中，创造了通俗易懂的工作方法。未来深化和发展新时代"枫桥经验"，应当更多地汲取群众智慧和实践火花，才能更好地让"枫桥经验"扎根群众、服务群众。各级党委、政府和专家学者虽然可以观察、提炼、总结，甚至推动新时代"枫桥经验"实践创新，但应当始终尊重群众首创原则，体现群众需求，反映群众意愿，不可按照理论需要随意裁剪实践创新。

3. 坚持实践为基的原则

要把推动实践创新作为深化创新发展新时代"枫桥经验"的基本立足点。我们时常把实践创新、理论创新、制度创新并联使用，希望新时代"枫桥经验"实践创新能为基层社会治理的理论创新和制度创新作出积极贡献。要让新时代"枫桥经验"成为基层爱用、群众乐见的基层社会治理经验，而不是一味地进行理论上的"拔高提升"，更不能让新时代"枫桥经验"成为群众看不懂、基层不爱用的"理论产品"，也不提倡把基层治理方面的任意创新贴上新时代"枫桥经验"的标签，搞"贴牌式"创新。

4. 坚持需求导向的原则

需求是创新的最好驱动力。需求导向，重在关注基层需求和群众需求。基层社会治理需要什么样的"枫桥经验"，群众需要什么样的"枫桥经验"，我们就要创造发展出什么样的"枫桥经验"。当前，从发源地基层治理实践中涌现出的新时代"枫桥经验"乡村版、城市版、纪检监察版、网络治理版、行业版，以及新时代"枫桥式+"系列创建等实践创新，均是源自基层群众的实践做法。对此，应当给予充分肯定和引导，并据此概括提炼出新时代"枫桥经验"在各领域的具体做法，力争为全省全国贡献更多源自发源地的治理范本。

（二）重点推动"五个转变"

未来坚持和发展新时代"枫桥经验"应当充分反映基层社会的治理需要，将统筹发展和安全作为总原则，以统筹激发基层社会活力与维护基层社会秩序和谐稳定为基本目标，引导群众在法治轨道上表达诉求、维护权益、化解矛盾，努力将矛盾问题解决在基层、化解在萌芽状态。为此，要推动如下"五个转变"。

1. 着力推动管理范式向治理范式转变

当前，基层社会治理领域依然存在较为普遍的管理痕迹，比如大包大揽、无限兜底、保姆式服务等，既无法满足社会所有需求，也让基层党委和政府疲于应对。为此，应主动适应社会观念多元化、结构复杂化、利益多样化的现状，推动管理范式向治理范式转变，依靠基层党建引领、协调多元主体治理、整合多渠道资源、创新多样化治理方式、健全多元化机制，持续优化基层党组织领导的"一核多元"治理结构，着力构建共建共治共享的基层社会治理共同体。

2. 着力推动结果理性向过程理性转变

要引导人民群众运用法治思维和法治方式，在法治轨道上表达诉求、维护权益、化解矛盾，这就需要推动新时代"枫桥经验"法治化提升。坚持法治国家、法治政府、法治社会同步建设，重视运用法治化思维和法治化方式，引导和动员基层群众有序参与社会治理，贯彻落实有法可依、有法必依、执法必严、违法必究的法治理念。不仅群众需要学法用法，各级党委、政府和领导干部更需要带头学法用法。相较于传统治理更加强调结果理性，现代法治的基本理念和基本要求则是更加重视过程理性，强调治理过程的合法有序。因为即使治理主体作出了多方面努力，也未必人人都能满意，而如果治理过程合法有序，则会更加容易得到社会的普遍接受。

3. 着力推动传统治理向现代治理转变

现代化的核心是人的现代化，新时代"枫桥经验"作为推进基层社会治理现代化的重要范例，也应当坚持以人为核心的现代化治理理念，注重运用信息化、数字化、智能化的理念、手段、方法和机制，全面推进基层社会治理现代化。当前的基层治理现代化，首先表现在数字赋能方面，应当充分运用技术赋能和技术赋权的双重理念，重塑基层社会治理体制，重构基层党组织、基层政府、市场组织、社会组织之间的权责边界。坚持以群众和企业需求为中心，开发运用和迭代升级更多"一件事"场景化应用，推动"以政府履职为中心"的治理范式向"以群众需求为中心"的治理范式转型。

4. 着力推动乡村治理向城乡治理转变

尽管"枫桥经验"发源于乡村治理领域，但是新时代"枫桥经验"注重源头治理、促进共建共治共享、统筹发展和安全等理念完全适用于城市基层社会治理领域。目前，在其发源地的主要理念是，以城市现代社区为基本治理单元、以民呼我应为基本原则、以群众参与为根本支撑、以综合集成为路径方法，持续推动和完善党建统领网格智治的城市基层治理体系，探索打造新时代"枫桥经验"城市版，着力构建党建引领的社区治理共同体，努力实现"服务不打烊、小事格中办、问题网中解"。伴随着城市化的持续攀升，城市基层社会在国家和社会治理总体布局中的地位将更为凸显。同时，由于异质性基础，当前城市基层社会治理也面临更为严峻的挑战。因此，需要推动新时代"枫桥经验"从乡村治理走向城乡治理。

5. 着力推动基层治理向市域治理转变

市域社会治理的重点依然是基层基础。市域社会治理与基层社会治理不是"非此即彼"的矛盾对立面，而是相互支撑的"一体两面"。中央政法委强调市域社会治理，不是要否定基层基础的重要性，而是为了依靠市域层级的组织协调优势，推动分散化资源和力量向城乡基层集聚，从而更好地实现基层社会治理现代化。因此，应当以"全国市域社会治理现代化试点标杆城市"的创建为抓手，充分运用新时代"枫桥经验"的基本理念，从市域层级更好地推动基层各领域创新发展。这实际上就是推动新时代"枫桥经验"从基层社会治理走向市域社会治理。

（三）抓住五个工作重点

1. 紧紧抓住"党建引领"这个关键机制

党的二十大报告重申"坚持大抓基层的鲜明导向，抓党建促乡村振兴，加强城市社区党建工作，推进以党建引领基层治理"。党建引领基层治理作为一种有效的治理方式，还有很大的探索空间，同时各地基层面临的治理基础、重点难点、瓶颈因素等也存在一定的差异性，因此要紧紧抓住这个重点，同步推动新时代"枫桥经验"实践创新、理论创新和制度创新。基于发源地的实践观察表明，应当以深化推广党建引领社区"契约化"共建、驻村指导员、"民情日记"等绍兴三张党建"金名片"为重要载体，持续深化创新"支部建在小区（网格）上""党建联建机制""党建统领网格智治"等基层党建引领基层社会治理的实践创新，着力构建和完善党建引领、多方参与、协同共治、平安和谐的城乡基层社会善治新格局。

2. 紧紧抓住"矛盾风险"这个关键任务

如前所述，从源头减少和化解社会矛盾风险、维护平安和谐的社会秩序，始终是深化创新发展新时代"枫桥经验"的重点任务。因此，需要坚持系统治理、依法治理、综合治理、源头治理，寓管理于服务之中，持续提升城乡基层公共服务质量，着力减少社会矛盾纠纷。加强社会矛盾风险隐患排查，构建和完善问题发现、流转、处置、监督、反馈等矛盾风险闭环管控大平安机制，确保各类矛盾风险化解在基层，实现"管得住、不外溢、不上行"。加强风险监测预警、重点领域安全保障、人民内部矛盾处置机制建设，以系统观念统筹实现高质量发展与国家安全和社会稳定，统筹实现经济、政治、社会、文化、生态各方面安全。做好人民调解、做实行政调解、做强司法调解、做细行业性专业性调解、做优各类调解协调联动机制，努力把问题解决在基层、化解在萌芽状态。

3. 紧紧抓住"群众路线"这条关键主线

尽管动员群众、依靠群众、为了群众作为深化创新发展新时代"枫桥经验"的基本主题始终未曾变化，但是新形势下动员群众、组织群众的具体方式方法却常创常新。基于发源地的实践观察表明，应当以县域、镇域、村域三级社会治理中心为载体，畅通和规范群众诉求表达、利益协调、权益保障的制度化通道，引导群众有序地参与基层社会治理，更好地了解民情、集中民智、维护民利、凝聚民心。深化创新"三事分议"村级议（决）事机制、"夏履民主程序""请你来协商·民生议事堂""村民说事儿""社区议事厅""民情110"等基层全过程实现人民民主的机制和载体，让不同领域、不同身份的群众都能够有效便捷地参与基层社会治理，做到"有事好商量""众人的事情由众人商量"，实现经济高质量发展和社会平安和谐协同共进。

4. 紧紧抓住"三治融合"这个关键方法

如前所述，自治、法治、德治"三治融合"是新时代"枫桥经验"必须坚持的方法路径。基于发源地的实践观察表明，应当聚焦中国式基层社会治理现代化实践范例的目标定位，在深化推进基层社会实践创新中，推动自治、法治、德治、智治"四治融合"，构建基层善治新格局。以深化推广马剑镇"乡村公分"、枫桥镇"浙里兴村治社（村社减负增效）"[①]、绍兴市"数智枫桥"综合集成应用、诸暨市"城市枫桥"和"时间银行"等场景化应用为重点，推动数字赋能"三治融合"持续走深走实。持续打响"浙江有礼""越治越好"等地方文明品牌，深化新时代"枫桥式"五维德治体系，加快建设精神文明高地。加强和创新流动人口治理，分类开展流动人口治理试点，推动流动人口治理从管控向服务升级。

5. 紧紧抓住"共建共治共享"这个关键目标

应当跳出就治理谈治理、就平安谈平安、就矛盾化解谈矛盾化解的思维定式，深化落实"靠富裕群众减少矛盾、靠组织群众预防矛盾、靠服务群众化解矛盾"的新理念，以动员群众、依靠群众、为了群众，建设更高水平的平安中国和法治中国为目标，努力为群众安居乐业和企业生产经营创造平安和谐的社会秩序。深化创新"共富工坊"、强村公司等"枫桥经验"发源地促进共建共治共享的有效做法，让基层群众人人有事干、人人有收入，努力促进群体之间、城乡之间、地区之间、行业之间缩小差距、求同存异，从源头上减少社会矛盾纠纷，就地化解社会矛盾。定期开展发源地与其他跟进地区深化发展新时代"枫桥经验"的交流学习研讨会议，推动新时代"枫桥经验"更好地在全国创新发展。

---

① "浙里兴村治社（村社减负增效）"应用是由中共绍兴市委组织部牵头开发的一个综合性的数字化治理工具，通过整合资源、优化流程、强化监督和提升效率，推动了基层治理体系和治理能力的现代化，为绍兴市的基层治理提供了新路径。

一

党领共治

深化党建引领基层治理三张"金名片"

中共绍兴市委党校　张乐

党的十九大报告指出，中国特色社会主义进入新时代，我国社会主要矛盾已经转化为人民日益增长的美好生活需要和不平衡不充分的发展之间的矛盾。随着主要矛盾的变化与调整，社会治理的中心逐渐向基层转移，随之责任、事权也扎堆下放，干不完、干不好往往成为基层干部的工作日常。2023年9月，习近平总书记在中国社会科学院《"小马拉大车"的基层治理状况亟待改变》报告上作出重要批示，并陆续出台文件推动解决"小马拉大车"等基层治理问题。随着基层政府负担的加重，处在最基层的行政村（社区）也在无形中承接着这样的压力。行政村（社区）处在党与群众联系的"最后一公里"，由于资源、权力与责任之间的不对等性，基层治理同样也面临着"小马拉大车"的局面，迫切需要以新的视角分析并提出解决路径。

一、"小马"难拉"大车"：基层治理的末梢困境

（一）关于"小马拉大车"问题的研究综述

"小马拉大车"是基层政府的结构性困境，是指权责不对等的状态下基层政府仅仅依靠有限的资源与权力解决无限的事务并承担着无限的责任，从而形成基层负担。当前关于"小马拉大车"的解读主要停留在对基层负担的成因与消解方面，学者们主要从以下视角进行分析。

一是"结构论"的视角，认为基层的负担主要是由制度结构造成的。纵向上，压力型体制使得上级向下加码而下级无法拒绝，基层的"无限责任"又强化了问责担忧，权责倒挂激化条块矛盾等；[①] 横向上，部门之间

---

① 周少来：《基层"问责泛化"现象的制度审视》，《国家治理》2022年第16期。

并非处于权力的两端，因此容易导致"竞争锦标赛"和"合作难达成"。不同区域的"竞争锦标赛"迫使基层采取"主动加码"行为，诱发负担增加。①

二是"技术论"的视角，认为基层的负担是由管理技术本身的缺陷造成的。台账、会议有助于缓解组织沟通不畅问题，但这些管理技术的"量变"引发了治理的"质变"，最终导致基层负担。②此外，督查考核也成为学者们关注的焦点。吕德文指出，当前基层负担过重，是监督下乡背景下基层治理合规化的意外后果。③庞明礼、陈念平也指出，当前科层运作具有督查范围不断泛化、督查力度不断强化与督查过程不断虚化的潜在惯性，导致组织成本攀升、运行僵化迟缓，加剧基层负担，引发痕迹主义、形式主义现象，弱化组织效能。④此外，数字手段本身是基层负担减轻的有效途径，但在现实中出现了"指尖上的形式主义"等数字增负悖论。吴建南等认为，数字增负主要是增加了建设负担（大规模且重复收集获取数据）、运维负担（操作和登录过多系统）、学习负担及心理负担（全天候响应、全流程留痕）。⑤

三是"作风论"的视角，认为基层的负担主要是由基层官僚主义工作作风造成的。姚广利认为，当前基层干部负担过重，究其原因，主要有政绩观出现偏差、陷入形式主义怪圈、官僚主义作祟、基层党组织作用发挥不够等，所以要从政绩观、工作作风等主观因素寻找解决之道。⑥胡威、唐醒通过政策文本分析，发现许多地方政府都积极响应党中央号召，出台了基层减负和会议减负的政策及规定，但基层干部依然感到会议负担较重，其中减负效

① 彭勃、赵吉：《折叠型治理及其展开：基层形式主义的生成逻辑》，《探索与争鸣》2019年第11期。

② 颜昌武、杨华杰：《以"迹"为"绩"：痕迹管理如何演化为痕迹主义》，《探索与争鸣》2019年第11期。

③ 吕德文：《监督下乡与基层超负：基层治理合规化及其意外后果》，《公共管理与政策评论》2022年第1期。

④ 庞明礼、陈念平：《科层运作中的督查机制：惯性、悖论与合理限度》，《理论月刊》2021年第2期。

⑤ 吴建南、王亚星、陈子韬：《从"增负减能"到"减负增能"：基层治理数字化转型的优化路径》，《南京社会科学》2023年第7期。

⑥ 姚广利：《新时代中国特色社会主义制度认同的逻辑及路径建构》，《河南大学学报（社会科学版）》2021年第3期。

果不佳的重要原因是原有的制度惯性和一些依然存在的官僚性顽疾。[①]

当前对于“小马拉大车”的研究主要是以府际理论视角分析基层体制内困境的存在表现、根源及其化解方法，然而从政党与社会关系的视角看，“小马拉大车”也逐渐成为行政村（社区）在基层治理过程中的末梢困境。

（二）“政党－社会”关系视角下“小马拉大车”的基层治理困境

1.“大车”大在哪：基层治理事务繁重

一方面，行政事务下沉导致基层精力有限。由于权责不清、界限不明，大量的行政事务挤占了基层自治组织响应基层诉求的空间。比如在社区，人事、财权均受上级政府控制，居委会的自治功能减弱、行政化工作增多，使居委会在社区治理中出现失灵的现象；在农村，随着“一肩挑”制度的广泛推进，党在加强对基层有效领导的同时，也使上级的行政事务通过党口向下转移，不断传导到“一肩挑”书记及其他两委班子成员身上，农村的事务也更加呈现行政化色彩。这使行政村（社区）的基层自治组织精力难以适应群众对美好生活的多元诉求。另一方面，群众诉求多元化而基层能力有限。提升调处矛盾纠纷法治化水平、提升社会治理精细化水平成为人民对美好生活向往在基层治理中的突出表现，随着“服务型政府”的建设，满足群众多元化诉求的要求与基层干部专业化水平之间存在着巨大的矛盾与张力。人手不足、专业不足、精力不足也导致基层干部长期处于“白加黑”“五加二”的工作状态。

2.“小马”何以小：基层治理主体资源力量有限

一方面，多元主体培育不足导致治理力量有限。在多元共治的基层治理模式下，基层建设、社会组织培育，以及社会工作现代化体制间建立长效、稳固的联动关系，是推动社区治理体系与治理能力现代化的客观要求。然而，受市场经济的客观影响，社区个体从单位人向社会人身份转变，以职业群体为核心的社区居民之间联系与沟通减少，同时人际关系的疏离使社区居

[①] 胡威、唐醒：《我国基层会议减负效果的实证研究——基于A省780名社区党支部书记的调查》，《中国行政管理》2021年第1期。

民对基层事务缺乏热情与参与度，社区公共性不足；在农村，随着城市化进程的加快，"空心村"、老龄村逐渐增加，对农村发展与治理有能力、有思路的村民大多游离在农村之外，使农村人才振兴方面存在痛点，阻碍了基层治理与发展。另一方面，基层资源不足导致治理效能下降。面对群众对美好生活的向往所带来的诉求多元化，行政村（社区）能够调动的发展、治理资源极为有限。养老托育、社区助餐、家政便民、健康服务、体育健身、文化休闲、儿童游憩等便民利民的服务事项，需要更多的机关部门、医院、学校等单位力量的支持。尤其是对一些交通不便、资源禀赋不足的村庄，实现乡村振兴更需要多元主体的共同参与，为其提供发展思路与发展资源。然而仅仅依靠行政村（社区）的自身力量难以调动多元主体的资源投入与有效配合，因此需要政党介入。

二、党建引领：破解基层治理困境的分析框架

在当前的基层治理格局中，只有通过党建引领，发挥党组织的政治优势，实现"资源整合到基层、力量倾斜到基层、问题回应在基层"，才能克服上述基层治理中的问题和短板，不断优化和升级基层治理体系，提升基层治理效能。

（一）政党整合构建基层治理"资源共同体"

资源是推动基层治理的基础性要素，只有调动政府、企业、社会组织、村（居）民等主体广泛参与基层治理，才能化解单一主体在面对复杂社会事务时能力的有限性；同时，只有将多元主体有效组织，才能提高各主体参与的能动性，从而避免集体行动困境。执政党的政治优势、组织优势和资源优势决定了其在基层治理中凝聚力量和价值的独特作用。因此，资源整合是党建引领凝聚作用的一大发挥领域，通过党组织的政治优势和组织优势，解决基层治理中资源不足和能力有限问题，同时为消化基层各主体间合作的组织成本提供坚强保障。党建引领下凝聚效用的发挥还可以通过平台搭建来实现。通过搭建多元互动平台，使多元主体能够通过各种媒介实现有效沟通，促进主体之间在治理过程中的有益配合，进一步提升基层各主体的凝聚力。

此外，基层党组织可以通过党建凝聚更多社会力量。

（二）政党参与构建基层治理"行动共同体"

面对主体参与的不足，尤其是"小马拉大车"的基层治理困境，发挥政党政治与组织优势，引入外部力量嵌入基层治理场域，与本地干部共同构建治理行动共同体，是破解基层治理力量不足的重要方式。习近平总书记在听取新疆维吾尔自治区党委和政府、新疆生产建设兵团工作汇报时强调，"要坚持工作力量下沉，党员、干部要深入基层、深入群众，组织体系和工作力量要直达基层，充实基层一线力量"①。中国共产党是使命型政党，下派干部是中国共产党推进基层基础建设、密切党与群众关系的重要历史经验与制度安排。尤其是在脱贫攻坚的关键时期，向农村选派的"第一书记"与工作队已经成为全面建成小康社会的中坚力量，并在全面推进乡村振兴新的历史阶段中依然发挥着重要作用，这也是政党参与构建基层治理行动共同体的重要途径。

（三）政党回应构建基层治理"信息共同体"

对基层需求的及时获取与回应是提升基层治理效能的关键。2023年9月20日，习近平总书记在绍兴考察时指出，要"坚持党的群众路线，正确处理人民内部矛盾，紧紧依靠人民群众，把问题解决在基层、化解在萌芽状态"②。因此，只有实现对基层信息尤其是群众诉求、矛盾的及时掌握与反馈，才能更好地实现有效治理，提升治理效能。当前数字化、智能化日益成为基层治理的重要特征，曾经靠基层干部上门走访获知群众信息的方式如今已逐渐被数字化方式取代。但是智能化手段运用的背后离不开党的群众路线与群众工作方法，不能完全以"指尖"交流代替"面对面"交流。在获取信息的过程中，培养群众情感、拉近群众距离，并对民意进行及时研判与回应是中国共产党践行群众路线的应有之义。

---

① 《牢牢把握新疆在国家全局中的战略定位　在中国式现代化进程中更好建设美丽新疆》，《人民日报》2023年8月27日。

② 《始终干在实处走在前列勇立潮头　奋力谱写中国式现代化浙江新篇章》，《人民日报》2023年9月26日。

三、案例研究：党建引领基层治理三张"金名片"的绍兴经验

绍兴基层党建三张"金名片"是指习近平总书记先后对绍兴基层党建进行的指示批示，是党建引领通过政党整合、政党参与及政党回应，构建基层治理资源、行动及信息共同体，从而提升基层治理效能的重要实践和宝贵经验。

（一）政党整合：以党建引领社区共建打造"资源共同体"

2010年，面对社区治理资源不足与资源碎片化问题，绍兴市越城区积极探索党建引领社区共建。近年来，绍兴全面深化党建联建，构建以社区党组织为核心、以驻社区单位党组织为基础、社区内党员共同参与的区域化党建新格局，推进形成城市基层治理现代化的绍兴范式，通过政党整合打造基层治理"资源共同体"。

1. 扩大党建"集群"，理顺多方共建治理体系

一方面，以"项目共建"打造共建新格局。绍兴围绕基层治理创新，开展校地结对、村（社）企结对、村（社）银结对等共建，以项目共建方式全面助力基层治理与乡村振兴。通过共建典型示范与经验交流，形成合力共建、共促发展的良好局面。例如，越城区陶堰街道立足党建引领，引入高校人才专业资源，相继同复旦大学、浙江农林大学、上海市闵行区浦江镇等建立"校地合作·契约共建"关系，以组织振兴、教育振兴推动产业振兴、乡村振兴。揭牌"共富直播间"，就特色农产品达成共建推广方案，引进博士生科研团队科研成果，服务农户并开展涉农人才培训活动，牵头开展"越东虞西"党建"十联"活动，高质量打造浙江运河沿岸共富示范带。另一方面，以"人人参与"激发共治新活力。大力推进在职党员"两地报到、双岗服务"，全市在职党员前往行政村（社区）报到，纳入网格管理，积极参与共建活动，认领困难党员微心愿，在志愿服务、困难帮扶、环境整治、矛盾调解等方面充分发挥党员先锋模范作用。

2. 擦亮党建"品牌"，创新优化资源配置

突出共同体思维，凝聚两新集群力。以党建联建为纽带，在楼宇商圈、专业市场等区域建立党群服务中心，组建综合性党建阵地，解决"有党员无组织、有组织难活动"难题，推动两新组织发挥"集群效应"。比如，通过组建越城区集成电路综合性党建联建，助力推动集成电路产业设计、制造、封装、测试、装备等全产业链集聚。越城区皋埠街道党建赋能集成电路企业发展，深入推进集成电路产业链的党建，一手抓中芯、长电等链主型企业，发挥党员党组织在重大项目建设攻坚上的示范带头作用，一手抓产业链上下游其他中小型企业，特别是初创型企业的党建，加强培育、精心呵护，推动他们不断做大做强。越城区沥海街道以深化"1+N+X"产业建链强链补链机制，从创新孵化、靶向培育到金融服务、生态配套，聚力赋能打造生物医药产业全链条版图。

3. 突出发展思维，打造共富示范带

按照"抓两头带中间"的有效方法，完善党建统领先富带后富的机制和路径。例如，越城区东湖街道拓展多元化产业链，打造"共富工坊"示范建设，联合绍兴市绍鸭禽业专业合作社、农业科教单位、本地养鸭农户共同打造绍鸭"共富工坊"，改变农户自养自销、单打独斗的小农生产经营模式，形成了集绍兴鸭原种选育、配套系开发、苗种繁育、蛋品深加工、出口于一体的绍兴鸭多元化产业链。工坊推出的"鸭Q"特色品牌荣获中国国际农业博览会"名牌产品"称号，以品牌赋能产业价值提升。凭借"鸭Q"品牌优势及市场地位，工坊与餐饮酒店、大型商超建立长期合作关系，打通产销链条，实现融合发展。又如，越城区东浦街道以黄酒产业为切入点，探索打造了一条以大运河为纽带、党建联建为桥梁、绍兴黄酒发源地南村"越酒源乡"共富工坊为核心、沿运河产业链单位为支撑点的运河共富经济带，首批沿运河农村或单位组织以党建联建方式加入"浙东运河东浦段'越酒源乡'共富联建"，基本实现了黄酒酿造产业链的全过程布局，有效推动了大运河沿线乡村和产业的协同发展。

党建引领社区共建推动绍兴社区党建实现三大转变：由以往的行政性、配置性手段推动社区党建向自愿平等开展共建转变；由只有共建单位为社区提供单向服务向社区与驻社区单位双向服务转变；由原来社区向驻地单位要

钱、要物的功利性共建向共驻共建共享转变,加强驻社区单位与社区的双向触达。

(二)政党参与:以驻村指导员制度打造"行动共同体"

21世纪初,浙江经济发展迅速,在全国率先进入了全面建设小康社会,提前基本实现现代化的历史新阶段。但经济与社会、城市与农村发展不平衡不协调问题日益突出,成为提高经济质量的当务之急、人民生活改善的主要障碍、基层治理的重要短板。

20年来,绍兴始终把坚持和发展驻村指导员制度作为践行群众路线、推进乡村振兴、实现基层治理体系与治理能力现代化的重要抓手,通过干部下派带动治理重心下移、发展力量下沉、共富资源下沉,也为党和政府培养锻炼了大批干部。可以说,驻村指导员制度是践行党的群众路线的生动典范,为继续走好新时代党的群众路线提供了生动样本和丰富启示,是政党参与构建基层治理"行动共同体"的主要实践,并形成了一系列行之有效的做法。

1. 按需确定选派机制

坚持"人村配适、双向选择"原则,村级驻村指导员优先从基层经验丰富的退居二线干部、有培养潜力的优秀年轻干部中选派,镇级驻村指导员优先从乡镇中层干部、经验丰富的老同志、优秀年轻干部、新入职干部中选派。通过自我评估、单独谈话、民情比武等方式,结合干部岗位、专业等情况,精准分析候选人的能力优势、性格特点和农村经验等,初步筛选配适行政村(社区)。在摸清基层基本情况的基础上,重点摸排班子短板、群众信访、民生需求等方面的问题,以一村一策确定驻村指导员能力要求,让政法干部驻乱村、经济干部驻穷村、党建干部驻弱村,增强驻村指导工作的针对性和实效性。需求匹配后双向征求村居和候选人的意见,由党委统筹把关择优确定指导员人选。如针对情况复杂的后进村裘村,专门选派农村工作经验丰富的柯桥区交通局原公路段负责人张幼庆专职驻村,发挥其农村工作方法多、人脉广的优势进行整转帮扶,顺利化解困扰该村多年的"空心村"改造问题。

2. 动态调整职责定位

党中央关于"坚持大抓基层的鲜明导向"的要求,以及浙江省委关于以

"千万工程"统领宜居宜业和美乡村建设的系列部署，赋予了驻村指导员制度全新的定位。驻村指导员制度从起初的四大职能发展到六大职能，再发展为如今的"党建指导员、共富指导员、治理指导员、和美指导员、文明指导员"五项职能。此外，该制度逐渐向社区、企业拓展，探索形成了"驻村指导员、驻社指导员、驻企服务员"三支队伍，驻村指导员的角色定位不断贴近群众、走深走实。

3. 稳步优化制度体系

通过持续强化履职管理、能力提升、考核激励等举措，将教育监管融入日常、抓在经常，嵌入驻村干部成长的全周期，确保选派干部扎根基层、全心投入。一是抓实履职管理。每名驻村指导员的驻村时间不少于1年，专职驻村指导员与村干部的工作时间同步，兼职驻村指导员每周驻村时间不少于2天，同时以乡镇（街道）为单位明确每周固定驻村日。实行工作报告机制，即驻村指导员每月将工作情况报乡镇（街道），遇重大事项随时报告。严格驻村工作纪律，实行亮牌上岗，主动接受群众监督。二是强化能力提升。坚持将群众工作能力作为驻村指导员的基本功，市、县级层面依托驻村指导员传承学堂每年对驻村指导员进行集中培训，镇级层面结合阶段性重点工作每月进行专题培训，以帮带制度为抓手提升指导员的服务能力。如柯桥区开展新老驻村指导员"青蓝传承"行动，建立以业务骨干、"兴村治社名师"、乡贤等人才为主的"导师库"，开展"指导员来了"等活动，通过现场教学、工作示范、口头传教、实践指导等方式，帮助年轻指导员厚植基层情怀，传授群众工作方法。三是严格考核激励。制定《驻村指导员工作考核办法》，规范考核程序，将基层评议与考核评分相结合，明确"个人述职、民主评议、综合鉴定、组织考核"全过程，细化明确"日常走访、解决问题、双向测评"等考核内容，并按照驻村难度对考核结果给予系数加权。将考核结果作为干部评先评优、职务职级晋升的重要依据。

（三）政党回应：以民情日记制度构建"信息共同体"

"民情日记"是习近平总书记多次关心并大力推广的重要制度，是绍兴市基层治理领域的"金名片"。1998年3月，针对解决部分基层干部作风不实、形象不佳、缺乏做群众工作基本功等问题，嵊州市雅璜乡（现石璜镇）

党委决定广泛开展"民情日记"活动,这一活动密切了党群干群关系,受到群众普遍欢迎。"民情日记"的良好效果引起了中央及省市领导的高度重视。

基层治理是国家治理的基石。党中央提出,要实事求是、因地制宜激发基层社会治理活力,畅通和规范群众诉求表达、利益协调、权益保障通道,完善网格化管理、精细化服务、信息化支撑的基层治理平台,健全城乡社区治理体系,及时把矛盾纠纷化解在基层、化解在萌芽状态。"民情日记"诞生于基层、服务于基层、发展于基层,并在实践中形成了诸多行之有效的成功经验,建立了自成一体的制度矩阵,展现了无可替代的现实价值。当前,基层社会仍然是社会治理的薄弱环节,是社会矛盾的高发地和聚集地,坚持和发展"民情日记"更显紧迫、更有意义。

一是打通治理末梢织密感知神经网络,推动"琐事杂事"在一线解决。为细化治理颗粒度、优化网格设置,嵊州市建立网格常态化走访、机关党组织和党员"双挂联"、民情微心愿认领等机制,推动"1+3+N"网格团队全员下沉入格,打通联系服务群众"最后一公里"。对服务过程中发现的问题当场着手解决,最大限度把问题矛盾消弭在萌芽、解决在一线。二是整合基层资源提升社会自治能力,推动"小事烦事"在行政村(社区)解决。对网格团队现场无法立刻解决的问题,由网格长记录形成"民情日记"后,一键向上推送,行政村(社区)党组织书记根据事项内容分流处置。定期召开民情分析例会,综合分析走访过程中反馈的共性问题,整合社会组织、共建单位、乡贤、志愿者等力量予以解决。三是提高工作统筹强化党政协调联动,推动"大事难事"在上级一体解决。对于行政村(社区)无法解决的问题,将记录整理的信息"一键转四平台"上报至乡镇(街道)综合信息指挥室,按照党建统领、经济生态、平安法治、公共服务四条跑道,及时分流、赋分派单,以团队形式合力解决。对于乡镇(街道)无法解决的问题,通过基层智治系统上报县级社会治理中心,协同相关职能部门承接办理。对涉及多部门多层级、多次协调难以解决的问题,由市、县两级领导牵头认领、推动解决。

四、继续深化基层党建三张"金名片"的路径

绍兴基层党建三张"金名片"是在长期的基层党建实践中涌现出来的好

经验好做法，是基层党建引领基层治理、提升效能的有益尝试，面对基层治理与群众工作新变化，也迫切需要推进体制机制创新，持续擦亮基层党建三张"金名片"。

（一）擦亮党建引领社区共建制度"金名片"

1. 以"多元共建"明晰共建参与主体

起源于社区党组织与驻社区单位党组织共建，发展延伸至社区党组织与党员、机关部门共建，迭代跃升到基层党组织之间、跨区域飞地合作等的共建制度，其本质是通过多元共建实现治理资源的集聚与协同。基于此，应不断拓展参与主体的范围，尤其是将流动党员、在职党员纳入共建范围内。当前已有相关实践，但整体来说效果还不明显，应进一步提高社区党组织的吸纳度，同时加强对流动党员、在职党员的管理，发挥党员先锋模范作用。

2. 以协同共治解答共建工作路径

搭建党组织牵头抓点，党员志愿者、共建单位等多方力量协同参与的基层治理格局，不断探索完善红色物业、人人契约、网格智治等做法，在阵地、资源、人员、资金等方面共筹共建、形成合力，不断推动共建优势转化为治理效能、发展胜势。尤其是在当前城市社区治理中，业委会、物业、居民之间的矛盾成为基层治理的难点与堵点，应充分发挥党建联建的作用，推动支部建在小区上，使小区有公心、有能力的优秀党员以合法途径当选为业委会主任，并加强对物业公司的监督。应不断完善红色物业做法，通过党建联建，激发多方主体的参与热情，帮助及时化解相关矛盾。

3. 以人人共享诠释共建最终目的

坚持以人民为中心，在推进共同富裕、乡村振兴、社区治理等重点工作中，因地制宜完善"共富工坊""校地融合""百姓健身房""老年学堂"等一批共建项目，让更多治理成果、发展成果、实践成果直抵最基层，更加生动直观地体现人人共享。尤其要运用各类项目、资源为群众营造可观、可感的美好生活体验，在真正理解各类群众诉求的基础上因地制宜，既不盲目图快，也不停滞不前，而是有步骤地满足群众对身心愉悦、精神富足及生活便利的向往，提升基层服务能力与服务水平。

（二）擦亮驻村指导员制度"金名片"

1."明责"：让驻村指导员有职有权

一是分类精准定位职权责任。通过制定详细的驻村指导员职责清单，厘清指导员职能，以"指导不领导"为基本准则，明确驻村指导员的工作职责范围，为驻村指导员减负增效的同时，防止"越权"或"失职"。市级出台指导性文件，根据驻村指导员的"六大员"职责明确工作职责范围，各区、县（市）在此基础上根据实际情况，制定和下发"驻村指导员工作职责清单"，明确指导员的具体职责内容，避免乡镇（街道）工作的"加塞"或行政村（社区）工作的"代办"。二是完善平台应用减负增效。根据一线驻村指导员意见迭代提升"浙里兴村治社（村社减负增效）"应用中的"民情日记"、事项上报、民情上报等驻村工作相关功能，优化现存的使用问题。增加民情日记分类检索功能，增加分管领导、行政村（社区）书记、相关线办人员浏览查看权限，提升驻村指导员记录民情日记的实效；增加行政村（社区）重要事项指导员线上审阅制度。三是整合多方力量合力解题。整合联村领导、市县镇三级驻村指导员、共富指导员、金融特派员、驻村民警、网格员等多方驻村力量，真正形成团队合力。制定驻村团队管理办法，明确驻村团队组织架构，明确责任分工，完善议事制度，增强团队凝聚力、战斗力，从"闷头自己干"到"领头一起干"。增加内部考核制度，即驻村团队进行内部考核，考核结果通报派出单位，并直接与驻村补贴挂钩。

2."赋能"：让驻村指导员有心有力

一是系统培训强基固本。以各级组织部及党校为主导，集中力量设计制定驻村指导员专任培训课程，结合基层实践教学基地，在提升干部政治素养及对基层把控能力的基础上，结合线上、线下有针对性地开展培训：对担任驻村指导员不满一年的年轻干部进行集中初任培训，增加政策法规、方言等实用驻村技能培训；对由中层干部担任的驻村指导员进行驻村讲坛等交流形式方面的培训；对由退职领导等老同志担任的驻村指导员进行数字化软件应用等方面的培训。二是新老结合传承帮带。优化老带新青蓝传承制度，推广"AB岗"年轻干部加老干部驻村组合，合理发掘年轻干部的工作热情和老干部的丰富经验，提升驻村团队战斗力。压实B岗责任，激发主观能动性，避免"A干B看"的责任不均现状。设置老干部传承帮带奖励,对工作出色、认真教导年轻干部的老同志进行激励,鼓励其培养年轻干部。对帮带中表现出色的老干部,聘请其担任驻村指导员的培训讲师,传授驻村经验。三是名师专家组团服务。从机关、高校、农科院等单位甄选一批农业农村领域的专家、农村工作经验丰富的业务骨干、兴村治社名师等,组建驻村指导员"专业智库",并动态调整更新。制定和完善"专业智库"调用匹配机制,综合分析筛选专业对口的专家,有针对性地提出问题解决方案,利用外部专业化力量弥补驻村指导员个人能力不足的短板。

3."关爱":让驻村指导员有舍有得

一是关心关爱解决后顾之忧。市县部门要加强对驻村指导员的关心关爱,部门主要领导至少一年两次带队探望驻村指导员,并给予驻村工作必要的支持;分管领导要定期到结对村开展具体调研指导。对边远地区用餐无法保障的驻村指导员,可帮助其在村"爱心食堂"解决用餐问题。二是完善考核激发内生动力。完善驻村指导员考核体系,客观评价指导员工作实效。制定《驻村(社)指导员考核办法》,以"驻村工作清单"为标准,明确共性考核内容,指导制定个性考核内容。根据行政村(社区)实际情况定级分类,差异化制定考核制度,根据村级情况、经济基础、资源禀赋、维稳难度的不同赋予相应考核系数。考核结果要及时落实运用,对工作出色有成效的指导员给予一定的驻村考核奖,并以文件的形式规范下来;对工作敷衍考核差的指导员予以批评。三是专项激励推动实干争先。作为干部成长的必修课,优秀的驻村工作表现应作为各级干部提拔、职级晋升、评先评优的重要依据,其中乡镇(街道)干部的提拔晋升原则上要有驻村工作经历。设立驻村指导员赛比制度,定期进行实干绩效的赛比评先,树立优秀驻村指导员典型,在赛比中获得优胜的指导员应给予提高年终评比等次奖励。将赛比过程中收集的优秀案例汇编成册,作为驻村指导员培训教材。

(三)擦亮"民情日记"制度"金名片"

1.提升民情采集能力

一方面,建立多元化民情采集力量。以基层治理网格为依托,统筹行政村（社区）干部、网格团队、驻行政村（社区）指导员力量，建立各有侧重、分工明确，又配合有序、统一管理的多元化民情采集单元，以团队力量保障"走村不漏户，户户见干部"落地落细，确保民情信息采集全覆盖、无遗漏。另一方面，建立多元化民情反馈渠道。除入户走访外，还应收集群众来访、来信或来电及其他平台反映的问题和提出的诉求。需要关注和采集的民情信息主要包括：居民基本信息，群众对行政村（社区）治理和发展的意见、建议和要求，群众生产生活中的困难和问题，带有苗头性、趋势性的新现象，产生较大影响的事件；其他具有公共属性的重要信息，等等。

2. 改善民情记录方式

一方面，加强民情信息分类。从内容上看，"民情日记"可分为三类："工作笔记类"着重记录行政村（社区）指导员和其他工作人员的工作内容、过程、体会等；"民情记录类"主要记录行政村（社区）基本信息及新事、大事、要事；"问题反馈类"主要记录群众意见、建议和要求，也鼓励记录基层干部和工作人员对问题的思考和解决问题的建议。日记中除把事实讲清说明外，还应努力探究现象背后的本质，揭示事物之间的联系。另一方面，完善市域民情信息平台。依托"浙里兴村治社（村社减负增效）"应用系统，建立统一管理、覆盖全面、维护有力、分级开放、使用便捷的民情信息平台，并结合民情收集活动及时对入库信息进行补充、更新，确保信息的安全性、完整性、时效性、准确性。逐步打破平台壁垒，通过整合各平台相关功能，实行民情信息综合采集，实现一次采集、多方利用。

3. 规范民情分析活动

一方面，完善民情分析制度。服务、指导同一行政村（社区）的各类主体根据工作需要和实际情况，以适当方式参加民情分析活动。驻行政村（社区）指导员负责内部交流平台的建立、管理、维护，承担管理信息、整理资料、选择议题、主持研讨等职责。乡镇（街道）至少每月召开一次民情分析会，集中通报、分析、研判民情形势，研究解决"民情日记"工作中的困难与问题。区、县（市）每半年召开一次专题民情分析会，通报民情民意总体形势，围绕相关重点工作、突出问题、基层难以解决的困难等展开讨论，对发展趋势作出研判，对有关工作进行部署。另一方面，完善民情研判机制。

要对具有全局性、普遍性、苗头性、倾向性的现象保持敏感和警惕，及时发现问题、深刻剖析根源、作出科学决策。根据议题需要，可扩大参加民情分析活动的人员范围，除领导干部外，也可邀请相关专家学者、群众代表等。

4. 完善民情处置机制

一方面，健全基层一线问题解决流程，行政村（社区）干部和网格团队在职权范围内应对民情作出回应、及时处置，驻行政村（社区）指导员对此发挥指导、协调作用。超出其职责范围的，或是表现在基层根子上面的问题，应及时通过"浙里兴村治社（村社减负增效）"应用上报，并可提出处置建议。另一方面，优化民情分级分类处置机制，乡镇（街道）要持续优化和完善民情处置机制，强化不同条线工作的相互支持、协调联动，难以解决的问题应及时报告上级。区、县（市）要建立和完善党委统一领导的集中处置民情问题的机制，接收整理民情信息，协调督导相关部门解决问题，落实本级民情分析会的决策部署。涉及多个部门多个层级、多次协调难以解决的问题，由区、县（市）领导牵头认领、推动解决。

5. 丰富民情反馈举措

一方面，建立办结反馈机制。问题办理结果要按照规范程序进行反馈，民情问题处置完成或规定的截止期结束三个工作日内，应通过正式途径向上报信息的机构和人员反馈处理结果。处理完毕后及时在系统中销号；未能完全解决的，应说明原因。乡镇（街道）要将结果反馈至最初发现问题、反映情况的人员，做好说明或解释工作，并记录他们对办理情况的态度和意见。另一方面，要加强建章立制。各层级领导干部、各部门要定期对有关的民情信息和民情问题处置情况、反馈情况进行梳理，总结经验教训，探寻工作规律，以解决一件事带动解决一类事，以建章立制、优化完善体制机制的方式将解决成果固定下来。

五、总结与展望

"小马拉大车"不仅是基层政府负担的结构性困境，也是行政村（社区）基层治理领域的突出问题。面对基层治理事务繁重与基层治理力量能力不足之间的矛盾，迫切需要党建引领，充分发挥政党整合、政党参与、政党回应等方式，构建基层治理的"资源共同体"、"行动共同体"与"信息共同体"，从而提升基层治理效能。党建引领社区共建、驻村指导员以及"民情日记"等基层党建的"金名片"是绍兴在长期的基层党建实践中涌现出的好经验好做法，是基层党建引领基层治理、提升效能的有益尝试，是党的基层组织充分发挥政治功能、组织功能、整合功能与服务功能，从而推动基层有效治理的生动体现。同时，面对基层治理与群众工作新变化，也迫切需要推进体制机制创新，持续擦亮基层党建三张"金名片"，更好地发挥制度效能。

党建引领现代社区治理的越城实践

中共绍兴市越城区委党校　王小媛　余晓平

一、党建引领现代社区建设的背景与逻辑

现代社区建设是基于传统社区建设不断创新发展提出的概念。现代社区是以人的现代化为核心要义，以数字赋能为动力，以共建共治共享为导向，以未来社区和未来乡村建设为突破口，以党建为引领，全面强化社区为民、便民、安民功能，着力打造高质量发展、高标准服务、高品质生活、高效能治理、高水平安全的人民幸福美好家园。现代社区集聚了不同层次、不同类型、不同年龄段的人群，同时其现代化的特点也对基础设施配套、精准服务质量等软硬条件提出了更高的需求。这些新的形态和特点，自然而然地衍生出了新的治理难点，迫切需要政党的介入，发挥其领导和政治整合功能，以促进现代社区治理的有效性和创新性。

（一）现代社区建设形成新的治理空间

社区又被称为共同体，自20世纪30年代相关概念被引进我国以来，一直沿用至今。从传统社区到现代社区，我国对社区建设和治理的实践探索从未停歇。新中国成立后，自宋代建立起的以户为单位的保甲制被废除，以单位制为主、街居制为辅的基层社会管理体制逐渐建立起来，无论是单位制社区，还是人民公社，都体现出以行政为主导进行社区治理的特点。党的十一届三中全会后，计划经济体制被打破，市场经济体制的建立和现代企业制度的逐步推行要求机关和企业转变角色定位，剥离社会职能。在这种大的变革下，原本的单位制逐渐瓦解，社区重生产、轻生活的局面得到扭转，以政府为主导的社区治理模式也逐渐被打破，社区居委会和街道办事处的功能逐步恢复和完善。党的十八大明确提出"社区治理"相关理念之后，创新社区

治理模式、调动多元主体参与社区治理、提高社区治理现代化水平逐渐成为社区治理的发展方向。党的十九大、十九届四中全会提出“加强社区治理体系建设”“推进国家治理体系和治理能力现代化，构建基层社会治理新格局”的任务后，社区治理在基层治理、国家治理中的基础性作用更加凸显。党的二十大提出“健全共建共治共享的社会治理制度，提升社会治理效能”后，“党建引领”“网格化治理”“协商共治”“社会组织参与”等模式成为对新时代社区治理的有益探索。自现代社区概念提出以来，为有效推进现代社区建设，2022年5月浙江省城乡社区工作会议召开；同年6月，浙江省现代社区建设领导小组办公室发布《现代社区建设“六大改革”“十大行动”专项工作方案》，正式开启现代社区建设；同年8月，浙江省人民政府办公厅发布《浙江省城乡现代社区服务体系建设“十四五”规划》，提出现代社区建设目标；2023年6月，浙江省公布了首批浙江现代社区200个。这些规划和方案为现代社区建设提供了方向和基本遵循。但是，现代社区的新需求、新特点衍生出了多头管理条块融合难、社情复杂底数掌握难、构建健全三方协同难、治理力量弱整体推进难等治理难点，在社区治理上呈现一定的特殊性，从而形成了新的城市社区治理空间。

（二）现代社区治理面临的现实挑战

随着经济社会的快速发展和改革的纵深推进，社会环境日益复杂多变，原住民和新居民，高知群体和城市建设者、新就业人群，青壮年和中老年等多元社会群体在现代社区集聚。人员结构的复杂性、利益需求的多元性、矛盾问题的集中性等问题使治理难度不断增大。现代社区逐渐形成了具有新的治理特点、治理难点的治理空间。一是基层群众诉求多样化带来的挑战。随着全面小康的实现，人民群众整体生活水平逐步提高，与之相伴的是对美好生活有了更多的期许。对于基层而言，治安问题、环境问题、文化场所、娱乐活动等与人民群众生活密切相关的问题都受到了更多的关注。群众的主体意识、维权意识、法治意识、民主意识等也都在进一步增强，其多样化、高层次的诉求对基层治理工作提出更高的要求。二是组织形态新型化带来的挑战。根据调查显示，面对基层遇到的突出问题和矛盾，超过70%的受访者表示更愿意优先寻求党组织的帮助，但基层情况的快速变化使基层党组织的自身建设也面临着诸多挑战。一方面，社会结构的快速变化使基层涌现出一些新型的社会组织，如行业协会、民间团体、基金会、中介组织等，这对基层党组织的设置提出了新要求；另一方面，随着基层人员流动性的加大，党员的发展、培养、管理的难度增加，党在对基层治理工作的组织力和引领力上面临着新的挑战。三是信息技术普及化带来的挑战。信息技术的发展为基层党建的创新提供了技术支撑，既使党的政策主张可以更快速更全面地传达至基层，也使基层党建活动有了更丰富的形式。但信息的快速传播、多元化价值观的传递、非主流思想的自由交流，对党的政治性、权威性也带来了挑战。如何在复杂的基层环境中有效地统一思想，抢占信息化阵地，更好地提升组织力，把基层党员、群众凝聚起来为基层治理助力，这是信息化带来的新挑战。

（三）党建引领现代社区建设的现实逻辑

基层社会治理是国家治理体系和治理能力建设的重要组成部分，通过推进基层社会治理创新，实现基层社会建设的"善治"与良性运行，是实现国家治理现代化的基础。新时代加强党建引领是推进基层社会治理体系和治理能力现代化建设的重要保障和现实需要。面对现代社区治理存在的新情况新问题，政党的介入并通过其领导功能和政治整合功能的发挥，可以促进社区治理的有效性和创新性。党组织在引领现代社区建设的过程中，通过扩大有效覆盖、相互融合，逐渐理顺了与社区治理的关系，优越性逐渐显现，从事无巨细的管理到宏观层面的把控和方向性的引领，都为现代社区治理指明了方向，提供了路径支撑。一是党建引领确保了现代社区建设的政治方向。中国共产党的党性是无产阶级利益最高而且集中的体现，这是区别于其他一切政党的最本质的属性，也使党的路线、方针、政策的制定和实施始终站在人民立场上。因此，在面对基层日益多变的情况和纷繁复杂的利益冲突时，党的政治属性保障了党始终能够秉持公平正义，维护最广大人民的利益。"党是领导一切的"，坚持党的领导，是基层社会治理的前提。随着社会发展，基层社会各种问题交织，治理难度加大。在平衡各方关系、协调各类矛盾时，是否能够保证正确的政治方向、是否能够始终站在人民立场，成为基层治理中的重要问题。党建的介入、党组织引领作用的发挥，很好地解决了这一难题，从而保证了现代社区建设在方向上的正确性和理念上的人民性。二是党建引领可有效整合资源，形成社区治理最大合力。社区治理是为应对社会利益分化、需求多元化局面而生的社会建设模式，在多元主体共同参与社会公共事务治理的过程中，基层社会因直接与人民群众的生活密切相关，利益诉求的复杂性和多样性更为突出。现代社区治理任务重而资源力量不足，依托党组织架构起覆盖广泛的组织网络，可将社区各方面的资源有效整合，形成社区治理最大合力。围绕共同目标、共同需求、共同利益，通过加强组织共建、人员互动、党员联管，可实现党建成果上下共享、治理经验共同分享、社区事务共同参与的治理态势。党在建设和发展过程中形成了不同地区、不同类型、不同层级的严密的组织架构，各类党组织、广大党员通过组织设置已被深深嵌入国家和社会之中，这为国家治理和社会治理搭建了重要的组织平台。通过党组织战斗堡垒作用的发挥，可以把社区工作者、业委会骨干、党员，以及志愿者、社区居民、楼道长、安保人员等多元主体凝聚在党旗下，整合成一支听党指挥、积极参与社区治理的中坚力量。三是党建引领可有效构建信任体系，架起社区主体间的沟通桥梁。群众路线是党的生命线，党的思想理念的传播、具体工作的开展都紧紧依靠这一工作路线。在长期执政的过程中，党和广大人民群众建立了密切的联系和良好的互动关系。现代社区人员构成复杂、流动性强、内部联系松散，在社区治理中很难建立起信任体系。党的政治属性保障了党能够始终坚持正确的政治方向，秉持公平正义；始终站在人民立场，维护最广大人民的利益，不为私利。这种公正性及群众路线的长期践行，使其在社区治理中能在最短时间内架起组织与社区居民之间的信任桥梁和枢纽。党对广大人民群众的引领力、组织力、号召力、动员力等，都为社区治理提供了切实可行的路径。四是党建引领可有效提升执行力，推动治理举措落实到位。现代社区因规模大、居住人口多，利益诉求的复杂性和多样性尤为突出。因此，社区治理中不同主体的利益诉求需要得到引导、协调，只有拧成一股绳才能使治理举措落到实处、执行到位，从而达到"善治"的目的。中国共产党的本质属性及使命，使其担当起利益协调和引导者的角色。同时，党组织严明的纪律、优良的作风、高素质的队伍，都确保了社区治理的方向不会偏航、政策执行不打折扣。另外，在党长期执政的过程中，党和广大人民群众建立了密切的联系和良好的互动关系，党对广大人民群众的引领力、组织力、号召力、动员力等，都为社区治理举措的落地提供了坚实的保障。

二、党建引领现代社区建设的越城实践

（一）党建引领社区"契约化"共建的实践起源

越城区是绍兴市主城区，共有102个城市社区，建有社区基层党组织713个，在册党员共计58590名。[①]随着经济社会快速发展和城市化进程加速推进，城市管理的效率和效果受到严峻挑战，快速增长的服务群体数量与有限的社区服务资源间的落差、人民群众日益增长的物质文化需求与传统的服务管理能力间的错位、党建与业务"两张皮"等问题不断丛生和加剧，其根本原因是在社会发展和基层善治之间，缺少有效的黏合剂。2008年，越城区着眼构建城市基层党建大格局，创新实践"共建共享共治"理念，探索开展党建引领社区"契约化"共建，并在越都社区首创试点。越都社区地处老城区中心，是一个集商贸、文化、旅游、教育于一体的复合型老社区。社区内人口众多、商住混合，既是典型的老城市社区，也是"城市病"蔓延的一个缩影。越都社区以社区党委为核心，通过"五约"流程与辖区内20多个单位签订协议，建立四类菜单，实现双向服务，逐渐形成了党建引领社区"契约化"共建的基本操作内核。

2010年1月22日，时任国家副主席的习近平同志在第三批深入学习实践科学发展观活动简报上，对绍兴市越城区党建引领社区"契约化"共建作出重要批示，肯定了社区党组织与驻社区单位党组织"共建共享"这一做法。该做法随即在全市进行标准化推广，把"共建共治共享"的理念、方法、机制全方位融入城市管理和基层治理中，取得了较为明显的成效。10余年来，越城区先后发布了全国首个社区"契约化"共建地方标准，被写入了浙江省委城市基层党建工作指导意见和高质量发展建设共同富裕实施方案；党建引领社区"契约化"共建示范区入选长三角"三省一市"党建共建共育共享资

---

① 截至2023年12月4日，越城区组织部门统计数据显示。

源清单和全省100家省级党员教育培训基地。

（二）党建引领社区"契约化"共建的实践发展

越城区党建引领社区"契约化"共建的实践经历了从组织共建向服务共享、柔性签约向刚性管理、条线作战向全域集成的三次跃迁发展过程。

1. 第一次跃迁——组织共建向服务共享的跃迁（2004—2013年）

这一时期，党建引领社区"契约化"共建从社区试点到全市标准化推进，得到时任国家副主席的习近平同志的批示肯定。各项工作蓬勃发展，工作理念、体系和方法不断成熟。社区党组织和驻社区单位党组织通过共过主题党日、共同开展学习、定期进行交流，实现了组织层面的共建，带动了一批两新组织的党组织建强，共同提高党建工作水平，并逐渐把共建活动从党建工作共促向社区服务共享延伸。社区党组织与驻社区单位党组织分别梳理"责任、服务、资源、个性"四类菜单，将政府中心工作和民生服务纳入菜单范围，达到社区为驻区单位和群众服务、驻区单位为社区和群众服务的双向服务效果，有效实现了党建与业务咬合、资源与服务适配，社区资源和力量不足的"卡脖子"问题得到缓解。

2. 第二次跃迁——柔性签约向刚性管理的跃迁（2014—2017年）

把项目管理概念引入"契约化"共建，在2015年正式实行"契约化共建、项目化管理"模式，由街道、社区将政府中心工作和群众急难愁盼问题固化成一个个具体的项目，通过"谈约""签约"，"发包"给有能力、有意愿的共建单位。街道党工委每年两次督查项目推进情况，形成"年初发布、每月通报、半年回顾、年终评比"的工作闭环。各社区结合自身实际，制定日常管理制度90多项，对项目进行公示，由公众评价项目完成情况，用"亮约""评约"代替行政监督，把柔性志愿服务转变为刚性履约制度，使社区党支部能够在源头上把控服务方向，精准对接社区和群众需求，全过程管控项目执行，项目成效更加明显。

3. 第三次跃迁——条线作战向全域集成的跃迁（2018年至今）

聚焦深化"契约化"共建，以新时代城市基层党建引领城市基层治理全面提升，将社区建设的总体性工程"和美家园"创建、社会组织孵化器"五邻社"①、党员志愿服务平台等工作整合起来。一张蓝图部署、一条跑道推进，使契约共建与城市基层治理现代化全方位融合起来，创新打造了党建联建和"人人契约"两个抓手：联建单位不仅可以和社区党委签约共建，也可以和其他共建单位签约，切实破除条块限制；"人人契约"则发动了机关、教师、医生、律师等各类群体党员到行政村（社区）报到履约，参与治理服务活动。同时总结提炼，推出全省首个"契约化"共建工作管理规范②，把工作经验上升为制度成果，得到中央、省委、市委肯定。2019年，越城区相关做法作为全国城市基层党建创新案例，被中组部作为经验推广，被纳入第四批国家社区治理服务试验区。2021年，党建引领社区"契约化"共建多元参与机制被写入《浙江省高质量发展建设共同富裕示范区实施方案（2021—2025年）》，被列入全省基层党建"金名片"，获时任省委书记批示肯定。近年来，绍兴市越城区认真贯彻省市决策部署，把深化新时代"枫桥经验"作为重要政治任务，紧密结合主城区实际，以现代社区建设为载体，结合"六大改革""十大行动""十件惠民好事"等重点工作，积极探索并形成了以党建引领社区"契约化"共建为抓手的基层治理模式，不断创新党建引领现代社区建设的越城实践。2023年9月，越城区深化党建联建机制引领基层治理现代化成功入选"全国社会治理创新案例（2023）"③。

（三）党建引领社区"契约化"共建的实践举措

1. 坚持"全覆盖"共建，实现从"事"到"治"的转变

推进社会治理体系和治理能力现代化，必须加强党的组织建设，着重扩大党的组织覆盖和工作覆盖。一是四级联动，全方位引领。为有效应对基层各层级不同的治理难点，越城区将党建引领细化至区委、乡镇（街道）党

---

① 五邻社全称"五邻社"联合会，即将辖区单位、社会备案组织、个体工商户、社区知名人士、社区志愿者等分散的社会力量整合起来，拧成一股绳，让各方力量有效参与社区治理和服务的制度和形式。

② 《"契约化"共建工作管理规范（DB330602/T009—2019）》由绍兴市越城区市场监督管理局于2019年7月18日发布，分别从氛围、术语和定义、工作流程、工作原则、工作重点、工作机制六大方面对"契约化"工作作出规范。

③ 绍兴组工公众号：《探索"枫桥经验"城市版越城实践》，2013年10月6日。

（工）委、社区党组织、网格党支部四级党组织，并将重大问题、管理难事、民生需求、共建共治等明确归属至各层级。重大问题归属区委，民生实事划归街道，社区服务维护下放社区，驻社区单位及物业管理由小区党组织牵头协调。在实现党建全方位引领的同时，有效提高治理效率。二是深化提升，全类型覆盖。越城区自2008年正式提出党建引领社区"契约化"共建以来，10多年持之以恒地推进，不断深化提升，通过建立机关部门结对社区制度、领导干部党支部工作联系点制度、在职党员到社区报到服务制度等，实现了共建领域从社区到全域、共建主体从组织到个人、共建事项由单项到多项、共建模式从线下到线上的多重转变。截至2023年底，市、区两级机关115个党组织与全区102个社区党组织签订共建协议；包括区委、区政府主要领导在内的近600名副科级以上党员领导干部结对社区；全区5万余名党员干部签订"锋领十条"承诺书，25386名党员已到居住地行政村（社区）党组织履约。三是保障落实，全领域建强。根据"契约化"共建对阵地建设、人员配备、资金和技术支持等的实际需求，通过建设区级"契约化"共建活动中心，实体化运行区党员志愿服务中心，升级乡镇（街道）"红立方"党群服务中心，标准化运作村（社）级党群服务中心等，升级党建"矩阵"，在更高站位、更大范围、更宽领域、更深层次上促进资源共享、难题共解、活动共办、服务共推。在全区范围内形成"覆盖城乡、上下联动、功能集成、一体运行"的工作模式，拓展"15分钟服务圈"，打通服务群众"最后100米"，在基层治理中进一步激发跨域平台资源活力。同时，充分引导社区党组织和辖区内单位资源互相整合、互相开放，取长补短、互利互惠，整合组织、宣传、群团、民政、两新等各类党建阵地、平台、载体、人员资源，把阵地建在小区上、建在商圈里、建在公园中、建在"云端"上，为多元协同参与基层治理提供保障。

2. 注重"标准化"共建，实现从"事"到"制"的跃迁

党建引领社区"契约化"共建要树立标准化思维，以标准化推进党建工作常态化，开创标准化共建新气象。一是建强党建"龙头"，进一步体现党组织引领核心作用。实施"组织力提升工程"，加强区、街道、社区、小区四个层级的组织工作体系建设，逐级明确各级党建职责任务。区委指挥部总揽全局、协调各方,通过区域性党建联建,把原本互不隶属的各类党组织紧密团结在一起,充分激活和释放各方资源"红利",推动全区党建形成"一盘棋";街道党工委通过实施街道党建引领社区"契约化"共建,引领城市基层治理"一街道一品牌"建设,统筹凝聚两新党组织、国企党组织、事业单位等多方治理力量;社区党组织通过实行社区事务准入制度,推行"社区吹哨、部门报到"工作机制,深化机关党组织和在职党员"双报到"活动,对社区党组织抓党建、抓治理、抓服务的职能定位再明确,推动社区党建与各领域党建互联共融;小区党支部用好用活小区"红管家"议事协商机制,着力形成基层治理人人参与、人人尽责的局面。二是升级党建"矩阵",进一步激发跨域平台资源活力。整合党建、政务和社会服务等平台资源,拓展党建引领社区"契约化"共建在更高站位、更大范围、更宽领域、更深层次的资源共享、难题共解、活动共办、服务共推。进一步打造高标准、多维度、零距离的党建阵地。推进"党支部建在小区上",阵地构筑到小区里,深化"红色物业"工作,把业委会、物业人员纳入组织体系,充分发挥小区"红管家"议事厅多方主体共同参与、共同议事机制作用,及时协调解决小区管理中遇到的如物业管理难、业主停车难、既有住宅电梯加装难等难题。三是扩大党建"集群",进一步理顺多方共建治理体系。全面统筹整合和集成各方资源,进一步构建"共建共治共享"治理格局,使城市基层治理的短板变成可以依赖的优势。"组织契约"破区域壁垒。围绕社区辖区内多单位、多项目协同共建的"区域性契约",乡贤、校地、村企、村银共同参与的"聚力型契约",楼宇商圈、专业市场、文创园区等新兴领域的"服务型契约",从区域内到跨区域协同帮扶的"飞地型契约",丰富拓展契约共建形式,构建基层组织治理共同体。通过"项目契约"抓难点落实,将城市发展进程中的痛点工作纳入基层治理契约范围,形成契约项目清单,以集中推介、拍卖、众筹等形式签约、履约、评约,推进共建项目落地开花,构建起"需求有回应、问题有解决、效果有监督"的标准化党建引领社区"契约化"共建流程。

3. 推进"数字化"共建,实现从"事"到"智"的升级

为适应数字化时代和数字经济发展,越城区以党建大数据的生产运用构建"契约化"共建在基层治理中的闭环。一是突出数据思维转变,注重基层治理精准性。通过"越城有约""红色物业"等数字场景应用建立党建数据

库,精准掌握在基层治理中党组织和党员的履约状况,实现定量分析、精准定位、施策有据。推出"越平安"微信小程序、"网络问政瞭望哨"手机应用,畅通群众反馈问题、平台流转问题、部门处置问题的渠道,真正形成基层问题发现早、流转快、处置及时的封闭链条。各应用上线至今,已精准解决各类民生难题3000多个,处理事项涵盖老旧小区改造、电梯加装等民生实事,群众满意度达98%以上。二是突出互联思维转变,注重基层治理连接性。改变传统组织工作的点性思维和线性思维,形成互联互通互动的网状基层治理模式,通过数字"契约",建立"契约化"共建网,联通省市19个平台系统,实现3.3万路智能视频监控和261个"智安小区"数据资源互通,230多万条部门数据共享,实现各类资源无线连接、实时在线,打通了物业管理、民生实事等重点工作信息公开、沟通交流、问题解决的渠道。三是突出用户思维转变,注重发挥党员带头作用。通过数字赋能基层治理、丰富契约项目、强化考核激励,发挥好医生、教师、律师和机关单位党员群体的特长优势,力所能及地帮助解决群众身边的如健康咨询、法律援助、安全用电、困难帮扶等"关键小事"。同时,为参与"人人契约"的每一名党员赋予能量和机会,并根据不同群体、年龄、文化程度的基层需求和习惯开展党建工作,突出个性化选择和定制化需求,实现基层治理智能化、人文化和科学化。

三、党建引领现代社区建设的经验启示及未来展望

越城区党建引领社区"契约化"共建的主要做法及经验充分体现了越城区党建引领现代社区建设的原创优势、制度优势、效能优势,为新时代破解现代社区治理难题提供了有效的路径参考,彰显了以党建引领有效推进社区治理的时代价值。

(一)党建引领现代社区建设的经验启示

1.党建引领社区共建可有效破解党的领导"虚和实"问题

相较于乡村,城市社区治理涉及的人员更多样、需求更繁多、问题更复杂,其碎片化、空心化、多元化的特点,使党的政策、主张、路线在城市社区成为

统一意志的难度增大，党的领导和社区治理更易出现"两张皮"的现象。党建引领社区"契约化"共建可以有效破解这一难题。一方面，通过建强社区党组织，打造坚强核心，带动驻区单位，尤其是两新组织的党组织建设，做到组织和工作双覆盖；通过社区党委这个载体旗帜鲜明地使党的领导在基层治理中站在高处、挺在前面，为贯穿其中提供支撑，保证基层治理有魂、有序、有力、有效。另一方面，通过"契约化"共建、项目化管理把党建引领落在具体人、具体事、具体活动上；通过向社区党委赋权提能，保障其在确立目标、制定规则、梳理权限、融通数据、调度人才和协调资源等方面充分发挥总揽全局、协调各方的作用，充分发挥"火车头"的作用，使城市社区实现高度组织化，推动党的组织力向社区治理实效转化，重塑了党建与基层社会的连接。

2. 党建引领社区共建可有效破解公共治理的有效性问题

公共治理的有效性是基层治理的重要效能标准，要提升公共治理的有效性需要处理两个关键问题：一是公共治理的主体及时掌握真实的公众意愿，二是公共治理的主体有能力满足公众意愿[1]。在党建引领社区"契约化"共建实践中，社区党委在签约之前应对辖区各类供能主体能够提供的组织、资源、阵地等要素进行全面摸排，将来自政府、群众、组织、社区各个需求主体的意愿统筹整合，进行清单式管理，通过协商、众筹、拍卖等形式，使供给与需求精准对接。同时，因为政党全心全意为人民服务的宗旨，在社区治理中能够始终把人民群众"满意不满意、高兴不高兴、答应不答应"作为衡量基层社会治理成效的根本标准，使项目更加贴近民生、合乎民意，符合社会意愿和公共意志，更充实、更有保障、更持久地提升人民群众获得感、幸福感和安全感，在不断满足人民群众对美好生活的期盼中实现善治目标。

3. 党建引领社区共建可有效破解整体治理的协调性问题

资源共享、共驻共建是社区治理的内在要求，然而整体治理体系构建的难点也正在于如何让更多的社会主体参与和融入其中，让各要素充分涌流。马克思主义认为，人类社会进入现代之后，在资本逻辑的作用下，社会结构

---

① 郁建兴、黄飚：《"整体智治"：公共治理创新与信息技术革命互动融合》，《人民周刊》2020年第12期。

发生巨大变化，人的交往方式和生存形态也呈现出全新内容，生存形态开始从共同体化向原子化转变。在城市化进程中，这种转变尤为明显，从乡村的熟人社会跨入城市的"陌生人"社会，各类资源、要素呈现出分散、独立的颗粒状态。要把分散的资源整合起来，需要党建引领来合理地干预和调整。在社区党委的统筹下，通过搭建具有同等话语权的对话平台，接纳不同观点，创造对话协商的条件，达成一致共识；再通过契约、联建方式，对各类市域主体重新进行组织、整合，从结构（签约——不同类型主体相互连接）、功能（履约——共同完成一项或几项目标任务）、秩序（一网三制等制度保障）三个层面实现再组织化，创造信任、开放、合作的包容性空间与环境，形成多跨协同的常态化场景。党委以领导者和建设者的角色定位积极孵化社会组织，引导社会组织及时补位应当由社会和市场提供的管理和服务，在一定程度上较好地解决了通过党建将社会资源重新组织协调起来为治理服务的难题。

4. 党建引领社区共建可有效破解智慧治理的功能性问题

整体智治是提升基层治理有效性的重要路径选择。整体智治就是在党的统一领导下，运用数字化、智能化的引擎带动，通过打破部门信息壁垒，形成涵盖经济、政治、文化、社会、生态文明等各个领域的资源共享和闭环管理。它不是技术层面的简单叠加，而是用数字化这个关键变量促进制度的重塑，架构综合集成、高效协同、闭环管理的制度体系。通过党建引领社区"契约化"共建的实践，可以使数字化技术在基层治理的运用中首要突出普适性，把满足治理对象需求作为数字化转型的逻辑起点，更加注重研究各个阶层群众普遍乐于接受的数字化平台与载体，更能体现基层治理公平普惠的意义。另外，信息孤岛是社会资源难以有效配置的"拦路虎"，也是当前基层治理现代化进程中需要破解的难题。通过党建引领可以把各类组织、各种力量、各项资源在网上整合，激活各领域各方面的优势和潜力，打造数据云架构、业务巨系统，从而使传统意义上单向型的治理活动向多跨、量化、闭环、共享转型，真正实现让流程重塑、让资源破圈、让业务跨界、让效能提升，推动治理主体之间的有效协调，实现精准、高效的基层治理。

（二）党建引领现代社区建设的未来展望

1. 党建引领现代社区"契约化"共建要更加注重社区党委的建强

要推动共建落地，发挥共治共享作用，要更加注重建强社区党支部这一阵地核心。从越城区的实践来看，成功经验之一是十分注重培育基层党组织。未来，党建引领现代社区建设可通过开展党组织堡垒指数和党员先锋指数考评，扎实开展基层党组织评星晋级活动，持续整顿后进党组织等举措，有力建强社区党委；通过将派驻社区单位、业委会、物业服务企业的党组织负责人吸纳为社区党组织兼职副书记或委员，建立起兼职委员履职清单，定期商讨社区重大事项；社区党委和驻区单位党组织实现党的组织联建、党员职工联管、党日活动联动、重大任务联创、公益服务联办，带动新兴领域党组织实现组织和工作双覆盖。同时，通过一个个具象化、可量化、可评价的项目，发挥党组织的凝聚力和党员能动性，使党组织和党员在实践实战实效中不断淬炼战斗力，反哺党建水平。

2. 党建引领现代社区"契约化"共建要更加注重共建共治共享

未来，党建引领现代社区"契约化"共建要厚植于"共建共治共享"土壤，用契约的手段激活资源、力量、阵地，用项目化管理保障效能，及时处置、协同解决社区治理问题。如越城区从2008年首次签约至2023年底，全区共建社区从1个试点到102个全覆盖，共建单位从20家增加到1148家，开展服务活动累计60万余次，解决各类问题5.2万余件。党建引领现代社区"契约化"共建，要更加注重将基层平安建设、环境整治等中心工作纳入契约共建，群众和共建单位代表要全程参与项目的筛选、制定、执行和评估，要推动居民和商户从被动承受者转变为建设者、受益者，争取更多的支持和认同，更好地解决政府工作"最后一公里"中社会组织缺位和信息不对称的问题。

3. 党建引领现代社区"契约化"共建要更加注重智慧治理

在党建引领现代社区"契约化"共建迭代升级的过程中，数字化技术起到了赋能提质的重要作用，收到良好效果。如"越城有约"微信小程序专项破解了"人人契约"效果追踪问题，打破时空界线，实时评价履约结果，一定程度上激发了党员参与"人人契约"的积极性和主动性，从2万余名党员参与到5万余名党员全覆盖,实现了"人人契约"的制度重塑。未来,党建引领现代社区"契约化"共建要更加注重时代发展要求、技术升级现状,以开发利用数字技术的微应用、应用场景、智慧治理平台、智慧大脑等手段打破数据孤岛,实现全量归集、多跨协同、闭环管理的智能化效果,更好地运用智慧手段给治理赋能。

参考文献:

[1]习近平.习近平谈治国理政:第4卷[M].北京:外文出版社,2022.

[2]梁漱溟.乡村建设理论[M].上海:上海人民出版社,2011.

[3]徐勇,邓大才.中国乡村政治与秩序[M].北京:中国社会科学出版社,2012.

[4]俞可平.论国家治理现代化[M].北京:社会科学文献出版社,2014.

[5]马永定,戴大新."枫桥经验"法治化路径研究:以绍兴市坚持发展"枫桥经验"为例[J].公安学刊(浙江警察学院学报),2014(6).

[6]中央党校党建部课题组.把"契约化"共建理念融入城市基层治理之中:浙江省绍兴市越城区深化"契约化"共建的实践[N].学习时报,2021-06-28.

[7]周俊.以整体智治消除基层"数据烟囱"[J].国家治理,2020(30).

[8]余敏江.整体智治:块数据驱动的新型社会治理模式[J].行政论坛,2020,27(4).

[9]梁敏玲.治理单元重构视角下城市基层治理的困境与进路:基于历史脉络的思考[J].中国行政管理,2022(2).

基层协商民主落地落实的绍兴样本

中共绍兴市委党校　韩兴雨

　　浙江省绍兴市是"枫桥经验"发源地，全程追踪"枫桥经验"发展与演变的漫长历程就会发现，"枫桥经验"自20世纪60年代诞生以来"始终是引领中国基层社会治理新发展的坐标"[①]。党的十八大以来，随着我国社会主义现代化进程的加速演进和改革开放向纵深发展，我国社会主要矛盾发生根本性变化，基层社会治理随之呈现出许多新的趋势和新的特点，"枫桥经验"发展也面临新的机遇和挑战。绍兴市以高度的政治责任感，主动扛起"枫桥经验"发源地之使命担当，坚决贯彻新时代党和国家有关社会治理体系和治理能力现代化的决策部署，紧密结合基层社会治理的客观实际和重要特点，积极推进新时代"枫桥经验"和基层协商民主有效融合，不断推进基层社会治理的实践创新、理论创新和制度创新，持续提升基层社会治理现代化水平。在此过程中，"枫桥经验"的科学内涵得到进一步拓展和提升，为推进全国基层社会治理体系和治理能力现代化提供了十分宝贵的"绍兴方案""绍兴标准""绍兴样本"。2023年9月，习近平总书记在浙江考察调研期间，强调要坚持好、发展好新时代"枫桥经验"。在新时代，坚持好和发展好新时代"枫桥经验"，必须深刻分析当前我国社会矛盾的主要特点，始终坚持党的群众路线，科学探索基层协商民主的运行逻辑与发展规律，以改革创新精神全力推进新时代"枫桥经验"和基层协商民主之间的深度融合，把全过程人民民主的制度优势转化为治理效能，从而为"中国之治"提供更具普遍性的治理智慧和实施方案。

---

　　①　卢芳霞、余钊飞、刘开君等：《"枫桥经验"概论》，浙江人民出版社2020年版，前言第2页。

一、理论基础

虽然新时代"枫桥经验"和基层协商民主无论是出场语境、理论基础、学科支撑，还是所关注的重点领域并非完全一致，但新时代"枫桥经验"和基层协商民主都始终坚持党的领导、人民主体和多元共治等基本价值原则，都以推进基层社会治理、实现基层社会善治、满足人们对美好生活的追求为价值目标。我国基层社会治理发展实践亦充分证明，新时代"枫桥经验"和基层协商民主具有高度的耦合性和内在的关联性。[①]因此，新时代"枫桥经验"可以给基层协商民主发展提供科学的方法论指导，而发展基层协商民主可以不断强化新时代"枫桥经验"的制度支撑和文化环境。

（一）新时代"枫桥经验"

"枫桥经验"是一种既拥有鲜明地方文化特征，又蕴含着普遍规律性的具有中国特色的基层社会治理方案，是"两个结合"的典型案例和具体实践，具有与时俱进的精神特质。大致来说，"枫桥经验"主要经历了三个前后相继的发展阶段，即社会主义建设时期以"社会管制"为特征的"枫桥经验"，改革开放新时期以"社会管理"为特点的"枫桥经验"，以及中国特色社会主义新时代以"社会治理"为显著标识的"枫桥经验"。60余年来，"枫桥经验"始终历久弥新，显示了强大活力和蓬勃生机，实现了从"枫桥经验"到新时代"枫桥经验"的转型升级和内涵提升，经历了从"一镇之计"上升到"一国之策"的跨越式发展。[②]

新时代"枫桥经验"是"枫桥经验"的最新发展阶段，是党的十八大以来在原来基础上创新发展起来的"枫桥经验"升级版，是一种经实践

---

① 袁海平：《论全过程人民民主与新时代"枫桥经验"的关系》，《绍兴文理学院学报》2023年第11期。

② 顾洁丽、朱丽：《坚持和发展新时代"枫桥经验"的绍兴实践》，《浙江法治报》2023年11月30日。

证明十分契合中国国情的现代基层社会治理方案。①根据我国理论界和学术界的理论概括，新时代"枫桥经验"的科学蕴含被归纳阐释为"党建统领""人民主体""三治融合""四防并举""共建共享"等五个重要方面。"党建统领"是新时代"枫桥经验"的政治灵魂和根本保证，是坚持和发展新时代"枫桥经验"的根本遵循和价值指引。"人民主体"是新时代"枫桥经验"的核心价值和动力之源。人民主体意味着新时代"枫桥经验"始终秉持以人民为中心的价值理念，强调人民群众是基层社会治理的能动主体、积极参与者、最终受益者，以及治理成效最重要的评判者。"三治融合"是指法治、自治和德治等治理方法的有机结合，以法治立规矩、以自治增活力、以德治扬正气。②"四防并举"是指"枫桥经验"注重发挥人防主体作用、物防保障作用、技防支撑作用和心防预防作用。"共建共享"是指基层社会多元主体共同参与社会建设和治理，以及共同分享社会治理所取得的成果。

新时代"枫桥经验"是推进基层社会治理的科学世界观和方法论，源于人民群众的实践探索，具有十分鲜明的中国特色，"是在基层贯彻党的群众路线、创新群众工作方法、善于运用法治思维和法治方式解决涉及人民群众切身利益矛盾和问题的典范"③。新时代"枫桥经验"最突出、最显著的特点就是在党的领导下，始终秉持人民至上的价值理念，坚持与贯彻党的群众路线，依靠群众解决群众自己的问题，从而实现基层社会的和谐稳定和平安幸福。

（二）基层协商民主

协商民主是20世纪80年代西方学者在对他们的代议制民主制度及其实践的现实局限性和内在困境进行深刻批判与理性反思时提出的一种政治理论。国内外学术界一般都认为，"协商民主"概念是由美国学者约瑟夫·毕赛特在《协商民主：共和政府中的多数原则》一文中最先提出。到20世纪

---

① 卢芳霞、余钊飞、刘开君等：《"枫桥经验"概论》，浙江人民出版社2020年版，第68页。

② 同上书，第78—81页。

③ 何艳玲、蒋良竹：《基于新时代"枫桥经验"的基层社会治理方法论》，《人民检察》2023年第22期。

90年代,"协商民主"激发了众多学者的研究兴趣。如伯纳德·曼宁、乔舒亚·科恩、塞拉·本哈比、詹姆斯·博曼、乔恩·埃尔斯特,特别是于尔根·哈贝马斯、安东尼·吉登斯、约翰·罗尔斯等众多有影响力的思想家、理论大师都纷纷加入协商民主的研究阵营,把协商民主作为他们最重要的研究领域和致思对象,协商民主很快便成为西方政治理论研究中一个实力强大、影响深远的学术领域。

世纪之交,随着中西方文化互动、学术交流的日益频繁和逐步深入,协商民主理论开始传入我国。俞可平等学者积极撰文介绍协商民主理论。与此同时,在他的主持下中央编译局翻译出版了一系列西方学者研究协商民主的理论成果,极大地推动了我国学术界和理论界对协商民主的全面研究和系统探讨。2012年,党的十八大报告正式提出"社会主义协商民主制度",并第一次明确指出"社会主义协商民主是我国人民民主的重要形式"[1]。从此,"协商民主"概念正式进入我国国家话语体系,"健全社会主义协商民主制度"成为推进新时代中国特色社会主义民主政治建设的重要内容。虽然协商民主概念是由西方学者提出的,是个名副其实的"舶来品",但作为一种真实的民主实践,我国社会主义协商民主是"中国共产党和中国人民的伟大创造,源自中国共产党领导人民进行革命、建设、改革的长期实践",是我国独有的。需要强调指出的是,我国语境中的"协商民主"和西方社会文化背景中的"协商民主"存在本质区别。根据中共中央印发的《关于加强社会主义协商民主建设的意见》的科学界定,我国社会主义协商民主是指"在中国共产党领导下,人民内部各方面围绕改革发展稳定重大问题和涉及群众切身利益的实际问题,在决策之前和决策实施之中开展广泛协商,努力形成共识的重要民主形式"[2]。协商民主是中国社会主义民主政治的特有形式和独特优势,是党的群众路线在政治领域的重要体现,它在国家治理和社会治理中发挥着重要功能[3]:首先,协商民主有助于拓展利益表达渠道、推动公民个体、社

---

[1]　胡锦涛:《坚定不移沿着中国特色社会主义道路前进为全面建成小康社会而奋斗——在中国共产党第十八次全国代表大会上的报告》,人民出版社2012年版,第26页。

[2]　《关于加强社会主义协商民主建设的意见》,人民出版社2015年版,第2页。

[3]　陈家刚:《协商民主与国家治理——中国深化改革的新路向新解读》,中央编译出版社2014年版,第34—36页。

会组织与政府的对话和交往，增强公共政策的合法性基础，扩大并促进公共利益；其次，协商民主有助于促进公民有序政治参与，提升基层民主的深度与广度；最后，协商民主有助于在实践中形成健康民主社会所需要的政治文化，形成一种宽容、理解、对话、倾听和理性的民主氛围。

基层协商民主是指协商民主在乡镇、街道、村庄、社区和单位、企业等基层社会领域实践所形成的民主形式。[①] 基层协商民主是协商民主在基层社会场域的有效拓展和延伸，是我国社会主义协商民主的重要构成和实现形式，是人民群众政治参与的重要渠道，是发展社会主义协商民主的基础性工作。[②] 根据吴培豪等学者的科学界定和理论阐释，基层协商民主是指在中国共产党领导下，基层社会多元主体围绕事关自身利益的现实问题开展平等协商，参与公共决策和社会治理活动，在形式上涵盖议程设置、民主协商、决策执行和监督反馈等前后衔接的重要阶段，在实质上包括协商主体多元化、协商内容广泛化、协商形式深度化、协商活动制度化和协商结果落地化等丰富内涵，具有吸纳多元社会治理主体、丰富基层社会治理形式、拓宽基层社会治理空间和提升基层社会治理效能等重要政治价值，是化解纠纷、整合利益、达致共识的有效实践方式，凭借平等参与机制，能够以公共协商构建共建共治共享的社会治理格局。[③]

根据学者们的理论阐释，基层协商民主和基层自治是两个既紧密联系又相互区别的科学概念。按照当代协商民主理论的分析，基层协商民主作为社会主义协商民主在基层社区的实践形式和民主样式，它主要表现为基层组织和社区群众之间针对基层社区发展以及事关社区群众切身利益的各种问题进行平等协商、作出科学决策。所谓基层自治是指基层社区群众根据相关制度规定，依法通过自我管理、自我教育和自我服务等方式实现基层社区治理的民主方式。具体来说，基层自治强调的是基层社区群众通过自己的方式参与并决定涉及自身利益的重大事项，体现的是基本事务的直接参与和管理。基层协商民主是基层自治的一种重要实现形式，是社区治理中最为普遍的活

---

① 李建：《基层协商民主推进国家治理现代化发展路径探析》，《理论月刊》2017年第9期。

② 刘国强：《新时代基层协商民主建设研究》，《广东社会主义学院学报》2021年第4期。

③ 吴培豪、钱贤鑫、衡霞：《基层协商民主助推社会治理共同体建设的运作机制与驱动逻辑：基于"红茶议事会"的案例研究》，《湖北社会科学》2023年第9期。

动形式，是基层群众自我治理的最基本的民主形式。基层自治作为我国最广泛、最直接、最生动的社会主义民主实践，是开展城乡社区协商民主的坚实基础。从总体上来说，基层协商民主侧重通过交流、讨论来解决基层社区治理问题，基层自治则侧重通过自我管理实现社区治理的顺利开展。

基层协商民主在我国社会主义协商民主体系中的地位特殊而重要，主要原因在于，涉及人民群众利益的大量决策和工作主要发生在基层。习近平总书记曾指出，推进改革发展稳定的大量任务在基层，推动党和国家各项政策落地的责任主体在基层，推进国家治理体系和治理能力现代化的基础性工作也在基层。基层是一切工作的落脚点，社会治理的重心必须落实到城乡、社区。基层协商民主在解决人民群众的实际困难和急难愁盼问题，及时化解矛盾纠纷，促进社会和谐稳定方面发挥着十分重要的功能和作用。在基层协商民主实践中，基层大众磋商、探讨公共事务过程与民主决策、科学决策结果的统一，实现了"众人的事情由众人商量"。①按照韩福国的理论分析，目前我国基层协商民主的治理领域主要涉及五个重要方面，即城市治理中的协商、乡村治理与协商民主、公共政策议程的协商、公共预算改革的协商和基层选举的协商。②

（三）新时代"枫桥经验"和基层协商民主之间的耦合性

新时代"枫桥经验"的实质是贯彻党的群众路线，通过"发动和依靠群众"，加强自治和协商，就地解决矛盾；而基层协商民主的实质是加强协商、沟通与交流，消除分歧、达成共识，自我化解矛盾。③通过系统考察、全面比较和理性分析新时代"枫桥经验"和基层协商民主不难发现，新时代"枫桥经验"和基层协商民主之间存在许多共性元素和十分密切的内在关联性，这意味着推进它们的深度融合具有坚实的现实基础和有力的理论支撑。

第一，党建统领。党的十九大报告指出，党政军民学，东西南北中，党是领导一切的。中国共产党领导是中国特色社会主义最本质的特征，是中国

① 杨莉芸：《党建引领基层协商民主的政治逻辑、实现机制与实践平台》，《中州学刊》2022年第3期。

② 韩福国：《基层协商民主》，中央文献出版社2015年版，导言第13页。

③ 卢芳霞：《"枫桥经验"——走向社会治理》，浙江人民出版社2020年版，第295页。

特色社会主义制度的最大优势，党是最高政治领导力量。[①]在我国学术界和理论界对新时代"枫桥经验"和基层协商民主所作的理论阐释中，始终坚持党的领导和党建统领无疑是二者最核心的特征和"政治密码"。党建统领构成新时代"枫桥经验"和基层协商民主的内在本质，它不仅保证它们的正确发展方向，而且赋予它们十分鲜明的中国特色。[②]新时代"枫桥经验"和基层协商民主在实践中都把健全基层党组织、发挥党员先进性作为工作的重中之重。

第二，群众路线。群众路线是中国共产党的政治路线、组织路线和根本工作路线，是中国共产党不断取得成功的重要法宝。众人的事情由众人商量，依靠群众解决群众自己的矛盾和问题是人民民主的真谛。群众路线不仅是"枫桥经验"和基层协商民主孕育产生的前提条件，而且是新时代"枫桥经验"和基层协商民主持续运行、良性发展的基本原则。在基层社会治理中，坚持一切为了群众、一切依靠群众的群众路线是新时代"枫桥经验"和基层协商民主的基本立足点。新时代"枫桥经验"和基层协商民主如果弱化、忽视和脱离群众就无法取得成功。

第三，人民主体。人民群众是历史的创造者是历史唯物主义的基本观点，人民至上是马克思主义的基本政治立场。江山就是人民，人民就是江山。中国共产党百年发展历程充分证明，党的根基在人民、力量在人民。中国共产党始终坚持人民主体地位，把全心全意为人民服务作为党的根本宗旨，党的一切实践活动都是为了服务人民、造福人民，不断提升人民群众的获得感、幸福感和安全感。新时代"枫桥经验"和基层协商民主都关注社会的最基层，通过处理各种复杂矛盾和问题，致力于维护基层社会的平安稳定与和谐。

第四，多元共治。现代社会是一个多元化社会，社会各个群体的价值观念、利益诉求和行为方式具有很大差异性。党的二十大报告指出，健全

---

① 《党的十九大报告辅导读本》，人民出版社2017年版，第19—20页。

② 根据赵国强的科学阐释，新时代"枫桥经验"的"党建统领"主要包括5个重要方面：实施"政治引领"工程，把准基层治理主方向；实施"组织引领"工程，筑牢基层治理主阵地；实施"能力引领"工程，锻造基层治理主力军；实施"发展引领"工程，打造基层治理主引擎；实施"服务引领"工程，拓宽基层治理主渠道。参见绍兴枫桥学院编著《新时代"枫桥经验"实践案例》，浙江人民出版社2021年版，第17—20页。

共建共治共享的社会治理制度，建设人人有责、人人尽责、人人享有的社会治理共同体。①社会治理共同体建设的关键在于充分动员社会各方面力量，积聚起多方协同的治理合力。新时代"枫桥经验"和基层协商民主都积极顺应现代社会发展的多元化趋势和基层社会治理的主要特点，科学打造社区主体多元协同共治的新格局，积极发挥基层党委和政府、社区组织、社区居民、社会组织，以及社区共建单位等多元主体参与社区治理的积极性和主动性。

二、主要实践

改革开放迈进"新时代"以来，绍兴科学把握我国现代社会发展所造成的深刻变化，积极适应基层社会治理所面临的新形势和新任务，认真贯彻落实党中央推进国家治理体系和治理能力现代化的战略部署和具体要求，大力推进基层协商民主广泛多层制度化发展，积极探索协商民主参与基层社会治理的科学路径和内在规律，以现代协商民主的理念和方法助推"枫桥经验"转型升级，从而实现"及时把矛盾纠纷化解在基层、化解在萌芽状态"，切实维护基层社会的平安稳定，进而推动我国社会全面发展与和谐幸福。

（一）时代背景

改革开放40多年来，我国经济社会发展取得了令全世界惊叹的"中国奇迹"和巨大成就，中华大地发生了翻天覆地的变化。伴随着改革开放向纵深发展及现代社会转型加速推进，我国经济结构、社会结构，以及人们的利益诉求、价值观念和生活方式都发生着深刻调整和根本转变。面对改革进程中利益格局深刻调整的新形势和社会新旧矛盾相互交织的新变化，"枫桥经验"亟须创新求变和转型升级以适应现代社会的快速发展。

第一，我国社会主要矛盾发生根本变化。随着我国社会主义市场经济体制建立和经济社会快速发展，物质困乏时代已然成为历史。我国社会主要矛盾已经不再是人们物质文化需要同落后生产之间的矛盾，而是转化为人民

---

① 《党的二十大文件汇编》，党建读物出版社2022年版，第41页。

日益增长的美好生活需要和不平衡不充分的发展之间的矛盾。美好生活需要不仅对物质文化生活提出了更高要求，而且在民主、法治、公平、正义、安全、环境等方面的要求日益增长[1]。我国社会主要矛盾的根本改变意味着，人们的社会需求不仅更加多样化，而且需求的层次大大提升。人们不再仅仅满足于吃饱穿暖等低层次需求，还要安定的社会环境、正义的法治社会及充分的民主权利，比如社会贫富差距、社会分配不公等问题越来越受到人们的高度关注。

第二，群众民主政治参与意识明显增强。随着市场经济发展和现代政治文明传播，群众的政治参与意识被充分激活，他们渴望通过民主选举、民主管理、民主决策和民主监督等实现对公共政策制定和实施的合法参与，以此维护个人合法权益和社会公共利益。根据政治理论家亨廷顿的理论分析，如果在现代社会，大众的民主政治参与热情高涨，但缺乏健全的、制度化的正式参与渠道，大众就会产生政治失落感和挫败感，容易引起社会的不稳定。因此，健全人民民主政治制度、拓宽政治参与渠道、保障群众的政治权利，为群众政治参与提供合法的多样化空间，成为当代民主政治社会发展的重要内容。

第三，治理成为现代社会的主流理念。现代社会是一个结构多元、利益多样的复杂社会，包括国家权力、社会组织和公民个人在内的多元主体共同参与社会治理，成为当前人们普遍认同和接受的现代政治理念。从社会管理向社会治理转变，成为现代社会的发展趋势和重要表征。

第四，发展社会主义协商民主成为我国人民民主政治建设的重点任务。2012年，党的十八大报告明确指出："社会主义协商民主是我国人民民主的重要形式。要完善协商民主制度和工作机制，推进协商民主广泛、多层、制度化发展。"[2] 2013年，党的十八届三中全会着重强调："协商民主是我国社会主义民主政治的特有形式和独特优势，是党的群众路线在政治领域的重要体现。""构建程序合理、环节完整的协商民主体系，拓宽国家政权机关、政

---

① 《党的十九大报告辅导读本》，人民出版社2017年版，第11页。

② 胡锦涛：《坚定不移沿着中国特色社会主义道路前进为全面建成小康社会而奋斗——在中国共产党第十八次全国代表大会上的报告》，人民出版社2012年版，第26页。

协组织、党派团体、基层组织、社会组织的协商渠道。"① 2015年，为大力推进我国协商民主发展，建设社会主义政治文明，充分发挥我国全过程人民民主的制度优越性，中共中央先后印发《关于加强社会主义协商民主建设的意见》《关于加强人民政协协商民主建设的实施意见》《关于加强城乡社区协商的意见》。2018年，浙江省人民政协逐步推进"请你来协商"履职平台建设，使政协履职提质增效。随之，全国各地基层协商民主实践探索呈现繁荣局面。

（二）实践探索

近年来，绍兴坚决贯彻执行党和国家推进国家治理体系和治理能力现代化的战略决策和具体部署，认真落实中共中央印发的《关于加强社会主义协商民主建设的意见》和中共中央办公厅、国务院办公厅印发的《关于加强城乡社区协商的意见》指示精神，深入挖掘"枫桥经验"中的协商文化传统和基因，针对基层社会发展中存在的尖锐矛盾和复杂问题，把大力发展基层协商民主作为新时代创新"枫桥经验"的重要抓手和突破方向。经过持续不断的推进和探索，绍兴基层协商民主建设取得积极成效，创新形成了一些特色鲜明的基层协商民主典型案例，为新时代"枫桥经验"转型升级提供了切实可行的科学路径。总体来说，绍兴基层协商民主的实践探索主要涉及乡镇（街道），行政村（社区）和企事业单位三个重要场域，即乡镇（街道）的协商，行政村（社区）的协商和企事业单位的协商。

1. 乡镇（街道）的协商

根据中共中央印发的《关于加强社会主义协商民主建设的意见》的科学界定，乡镇（街道）的协商主要是"围绕本地城乡规划、工程项目、征地拆迁以及群众反映强烈的民生问题等，组织有关方面开展协商"。近年来，绍兴重点围绕现代化进程中的城镇规划、征地拆迁、乡村振兴，以及其他涉及人民群众利益的重大事项开展基层协商，积极探索协商民主融入基层社会治理的有效机制和有用方法。如，新昌县原大市聚镇②以"枫桥经

---

① 《中国共产党第十八届中央委员会第三次全体会议文件汇编》，人民出版社2013年版，第47—48页。

② 2019年，新昌县撤销大市聚镇、新林乡建制，合并组建新的沃州镇。

验"为指导,以实现"实施民间协理,促进科学决策"为目标导向,组织成立重大事务协理团。所谓"重大事务协理团"是指由基层代表参与重大事项的协商办理,意在构建集议事、协理和监督于一体的民间协理科学机制。①新昌县原大市聚镇重大事务协理团的主要做法是:第一,围绕扩大民主,选优配强成员。首先,明确遴选标准。选择成员时注重突出广泛性、先进性和代表性,镇域范围内的党员干部、"两代表一委员"和优秀企业家等构成优先聘请对象。其次,择优选取成员。镇党委和政府分片分线提出初选名单以后,由镇人事组织机构在综合考察的基础上提出初定名单,然后提交镇党政联席会议讨论确定最终的聘请对象。协理团一共有24名成员,其中村党员干部13人,企业界人士6名,其他行业和普通群众5人。协理团中"两代表一委员"的比例高达80%以上。最后,确定议事规程。协理团严格遵循"定期活动、应急协理、日常监督、意见反馈"的工作要求,履行相应的工作职责。协理团共设置5个重大事项协理组,即重大经济事项协理组、重大建设事项协理组、重大农村事项协理组、重大突发事项协理组和重大稳控事项协理组。协理团设1名秘书长,由镇党委副书记兼任,每个协理组设1名召集人。第二,深挖双向服务,明确协理职能。协理团根据"为党委和政府决策服务、为基层群众诉求服务"的工作宗旨,明确5项重要的协理职能,即民意表达职能、决策咨询职能、宣传引导职能、协调配合职能和主动监督职能。第三,立足有序运行,规范协理行为。经科学论证,协理行为规范主要分为三大类,分别制定科学工作流程,明确目标要求。一是党政需求协理。当党委和政府有重大事项实施时,可开展专项协商。二是群众点题协理。协理团专门设立工作室,由协理团成员轮流接待来访群众。协理团根据群众诉求,在有协理需求时向党委和政府反馈,然后根据事项办理的难易程度,组织召开专题质询协理会,并及时向群众反馈协理结果。三是基层调研协理。根据市委和市政府、县委和县政府的中心工作,每年确定1~2项调研课题,通过广泛、深入调研,最终形成调研报告,供镇党委和政府决策时参考。新昌县原大市聚镇重大事务协理团取得了十分明显的治理成效,为绍兴基层协商民主发展起了很好的铺垫作

---

① 浙江省统一战线理论研究会:《基层协商民主案例》,杭州出版社2015年版,第151页。

用和示范效应。首先，保障乡镇党委和政府作出科学决策。民意代表通过列席党政联席会议和重大事项听证会等重要会议，给党委和政府提供合理化建议，对党委和政府决策实施有力监督，使乡镇党政权力运行、科学决策得到有效规范。其次，畅通基层群众提出利益诉求渠道。通过各种调研、协理活动，能够及时把老百姓的各种诉求反馈给党委和政府，使人民群众的参与权、表达权和监督权得到充分保障。最后，促进基层社会达致和谐稳定。通过协理及时解决基层社会群众的各种矛盾纠纷，把矛盾就地解决、及时化解，消除了各种社会隐患。又如，诸暨市枫桥镇针对小城镇建设规划、古城改造，以及基层群众最为关心的民生问题积极开展协商。在平安特色小镇规划建设过程中，党委和政府多次跟乡贤、企业家、村干部和群众代表协商。在枫桥古镇改造过程中，枫桥镇召开了100多场不同规模、不同形式的协商会、座谈会和动员会，走访了4000余人。①

2. 行政村（社区）的协商

按照《关于加强社会主义协商民主建设的意见》的规定，行政村（社区）协商要坚持村（居）会议、村（居）民代表会议制度，规范议事规程。积极探索村（居）民议事会、村（居）民理事会、恳谈会等协商形式。重视吸纳利益相关方、社会组织、外来务工人员、驻行政村（社区）单位参加协商。绍兴市根据我国农村和城市社区快速发展所带来的复杂矛盾和突出问题，结合各村不同特点和文化条件，注重发挥"枫桥经验"的综合优势，积极探索协商民主融入基层治理的新路径，形成以"三上三下""五议两公开""八郑规程"②和"夏履民主程序"为代表的基层协商民主创新发展案例。如，作为"枫桥经验"发源地的诸暨市枫桥镇在现代化进程中创新村级重大事项"三上三下"民主决策制度，针对村庄治理的重点、难点和热点问题进行协商。③所谓"三上三下"：一是"一上一下"征集议题。按照镇党委和政府的工作

① 卢芳霞：《"枫桥经验"——走向社会治理》，浙江人民出版社2020年版，第299页。

② "八郑规程"是绍兴嵊州市三界镇八郑村创建的一种基层民主管理规范化建设的试点模式，它主要包括"八项制度"，即民主选举制度、村务决策制度、财务管理制度、项目招投标制度、村务公开制度、民主管理监督制度、村干部谈听评制度和村干部责任追究制度。"八郑规程"通过把八项制度转化为八大流程，使村干部靠流程来执行，老百姓靠流程来监督，乡镇政府靠流程来检查考核，从而使村级民主管理各项工作步入程序化、规范化轨道。

③ 浙江省统一战线理论研究会：《基层协商民主案例》，杭州出版社2015年版，第17页。

部署及本村工作实际，村两委会考虑拟定决策事项，然后入户广泛征询村民的意见和建议。二是"二上二下"酝酿讨论。村两委会分析汇总村民的意见建议，先提出建议方案，然后提交党员议事会、民主恳谈会及专业部门，对方案事项的必要性、可行性进行科学论证，进一步达成共识，完善方案。三是"三上三下"审议决定。方案经村两委会讨论确定后，提交党员会议审议通过，最后经村民代表会议表决通过后组织实施。枫桥镇各村还制定了《村两委会联席会议制度》《村民代表会议制度》《民主恳谈会（听证会）制度》《党员议事会制度》等配套制度以保障"三上三下"民主决策机制的顺利实施。近年来，枫桥镇还大力推进社会组织协商，培育发展乡贤联合会、"枫桥大妈"、枫桥义警等47家社会组织，助力经济社会发展。越城区城南街道蔡家江村以村务议事为抓手，探索农村协商民主的发展。柯桥区安昌街道大山西村积极探索发挥统战社团优势，推动村庄发展和治理。大山西村按照协商民主广泛多层制度化发展的具体要求，结合本村发展实际，相继成立5个统战社团：一是村级商会，二是流动人口"新村民小组"，三是村级侨联组织，四是乡贤参事会，五是成立天南地北大山西人联谊会。大山西村充分发挥这些社团组织的各种优势，有序推进村庄治理。具体做法为：一是依托社团，开放议事；二是社团参与，民主定事；三是借力社团，合作办事；四是社团监督，公开评事。他们通过发挥统战社团优势推进基层协商民主，在村庄经济发展、矛盾化解和村庄稳定等方面发挥了积极作用。

3. 企事业单位的协商

企事业单位民主建设是我国基层民主建设的重要组成部分。推进企事业单位协商民主建设不仅能为其发展增强凝聚力，而且能为完善全过程人民民主制度筑牢基础。根据现代社会企事业单位的客观实际和发展形势，推进企事业单位协商民主建设应该健全以职工代表大会为基本形式的企事业单位民主管理，畅通职工表达合理诉求渠道，健全各层级职工沟通协商机制，积极推动由工会代表职工与企业组织就调整和规范劳动关系等重要决策事项进行集体协商，逐步完善以劳动部门、工会组织、企业组织为代表的劳动关系三方协商机制。绍兴市各级工会针对企业因劳资矛盾导致生产不稳定的问题，坚持和发展"枫桥经验"，积极构建由工会、企业代表和工人代表三方共同参与的集体工资协商机制，在童装、电机、印染、家具等多个行业（区域）

推行工资集体协商制度，最终使企业、工人和政府实现了共赢。例如，以步森集团为代表的企业按照我国基层民主和现代企业制度的要求，"推行民主决策管理，确保员工合法权益，着力营造尊重职工的良好氛围，完善多元化参与机制"①。步森集团在企业协商中推行"四个坚持"：第一，坚持企业重大事项由职代会审议制度，确保职工各项权利得到保障；第二，坚持厂务公开制度，拓宽职工诉求通道；第三，坚持科学管理，民主决策，增强职工主人翁意识；第四，坚持工资平等协商，不断提高职工福利待遇。又如，绍兴枫桥镇总工会成功探索由政府、工会、企业和司法专业人士参与的"四方协商机制"，切实保护职工各项合法权益。

三、经验启示

随着我国现代化进程向纵深发展和国家治理体系及治理现代化战略部署加速推进，"枫桥经验"的治理场域逐渐从原来的农村拓展到城市和互联网，治理范围亦从单纯的社会治安扩展到政治、经济、文化、社会、生态，以及党的建设等诸多领域，"从最初矛盾纠纷预防调处化解的地方经验，演进为国家治理体系和治理能力现代化的范例范式"②，转型升级为新时代"枫桥经验"。绍兴在"枫桥经验"转型升级过程中，积极探索以现代协商民主的理念和方法推动基层社会治理现代化，形成了许多典型又实用的基层协商民主案例，积累了十分丰富的基层协商民主实践经验，为我国其他地区坚持好、发展好新时代"枫桥经验"，以协商民主推进基层社会治理现代化提供了具有一定参考意义和借鉴价值的"绍兴方案"和"绍兴样本"。

（一）始终坚持党建统领为基层协商民主发展提供政治保障

协商民主是党领导人民有效治理国家、保证人民当家作主的重要制度设计，是实现全过程人民民主的重要形式，是党的群众路线在政治领域的重要体现。健全社会主义协商民主制度，发展社会主义政治文明是现代社会发展

---

① 卢芳霞：《"枫桥经验"——走向社会治理》，浙江人民出版社2020年版，第301页。

② 温暖：《坚持好、发展好新时代"枫桥经验"》，《党建》2023年第11期。

的内在要求。坚持中国共产党的领导是社会主义协商民主的本质规定，是解读社会主义协商民主的"政治密码"。始终坚持党的领导和党建统领能为基层协商民主发展提供政治保障，也是构成基层协商民主健康发展的首要条件。第一，坚持党的领导和党建统领可以保证基层协商民主发展的社会主义方向，从而避免陷入西方民主的政治陷阱。中国共产党的领导是社会主义协商民主与西方协商民主相区别的根本性因素。第二，坚持党的领导和党建统领可以为基层协商民主发展提供各种独特资源。中国共产党在我国政治体制中的特殊地位决定着她能够为基层协商民主发展提供其他社会组织无法具备的物质资源、人才资源、组织资源、信息资源等重要资源。第三，坚持党的领导和党建统领能为基层协商民主发展凝心聚力。中国共产党的宗旨是全心全意为人民服务，原因在于中国共产党没有任何自己的特殊利益，从来不代表任何利益集团、任何权势团体、任何特权阶层的利益。因此，中国共产党能够得到人民群众的政治认同和全力支持，通过构建各种主体共同参与的基层社会治理共同体，为基层社会治理集聚能量和智慧。因此，基层党组织是党领导和组织国家与社会的核心组织、根本力量。要健全建强基层党组织，不断增强其政治功能，在基层协商民主实践中发挥战斗堡垒作用；要加强学习教育培训，持续增强基层党员的先进性，使其在基层协商民主实践中发挥先锋模范作用。

（二）积极培育协商文化为基层协商民主发展营造良好社会氛围

绍兴基层协商民主实践充分证明，以平等、宽容、理性、和谐为核心的协商文化是基层协商民主健康发展的重要条件。习近平总书记曾经指出，传承中华民族兼容并蓄、求同存异等优秀政治文化，做到平等协商、有序协商、真诚协商。因此，要客观认识到我国协商民主文化相对缺乏的现实，利用各种途径和方式积极培育协商民主文化。首先，要提升协商主体的主动协商意识。"主动协商意识是自主参与意识、政治责任意识和平等权利意识的集中体现，是保障基层群众基本利益诉求得以顺畅表达的前提"。[1] 目前，协商主体的主动协商意识不足是制约基层协商民主一个十分重要的原

---

[1] 李建：《基层协商民主推进国家治理现代化发展路径探析》，《理论月刊》2017年第9期。

因。其次，要提高协商主体的协商政治素养。协商政治素养不仅重视协商主体的独立政治人格，而且强调对自我身份和国家利益的认同，特别是要强化协商主体始终坚持个人利益和社会公共利益相结合的价值导向，提升协商主体的大局意识和合作精神。最后，要营造浓厚的基层社会协商氛围。通过各种媒体大力宣传协商民主实践活动，使社会公众了解协商民主的价值和参与程序。与此同时，要深入挖掘我国传统文化中的协商文化资源，并进行创造性转化与创新性发展。比如，要充分研究我国传统文化中兼容并蓄、求同存异的和合思想，唯天为大、崇公抑私的天下为公思想，执两用中、通时合变的中庸思想，以及以德服人、情理合一的说理原则等。

（三）科学践行协同共治为基层协商民主发展激活强大内生动力

基层社会是开展协商民主的重要平台，是运用协商民主化解冲突矛盾、协调利益关系等社会治理效能的根基。吸纳社会多元主体参与平等协商是基层协商民主的独特政治优势，是现代社会党和政府利用协商民主推进基层社会治理现代化的根本价值取向。我国基层社会治理实践告诉我们，"充分调动各种治理主体参与社区治理，科学构建社区治理共同体，实现社区多元主体协同共治是推进社区治理现代化、提升社区治理成效的客观选择和必然逻辑"①。坚持新时代"枫桥经验"，利用协商民主的理念与方法推动基层社会治理，必须科学构建多元主体协同共治体制机制，充分发挥各治理主体的智慧和力量。首先，要激活各治理主体的协商参与意识。调查显示，目前多数基层社会治理主体的协商参与意识普遍不强，甚至存在一定程度的"政治冷漠"，被动参与特征十分明显。因此，基层党组织和自治组织要积极推动社会组织、驻区单位、志愿者等踊跃参与基层社会的民主协商，通过活动不断增强他们的协商参与意识。其次，要科学搭建多元主体协商共治平台。比如，设置民主恳谈会、民主议事会、党群议事会、村民评议会等公共协商平台，并制定相关制度确保协商平台的正常运转，畅通多元主体参与协商的渠道。根据现代信息社会和数字技术的时代特征，协商共治平台要注意线上和

---

① 中共绍兴市委党校：《新时代"枫桥经验"城市版的绍兴样本》，人民出版社2023年版，第140页。

线下相结合。最后，构建多元主体治理共同体。协商民主不仅关注各治理主体合法权益的保护，更注重社会公共利益的彰显。基层协商民主通过建设治理共同体，可以培育各治理主体的价值共识和身份认同，不断强化他们的归属感和责任感，构建一个人人平等、守望相助的精神家园。

党领共治

社会组织参与基层治理品牌化

——基于对上虞区社会组织的调研分析

中共绍兴市上虞区委党校　赫林　杨琴　潘新新

一、研究背景与文献综述

社会组织是打造共建共治共享社会治理格局的重要力量，是提高社会治理社会化、专业化水平的重要渠道。近年来，我国社会组织取得了突飞猛进的发展，在创新社会治理、繁荣社会事业、促进经济发展、扩大对外交往等领域都发挥了积极作用。与此同时，社会组织在自身建设及其作用发挥上仍存在不少短板，如何打破社会组织发展中的桎梏，进一步激发社会组织参与社会治理的活力，成为摆在各级党委和政府面前的一项重要课题。

近年来，社会组织的建设和发展日益引起党和政府的高度重视。党的十八大报告指出，"围绕构建中国特色社会主义社会管理体系，加快形成党委领导、政府负责、社会协同、公众参与、法治保障的社会管理体制，加快形成政府主导、覆盖城乡、可持续的基本公共服务体系，加快形成政社分开、权责明确、依法自治的现代社会组织体制"。党的十八届三中全会通过的《中共中央关于全面深化改革若干重大问题的决定》13次提到"社会组织"，提出要"激发社会组织活力。正确处理政府和社会关系，加快实施政社分开，推进社会组织明确权责、依法自治、发挥作用。适合由社会组织提供的公共服务和解决的事项，交由社会组织承担。支持和发展志愿服务组织"。党的十八届四中全会通过的《决定》也有20多处对社会组织的培育发展和作用发挥作出了新部署、提出了新要求，并提出要"加强社会组织立法，规范和引导各类社会组织健康发展"。党的二十大报告进一步强调，"完善社会治理体系。健全共建共治共享的社会治理制度，提升社会治理效能"，"建设人人有责、人人尽责、人人享有的社会治理共同体"。党的二十届三中全会通过的《中共中央关于进一步全面深化改革、推进中国式现代化的决定》，提出要"健全社会组织管理制度""深化行业协会商会改革""探索加强新经济组织、新社会组织、新就业群体党的建设有效途径"。以上这些论述对于社会组织的培育和发展，更好地发挥社会组织参与基层社会治理的作用等具有里程碑意义。

国外学者关于社会组织的研究起步较早，发展也较为成熟，他们关于社会组织参与社会治理的研究主要体现在两个方面。一是社会组织参与国家治理方面。如托克维尔认为，市民社会组织是监督和制约国家的重要力量，只有通过市民社会组织的民主实践，才能有效控制国家权力的行使。阿米达·比德通过对孟买市政府、非政府组织、社会组织、贫民窟居民，以及其他利益相关者参与社会治理情况的调研得知：社会治理不仅需要公民社会组织的介入，更需要私人部门与国家间有意识的契合。二是社会组织参与社会事务管理方面。参与社会事务是社会组织的一项重要职能，如英国在1998年签署的《英国政府与志愿及社会部门关系的协议》，确立了社会组织开展志愿服务是其社会生活不可缺少的一部分，社会组织在制定公共政策和提供社会服务等方面发挥着不同于政府机构的作用。赞恩波勒·贝欧茨在《公共领域的出现：参与式治理中的协商政治》中指出，治理中的参与不应仅限于对公共政策的评论，而应成为一种交流的平台，并促使公共领域的出现。

社会组织在我国起步较晚，国内学者前期对社会组织的研究主要集中在社会组织的定义、特征、功能和必要性等方面，现阶段的研究开始关注社会组织与政府的关系、社会组织的主体地位，以及社会组织的作用发挥等方面。一是社会组织与政府之间的关系。袁浩、刘绪海在《社会组织治理的公共政策研究》一书中提出，社会组织作为介于政府和市场之间的第三部门，在解决政府失灵和市场失灵、维护社会平稳发展等方面发挥着重要作用。王建军在《论政府与民间组织关系的重构》一文中，从社会治理模式转变为政府与民间组织关系带来新变化和新要求的角度，提出随着社会治理模式的转变，必须重构政府与民间组织之间的关系，建立政府与民间组织的"互动合作模式"，实现政府与民间组织的良性互动和功能互补，促进社会的和谐稳定。二是社会组织在社会建设中的主体地位。杨晓梅在《当代中国社会建设研究》一书中提到，政府、企业组织和社会组织是社会建设的三大主体，但在现实生活中，社会组织还没有发挥应有的作用，因此应给予大力培育发展，健全这一重要的社会建设主体。王名在《非营利组织管理概论》一书中指出，非营利组织通常是在市场失灵和政府失灵的条件下出现和发挥作用的，主要集中在慈善救助、公益服务、社区发展等领域，是独立于国家、市场之外的第三部门。三是社会组织在社会治理中的作用发挥。史传林在《社会治理中的政府与社会组织合作绩效研究》一文中，重点分析了政府和社会组织在社会治理中的分工，阐述了二者合作的基础，以及在合作过程中政府角色、社会组织的治理机制和专业化水平，从而完善合作分工、提高社会治理效果。戴海东、蒯正明通过对温州社会组织的调研发现，社会共治理念缺失、社会组织自身能力不足、社会组织扶持政策乏力、管理力量不到位是阻碍社会组织参与社会治理的主要因素，并提出要树立共治理念、提高参与能力、加大政策扶持力度等具体措施。

二、社会组织参与基层治理的内在逻辑

长期以来，政府、社会、市场在不同领域发挥治理主体作用。随着社会的发展和时代的变迁，大量的社会组织也参与到管理国家和社会事务之中。作为弥补"政府失灵"和"市场失灵"的第三只手，社会组织在社会建设中发挥着政府和企业不可替代的重要作用。

（一）社会组织参与基层治理的功能日益增强

改革开放以来，我国社会组织在起伏中前行，在曲折中发展，先后经历了复苏发展期、曲折发展期、稳定发展期三个阶段。党的十八大以来，我国社会组织得到了长足发展，截至2023年5月，全国登记的社会组织共90.2万家，吸纳就业超过1000万人。在政治参与方面，各社会组织认真贯彻党的路线、方针、政策，遵守国家法律法规，在大是大非面前站稳立场；在社会服务方面，各社会组织发挥扎根基层、贴近群众的优势，不断提升服务群

众的能力，满足群众多样需求，促进社会组织实现自身的良性发展，改变民众对社会组织的认识和看法，让民众能够及时了解相关信息；在协调统筹方面，一些社会组织成为联系政府和人民群众的桥梁和纽带，不仅是党和政府了解人民群众需求的重要窗口，同时还是党和政府不可或缺的"智囊团""思想库"。

（二）社会组织参与基层治理顺应了治理现代化的需要

2013年11月12日，习近平总书记在党的十八届三中全会第二次全体会议上的讲话中指出："国家治理体系和治理能力是一个有机整体，相辅相成，有了好的国家治理体系才能提高治理能力，提高国家治理能力才能充分发挥国家治理体系的效能。"当前国家治理体系现代化为"多元共治"，作为参与国家治理和社会治理的主体之一，社会组织承担了除政府和市场之外的治理重任，在提供公共服务、扩大社会参与、化解社会矛盾、保障社会稳定以及提高社会主义民主政治等方面发挥着越来越重要的作用，有效推动了治理体系的良性发展。

（三）社会组织参与基层治理能够有效提升治理效能

党的十八大报告指出，"要围绕构建中国特色社会主义社会管理体系，加快形成党委领导、政府负责、社会协同、公众参与、法治保障的社会管理体制，加快形成政社分开、权责明确、依法自治的现代社会组织体制"。党的二十大报告进一步强调，"加强新经济组织、新社会组织、新就业群体党的建设"，"引导、支持有意愿有能力的企业、社会组织和个人积极参与公益慈善事业"。在提升社会治理效能上有两方面的作用：一方面，社会组织能够弥补政府职能的不足。随着经济的快速发展和人们生活质量的提高，政府作为提供公共服务主体的治理优势不再明显，社会组织通过承接政府的某项公共服务职能，恰好能够利用自身优势弥补政府和市场在社会治理上的不足。另一方面，社会组织能够推动社会的和谐稳定。社会组织具有自治性、民间性、公益性等特点，这些特点决定了它们可以开展公益事业、表达公众诉求、缓解社会矛盾等，尤其在教育就业、环境卫生、公共安全、脱困济贫等方面的优势明显，可以为

党领共治

维护社会和谐稳定作出新的贡献。

三、社会组织参与基层治理品牌化的上虞探索

（一）上虞区社会组织发展总体情况

近年来，上虞区通过加强组织体系建设，优化培育举措，营造良好环境，有效推动了社会组织快速发展。从总体数量上看，截至2023年底，全区注册登记的社会组织共计865家，备案的社区社会组织3680家。从组织分类上看，在社会团体领域，以专业类社团数量居多，尤其是各类文化体育类社团，占比40%；在民办非企业领域，民政事业类占大多数，占比65%；在基金会领域，全区注册登记的3家基金会均为非公募基金会。从城乡划分上看，城乡社区社会组织发展不均衡，截至2023年底，城市社区共有注册、备案的各类社会组织1487家，平均每个城市社区29.7家；农村社区共有登记、备案的各类社会组织3058家，平均每个农村社区9.7家，不到城市社区的1/3。从发展历程上看，上虞最早的社会组织成立于1981年，前期发展比较缓慢。党的十八大以来，上虞社会组织进入了快速发展时期，从2012年的212家增加到2023年的865家，增长3.08倍，高于全国、全省同期增长数量。

近些年，上虞区委、区政府十分重视对社会组织的培育建设，陆续出台《关于进一步创新社会管理推进乡村治理现代化的实施意见》《关于推进政府职能向社会组织转移的实施意见》《关于大力培育发展社会组织加快推进现代社会组织建设的实施意见》《关于培育和发展乡贤参事会的指导意见》等多项激励性政策。为了更好地推动社会组织发展，2014年上虞区成立了绍兴市第一家实体运行的社会组织服务中心——上虞社会组织服务中心，总面积300多平方米，设有办证服务区、集中办公区、小型活动区等，旨在为入驻的社会组织免费提供办公、会议场所，帮助社会组织提升服务能力、实现资源拓展，搭建起社会组织、政府部门、企业和学界的交流平台。目前，"上虞区青年志愿者协会""点亮一盏灯志愿服务总队""上虞区民间组织促进会""上虞区社工协会""博爱社工服务室""娥江天使乐益

行"等多家社会组织入驻服务中心。

上虞社会组织服务中心具有以下6项功能：

（1）行政审批功能。把上虞区民政局原设在区便民服务中心的社会组织审批事项、年检业务都转移到服务中心集中办理，便于社会组织登记注册，简化审批手续。

（2）孵化培育功能。对公益慈善类、社会服务类等社会组织，在办公场所、办公设备、能力建设、注册协助等方面予以支持。为已登记注册但欠缺独立发展能力的社会组织和初创型的公益机构免费提供场地设备；为尚未达到注册标准却致力于公益事业发展，以及具有榜样性、示范性和带动性的社会组织提供注册协助；为成熟的社会组织提供专业培训、经验交流、信息共享、项目申请、成果展示等支持。

（3）宣传推介功能。不定期开展社会组织风采展示，服务成果实地推介，宣传社会组织在经济建设中的重要作用。

（4）培训交流功能。聘请专业团队，为社区、社会组织、社工人才队伍进行社会工作价值观和专业知识培训，定期开展社会组织之间的交流会议、专题论坛和学习考察。

（5）信息咨询功能。收集社会组织的公益服务信息、公益资源及群众的需求信息，搭建信息桥梁，群众可通过服务中心电子触摸屏查询全区所有社会组织的基本信息，社会组织开展的活动情况、活动照片等可以在中心发布，公益类社会组织与市民的互动交流、活动策划也可以在中心举行。

（6）公益创投功能。组织各类社会组织参与公益创投项目竞标，以提升资金使用效益，促进政府把部分公益服务职能更好地"外包"给正规专业的社会组织。

（二）上虞区品牌社会组织参与基层治理实践

近年来，上虞区社会组织保持着良好的发展态势，涌现出"点亮一盏灯"爱心服务社、"乡贤参事会"、"农合联"、"红十字户外救援队"、"平安综治协会"等一大批专业性强、影响力大的社会组织品牌，它们在平安创建、帮扶救助、乡村建设、矛盾化解、社会稳定等方面发挥了重要作用。

党领共治

1. 参与结对帮扶，开展志愿服务，是精神文明的传播者

上虞是一座历史悠久、文化积淀深厚的城市，在这片土地上涌现出许许多多的民间慈善社会组织，这些社会组织积极参与扶贫、救孤、恤病、助残、救灾等公益慈善活动，广泛动员和倡导社会全体人员主动参与，从爱心"受益者"成为爱心"奉献者"，许多道德楷模从社会组织中脱颖而出，成为正能量的传播者。例如，"点亮一盏灯"爱心服务社是一个向社会弱势群体奉献爱心的民间组织，目前该组织拥有来自全国各地的1000多名志愿者，已发起爱心活动1000余次，共募集公益爱心款超1000万元，受益家庭超25000户，爱心足迹遍布半个中国。创始人董国光被评为浙江省道德模范、中华十大信义人物。其他社会组织也在各自领域发光发热、贡献力量，如"平安综治协会"落实结对帮扶机制，全面摸排、定期走访困难家庭和学生；崧厦街道祝温村"乡贤参事会"设立"关爱基金"；丰惠镇双溪村"乡贤参事会"每年底慰问老党员和困难群众等。

2. 参与乡村建设，助推和美虞村，是乡村共富的推动者

乡村振兴是实现中华民族伟大复兴的一项重要任务。参与乡村振兴，既是社会组织的重要责任，也是社会组织实现高质量发展的重要途径。近些年，上虞区持续擦亮"中国乡贤文化之乡"金名片，培育了"乡贤研究会""乡贤参事会""乡贤联谊会"等众多乡贤社会组织，这些社会组织积极参与乡村治理、产业发展、社会服务，在促进农业增效、农民增收、农村发展等方面发挥了重要作用，如"乡贤参事会"组织数百家企业和众多乡贤回到上虞参与乡村建设，通过设立基金、扶持建设等形式，为农村发展注入数亿元建设资金。同时，上虞区积极开辟乡贤参事议事渠道，设立"乡贤参事室"，制定工作制度，明确规定乡贤参事会和乡贤参与村级重大事务决策，如上浦镇东山村"乡贤参事室"积极参与该村建设，认捐承包该村道路、河道等基础设施建设。此外，上虞区农民合作经济组织联合会依托大通小额贷款公司，积极为农户提供涉农融资、争取项目资金等服务，累计发放各类涉农贷款2114笔，贷款总额2.37亿元；区、镇两级"农合联"帮助农民专业合作社争取项目29个，取得各级财政扶持资金2500余万元。

3. 参与公共事务，发挥自身优势，是公共产品的供给者

社会组织是公共产品供给的重要力量，其中各类应急救援志愿队伍集聚了较强的专业或行业力量，在参与突发事件处置中，能高效动员和整合有效的社会资源，充分发挥专业特长，已成为社会组织的一抹亮色。例如，上虞区人防蓝天救援队、红十字户外等民间救援组织充分发挥专业性强、机动性强的优势，积极开展水域、山地、自然灾害救援服务，累计参与区内外各类救援2000余次，累计志愿服务时长已超20万小时，人均志愿服务时长1000小时。又如，鹤琴幼儿园、华维文澜幼儿园等民办非企业单位解决了许多家长的托管托育需求；百信医院补足了上虞区尚无精神类公办医院的短板；区篮球协会组织的赛事活动已成为上虞区乃至周边有较大影响力的精品群众赛事；区戏剧界艺术联谊会积极送戏下乡，让基层群众在家门口就可以享受戏剧大餐，年观看人数超2万人次。再如，乡贤参事会（社）吸纳资历深、阅历广、威望高的退休回乡人员、基层老干部、事业成功人士，参与城乡社区事务协商共治，提供各类意见建议4000余条次；德济苑社区发挥党员骨干的带头作用，孵化培育了邵大姐工作室、七彩红管家、立德者物业调解团等20余家社区社会组织，在解决邻里纠纷、扶贫帮困、文明创建、垃圾分类等方面都起到了积极作用。

4. 参与平安创建，化解社会风险，是平安上虞的守护者

社会组织作为政府、企业和基层群众之间的沟通平台，在协调各方利益关系、预防和化解矛盾纠纷、降低政府调解成本等方面有着天然的优势。近年来，上虞区社会组织充分发挥自身能量，积极开展社会矛盾调解，维护社会和谐稳定。如"乡贤参事会"充分发挥自身力量，打通服务群众的"最后一公里"，力求群众办事、矛盾调解、信息咨询、致富求助"四不出村"；建立"乡贤调解工作室"，成立以新乡贤为核心的203个老娘舅工作室和5个专业民间调解机构，将一批热衷于公共事业的新乡贤吸引到调解队伍中来；盖北镇珠海村"乡贤参事会"副会长刘百兴，成立了百姓（兴）调解室，专门为群众排忧解难。如区人民调解协会，每年调解各类矛盾逾万起，调解成功率在98%以上；区平安综治协会每半月组织开展一次矛盾纠纷和不稳定因素的摸排化解活动，缓解了诉讼压力和信访压力，节省了司法资源，筑牢了人

民调解、行政调解化解社会矛盾的第一道防线。

虽然上虞社会组织参与基层治理品牌化建设取得了一定成效，但还存在不少问题和短板：一是社会组织虽然发展较快，数量较多，但同质化现象严重，还有不少社会组织成立后，只挂牌不运作，作用发挥不明显。二是社会组织规模偏小，内部成员的服务能力和水平普遍不高，专业能力与专业知识较弱，影响参与社区治理的水平。三是社会组织普遍存在日常运作资金过于依赖政府资助的现象，来自企业赞助、个人捐赠等渠道的资金占比不高。四是社区居民对社会组织认识不够充分，对社会组织参与热情低，受传统思想观念影响，社区居民遇到问题时仍习惯向社区居委会或基层政府反映，这也影响了社会组织的发展壮大和作用发挥。

四、以品牌化建设提升社会组织参与基层治理的能力

品牌化建设是社会组织从数量增长迈向质量提升，实现高质量发展的必经之路。加强社会组织品牌化建设，对于激发社会组织创新活力、提升社会组织专业能力、促进社会组织高质量发展等具有十分重要的战略意义。近年来，上虞区通过搭建平台、整合资源、拓宽服务，培育了大量的社会组织品牌，这些社会组织品牌在基层治理中发挥了重要的作用，其实践探索和创新做法为其他地区社会组织参与基层治理品牌化建设提供了有益参考和借鉴。

（一）以项目化为牵引，强化社会组织品牌建设支撑

1. 实体运作，夯实党建基础

将社会组织的党建工作纳入地方两新组织党建年度重点工作任务清单。实体化运作社会组织综合党委，配齐配强工作力量，配备1名专职副书记、2名专职干事。组建党建指导员队伍，优先选派退休或退职领导干部担任3A级以上社会组织党建指导员，鼓励持有社工证的机关干部担任初创期的社会组织党建指导员。按照社会组织党建与业务工作"六同步"要求，推动党建工作写入社会组织章程，探索社会组织党组织设置方式和活动方式，视情况成立临时党组织，常态化开展"三会一课"等党务活动，做好党员发展工作，

进一步扩大社会组织中党的组织和工作覆盖，不断增强政治引领的现实成效。

2. 选树典型，注重激励推广

定期召开社会组织工作大会，评选并表彰优秀社会组织及社会组织领军人物。开展社会组织等级评估，发布3A级以上社会组织排行榜，举办优秀社会组织风采展示活动。建立健全社会组织人才参政议政机制，增加"两代表一委员"中的社会组织从业人员名额，激发社会组织干事创业的使命担当。探索建立志愿服务积分机制，实施精神激励、物质奖励等激励回馈措施，吸引"平时静默"的志愿者参与基层治理，为突发事件"平战转化"储备一批志愿服务力量。要充分利用报刊、广播、电视及微信公众号、抖音、微博等多媒体方式，广泛宣传先进典型，及时总结培育发展社会组织的先进经验，营造全社会关心、支持、发展、参与社会组织发展的良好氛围。

3. 依法处置，形成监管合力

建立健全对社会组织的联合执法机制，及时依法处置社会组织的违法违规行为，提高社会组织及其负责人违法成本。持续推进非法社会组织常态化治理，净化社会组织生态空间。研究制定"僵尸型"社会组织简易注销程序，拓展恢复、注销、撤销等多渠道处置，加大出清力度，推动形成优胜劣汰的良好局面。民政部门要认真落实登记管理机关职责，各业务主管单位（行业管理部门）要严格落实监管责任、加强监督指导，确保社会组织依法成立、治理规范、行为自律。行业管理部门负责脱钩后的行业协会商会的业务指导，落实行业监管职责，确保脱钩不脱管。大力推进"互联网＋监管"，设计开发智慧型社会组织"一社一码"的应用，加大对社会组织活动、重大事项报备等全过程监管，进一步集聚数字化、智能化优势，提高社会组织管理服务整体的智治水平。探索建立社会组织群众评价机制，鼓励支持新闻媒体、社会公众对社会组织进行监督，形成有效的舆论监督和社会监督。

（二）以规范化为起点，夯实社会组织品牌建设基础

1. 编制规划，明晰职责边界

对照上级规划，建议启动编制《社会组织发展规划》，明确目标定位、

优化结构布局、厘清发展思路、细化具体举措。厘清政府与社会组织的边界，科学定位政府与社会组织的责与权，做到不错位、不越位、不缺位。根据浙江省人民代表大会常务委员会发布的《关于推进和规范社区社会组织参与基层社会治理的决定》，制定地方相关实施细则，在社区范围内进一步厘清行政事务清单、自治事务清单，引导社会组织参与社区自治事务管理，减轻社区负担。

2. 优化布局，完善三级架构

要大力培育扶持枢纽型、支持型社会组织，并将其培育成为引导下游社会组织参与基层治理的"火车头"，实现"以社管社"。在区级层面，要积极探索社会组织服务中心多种运营模式，采用由第三方专业机构运营或引入专业社工力量的做法，发展品牌社会组织。在乡镇（街道）层面，要大力培育和布局社区基金会，用于培育社区组织、优化社区服务、资助公益项目以及倡导社区成员参与基层治理。在行政村（社区）层面，要大力发展关乎教育、就业、养老、托幼、医疗等民生问题的社区型社会企业，让市场化运作成为社会组织发挥作用的主要方式。

3. 完善机制，推动规范运行

引导和鼓励社会组织逐步建立和完善治理结构、强化内控管理、提高专业水平、营造良好文化环境、守住安全底线，着力提升社会组织的团队凝聚力、资源调动力、快速响应力、基层战斗力、专业服务力和社会公信力，吸引更多的社会资源投入和公众参与。引导社会组织积极探索市场运作模式，建立健全与企事业单位、基金会、乡镇（街道）、行政村（社区）等的自主共享机制，增强资金自筹能力，实现共赢发展。完善社会组织信息披露机制，探索社会组织财务集中代理，推行法律顾问制度。继续加强社会组织信用体系建设，推动社会组织自我规范，不断提高社会组织的透明度、公信力，促进社会组织健康有序发展。

（三）以专业化导向，增强社会组织品牌建设实效

1. 畅通渠道，抓好人才引育

建立社会组织领军人才储备库，将社会组织人才培养纳入地方人才工作

体系和专业技术人才知识更新工程，加快社会组织从业人员职业化和专业化进程。对社会组织引进的高层次人才或优秀人才，在人才补助、人才公寓、落户等方面给予同等政策优惠。建立社会组织负责人和从业人员进修培训制度，将其纳入全区干部教育培训计划，以专项培训的方式培养具备专业能力与执行能力的骨干人才，为社会组织"输血"。加大对社会组织从业人员的奖励力度，对获得省、市社会（社区）工作领军人才、社会工作督导称号，以及取得国家高级、中级、初级社会工作者资格的社会组织，分别给予一定的物质奖励。

2. 拓展空间，建强支持平台

建设地方社会组织服务中心，以"培育、孵化、服务、发展社会组织，助力创新基层治理"为宗旨，统筹社会志愿服务，为社会组织提供方案策划、能力提升、政策咨询、交流展示等支持服务。社会组织服务中心要设立入驻区、孵化区、展览区、功能区等模块，入驻区主要提供给已注册的、成熟的社会组织运营办公，孵化区主要向初创期、草根性的社会组织开放，展览区主要是公益项目、公益组织和公益人物等公益生态的展示场所，功能区可根据社会组织需求提供会议室、活动室、休闲吧、创意空间等共享支持。此外，鼓励行政村（社区）党群服务中心开辟更多共享空间，满足初创期社会组织办公、活动的需求，定期组织开展社会组织工作坊、案例展示、论坛沙龙等活动。

3. 赋权增能，加大政策供给

突出需求导向，加强政策的针对性研究，提高政策供给的精准度。逐步提高政府向社会组织购买服务的份额或比例。落实"各级政府新增公共服务支出通过政府购买服务安排的部分，向社会组织购买的比例原则上不低于30%"的要求。探索建立政府购买服务需求库，并向社会公开，为社会组织承接政府购买服务项目提供指导。完善政府购买服务项目评标专家库建设，提升项目的绩效水平。参照深圳市政府购买服务"项目中人力成本不少于项目经费85%"的做法，持续增强社会组织提供公共服务的稳定性。提升社会组织发展专项资金额度，并根据经济社会发展需要及时作出调整。落实公益性捐赠税收和公共事业费减免政策，推动社会组织享受与小微企业同等相关政策待遇。加大福彩公益金支持社会组织公益创投项目力度。

（四）以特色化为路径，深化社会组织品牌建设内涵

1. 有的放矢，打造特色品牌

引导和鼓励社会组织制定发展规划，充分发挥自身优势，开展专业化、差异化、个性化特色服务，打造一批具有区域影响力、竞争力的社会组织公益品牌。按照"一社一品"的培育思路，每个社区至少打造1个社会组织品牌。鼓励社会组织加强与高校的合作联动，发挥高校资源优势，为打造特色品牌提供人才支撑和智囊支持。实施培育发展社会组织专项行动，重点培育、优先发展行业协会商会类、科技类、公益慈善类、城乡社区服务类社会组织。坚持"一业一会""一地一会"原则，健全和完善行业协会商会；以科普研发为核心业务、科教人员为核心成员，组建科技类社会组织；聚焦扶贫、济困、扶老、救孤、恤病、助残、救灾、助医、助学等九大方面，组建慈善类社会组织；鼓励发展养老照护、公益慈善、文体娱乐等为民服务类社会组织。积极吸引外来知名社会组织入驻，带动本地社会组织多元化发展。

2. 融入中心，提升服务能级

要引导社会组织围绕党委和政府中心工作和各地经济社会发展大局，发挥自身优势、提升服务效能，为建设高水平网络大城市、打造先进制造业基地、建设创新型青春城市，以及推进共同富裕、数字化改革、文明城市创建、除险保安等中心工作作出积极贡献。引导社会组织积极参与卫生健康、公共安全、民生保障、文化创意、体育健身、生态保护等公共事务，倡导移风易俗、弘扬时代新风。引导社会组织主动融入"融合型大社区大单元""党建统领网格智治"等作战单元，"平时"通过社团活动联系社区志愿者，建立社团、志愿者名册，"战时"组建基本战斗单元，组织社会组织就近投入战斗，构建"平时找得到、战时拉得出"的高效转换体系。围绕"共建共治共享"，广泛联系和动员基层群众参与电梯加装、垃圾分类、停车管理等公共事务和养老、育幼、助残等公益事业，促进基层治理共同体建设。引导社会组

织发挥专业优势参与基层矛盾化解、纠纷调解等工作，协助做好社区矫正[①]、社区戒毒、重点人员帮扶、社区康复等工作，协力做好社区平安建设。

3. 加强动员，致力公益慈善

要充分发挥民营经济发达、民营企业家社会责任感强烈的优势，支持有条件的民营企业依法设立基金会或在慈善组织中设立专项基金。鼓励各类慈善组织增强动员能力、创新筹款方式，以资金扶持、产业开发、项目帮扶等形式赋能弱势群体。引导各级各类社会组织在解决人民群众急难愁盼问题中找准定位，发挥社会组织参与第三次分配的重要作用，为助力共同富裕各尽所能。行业协会商会要引导会员积极投身乡村振兴、光彩事业和公益慈善等行动，自觉履行社会责任，助力推进共同富裕。

[①] 社区矫正与监禁矫正相对，是将符合社区矫正条件的罪犯于社区内，由专门的国家机关在相关社会团队和民间组织、志愿者的协助下，在判决、裁定或决定确定的期限内，矫正其犯罪心理和行为恶习，并促进其顺利回归社会的非监禁刑罚执行活动。

越城"五邻社"共建共治共享密码

中共绍兴市越城区委党校　余晓平　何冰儿

　　"坚持以人民为中心"深刻体现了习近平新时代中国特色社会主义思想的世界观和方法论。党的二十届三中全会《决定》以"六个必然要求"深刻阐明进一步全面深化改革的重要性和必要性，其中一个重要方面就是"坚持以人民为中心、让现代化建设成果更多更公平惠及全体人民的必然要求"。落脚到基层治理，要求我们必须坚持人民主体，从"人人有责、人人尽责、人人享有"理念出发谋划和推进基层治理改革。越城"五邻社"以社会组织互补嵌入社区参与基层治理的新模式，通过搭建资源整合平台、信息流通平台、服务管理平台，将政府部门、社区、公益组织、企业机构、居民群众等串联起来，把"以人民为中心"的必然要求具体落实到"满足人民需求、促进人民合产、接受人民评价、数字赋能人民"的全过程各方面，形成以社区居民多维需求为中心的多主体共同行动体，打开了一条基层治理共建共治共享的有效路径。

一、"五邻社"的发展缘起

（一）何为"五邻社"

　　越城"五邻社"是浙江省第一批社区治理和服务创新试验区的实验项目，全称"五邻社"联合会互助自治平台，其名源于《周礼》"五家为邻、五邻为里"，是越城区第一家集培育、支持、链接、服务等多功能为一体的社区社会组织，是"五社联动"的有效模式之一。"五邻社"的主要功能在于发挥人的主观能动性，既融合了邻里互助的中国传统文化，又秉持了现代社会工作"助人自助、授人以渔"的价值理念，通过搭建平台、建立项目等形式，链接人的资源、挖掘人的潜能、树立人的价值观，激活多方主体的社会责任意识，构建起现代城市社区互助共治、和谐有序的邻里共同体。越城"五邻社"在启能、培能、展能、传能四项工程领域不断发力，在承担社区居委会部分职能以推进基层减负增效的基础上，通过政府背书获取正式权威，成功链接近300家服务机构与企业资源，吸收了8000多名志愿者参与实践，有效地整合盘活适配的社会资源，激发社会群体参与热情，始终发挥好激活内部活力和畅通外部信息的纽带性作用，进而顺利通过了中国社会组织5A级评估。在不懈努力和持续更新下，越城区"五邻社"项目在2019年被评为全国第四批社区治理和服务创新试验区，为缓解现代社区普遍性治理难题提供了可复制、可推广的方案。

（二）"五邻社"的时代背景

1. 党和国家高度重视基层社会治理

新时代以来，社会治理重心下移，基层治理作为国家治理体系的基础地位更加夯实。党的十九届四中、五中全会和党的二十大报告中均提到要"建设人人有责、人人尽责、人人享有的社会治理共同体"。《中共中央 国务院关于加强基层治理体系和治理能力现代化建设的意见》明确提出"建设基层治理共同体"的工作目标。党的二十大报告旗帜鲜明地指出，"健全共建共治共享的社会治理制度，提升社会治理效能""健全城乡社区治理体系"。2023年，习近平总书记在浙江考察期间，更是明确提出"要把问题解决在基层、化解在萌芽状态"的基层社会治理要求。社区作为社会治理体系中的基本单元，是落实国家方针政策的"最后一公里"，要把社会治理共同体理念不断深入社区基层。

2. 城镇化加速引起城市居民异质性增加

城镇化发展带动人口、劳动力、市场需求等关键要素流动，客观上引起经济发展和区域治理新的结构性矛盾。数据显示，截至2023年末，绍兴市常住人口中，城镇人口为394.1万人，占总人口比重73.1%，与2022年相比上升1.0个百分点，越城区2023年城镇化率达到84.3%，大量农村居民和外来人口的涌入在一定程度上使得社区居民异质性程度提升，对原有的社区邻里关系形成冲击。一方面，新居民的社区身份次序和相对位置与其自身的经济地位和原有声誉相差较大，主客观身份不平等或将形成相对剥夺感，削弱新居民的自我地位认同和社区共建意识，这一消极影响可能扩散至后代；另一方面，部分原居民虽能够接受外来人口在城市长期居住，但不愿意其居住在自身所在社区内，对城镇化带来的外迁人员存在避邻效应，导致社区内交流减少、信任缺失，主体间缺乏统一愿景和文化认同，即城市的"冷漠病"，增加了社区协同共治的难度。

3. 利己主义导致社区公共精神式微

由于原先基于血缘、地缘的传统"面对面交流、心与心沟通"的社会关系逐渐淡化，加之现代人际关系中的功利化和利己主义价值观，使部分居民的公共精神和公共意识式微，倾向以邻里行为能否创造实际或潜在的效能、获利的现实难度和行动可行性等进行动态评估，作为是否参与社区生活的衡量标准，一定程度上削弱了城市社区的家园感、凝聚力和行动力，社会关系网络和互赖互惠规范难以牢固地形成，导致社区逐渐从"互利互惠"的精神角色演变为"单纯栖居地"的空间角色。

4. 地区政府率先尝试新型基层治理模式

在中央政策引导下，许多大中小城市，如成都、长沙、厦门、佛山、江门、达州等的地方政府率先从微观视角切入，通过建立网格、居民小组、物业公司等微自治单元发挥社区主体的多元效能，创新开展精英式治理、第三方治理、合作式治理与契约式治理等具有一定有效性和可操作性的基层治理新机制。如成都市吉福社区"共享奶奶"平台、上海市共享技能社区建设等，这与始终贯彻群众路线的"枫桥经验"理念宗旨相互契合。绍兴市作为"枫桥经验"发源地，着力推进"群众唱主角、干部来引导、德治加智治，有事当地了"的实践特征融入城市基层治理之中，不断探索党建引领多元共治的新时代"枫桥经验"城市版格局。

（三）"五邻社"的发展历程

2016年以来，浙江省开展省级"社区治理与服务创新"试验区创建工作，对社区治理提出了软硬件创新、整体性创制、融合性创优等高阶要求。

越城区针对邻里关系淡漠、自治能力弱化、社区工作压力增加等难题，率先在外滩社区等4个社区先行开展"五邻社"实体社会组织在社区层面的建设试点工作，尝试将社会组织融入社区治理机制建设。该项目将"五邻社"确立为社区内"纽带性"角色，为解决社区专职人手不足与居民需求空缺之间的问题，旨在以"五邻社"为枢纽统筹区域内企事业单位、慈善机构、热心居民等资源力量，形成融合居民、两委、企业等多元主体的领导班子和广大会员，并鼓励各个主体各扬所长、联动协作，探索融通发展创新模式。2017年，越城区为做深做实社区"五邻社"和党建联建两块基层治理品牌，在总结试点社区的人员架构、项目流程、评价体系等成功经验后，推动"五邻社"在越城区85个社区全面嵌入，形成以社区"五邻社"为枢纽，培育链接多方社会资源以提升社区服务效能的全域运作模式。为进一步完善组织架构，由绍兴市社会工作协会牵头，红曼薇国际、越酿工坊、沈园堂、滨江物业等企业联合发起，越城"五邻社"总会于2019年11月正式成立。"五邻社"总会吸纳了社会救助功能，建立越善谷——五社联动综合平台作为"五邻社"总部基地。2022年12月，陶堰街道"五邻社"联合会作为区首家街道级"五邻社"联合会正式成立，进一步健全了区级-乡镇（街道）-行政村（社区）三级同轨异制体系。截至2023年12月，共成立乡镇（街道）级"五邻社"组织17家、社区"五邻社"组织100家，7家社会工作机构与126家实体连锁服务业商企担任会员单位，并建立了"五邻社"联合总会党支部。至此，"五邻社"三级体系基本健全。

二、"五邻社"实践创新的运行框架

"五邻社"以人民为主体、助人自助的本质决定了服务性是其第一属性，项目化服务是"五邻社"功能输出的主要形式。在实践中，"五邻社"以社区群众需求为导向，因势利导提升服务质效，一方面集成社区空闲场地、街道商铺、总会孵化基地等载体资源，另一方面通过党建引领、党员发力、社会组织主导、志愿者协同等凝聚人的力量，成为兑现"服务"的动态载体。通过承接自上而下的政府购买项目、横向连接的契约共建项目、自下而上的公益创投项目、自主开展的普惠式商业项目等呈现方式，极力打造并完善多元协同的社区公益慈善生态圈。先后推出的"五邻社"社区学院、"益起来"志愿平台、社会救助服务联合体、"五邻助矫"帮教基地、"百千万"助力特殊困难老年人项目等五大平台型主体项目,下设若干子项目,基本满足居民群众在行政服务和自我满足之外的社会需求。

(一)"群众吹哨-部门孵化-三级运行"的共建模式

1.群众吹哨:基于公共供给与需求之间的适配错位

人口结构异质性在我国具体国情下的具体表现,即人民群众对美好生活的需要日益广泛,不仅对物质文化生活提出了更高要求,而且在民主、法治、公平、正义、安全、环境等方面的要求日益增长,对优质教育资源、文化、住房、家政、养老、健康等需求日益强烈,原有简单性的、扶贫济困式的服务已经远远不能满足需要。居民对满足这些需求的期待转嫁到了基层组织上,对基层组织特别是社区的服务职能提出了更高的要求。从社区来看,一方面,乡镇(街道)将大量的工作任务转嫁给社区,使社区演变成街道实质上的下级单位,在社区有限的人力物力无法多头满足的情形下,社区大多将工作重心集中于看得见的上级部署与考核指标,实际工作与居民的公共服务需求难以有效匹配。另一方面,随着市场经济的兴起和社会开放性多元性的增加,社区内的企业、社会组织、行业协会体量日益增加,它们掌握大量资源,具有一定的社会责任感,希望通过参与社会活动,发挥社会价值,提高引流力度,实现双向互惠。这就产生了需求与供给的错位矛盾。

2.部门孵化:基于政府职能弥补市场失灵的发展规律

政府部门对"五邻社"三级体系的创建和初期发展发挥了重要作用。一是牵头成立建制。乡镇(街道)、社区指导成立社区"五邻社"组织;民政部门、乡镇(街道)指导成立乡镇(街道)"五邻社"组织;区民政部门在省民政厅指导下,梳理摸排综合实力强、社会责任感强、组织引领力强的关键企业,作为区级"五邻社"联合会理事会候选单位。在绍兴市社工协会指导下牵头成立"五邻社"联合总会,指导建立了员工管理、财务管理等10多项工作推动机制,形成了"区级总社-乡镇(街道)-社区"纵向到底、横向到边的完整模式。二是拓宽参与途径。民政部门和属地乡镇（街道）牵头梳理了社区承接的300多项事项，转移为"五邻社"第一批服务清单。通过开展调查摸底等形式，将热心社会公益事业、在居民中有一定威望、经济实力较为雄厚、具有一定专业技能的居民或单位负责人等发展成为"五邻社"成员，并通过兑换家政服务、购物优惠等形式积极发动群众参与基层社区治理。三是加强经费保障。以全国社区治理和服务创新试验区创建为契机，大力支持"五邻社"平台体系建设，配套500万元专项经费、600万元社区公益基金、4000万元基础设施改造经费，统筹越善谷、五社联动基地、越城区社会组织党群服务中心、越城区社会组织服务中心、越城区慈善基地、越城区社会工作总站、越城区社会救助服务联合体等各类基地，入驻"五社联动"服务平台，通过新老帮带、资源整合实现发展加速。

3.三级并行：基于社会组织不同于行政组织的基本特性

作为社会组织，"五邻社"三级平台体系在组织架构、人员隶属、单位建制、财务管理等方面相互独立，同时又在业务流转、技术督导、组织管理方面呈现出相互合作、相互交融的内在联系，发挥同轨异制的整体效应。一是在成员组成上融合互动。区"五邻社"总会主要以乡镇（街道）"五邻社"会长、规模企业代表、区级慈善组织和基金会、品牌社工机构和高校专家学者为主，组建成社会组织联合体；乡镇（街道）"五邻社"主要以行政村（社区）"五邻社"会长、爱心企业、乡镇（街道）基金会、商会、乡贤会和社工机构等为主，搭建起社会组织联合体。行政村（社区）"五邻社"主要以驻行政村（社区）单位、商贸企业、物业公司、乡贤人士、社区社会组织、志愿者服务队伍、退休党员干部、社区工作者、业委会等为主，优化社会组织联合体。行政村（社区）还同步配备了慈善救助等10支基层备案组织，全方位参与社区治理服务。二是在功能职责上融合互动。区"五邻社"总会，通过启能、培能、展能、传能一系列措施，对乡镇（街道）"五邻社"进行项目策划、专业培养、执行督导和工作指导；乡镇（街道）"五邻社"通过资源链接、技能培训、项目指导、项目开发、评选评优等方式，发挥五社联动、培育人才、机制保障、资金投入、发展特色等功能优势，充分调动行政村（社区）"五邻社"积极性；行政村（社区）"五邻社"基于对属地资源和需求的知悉度，充分挖掘骨干、培育志愿者队伍，探索志愿服务体系，激发社区单位与居民参与基层治理、开展文化活动。三是在项目实施上融合互动。区"五邻社"总会以承接区级项目为主,如区级的项目督导、社工培育、大型活动、慈善救助等项目,同时将枢纽型、下沉式的项目分配给乡镇(街道)"五邻社"执行,进行工作督导、业务培训及人才培育;乡镇(街道)"五邻社"以承接乡镇(街道)项目为主、区级项目为辅,如调查统计、政策宣传等,并将区级项目再分配到行政村(社区)"五邻社",对行政村(社区)"五邻社"进行项目策划、业务培训和工作督导,避免了社区"五邻社"之间无序竞争和协调不足的困境;行政村(社区)"五邻社"发挥属地优势,具体开展居家养老、公益创投、文体娱乐等项目,通过项目运作培育民间社会工作人才,减轻社区工作负担,增强自治功能,提升社区和谐度。

(二)"多元链接-六步流程-三类培养"的共治模式

1. 多元链接:基于多渠道资源链接整合

"五邻社"平台体系通过"党建引领、契约共建、政府购买、项目创投、普惠商业"等多种方式整合资源、发挥作用。一是党建引领。在"五邻社"平台体系建立初期,为确保稳定运行,党建引领成为链接资源的主渠道。区民政局、医保分局、人社局、退役军人事务局、残联、妇联等单位的党组织形成党建引领矩阵,把项目纳入党建共建清单,向"五邻社"平台体系派驻党建指导员、联络员,定期对社会组织的党建工作协助开展常规检查,指导"五邻社"联合总会成立党支部,开展党建工作。发挥街道社区党组织领导核心作用,推进单位党建、行业党建、区域党建互联互动,发动在职党员、社区民警、驻社区单位、群团组织等共同参与,以党建联建形式动员社会组织、党员参与"五邻社"公益志愿服务。二是契约共建。契约共建依托于越城区党建联建工作模式。通过"契约"精神和双向服务宗旨加强合作共赢,激发多方组织参与社区治理。社区、辖区单位、物业公司等通过签订双向服务清单,为"五邻社"提供人力、物力、智力等多方面支持,在职、在册、流动党员通过"人人契约"参与"五邻社"各类服务项目,成为稳定的资源库。三是政府购买。通过政府购买服务项目,由区民政局、司法局、老干部局等单位向"五邻社"投放政府购买服务达到400万元,如"小候鸟"

爱心暑托班与家门口老年大学项目，受益人数达到3000余人次。四是公益创投。建立起发布、培训、评审、完善、签约、评估、审计、结项、复盘全流程"创投"模式，通过策划、申报推动邻里互助、人文关怀、垃圾分类、文明指导、治安联防等113个"社区微公益创投项目"落地，截至2023年底，投入资金50余万元，开展服务400余场，服务群众1.2万余人次。五是普惠商业。精准聚焦当前社会需求，通过自办公益实体实现社会组织的可持续发展。例如，社区"五邻社"开设的小灵童婴幼托管所、五邻社区食堂、五邻爱心超市、五邻"美一天"生活服务等实体商企，通过低于市场价格的普惠性收费，实现社会组织自我造血功能，达到取之于民用之于民的效果。

2. 六步流程：基于全流程社会救助个案管理

社会救助是为民服务的基础内涵。区"五邻社"总会基地建立以后，为更好地发挥功效，由区民政局牵头，将助连体平台植入"五邻社"总社基地，统筹开展个体救助服务活动，并建立了"发现-研判-流转-办理-长效"一体化全流程救助通道。一是发现报告。通过"内-外""外-内"双向渠道发现问题。一方面，通过"五邻社"工作人员、社工在政策宣传、定期培训、摸排监测过程中主动发现问题；另一方面，接收各类机构、行业协会、求助申报咨询平台等的报告推送，从中发现问题线索。二是咨询接待。在"五邻社"三级平台配套设立咨询接待场所，开展政策咨询和事件咨询。通过政策咨询进行政策解释，对符合条件的救助个体协助申请救助事项；通过事件咨询开展分析研判，将确有困难者纳入慈善救助"一件事"联办。三是需求分析。按照情节严重情况分为"急难型""常规型"分类督办。对于"急难型"事件，工作人员在24小时内作出回应并报告助连体负责人，给予支持服务、困难帮扶、资源链接和后续服务；对于"常规型"事件，转入救助"一件事"办理流程按规办理。四是救助帮扶。根据个案类别和申报者需求，分别开展协办、代办、转办，必要时申请其他专业力量介入。五是跟进转介。引导相关部门、单位、组织和机构以政策衔接、资源统筹、业务协同、购买服务等方式，建立"多元参与"的共治机制。六是跟踪回访。在结案后组织工作人员定期开展回访，了解申报人的工作生活近况，对于接收个案帮扶后的改善情况及需要改进的地方进行整体分析研判，确保帮扶效果常态、长效。

3.三类培养：基于五社联动多维度要素培育

社工、社会组织、志愿者是"五社联动"的基本要素之一，也是实现群众自我管理、自我服务、自我赋能的关键所在，对此，"五邻社"平台体系深入实施社会组织"领航员"培育计划。2023年为入驻社会组织、乡镇（街道）"五邻社"（社工站）、社区"五邻社"、志愿者队伍等组织的社会工作者与志愿者提供专项业务培训7场。一是着力培养专业社会工作者。针对当前社区工作者缺少专业理论素养、社工大学生缺少实践基础的双向矛盾，积极对接浙江省委党校社会工作专业培训基地，培养集领军、协作、督导于一体的专职社会工作者，重点提升社工的社会工作理论素养、项目设计与管理能力、资金筹集能力、组织运营能力、社区规划能力等。二是着力培养社会组织。"五邻社"平台体系以社会组织培育社会组织的形式，在总社建立社会组织孵化基地，通过整合资源促赋能、提供服务促提质、参与成长促发展，对功能型、萌芽性社会组织进行全方位的培优赋能和培育发展，包括为新的社会组织的建立提供为期两年的业务指导、流程代办、注册地址、活动场地、活动协办、宣传推广等。截至2023年底，该基地已入驻社会组织10家；全区新增5A级社会组织5家、4A级17家、3A级7家，备案社会组织达到936家，累计开展各类服务活动2000余场次，约服务1.4万人次，创设了"360和事老""好邻舍""96345"等服务品牌，有效提高了社会运行的柔性和韧度。三是着力培养社区志愿者。立足行政村（社区）"五邻社"的10支备案社会组织，分类培养具有专业性、高素质的社区志愿者，通过身份创新、意识创新、形式创新，把社区志愿者培养成社区治理微领袖和社区服务项目带头人，进一步提高志愿者参与志愿服务和社区治理的自觉性和能动性。

（三）"教育－服务－关爱"的共享平台

1.普惠教育：基于居民素养提升的内在需求

五邻社区学院是"五邻社"五大重点项目之一，通过链接部门、社区、志愿者多方资源，引入专业教学机构和社会公益人才师资力量，精准对接不同层次的社区居民对个性化继续教育的需求，先后开设"家门口"老年大学、青少年爱心托管、"一句话"普法课堂等三大群众性社教平台，有效串联起"15分钟学习圈"，催生了服务群众、组织群众，增进邻里关系的社会效应。一是针对老年人的兴趣爱好，开设"家门口"老年大学。"家门口"老年大学由"五邻社"社区学院牵头，市老年大学、区委老干部局、区民政局、区慈善总会合作举办，开设包括音乐、越剧、舞蹈、书法、乐器、健身、太极、剪纸、弹簧在内的83个教学班，覆盖9个乡镇（街道）、32个社区，受惠老年人1300余人次。二是针对儿童青少年教育，开设青少年爱心托管班。由区总工会、慈善总会资助，社区提供场地，链接纳思书院、爱米儿创艺美术馆等社会组织、学校和社团，组织大学生、团干部、学生家长等作为志愿者，为外来务工子女和社区有看护需求的青少年提供书法绘画、科学实验、手工制作、红色课堂、安全知识、心理健康、公益实践等多种类型的兴趣课程，并依托城市书房为辖区内居民开展节日活动、创意手工、亲子绘读、技能培训、托管服务、志愿服务等系列活动，满足居民的精神文化生活需求。三是针对法治宣传需求，开设"一句话普法课堂"。2023年，"五邻社"总会联合区司法局，以《中华人民共和国宪法》《中华人民共和国民法典》等重要法律法规为重点，将涉及社会热点、群众关注度高的法条归纳成为广大群众能够轻松听懂、接受的一句短语，进行组织宣传。第一期"物业那点事"、第二期"家庭那点事"吸引3267人投稿10655条，1.6万余人次进行信息推广，网络投票参与1.5万余人次，活动知晓人次超50万人；第三期短视频与书画征集、第四期LOGO征集，共收取作品200余个。

2. 志愿服务：基于人民自我服务的内在需求

"益起来"志愿平台是一个可持续的社会自我支持网络，包括线上和线下两个端口。线上搭建五邻社"益起来"网络平台，成为社会化收集需求、链接资源的枢纽；线下通过结对、小组、契约共建、项目化互助等模式开展志愿服务，变熟悉的"陌生人"为陌生的"熟悉人"，重构乡里乡帮的村居、社区文化。一是需求起源阶段。该平台起源于对特困老年人的个性化帮扶与对慰问救助需求的回应。2021年2月，经绍兴市慈善总会审核同意，越城区"五邻社"联合总会正式建立"益起来"爱心基金，收到61家企业和1730位个人的爱心捐赠，募集38万元资金定向用于解决老年人的个性化问题。

二是优化提升阶段。探索实施邻里结对、银龄互助、结社自助等模式，形成一个个互助关爱小组，提升困难老年人探访服务的实效性。截至2023年底，共邻里结对111对，成立银龄互助小组64个，结社83个。三是全面起势阶段。为激励更多居民参与社区志愿服务，越城区开发了一套志愿服务与社会资源融合互动促进的线上线下系统，在线上通过系统平台发布项目、招募志愿者、募集服务性商企。在线下，各社区"五邻社"以志愿服务为指标，开展星级党员、星级家庭、星级志愿者评比活动，将志愿服务的时间和内容转化为积分，与物业费减免、免费停车、商场购物、物品兑换等优惠措施挂钩，并引入供销社、果品蔬菜、老台门等企业，以"实体化运营+公益+商业"的模式为困难群众、志愿者等群体提供爱心商品与积分兑换，达到双向互惠的效果。

3. 社会救助：基于共同富裕第三次分配的内在需求

2022年底，越城区民政局建立了以基本生活保障为基础，以精准需求为导向，以社会力量为补充的多层次、项目化、综合性越城区社会救助服务联合体，由区"五邻社"联合总会承接实体化运营，执行基本社会救助、特殊群体救助、民生事项帮扶、社会力量帮扶等4个方面21条"救助一件事"幸福清单。一是全域融合资源。横向联动社会救助职能部门、特殊群体救助单位、惠民补贴相关单位与各服务类社会力量，纵向搭建区、乡镇（街道）、行政村（社区）三级联动的救助服务站点，统筹整合各类救助资源，打造社会救助联合体。梳理编制《越城区"救助一件事"幸福清单》制度，建立救助资源供给信息库，明确救助条件和标准、程序等内容。二是全速开展救助。线上依托浙江省大救助信息系统、浙里办、政务2.0等为求助者开展代办、转办、协办等服务；线下通过区助联体对乡镇（街道）、行政村（社区）进行月度走访、电访，以及季度监督、指导。乡镇（街道）服务站点开展入户调查、情况核实等服务，同时跟进转介，引导相关部门、单位和社会力量根据困难对象需求协同参与，有利于救助对象快速获得社会力量的补充援助。三是全程强化保障。将社工专业服务导入救助体系，打造"救助+社工"全周期服务，为社会救助对象提供精神慰藉、心理辅导、能力提升、资源链接、社会融入等专业服务，累计完成个案服务10个、微心愿帮扶717个。四是全面补位服务。积极链接社会慈善资源，协助解决政府职责外的救助问题。如开展低保白内障老人"复明工程"救助项目、贫困家庭大学生助学项目、炉峰慈联"大病救助"项目等，以满足群众在"幸福清单"外的现实需求。探索成立困难群众救急专项基金，引入各类慈善组织、社会组织资金28万元，慰问帮扶困难群众100多人。

4.社区矫正：基于法治社会建设的内在需求

"五邻助矫"帮教基地由越城区社区矫正管理局发起，以政府购买项目形式委托"五邻社"联合总会整体运营，旨在充分利用专业社会工作优势，实施分类矫治，提供技能培训、红色教育、普法教育、心理辅导、助困救助等服务，促进矫正对象在心理健康、文化认同、社会融入等方面再社会化。一是技能培训，强就业信心。链接浙江工业职业技术学院、医院、区疾控中心等资源，通过学校、部门、企业、培训机构的专业讲师提供支持，分别开设茶道艺术、短视频剪辑、化妆造型、中医养生等培训班，为矫正对象再就业提供职业技能培训，2023年度共开设培训班课程8场次。二是文化育人，矫心正行为。引入高校、银行、律所等机构的专家学者，围绕法律常识、道德规范、时事政治、社会主义核心价值观、红色文化等主题，为矫正对象开展法治讲座、思维创新课程，实地开展"明史学法保平安"活动，学习红色革命精神，全面开展修心教育。三是心理疏导，筑牢心理健康。与市、区两级心理咨询师协会合作，提供专业心理辅导师开展的"与心灵相约 与健康同行"团辅活动，切实加强对社区矫正对象的心理疏导，帮助社区矫正人员正确认识自我、消除作为社会"特殊人群"的负面情绪，树立正确的人生观和价值观。四是公益服务，温情促矫正。充分发挥公益活动在社区矫正中的教育和感化作用，组织矫正对象参加普法宣传、公共卫生、探访关爱、帮孤助残、政策宣传等志愿服务，组织运动会、节日活动、健康讲座等团建活动，建立结对帮扶、困难慰问的"树人志愿队"和未成年人成长帮扶的"雏鹰志愿队"，增强矫正对象的社会责任感、集体观念和纪律意识，修复社会关系。五是暖心支持，帮扶显关爱。提供社区矫正社会工作个案服务，强化心理帮扶、法律帮扶、就业帮扶、物质帮扶四项措施。如为社区矫正对象患有心理疾病的女儿寻找本地精神内科医生，解决因外地医疗费用较高而产生的就医困难，为低保家庭申请救助，为怀孕妇女提供生育礼包，为残疾人家庭提供政策帮助等。

5.特殊关爱：基于打造老年友好社会的内在需求

越城区"百千万"助力特殊困难老年人项目是以向年满60周岁的低保低边、分散供养、孤寡、独居、失独、留守老年人提供探访关爱为服务内容，以"五邻社"为服务介质，链接、融合社会资源的爱心服务模式。一是服务力量应进尽进。"百"即百家服务企业或单位；"千"即全区千名行政村（社区）、社会组织和百家单位中的社会工作者；"万"即万名志愿者，共同投身特殊困难老年人的帮扶纾困行动。截至2023年底，全区已有46家单位、892名社会工作者、124户居民家庭分别结对146家经济困难户、1621名孤寡失独、101位高风险老人，经常性地开展经济帮扶、精神慰藉和安全守护服务。二是服务对象分级分类。根据老年人生理和心理安全风险情况，分为一般、重度、高风险三类服务等级。实施纳入服务、退出服务，以及服务等级评估等动态管理。分层分级开展入户探访、电访等，截至2023年底，服务对象有1874人，共形成探访记录22498条、电访记录16931条。三是关爱服务常态长效。收集老年人需求，提供多样化、个性化服务，如为孤寡老人代办自来水安装、法律援助，为受困老人提供代购代买等。截至2023年底，组织开展健康义诊、政策解读、司法宣传、文艺表演、知识抢答等社会公益活动149场次，通过微心愿为老年人募集棉衣棉被、家用电器、拐杖轮椅等228个。2023年帮助老年人解决自来水安装、房屋修缮、安全检测、家电维修、家政服务等476起个性化问题。为让特殊困难老年人更好地融入社会，组织"共享端午""庆国庆""迎亚运""享中秋""关爱老人成长"等娱乐小组、手工小组、社会化小组、自助互助小组等，链接爱心企业筹集节日慰问礼包共计3700余份，约26万元。

三、"五邻社"的实践成效

（一）协助外来人员融入生活，维持社会稳定

城镇化催生城市主义、乡村主义等新文化形态，大规模和高密度的人口向发达省市和城市群、都市圈聚集迁移，导致城市社区人员构成复杂化，对社区公共基础设施建设、应急防控体系、文化团结模式等机制提出更高要

求，如何快速破除城市中不合理的身份界限，实现更广范围、更深层次的居民身份融合，对稳定社会秩序意义重大。越城"五邻社"作为由越城区总工会牵头、越城区司法局和民政局扶持的社会组织，兼具政府公信力和社会亲和力，能够深入居民开展谈心谈话，获取多样需求并及时与社区、慈善组织、企业机构等多方力量对接，在社区治理中形成非正式管理，从而使行为失范或群际冲突的风险降低，增强居民对城市社区的眷恋感和归属感，使城市秩序的根基越发牢固。

（二）分担城市社区向下事务，坚定社区主责

越城"五邻社"嵌入社区的起点在于社区已有服务无法满足社区居民需求，层级制的绩效压力倒逼社区居委会对外寻求社会资源整合，帮助提升社区服务质量。越城"五邻社"在一定程度上既能分担垃圾分类、文明劝导、纠纷调解等常规性事务压力，在面对疫情防控等突发状况或重大事件时又能及时响应政府安排、快速传达社区消息、高效沟通社区住户，将居民的人财物损失降到最低。越城"五邻社"还为社区从业人员提供了居民身边的实操平台，积累走访经历以获取社区工作规律并熟悉社区工作方法，携手培育更贴民心的社区干部、更契民情的社区环境。

（三）整合社区居民多样需求，凝聚共建合力

以越城区为例，从2019年到2023年，全区流动人口增加到49万余人，5年新增11万余人，导致社区居民组成复杂化、生活需求差异化，对社区响应群众需要的速度、质量也提出更高要求。越城"五邻社"作为枢纽型社会组织，在居民、物业公司、社区单位、慈善机构等社会主体间发挥着桥梁纽带作用。通过对弱势群体等各类人群的摸排调研，获取居民在衣食住行、教育就业、体育文化等方面的个性化诉求，围绕政府项目、契约共建、公益创投、商业普惠等资源获取的不同渠道，分门别类建立链接通道，再通过项目化、清单化形式转化为治理资源，达到资源与需求的精准对接。社区供给和居民需求间的沟通渠道如同从心脏发出的一条条血管，构建起社会共建、居民共治、全员共享的社区治理机体，真正做到为了人民、依靠人民。

（四）精准链接多方社会资源，提高社会参与

财政支持是实现城市社区持续健康发展的前提保障，社区功能更新、旧房改造等服务主要依靠政府专项基金和财政补助。越城"五邻社"弥补了社区对外融资渠道较窄的劣势，发挥了吸纳社会资金用于服务提升的专业能力和实践经验，通过"双向互惠"使服务提供方同时也成为受惠者，切实激活了驻社区单位组织参与社会共建的热情，积极配合所在社区开展服务，形成源源不断的良性造血循环。如外滩社区的"商户联盟卡"，一方面为社区居民衣食住行提供了实惠，另一方面也为社区的商业体打响了知名度、实现了引流。

（五）鼓励居民加强往来，丰富社会资本

社区人际关系不仅具有私人社交属性，更是一种由赋权与合作、支持与互助、提供服务共同建构的组织化社会交往网络，居民能够通过邻里间日常联系和社区内活动获取功利性和情感性支撑，因此如何唤醒邻里关系成为构建社区治理共同体的逻辑起点与最终归宿。越城"五邻社"作为五社联动模式的有效实践模式，起到了链式动员、系统协调和精准对接的桥梁作用，从社区内部汇聚组建志愿团队，深入左邻右舍定期开展电话慰问和入户探寻，缩小居民间的社会距离，内化集体规范，并设立志愿积分兑换生活必需品的激励环节，从而提升社区居民的主人翁意识和社会认同感，推动原子化社区重建为颇具温情的关系场域。

四、经验启示

越城"五邻社"的成功实践是对多元共治的城市基层治理体系的有益尝试，是社会组织等多元主体参与社区共建融合发展的创新范例，推动了以人民为中心的社区治理共同体建构的理论研究和路径探索。"五邻社"的成功之处在于通过搭建资源整合与信息流通平台，将政府部门、社区、公益组织、企业机构、居民群众等串联起来，各主体根据自身战略性资源发挥差异化及力量优势，形成以社区居民多维需求为中心的多主体共同行动。

（一）坚持人民需求导向：塑造供需对接适应的服务平台

城市基层治理工作必须以为民解难事、办实事、做好事为出发点和落脚点。"五邻社"通过逐家逐户访谈摸排的方式，全面深入地了解社区群众最具体、最实际、最根本的需求，通过推行并丰富"项目化、菜单式"的方式输出专业化、职业化、科技化的服务供给，更好地满足居民在政治经济、社会交往、文化教育等方面日益增长的需求。就硬件设备而言，"五邻社"作为嵌入社区治理中的社会组织，以"空间换资源"方式认真梳理社区闲置资产、空闲场所等，向共建单位、两新组织、志愿团体等发出"合伙邀请"，在居民家门口开办爱心商店、树兰书屋、老年学堂等实体活动空间，盘活了社区闲置空间的同时，精准化满足群众所需，激活社区服务群众"新动能"，进而推动人的全面发展和社会全面进步。就软件服务而言，"五邻社"在社区内充当起信息周转互通的角色，完善了公共服务供需对接机制，除了定期对辖区内高龄、残疾、"空巢"老人、大病群体等扶助对象进行入户走访，并对不同诉求进行分类登记以及时"对症下药"以外，针对行动不便的人群，"五邻社"社员还定期进行电话访问，在大风大雨等灾害性天气来临前逐户进行安全确认，并日常开展烘焙、直播等培训课程丰富其业余文化生活，精准提供对标对本的优质服务，高效解决普遍琐碎小事和部分急难杂事，着力培育社区群众的归属感和获得感。

（二）坚持人民合产导向：畅通多元主体共治共享的参与渠道

城市基层治理事务具有生活性、重复性、交叉性等特征，将居民从被动的旁观者和接受者转换成间接或直接的参与主体，推动构建并维护多元主体的自发秩序，以柔性手段组建人民主体自我组织、自我管理、自我服务的合产模式是基层社会治理的内核。"五邻社"强调社区的复合特征，引导居民间接介入公共服务规划、实施和改善的过程之中，辅助社区举办物业恳谈会、邻里议事会、居民代表大会等协商实践，主动围绕加装电梯、维修顶棚等突出性生活问题收集整理群众意见并梳理为公共议题，与多元利益主体进行反复辩论研讨，达成统一共识，精准保障人民群众意见和建议落在社区建设实处，对激活基层横向关系网络起到纽带作用。并且，"五邻社"以相互嵌入、彼此关联、共建共享为特征的现代化社区模式为样板，保障居民直接参与社区治理及公益服务的渠道畅通，突出合作生产和共同创造的互动性，在居民群体中组建志愿者队伍开展定向社会服务，以项目补贴、积分换购等方式激励居民主动自愿，唤醒居民"社区人"身份和集体意识，增强居民参与社区公共事务的主动性，以及各个主体间精神联结效应，推动基层治理由社区单向管控模式向人民群众协同联动的网状合作模式转变。

（三）坚持人民评价导向：健全公益服务项目的长效管理机制

社区治理作为一项系统工程，既要重视末端治理，做到首尾呼应，也要关注前端需求，及时更新，做到环环相扣。同样，"五邻社"作为融入社会治理格局的社会组织，以市区发布有关乡镇（街道）、行政村（社区）、社工建设的相关文件为项目规划和指引，推出系列专项服务并实施全过程闭环管理，同时也保持与外界社会资源、内部居民群众进行能量和信息交换，有序拓宽惠及范围。一方面，针对已有项目，"五邻社"聚焦困难老年人、社区矫正对象、留守儿童等特殊关心群体，采取"精准辨别、细化对接、精准服务"的示范性服务流程，按照"谁服务、谁负责"的原则，全流程跟踪推进项目实效，完善"整合-规划-服务-复查"闭环管理模式。以探访关爱服务为例，"五邻社"结合民政业务科室记录、乡镇（街道）社区名单与实地入户探访情况，摸查社区内特殊困难老年人现状底数并建立清单，在精准辨识群体分布情况并评估等级后，为不同类型的服务对象制定实施更具针对性的探访关爱方案；面对突发状况，"五邻社"成员由被动变主动，借助天气预报、社区网格员等信息源提前研判风险群体可能存在的安全隐患并采取应对防范措施，对治理策略及时作出适应性调整，降低事故发生频率，使关爱服务到位、到家、到心，已有项目实现闭环服务。另一方面，"五邻社"坚持以居民为核心建构者，不断推动相同或相异主体需求和资源实现共创共享，持续梳理政府政策导向并不断摸排辖区内居民需求，实时更新项目清单，注重社区服务有效性的拓展及专业性的提升。如"五邻助矫"帮教基地项目，依法充分发挥社区矫正教育管理和法律监督职能，带动社区居民了解情况、社会力量接纳、矫正对象融入，全面促进社区矫正对象在心理健康、文化认同、社会融入等方面再社会化，打造互惠式邻里关系。

（四）坚持集成智治导向：打造嵌入智能化治理平台

数字治理转型是中国社会治理现代化的未来场域，"五邻社"充分发挥数字技术的强渗透性、高创新性、多场景性等特征，在项目实施和纵向管理等方面广泛应用，利用新型数字技术赋能政府、社会组织、企业机构等多元主体协同治理，向全周期全覆盖的智慧治理模式迭代。在前期诉求整合阶段，"五邻社"整合优化现有政务服务平台，与乡镇（街道）社区多个服务站点实现连接，及时对接入户调查行动并共享更新救助需求信息，同时在线上引导相关企事业单位和社会力量跟进转介，打造上下联动、左右互通的供需对接数字平台；在后期宣传推广阶段，"五邻社"积极利用自媒体传播平台提升项目传播广度与社会主体参与深度，带动辖区内外居民对社会组织的信任支持并行动协同，从依靠直觉和经验决策的"闭门造车"式服务向依靠民众需求数据的"对症下药"式服务转变，以数字赋能促进基层治理人本化。此外，"五邻社"同样强调治理和服务线上与线下平衡，在出行、就餐、就医等日常高频场景中保留线下帮扶渠道，保障社区弱势群体能够平等享受数字红利。

党领共治

二

预防化解

探索和谐劳动关系的新思路

中共绍兴市委党校　罗新阳

进入新时代，社会结构发生了深刻变化，工人阶级的队伍不断壮大，社会影响日益增强，与此同时，劳资双方矛盾日趋复杂。特别是随着新经济、新业态的不断发展，企业经营模式和用工方式日益多样化，依托新业态、共享经济的灵活就业方式和就业人数不断增加，劳动关系呈现出多发性、复杂性和反复性的特点。面对新形势、新情况，工会亟须改革创新，在参与社会治理、构建和谐劳动关系等方面应有新作为。"枫桥经验"经过几十年发展已经成为社会治理的经典样板，形成了许多非常成熟的调处化解矛盾的方法手段，能有效提升工会参与社会治理的针对性和实效性。以新时代"枫桥经验"理念为引领，指导工会参与社会治理，可以为构造和谐劳动关系提供新思路。

一、"枫桥经验"与工会职能高度契合

（一）"枫桥经验"的核心内涵

"枫桥经验"的基本内涵和核心思想就是坚持和贯彻党的群众路线，在党的领导下，充分发动群众、组织群众、依靠群众解决群众自己的事情，做到"小事不出村、大事不出镇、矛盾不上交"。尊重人民群众的首创精神和主体地位，是"枫桥经验"的力量源泉，与时俱进、改革创新是"枫桥经验"发展的不竭动力。虽然"枫桥经验"所处的时代在变，适应的范围在变，践行的方法手段在变，但"枫桥经验"的核心内涵没有变，即"走群众路线，矛盾不上交，问题解决在基层"。

（二）工会维权职能

工会是现代工业条件下工人自我保护的社团。工会是因劳动关系冲突而产生，以维护会员利益为首要职能，以集体谈判为基本手段，由职工自愿结合并代表会员意志而自主设立的组织。中国工会是中国共产党领导的职工自愿结合的工人阶级群众性组织，是国家政权的重要社会支柱，是会员和工人利益的代表。根据《中华人民共和国工会法》《中华人民共和国劳动法》《中华人民共和国劳动合同法》的规定，工会的法定职能是：维权、参与、组织、监督、服务、劳动争议处理、协助，其中最基础、最核心的职能是维权。

（三）新时代"枫桥经验"与工会维权职能有机契合

"枫桥经验"坚持党的领导，发动群众、依靠群众、服务群众，致力于化解矛盾、构建共建共享共治的现代社会治理共同体，与工会在党的领导下履行团结教育、维护权益、服务职工的功能，构建和谐企业，维护社会平安等具有高度的一致性。

一是目标层面。二者的根本目标都是为了预防、化解矛盾，助推企业和社会发展。工会是以构建和谐劳动关系，推动企业发展为目的。"枫桥经验"和工会维权的职能都是始于化解矛盾，并在化解矛盾的实践中得到坚持和发展。

二是本质层面。二者的本质一致：贯彻以人民为中心的治理理念，坚持群众路线。以人民为中心，走群众路线是"枫桥经验"不变的初心。工会的核心职能是广泛听取职工群众诉求，关心基层一线疾苦，竭尽全力为职工办事服务，大力维护职工合法权益。

三是基础层面。二者的基础一致：都重视基层基础，都以基层组织网络为支撑。"枫桥经验"坚持"小事不出村、大事不出镇，矛盾不上交"，注重基层源头治理，群防群治化解矛盾。工会发动群众、依靠群众，重视源头治理，构建和谐劳动关系。

四是方法层面。二者都坚持与时俱进，不断创新方法与手段。建立多元矛盾解决机制，构建风险预警防控体系，形成自治、法治、德治、智治"四治融合"治理体系，以及线上、线下矛盾化解体系。

二、和谐劳动关系构建的绍兴实践

近年来，绍兴市工会系统深入学习领会习近平总书记关于坚持好、发展好新时代"枫桥经验"的重要指示精神，积极探索创新"工会+"劳动领域争议多元化解工作，形成了"访调裁诉"全链闭环、全域铺开、多元协同的工会新"枫"景，努力把问题解决在基层、化解在萌芽状态，并取得了显著成效。截至2023年底，全市"工会+法院"、"八字桥"工作室、"解纷码"等机制成功化解劳动领域纠纷2167件，为劳动者实现权益5797.05万元。其中，"枫桥式"劳动争议多元化解"八字桥"联动平台荣获浙江省第二届工会改革创新优秀成果；"'工会+法院'诉调对接多元化解劳动争议"入选绍兴市"枫桥经验"标志性成果。

（一）从试点到全域深度诉源，合力共筑解纷新平台

汲取"枫桥经验"的善治精髓，绍兴市总工会于2019年5月率先在绍兴市越城区袍江法庭试点"工会+法院"机制，2020年12月在全市推开，通过优化顶层设计和深化基层治理，实现诉源解纷全链闭环。

一是增强政策保障。以顶层设计顶格推进的理念，构建由"工会+"政策支撑的"四梁八柱"。绍兴市总工会先后出台《关于助力打造浙江高质量发展建设共同富裕示范区市域范例的实施方案（2021—2025年）》《关于全域推进基层工会改革工作的通知》等政策文件；下发《关于开展工会参与法院劳动争议案件调解工作的通知》，联合绍兴市中级人民法院（以下简称市中院）印发相关指导意见，明确"工会+法院"机制的目标任务、具体举措。区、县（市）同步部署推动，形成同频共振的攻坚合力。

二是创新体制机制。绍兴市总工会主动与信访、人社、司法等部门对接，建立信息互通共享、法律文书互认机制，第一时间掌握涉及职工维权信息；强化以政府、工会、企业为代表的"三方协商机制"，定期开展形势分析研判；引入社会"金牌"调解员一同介入纠纷调解，建立四方协商机制，以机制的集成创新推动政策举措见行见效。

三是注重平台建设。建设工会社会治理"一站式"平台，构建"接访、调解、仲裁、诉讼"的全流程解纷闭环。在市中院，6个区、县（市）人民法院和68个重点乡镇设立"工会工作室"，劳动争议调解团队提前介入劳动争议案件办理程序，实现诉前、诉中关口前移，有效破解劳动仲裁和诉讼专业性强、过程烦琐漫长等问题。

（二）从一环到全链共治共享，立体构建调解新格局

探索"工会+法院"机制落点在深化服务上，重点在品牌培育上，支点在队伍建设上，绍兴市工会系统精心打造每一环，力求全链式提升劳动争议多元化解的质效。

一是延伸触角，在服务优化上聚力。不断深化优化，以更精准的靶向、更精细的服务提升"工会+法院"机制的精准度和实效性。拓展服务宽度，从每周固定坐堂模式拓展为"坐堂+联系"模式，提供24小时服务；引入数字理念，从实体化工会工作室延伸到网络空间，运用工会官方网站和微信服务号实现律师"网上坐堂"，两年来提供各类法律咨询1.2万余次；深化服务领域，矛盾化解内容从劳资纠纷扩大到职工权益保护，案件量提升21.2%以上；推动资源下沉，建设区、乡镇（街道）两级工会工作室，联合涉劳动领域8部门多跨协同，建立多元联动闭环调处机制。

二是示范引领，在品牌打造上聚力。持续擦亮特色品牌，以品牌示范带动工作全面提升。如越城区"八字桥"工作室借助"八字桥""立交式"的资源整合、信息融合、力量聚合，有效化解劳动关系纠纷矛盾；诸暨市携手心理健康协会等社会组织开展娘家人"心灵直通车"项目；柯桥区工会工作室开辟"线上+线下"劳动争议化解双通道；新昌县"能级工资"集体协商制度通过"以技提薪"，跑出共富新速度。

三是好中选优，在队伍建设上聚力。依托社会力量，努力打造一支铺开面广、专业性强、群众信任度高的工会劳动争议专业调解团队。市、县两级总工会精心选聘52名专业律师，引入135名法律工作者、外来务工人员、行政村（社区）老干部、乡贤、热心志愿者等到工会工作室，提供驻点、联络、咨询等全方位服务。

（三）从"盆景"到"风景"多维赋能，全面激活善治一盘棋

从"工会＋法院"这一机制出发，绍兴市不断深化工会改革建设，完善工会治理体系，通过数智赋能、跨部门协同及校地合作，从打造特色多元的"盆景"转变成全市域精彩的"枫桥经验"工会"风景"。

一是以数智化为抓手，不断丰富智慧应用场景。以数字化改革赋能工会工作室建设，实现多跨协同，完善调处过程"一件事流转"机制、线下"一工作室调处"机制、线上"一次不用跑"闭环体系，形成动态稳定场景"一舱分析、一网预警"的精准服务。工会工作室依托"八字桥"联动平台"驾驶舱"、工会"解纷码"，数智赋能参与基层社会治理，实现"数据共建共享、矛盾分类分流"。

二是开展跨部门协作，发挥一体化协同优势。与法院"共享法庭"、妇联"越姐姐"、团委"越城新青年"等品牌融合，不断提升"八字桥"工作室团队的专业水平和服务能力。通过横向协作、纵向联动，形成多部门合力畅通劳动者维权道路的工作格局，发挥多部门在维护劳动者合法权益上的专业优势，优化劳动者维权程序，实现"事事有人管、单单有人接，反映问题有出口，解决纠纷无堵点"。2023年以来，工会协助相关部门开展维护职工权益执法和法律监督行动135次。

三是与高校合作"联姻"，总结凝练理论成果。绍兴市总工会联合中国劳动关系学院长三角学院，连续举办三届"枫桥经验"工会实践论坛，形成一批新时代工会版"枫桥经验"的新案例。诸暨市总工会与杭州师范大学联合共建新时代"枫桥经验"与和谐劳动关系研究基地，将理论阐释和基层实践紧密结合。

典型案例

案例1：绍兴市"工会＋法院"劳动争议多元化解新模式

2019年5月，绍兴市总工会下发了《关于开展工会参与法院劳动争议案件调解工作的通知》，并于6月25日在越城区成立袍江法庭"工会工作室"进行试点，开始实体化运作。袍江法庭"工会工作室"作为一种创新的工作模式，在劳动争议案件调解，缓解劳动者和企业的对立情绪，构建和谐劳动

预防化解

关系中取得了一定的实效,既推动了和谐劳动关系构建,又促进了营商环境不断优化。

1. 主要做法

参与调解涉企劳资纠纷,发挥纠纷化解的作用。充分利用"工会工作室"职能,全链条式化解涉企劳资纠纷。主动提供案件处理意见,发挥专家辅助的作用。"工会工作室"根据调处情况,结合未调解成功案件中掌握的当事人信息,对纠纷的审判提出参考意见。为企业提供定制化建议,发挥源头预防的作用。针对调解中发现的企业管理漏洞,进行个性化定制提醒和建议。

2. 工作成效

绍兴市总工会探索"工会+法院"诉调对接多元化解劳动争议模式以来,取得良好成效。一是调解端口前移。组建"工会工作室"劳动争议调解团队,提前介入劳动争议案件办理程序,破解劳动仲裁和诉讼专业性强、过程烦琐漫长等问题,减少化解争议时间和成本。二是提升维权实效。对调解成功案件,"工会工作室"直接敦促其自动履行或由法庭进行司法确认,确保调解结果具有权威性和法律效力;对调解未成功案件,结合当事人情况出具意见书,为审判提供参考意见。三是抓好源头预防。组织工会、法院等部门提供企业劳动用工风险检测、规章制度合法合规性审查等服务,开展普法宣传活动,增强企业和劳动者法治意识,预防劳动争议案件的发生。该模式已入选"市域社会治理现代化·创建有我"主题活动优秀案列。

案例2:开展法律援助活动 构建和谐劳动关系

嵊州市总工会自开展法律援助活动以来,始终坚持实创新的精神,不断探索职工法律援助最佳途径,完善正确处理新形势下人民内部矛盾机制,深入开展构建和谐劳动关系活动,为构建平安嵊州打下坚实的基础。截至2023年底,已创建嵊州市级和谐企业163家、绍兴市级和谐企业81家、省级和谐企业6家。

1. 主要做法

一是开展形式多样的法律宣传活动。2020年以来,嵊州市总工会结合市域社会治理现代化试点和以平安建设为主题连续开展了35场"遵法守法·携手筑梦"服务农民工(新就业群体)等法律宣传活动。先后进入浙江盛天建设、浙江盛泰服装集团、嵊州市客运西站、嵊州市韵达快递等单位发放《职工普法手册》《浙江省工会劳动法律监督条例》《中华人民共和国民法典》《平安嵊州》等宣传资料3500余册。另外，通过"爱嵊州"App和绍兴职工之家公众号等进行宣传，进一步提高了职工的法律意识，引导企业职工以理性合法的方式维护自身权益。

二是加强劳动关系协调员队伍的建设。嵊州市总工会以问题为导向，以目标为牵引，先后邀请省、市有关法律专家，分层面对企业工会人员、人力资源管理人员、乡镇（街道）工会人员进行了劳动关系实务知识培训，截至2023年底，嵊州市已获得劳动关系协调员技能等级证书的人员有1030余人；连续4年举办工会劳动法律监督员培训，获得劳动法律监督员证书的人员有320多人。有效筑牢争议初发的防线，建立工会系统预测预报和预防制度。

三是深入开展集体协商要约行动。嵊州市总工会切实开展集体合同、工资集体协商规范化建设活动，履行好集体合同、工资集体协商内容、程序的合法性审查职责。建立健全产业工人分配激励机制，推动全市108家产改试点企业、65家绍兴市级以上和谐企业、规模以上企业（建会）建立"能级工资"集体协商制度，健全以创新技能为导向的产业工人工资机制，科学评价技能水平和业绩贡献。

2. 工作成效

一是方便职工维护权益。在职工队伍中传播法律知识，弘扬法治精神，解决了职工维权请假难、找人投诉难等问题，实现了家门口"零跑腿"，不断增强职工法律意识和增加法律常识，进一步在职工中营造学法、知法、懂法、守法、用法的浓厚氛围。

二是促进社会和谐稳定。全市723家企业已开展集体协商、签订集体合同715家，均超90%的目标任务，在产改单位、和谐企业单位建立"能级工资"集体协商制度，如浙江天盛机械有限公司、浙江森歌电器有限公司、浙江万丰科技开发股份有限公司等，涉及职工5000多名，为职工在原有基础上增加工资5%～8%，切实提高技术工人、一线员工的经济待遇和社会地位。

三是焕发基层工会活力。工会的做法得到企业认可，职工的问题在企业解决，既畅通了职工的利益诉求，又提升了工会的向心力和凝聚力，使得弱势群体有门能进、有地可诉，真正发挥了工会"娘家人"的作用。

预防化解

案例 3："八字桥"工作室，打牢工会参与基层社会治理"桩脚"

2022 年 3 月 10 日，绍兴市某酒店管理有限公司的 13 名员工在与单位多次沟通未果的情况下来到越城区人社局申请劳动仲裁，要求企业支付停工期间的工资及经济补偿金。越城区人社局在受理此案后，认为争议双方还有协商调处的空间，为避免矛盾激化，委托区仲裁委"八字桥"工会工作室先行调解。经工作人员的耐心沟通、调解，最终双方达成协议并签订调解协议书，用人单位当场一次性支付给 13 名劳动者 153193 元调解款，争议双方均对调解结果表示满意。

1. 主要做法

一是查明事实，做到情况清。"八字桥"工作室受理此案件后，工作人员根据劳动者提供的相关证据，认真研究案情，分析当事人的心态，明确调解方向和重点。同时，通过询问了解矛盾的起因、经过和性质，找准当事人争议的症结，据此确定调解的切入点。通过了解得知，该公司因经营发生困难于 2021 年 12 月 15 日停工，截至 12 月 15 日的员工工资已付清。申请人要求的经济补偿金，企业之前也表示愿意按 30% 支付，停工期工资（2021 年 12 月 16 日至 2022 年 2 月）按最低工资标准的 50% 支付。但由于在赔付标准上存在较大分歧，双方不欢而散，劳动者申请劳动仲裁。在沟通中，企业也表示希望能通过调解的方式解决此次纠纷，同时在工作人员的建议下，同意适当提高经济补偿金赔付金额，由原来的 30% 提高到 40%。

二是分析利弊，做到沟通细。在了解到企业有调解的意向，特别是掌握了企业的赔付标底后，工作人员迅速联系申请人的代理律师，但是对企业提出的调解方案，申请人还是一口拒绝，调解工作一度陷入僵局。面对被动局面，工作人员不气馁、不放弃，一次次向当事人双方仔细分析利弊，动之以情、晓之以理，引导双方换位思考。对企业，工作人员继续建议适当提高赔付标准；对申请人，工作人员则采取逐个击破法，对那些想尽快解决问题、易接受调解的当事人先进行耐心说服、劝导。经过努力，13 人中有 7 人愿意作出退让，提出了经济补偿金按 50%、工资按最低工资标准 50% 支付的要求。工作人员一鼓作气，以同意调解的当事人的调解结果为基础，让其他 6 个当事人知晓调解的底线，最终 13 人全部接受了该调解方案。调解员抓住时机，及时与企业敲定调解方案，且要求全部调解款在签订调解协议时当场履行，企业最终也表示同意。

三是趁热打铁，做到履行快。在确定调解方案和签约时间后，工作人员马不停蹄、有条不紊地做好签约前的各项准备。请企业财务人员仔细核算好每个人的赔付金额，再通过工作室工作人员将金额转给各申请人核对，经过二轮核对、修改，最终确定总调解金额为153193元。而后，又让每个申请人提供了银行账户，确保调解款快速、安全到账。一切准备就绪后，3月28日如期进行集中签约，做到签约一个当场履行一个，干净利落，圆满解决。

2. 工作成效

越城区总工会在践行"枫桥经验"的实践中，找准工会融入社会治理的契合点，以工会工作室建设为契机，整合信访、司法、人社、法院等八部门力量，设立"八字桥"工作室，借助"八字桥""立交式"的资源整合、信息融合、力量聚合，形成无缝对接的"一站式"服务阵地。除了区级以外，越城区总工会还将触角延伸到各乡镇（街道），把"八字桥"工作室作为工会履职的好抓手，切实发挥工会"娘家人"的维权作用，使各种劳动关系纠纷通过这座"桥"得以充分表达、有效化解，最终实现劳动关系的和谐通畅，打牢工会参与基层社会治理的"桩脚"，积极助推构建和谐劳动关系。如案例中的这起集体劳动争议，从提交到结案仅仅用了半个月时间，大大缩短了劳动者的维权时间，同时也为企业解除了后顾之忧，真正做到了案结、事了、人和，赢得了劳动者和企业双方的一致好评。

三、新时代"枫桥经验"引领和谐劳动关系构建的路径

（一）工会基层基础层面

新时代"枫桥经验"的关键是源头治理，重心在基层，要及时预防和消除不和谐因素，把矛盾化解在基层，做到"小事不出村，大事不出镇，矛盾不上交"。

工会构建和谐劳动关系、化解矛盾纠纷，必须推进矛盾化解机制运行的重心下移，把工作重点放在最基层，将工作力量配备到第一线，巩固基层在矛盾化解工作中的首要地位。发挥基层工会干部了解实际情况、密切联系群

众的优势，提高工作的主动性、创造性，努力把不稳定因素解决在基层、消除在萌芽状态，切实筑牢基层工会维权、维稳第一道防线。

1. 建立和健全劳动关系预警机制

新时代"枫桥经验"的重要成果——全科网格化治理，对构建劳动关系预警机制具有重要的借鉴作用。所谓"全科网格"就是在原有综治基础上，将行政执法、环境保护、安全生产监管、食品药品监管等社会管理服务事项纳入网格，统筹职能、力量、资源和经费，实现全网覆盖，发挥综合功能，提供全科服务，构建一张无交叉、无重复又无缝对接的基层治理网格，实现"多网合一""多员合一"，有效解决了过去基层社会治理"条线分割""人员悬浮""信息缺失"等问题。为此，借鉴全科网格化治理做法，探索构建有效劳动关系预警机制。

一是建立信息收集网络制度。信息收集网络坚持"纵向到底、横向到边"，有效改变以往工会信息收集相对封闭、主体各自为政的局面，形成地市统筹调度、反应灵敏、资源共享利用的一体化信息体系。二是健全矛盾纠纷排查制度。坚持定期排查与出现问题端倪随时排查相结合的制度，可通过召开劳资恳谈会、开展工资集体协商等方式及时掌握劳资关系发展动态，尽早发现不稳定因素和隐患并及时消除。三是完善内部劳动管理制度。制定完备、可操作性强的企业规章制度，注重发挥集体合同、劳动合同等书面协议对劳资双方行为的约束力，规范劳动人事管理流程。四是加强失业预防与失业调控。健全失业预警制度，制定应对规模性失业风险相关预案。加强就业需求、用工需求和失业动态预测监测，做好数据统计分析。妥善安置失业人员，引导有序转岗，促进再就业。

2. 建立和健全多元矛盾化解机制

进入新时代，社会主要矛盾已经转化为人民日益增长的美好生活需要和不平衡不充分的发展之间的矛盾。这在基层表现为许多传统型矛盾与现代型矛盾交织的状况，尤其在信息技术高度发达的背景下，"枫桥经验"化解矛盾的理念、机制和方法等也在不断变革。面对现代治理，在预防和化解矛盾方面，体现为多元社会规范并举，整体的联动性、和谐性，主体的多元化等新特征。新时代"枫桥经验"化解矛盾综合了源头治理、依法治理、多元治理三大特征。基于以上精神，依据企业劳动关系的新情况、新变化，工会化解劳动关系矛盾要更加重视源头治理、依法治理、多元治理。

建立和健全"工会直接调解""多方联合调解""约谈调解""协商代理""委托代理"，以及"发送工会维权意见书"等多元化解矛盾机制，有效调解各种劳动矛盾纠纷。工会应将劳动关系治理融入社会治理，与政府和社会组织合作，整合更多社会力量共同应对新时代劳动关系的新情况、新问题和新变化，最终形成党委领导、政府主导、工会及社会组织联动的源头治理、动态管理、应急处置的劳动关系治理体系。

（二）工会社会化层面

工会化解劳动关系矛盾、参与社会治理，必然要求推进工会工作社会化。社会结构的变化，导致大部分职工从"单位人"向"社会人"转变，灵活就业者、非正规就业者增多，使工会工作领域从企事业单位向社区延伸。对于工会而言，如果不能增强对职工的吸引力和凝聚力，就有可能出现职工疏远工会的现象。工会工作社会化主要包括以下几个方面。

1. 整合社会资源，运用社会力量办工会，拓展活动空间

采取"走出去""请进来"等多种方式，由人大、政协及社会各界组建工会顾问队伍、智囊团和外脑库，弥补工会自身力量特别是专业水平的相对欠缺。例如，地方工会与律师界合作，通过购买服务方式维权。

2. 建立健全社会参与机制，参与社会管理和创新

把工作纳入整个社会体系中运作，不仅关心职工在企业等基层单位的权利实现，还要重视维护职工的社会权利，关心和帮助他们在社会层面中实现权利。使职工能够享受社会公共事业的服务与保障，体现社会地位，得到尊重等，对人口、教育、环境、安全等一些公共话题予以高度关注，提出主张，平衡劳动者与经营者、建设者之间，工农之间利益差别，承担社会责任。

3. 建立社会性评价指标体系，衡量工会工作水平

积极运用社会公共语言，利用大众传媒特别是网络等媒体宣传工人、工厂和工会，完善重大事件新闻发布制度，面对重大的劳资纠纷事件及时发布有关信息，树立一个负责任的社会团体形象。

预防化解

4. 培养造就职业化、社会化的工会工作者队伍

要适应形势的发展，建立工会工作者人才库和资格证书制度，通过聘任"工会工作协理员""工会组织员""工会工作志愿者"等做法，逐步实现工会工作者职业化、社会化，为工会工作特别是企业工会工作提供组织保障和人力支撑。

（三）工会法治化层面

借鉴新时代"枫桥经验"法治化做法，为推进工会工作法治化、用法治化解劳动关系矛盾提供了新的思路。我国工会法规定，工会是职工合法权益的代表，维护职工合法权益是工会工作的基本职责。在市场经济深入发展和企业劳动关系日益多元化、复杂化的新形势下，劳动关系必然进一步市场化、法治化，如果没有完善的法治作保障，工会就难以有效开展职工维权工作。工会工作法治化，能够为工会依法履职、依法维权提供法律标准和依据，能够为工会平衡和发展和谐劳动关系提供法律依据和保障。推进工会工作法治化实践主要体现为以下三个方面。

1. 做好立法源头参与

加强调查研究，及时向地方提出涉及工会和职工法律法规的立改废释建议，将工作成功经验和正确的方针政策上升为法律法规，从源头上维护职工合法权益。要通过政府与工会联席会议制度、协调劳动关系三方机制等途径和渠道，积极参与改革过程中涉及职工利益的政策法规的制定和修改，主动参与政府有关部门企业工资指导线、劳动力市场指导价位和最低工资标准的制定和调整，保证各项决策公平公正。要推动完善以职工代表大会、厂务公开为基本形式的企事业单位民主管理制度，依法参与涉及职工切身利益的规章制度或者重大事项的制定和完善，推动企事业单位依法、民主、科学管理，促进市场化劳动关系和谐发展。

2. 主动依法维权

在法律授权范围内，工会积极适应改革发展、劳动关系、职工队伍结构变化的新情况、新要求，不断创新依法维权模式，撑起维护职工合法权益的有力"保护伞"。深入推动劳动法律法规的贯彻实施，善于运用法律赋予的

劳动监督权利，组织和代表职工积极建议和配合人大执法检查、政府行政执法、政协委员视察，开展劳动法律法规和工会法的专项监督检查，推动严格执法，依法纠正和查处违法行为，特别是维护好一线职工、农民工、劳务派遣工、困难职工等群体的合法权益。保障职工依法行使民主管理权利，畅通职工利益表达渠道，落实职工的知情权、参与权、表达权和监督权。构建和发展和谐劳动关系，建立劳动争议调解委员会并完善调解和指导工作制度，健全劳动争议预防化解机制，推动完善调解、仲裁、诉讼有机衔接配合、联动化解劳动争议纠纷的大调解机制。

3. 加大普法力度

工会应采取有效方式加强法治宣传，让职工知法、懂法，强化规则意识，倡导契约精神，同时引导和帮助职工通过正常途径依法理性伸张利益诉求，自觉运用法律手段维护自己合法的、正当的权益。

（四）工会智能化层面

工会组织构建和谐劳动关系应积极推进智能化手段，努力将科技手段、互联网思维与工会工作相融合，推进工作网上、网下相互融合、相互促进，努力构建和谐劳动关系新格局。

1. 加强政治思想引领

强化网络舆情的收集和引导，做好网络热点危机事件的处理。建立多形式、多渠道的群众反馈机制，引导会员在网上反映诉求，广泛收集民情民意，开展网上群众满意度调查，为广大会员提供精准服务。

2. 拓展网上工会服务功能

要加强与党政部门、企事业单位、社会组织的合作，动员和组织各种社会力量，利用网络优势将线下服务搬到线上，不断完善网上服务功能，为建立工资集体协商、化解劳动纠纷等提供全天候个性化服务。

3. 创新网上工会服务方式

以职工群众乐于接受、易于接受的方式，综合运用文字、图片、视频、音乐、动漫等多种形式传递信息，改进互联网内容供给机制，开发网络文化创意产品，增强网上工会的吸引力和影响力。

预防化解

（五）工会专业化层面

推进工会工作的专业化，也可以从建设高素质专业化队伍、采用现代专业化的手段两方面进行实践探索。

1. 建设高素质专业化的工会干部队伍

当前经济关系、劳动关系日益复杂，劳资双方的矛盾逐渐凸显，职工群众对工会干部提出了更高的要求，希望他们能充分维护职工的合法权益。同时，党和政府也需要工会干部更好地发挥桥梁与纽带作用。因此，如何培养高素质专业化的工会干部队伍成为亟待解决的问题。建立高素质专业化的工会干部队伍，一是培训教育，二是实践锻炼，三是约束激励。重点要加强工会干部法律知识培训，全面提高工会干部的法律素质，不断提升工会干部运用法治思维和法治方式开展工作的能力。

2. 用现代专业化手段化解矛盾

一是全面梳理各地工会构建和谐劳动关系、化解矛盾的典型经验、做法，借鉴国内外典型做法，从工会组织建立、集体协商工资、工会服务职工、化解劳动关系矛盾等方面构建标准体系，形成一套具有操作性、时代性的"工会构建和谐劳动关系标准体系"。二是引入专业人士参与和谐劳动关系构建，例如律师、谈判专家、政工师等，提倡多运用现代专业化手段，减少行政化手段，解决突出问题，突出柔性治理。三是开展心理疏导。当前正处于经济结构转型和发展方式转变的关键时期，持续快速的经济节奏，日益激烈的社会竞争，导致广大职工出现工作压力大、工作与生活冲突、焦虑抑郁等心理健康问题，影响了他们的身心健康和企业的持续发展，进而产生劳动关系纠纷。心理疏导是化解劳动关系纠纷的有效途径。为此，通过建立职工心理疏导和咨询工作室，在工会干部和职工服务志愿者队伍中选择合适人员，或聘请相关心理专家采取喜闻乐见的形式，开展心理宣传、心理咨询、心理疏导、心理援助等活动，解决职工在工作和生活中出现的精神困扰，最大限度缓解企业和职工的矛盾，从而达到劳动关系和谐。

参考文献：

［1］吴建平.地方工会"以上代下"与基层工会"瘦身减负"：近40年来中

国工会改革的趋势和特点［J］.中国劳动关系学院学报，2018（1）.

［2］常凯.中国劳动关系报告：当代中国劳动关系的特点和趋向［M］.北京：中国劳动社会保障出版社，2009.

［3］吴进州.奉法前行 履行工会基本职责：浙江工会职工维权维护五年纪实［J］.浙江工运，2018（4）.

［3］徐立.工资集体协商 和谐共赢发展：浙江工资集体协商工作五年纪实［J］.浙江工运，2018（4）.

［4］何建华，杨伟良，杨鹏飞.供给侧改革背景下的劳动关系与就业前沿研究［M］.上海：上海大学出版社，2017.

［5］谢建社，等.中国当代劳动关系研究：以广州企业工资集体协商与非公企业工会组建为例［M］.彭曦，译.北京：中国书籍出版社，2010.

［6］许清清.构建劳资合作关系新常态的路径选择：基于政府行为选择的视角［M］.北京：中国社会科学出版社，2016.

［7］杨红，夏志强.劳动关系与劳动法［M］.成都：四川大学出版社，2007.

［8］李环.和谐社会与中国劳动关系［M］.北京：中国政法大学出版社，2007.

［9］林美铃.新常态下工会推动和谐劳动关系构建的思考［J］.天津市工会管理干部学院学报，2017，32（2）.

预防化解

探索未成年人"青枫护苗"模式

中共诸暨市委党校　赵国强
诸暨市人民检察院　杨瑞霞

未成年人是社会的一个特殊群体，承载着国家和民族的希望，是社会持续发展的后备力量。同时，他们的身心发育尚未健全，需要得到社会特殊的关怀与照顾。习近平总书记强调，少年儿童是祖国的未来，是中华民族的希望；培养好少年儿童是一项战略任务，事关长远。因此，加强未成年人保护工作是重要的理论与实践课题。

一、未成年人保护面临多方挑战

我国是未成年人口大国。根据第七次全国人口普查数据，2020年我国0～17周岁未成年人口达2.98亿，占全国总人口的21.1%。近年来，各级党委和政府高度重视未成年人保护工作，成立国务院未成年人保护工作领导小组等各级领导机构，制定、修订了《中华人民共和国未成年人保护法》《未成年人网络保护条例》《中国儿童发展纲要（2021—2030年）》《关于防治中小学生欺凌和暴力的指导意见》等法律法规，家庭、学校、社会、网络、政府、司法"六位一体"未成年人保护大格局功能逐渐显现，我国未成年人保护工作取得显著成效。但是，随着经济社会发展，未成年人的教育、监护、身心健康及预防违法犯罪等工作也面临着一些新情况、新挑战。

（一）数字技术影响与心理问题亟待重视

互联网、智能手机等数字技术的广泛应用深刻改变着未成年人成长的社会环境。我国未成年网民规模已超1.93亿，未成年人互联网普及率为97.2%，除小学外各学龄段未成年人互联网普及率超过99%，已远高于全国约75.6%

的互联网普及率；未成年网民中拥有属于自己的上网设备的占比达87%，约91.3%的未成年人使用手机上网；88.7%的未成年网民经常利用互联网进行学习活动，62.8%的未成年网民参与网络游戏，未成年短视频用户规模超1亿人，未成年人触网时间呈明显"低龄化"趋势。未成年人用网习惯易受家庭和社会影响，武汉大学中国乡村治理研究中心发布的《农村留守儿童手机沉迷问题调查与对策建议》报告强调，要高度重视留守儿童使用手机观看短视频、玩游戏及沉迷手机问题。数字技术在给未成年人的学习、生活带来便利的同时，虚假、低俗、血腥、色情、暴力等信息亦充斥其间，一些智能设备内置游戏存在诱导消费、信息泄露风险，这给原本心智发育不成熟的未成年人带来很大影响，亟待规范治理。近年来，利用网络对未成年人实施"隔空猥亵"和线上联系、线下侵害的犯罪占性侵未成年人犯罪的比例较高；起诉未成年人利用网络实施犯罪从1127人上升至2853人，年均上升36.3%。[①]

此外，未成年人的心理问题也需要引起社会的重视。一方面，由于未成年人身心发育不成熟，容易产生不满、孤独、苦闷、冲动等不良情绪；另一方面，心理科普宣传教育还不充分，在学校和社会认知中对心理不适普遍存在"病耻感"。一些学校的心理教师配备不足或身兼多职，部分教师尚不掌握与学生沟通的心理技巧，未成年人自杀、自伤、抑郁、焦虑、网络成瘾等心理问题频发。[②]《2023年度中国精神心理健康》蓝皮书显示，高中生抑郁检出率为40%、初中生为30%、小学生为10%，显著影响个人健康、家庭和谐与社会安全。精神或心理问题学生的复学机制还不完善，有些学生因有校难回、复学无望而病情加重。

（二）违法犯罪问题仍较突出

近年来，我国未成年人犯罪防治工作成效明显，未成年人刑事犯罪占整体刑事犯罪比例不到2%，远低于西方国家未成年人刑事犯罪10%以上的比例。但随着经济社会发展和大量信息的冲击，未成年人的心理、生理出现了早熟现象，加之好奇心强、易冲动、表现欲强，喜欢尝试新鲜、刺激的事

---

① 数据来源于最高人民检察院。

② 本刊编辑部：《心理健康教育亟待解决的十个问题》，《教育家》2023年第52期。

物，使得未成年人既容易成为犯罪行为的受害者，又易成为犯罪行为的施害方。近年来，未成年人犯罪人数有所增长，且呈现低龄化趋势。最高人民检察院数据显示，从2018年至2022年，全国检察机关受理审查起诉未成年人犯罪32.7万人，年均上升7.7%，其中不满16周岁的未成年人从2018年的4600多人上升至2022年的8700多人，年均上升16.7%。未成年人犯罪呈现涉黑恶犯罪增加、跨省流窜重复作案多发、涉网犯罪增多等特点。16周岁以下（未达刑事责任年龄）未成年人违法犯罪数量激增，缺乏刚性约束、管教措施。其中，侵财型犯罪和聚众型犯罪居多，盗窃罪、寻衅滋事罪、聚众斗殴罪、诈骗罪、强奸罪居未成年人犯罪前五位。暴力型犯罪越发集中，极端恶性案件时有发生。[①] 基层民警和检察官表示，未成年人知道自身因未达刑事责任年龄，不会被追究刑事责任，所以作案时往往不避视频监控，手段简单粗暴，常常团伙流窜作案。调研结果显示，大部分罪错少年都知道哪些属于违法行为，却知法犯法，因漠视法律、隐性辍学、心理障碍等逐步犯下罪错。一部分涉案未成年人兼具施害人和受害人双重身份，被成年人"洗脑"，在殴打、胁迫、唆使下实施犯罪。一些犯罪分子故意利用未成年人实施敲诈勒索、盗窃、贩毒及黑恶犯罪，将未成年人当作"挡箭牌"或"替罪羊"。另外，未成年人夜不归宿、结伙出入娱乐场所等不良行为，成为他们沾染不良习气，甚至诱发违法犯罪的重要因素，而且因缺乏有效的约束措施，已实施违法犯罪的未成年人复犯率远高于成年人。

（三）社会协同机制有待健全

未成年人保护工作涉及单位多，存在职责交叉、数据碎片化、信息不对称等问题。如普法教育中，司法机关、政府部门、学校、社会组织各自开展活动，资源分散，协同性不足；对已实施违法犯罪行为，甚至是强奸、杀人等严重暴力犯罪的未成年人，因未达刑事责任年龄而无法采取刑事措施，只能进行帮扶矫治。但帮扶矫治缺乏强制力，个别罪错未成年人不按时打卡、敷衍应付，有的甚至重复作案。公检法司及社会组织开展的再犯预防工作中，帮教计划系统化、科学化不足，未形成工作合力。帮扶工作中社会力量参与

---

① 贺凌：《有效防治未成年人犯罪的几点思考》，《法制博览》2021年第2期。

还不足，部分地区未实现专门司法社工组织的介入。部分地区观护基地人员流动过快、未接受过专业系统培训等，[①]预防工作还未形成闭环。面对层出不穷的未成年人新型违法犯罪手段，司法机关掌握不全面，学校、家庭前期预防不及时。传统的治理手段则侧重于对全体青少年进行表面上的教育，缺乏对有犯罪苗头未成年人的及早干预，缺乏对罪错未成年人再犯风险的量化评价和治理，全链条闭环预防机制还未形成。传统预防治理中数据未打通、预防不及时、预警感知难等问题凸显，掣肘违法犯罪治理实效。《中华人民共和国预防未成年人犯罪法》明确，国家加强专门学校建设，对有严重不良行为的未成年人进行专门教育。据最高人民检察院数据，截至2024年7月，全国只有专门学校230所。但相比实际需求，专门学校建设仍显滞后，且相关实施细则和工作机制尚不完善，招生对象范围各地执行标准不一，师资和经费等资源配备不足。[②]

（四）保护制度和保护责任尚待充分落实

一是未成年人家庭保护还有短板。对于未成年人而言，家庭是主要的成长环境。家庭教育的缺失或误导，会给未成年人成长带来巨大影响。很多犯罪分子的行为可从未成年时期找到根源。如果未成年人的父母存在违法犯罪行为，未成年人生长在单亲家庭、留守家庭等缺少关爱教育的环境中，就会增大其违法犯罪的倾向。[③]全国法院新收未成年人犯罪案件中，来自流动家庭、离异家庭、留守家庭、单亲家庭、再婚家庭的未成年人排名前五位。从基层检察机关实践看，未成年人犯罪案件中，单亲家庭、留守儿童等问题家庭占比超50%。住校、父母外出环境下，未成年人抑郁、孤独、手机成瘾比例更高。

二是学校管理手段单一。学校受升学率压力影响，重智育轻德育问题在一定程度上仍存在，对品学不佳学生的管教手段疲软、缺少教育耐心，因担心问题学生影响班级成绩及其他同学而使问题学生长期脱管，甚至乐于将其开除。同时，未成年人欺凌、暴力事件时有发生，一些案件引起社会强烈反响，如某地未成年人被3名未成年同学杀害、某地飞行员烈士子女在学校受欺凌等。

三是社会化管理存在薄弱环节。随着电竞酒店、密室逃脱等新兴业态的快速发展，配套的行业监管还未健全，给未成年人保护工作带来挑战。如《中华人民共和国未成年人保护法》第五十八条明确规定："营业性歌舞娱乐场所、酒吧、互联网上网服务营业场所等不适宜未成年人活动场所的经营者，不得允许未成年人进入；游艺娱乐场所设置的电子游戏设备，除国家法定节假日外，不得向未成年人提供。"但实际生活中发生在宾馆、酒店、酒吧、KTV等经营场所的涉未成年人犯罪案件依然较多。另外，学校食堂、校园周边、儿童玩具和文具市场等还存在安全与卫生健康隐患。部分学校食堂及学校周边店铺食品卫生安全不达标，学校周边玩具、文具店售卖涉及恐怖、迷信、低俗、色情的玩具、文具、书刊，以及刀、剑、枪等危险玩具和"三无"产品等，查处中还存在治标不治本问题。

二、诸暨开展未成年人"青枫护苗"的探索实践

诸暨市扛起"枫桥经验"发源地使命责任，强化党委、政府领导和社会组织等主体协同，坚持社会化、法治化、智能化、专业化，强化基层基础、社会组织参与、数智支撑，构建预防、帮教、保护等相结合的未成年人"青枫护苗"工作模式，未成年人保护工作取得显著成效。

（一）强化组织领导

坚持党委领导，健全组织体系，推动市级部门、社会组织等多元主体协同，健全政策和工作机制，搭建工作平台，完善专业队伍，系统推进未成年人保护工作。

1. 健全组织体系

诸暨市成立未成年人保护工作委员会，由分管副市长任组长，成员单位有市府办、民政局、宣传部、政法委、教体局、关工委、检察院、团市委等20多个部门。同时，优化政策机制，明确职责分工，形成工作合力。如政法委、检察院等联合出台《诸暨市关于侵害未成年人案件强制报告制度的实施细则》《诸暨市关于密切接触未成年人单位建立入职查询和从业禁止制度的实施细则》《诸暨市罪错未成年人分级干预工作实施意见（试行）》；司法局

出台《关于组织开展青少年学生参加法院庭审旁听活动的意见》，组织在校学生参加法院公众开放日活动；等等。

2. 搭建未成年人工作平台

强化部门、社会组织协同机制，搭建未成年人思想教育、罪错帮教、保护救助的线上、线下工作平台，凝聚社会共识和力量。如团市委联合诸暨市心理协会、"爱之光"志愿服务队等社会组织设立"12355"心灵花园线上咨询平台；检察院打造"星海守望"平台、青少年违法犯罪预防治理平台，吸纳"五老工作室"成员、司法社工、义警等成立诸暨市"检馨"未成年人司法保护中心；公安局联合关工委、检察院、律师、民间公益组织等力量设立"警暖少年"工作室；民政局设置公益创投项目"诸暨未成年人违法犯罪预防和转化项目"，向社会公开征集社会组织参与创投活动，协助解决相应帮教转化和费用支付问题；教体局同融媒体中心合作，在西施眼 App 开设"幸福教育"频道，推出家庭教育指导、心理健康科普、心理问题解答等版块内容；司法局设立留守儿童法治之家；等等。东盛社区举办"爸爸学堂"，邀请专家主持"父亲在家庭中的角色和作用"讲座，开展父职教育。

3. 强化专群结合

注重部门能动性与社会力量协同，打造专群结合的未成年人工作队伍。如司法局构建学校法治教师、法治副校长、法治辅导员、普法讲师团等队伍；教体局设立心理关爱教师、矛盾调解员队伍；检察院由检察长带领，全院青年干警组成"检馨"青年志愿者服务队，深入学校、社区、村镇等一线开展法治宣讲。发挥社会组织作用，如诸暨市"心起点"家庭指导服务中心参与未成年人司法矫正、帮扶项目，以及涉案未成年人家庭帮扶项目，承接创建行政村（社区）家庭教育指导服务体系标准化试点工作，协助妇联开展"诸家有爱·家教有方"家庭教育工作，开展未成年人心理健康关爱工作；司法局与诸暨市馨悦社会工作服务中心合作成立帮扶小组，建立学生成长档案，定期开展心理疏导、社会服务、法治实践等活动，对试点学校问题学生开展法治帮扶。

（二）健全预防体系

强化思想引领、平安法治教育，为未成年人成长提供坚强思想保证、丰

123

润道德滋养、安全知识技能，培养未成年人良好品行，提高其法治观念和自我保护意识，健全矛盾风险预防机制。

1. 开展平安法治教育

加强未成年人思想教育，开展中小学、幼儿园学生家访，组织红色文化、"三贤文化"、西施文化教育和研学。推进"书香暨阳"建设，在市区设立近20家浣江书房，在乡村设立图书馆、农家书屋，为未成年人等居民提供图书借阅等服务；教体局连续举办13届中小学生阅读文化节，与融媒体中心推出FM98.2"萤火虫悦读计划"，开展"阅读新时代 书香润校园"活动。社会组织越民生义工团开展"分享书香、分享爱"流动书屋活动，将数千册图书送到边远山区学生手中；在偏远的马剑镇上和村利用闲置学校建立侯门山乡村图书馆，为孩子留住乡愁，种下希望。

将每年的9—10月设立为青少年法治宣传教育月。利用法治教育基地、流动青少年宫、假日小队、家门口青少年宫、开学第一课等载体和普法集市、校园文化、学生社团等活动，开展防范校园欺凌、性侵害、校园贷、套路贷和普法、禁毒、平安自护等教育活动。2023年至2024年4月，由司法局牵头开展中小学校法治晨会100余次，法治主题班会210余次，法治黑板报、法治手抄报分享活动10余场。设立校园法治宣传体验点，开展"法润青苗"普法讲师团点单宣讲活动。团市委牵头以学校团组织为单位，开展校内学生问题排查，做好五类重点青少年群体苗头性问题登记，进行分级分类管理。检察机关建设青少年法治教育基地，面向全市中小学开展法治教育服务，成立"检馨"青年志愿者服务队，开展"法治星火"计划，实现全市中小学普法教育全覆盖；在枫桥镇杜黄新村建设青少年法治教育长廊，将普法宣传送到基层。关工委设立关爱青少年健康成长项目基金，成立青少年社会心理服务中心，开展"幸福电影院""幸福大讲堂""幸福成长营"公益活动，建立和谐家庭亲子关系；发挥退休教师等"五老"优势，每年9月摸排报送未升入高中阶段的学生，进行长效结对、跟踪关爱。越民生义工团于2023年开展防烧烫伤与紧急处理方法等安全教育，举办11场青春期关爱课堂，服务学生2000余人次，提高未成年人防范性侵害能力。路路通公益组织通过编印安全手册、排演安全主题小品、学校宣讲等形式开展未成年人交通安全教育215次，服务3万余人次。

推出数字普法机制，打造"1963法润"直播平台，开展"预防网络沉迷""心理健康""高考考前解压""家庭教育"等主题课程网络直播，常态化引导未成年人学法、守法、用法，成为创新网上"枫桥经验"、开展网络普法、进行思想引导的重要载体。司法局建立浙江省首个青少年学法用法线上平台——"法润青苗·精准普法"青少年学法平台，设立"诸暨普法"微信公众号。团市委利用"西施眼·新青年"等新媒体平台开展《中华人民共和国未成年人保护法》《中华人民共和国预防未成年人犯罪法》等法律宣传，提高未成年人的自护意识和社会保护未成年人的法治意识。

2. 完善校园欺凌预防机制

健全校园安全风险隐患预警机制和矛盾纠纷排查与化解机制，营造安全有序的校园环境，努力实现"小事不出校、大事不出镇、矛盾纠纷不上交"。在全市各中小学搭建横向到边、纵向到底、全面覆盖、人人有责的网格化安全管理体系，划分23个乡镇（街道）安全大网格、257个学校（幼儿园）中网格，在校内构建5356个小网格，校内网格员队伍达7085人。借助乡镇综合治理"四平台"，将学生纳入社会基层治理全科网格，按照"一格三员"要求，为每一个学生落实一名行政村（社区）全科网格员、一名学校联络员（班主任）、一名校外安全协管员（安全辅导员）。同时，发挥校外网格资源作用，聘请校外网格员2167名，协同解决家庭矛盾纠纷和学生身心健康问题。推出"枫桥式"平安校园数字化安防平台，集合"智安校园、消防预警、安全教育、智慧食安"等功能，截至2023年底累计推送校园及学生预警信息876条、安全隐患信息2057条。定制研发诸暨市"智慧心育"心理平台，实现各镇、校、学段间心理服务互通共享，打破学校、年级变更的学生心理信息壁垒，实现全市近16万名学生心理账号"一生一号、档随人走"。自2024年3月起，开展学生欺凌防治专项行动，在各中小学校成立学生欺凌防治工作专班，建立健全学生欺凌防治制度体系和责任体系。对重点学生[①]进行摸排，建立重点学生档案名册。开展预防学生欺凌主题教育，组织开展教师、家长培训。加强检校、警校合作，依法打击治理教唆、胁迫、引诱学生

---

① 重点学生指辍学、休学和长期请假失管的学生，曾经发生欺凌或较严重打架行为的学生，与校外青年联系紧密的学生等。

实施欺凌等严重不良行为，织牢警校联动网络，健全长效机制。

3. 开展涉未成年人业态整治

为预防未成年人沾染社会不良风气，检察机关联合全市十部门建立电竞酒店协同治理机制，率先出台全省首个《电竞酒店行业管理规范》，办理案件获评全国新兴业态治理典型案例。同时，检察机关创建"未成年人不宜进入场所治理应用"，实现全市酒店旅馆、酒吧、网吧、歌舞娱乐等未成年人不宜进入场所的感知预警，督促场所规范经营，对不良行为、严重不良行为未成年人进行提前掌握、靠前干预，将接收的有效预警数据核查后向相关部门移送线索，进行行政处罚或立案处理。2024年，诸暨市委政法委牵头部署，利用暑期开展为期两个月的未成年人不宜进入场所专项整治，联合市检察院、市公安局、市文广局、市市场监管局、市人社局等12部门联合开展专项整治，促进了相关场所的规范经营，从源头减少未成年人不良行为交叉感染。同时，针对涉罪未成年人文身现象突出，严重危害未成年人身心健康等相关问题，市检察院依托公益诉讼手段，及时发送检建议督促治理解决，维护广大未成年人的合法权益。

（三）健全帮教体系

社会帮教是一项非正规的，带有社区性、群众性的矫治制度，是对我国正规矫治制度的重要补充。诸暨市完善帮扶教育体系，开展未成年人矫治教育[①]、社区矫正，构建"专群结合、群防群治"的未成年人帮扶教育模式。

1. 健全检察机关罪错未成年人帮教干预机制

检察机关联合社会组织成立诸暨市"检馨"未成年人司法保护中心，培育"团干+社工+志愿者"观护队伍，从乡镇有经验的社区工作者及市帮教、心理咨询社会组织中筛选出社会工作师、心理咨询师等作为司法社工、志愿者，同时吸纳"五老工作室"成员、义警及心理专业人士组成"3+1"帮教团队，构建专群结合的"复合式"帮教体系。同时，推出"星海守望"未

[①] 矫治教育是专门的国家机关及社会力量对有严重不良行为及因不满法定刑事责任年龄不予刑事处罚行为的未成年人实施的，包含道德与法治教育、行为与活动规制、心理与行为矫治，有一定期限的具有保护处分、教育处分双重性质的系列补偿教育措施。

成年人违法犯罪预防治理平台等数字应用，打通治安管理处罚信息、大数据治安防控信息、社区矫正信息等系统，破除未成年人违法犯罪预防数据壁垒，实现全市未成年人违法犯罪信息数据共享。根据未成年人罪错行为次数、罪名、类型、帮教条件、再犯可能性和防控指数等要素，以"分级分类＋'点对点'"为基本原则，结合罪错未成年人的个性特点制定帮教方案。其中，对初次违法的一级人员以线上推送学习内容、督促学校家庭加强管教为主；对多次违法及犯罪的二级人员由帮教团队开展全方位、跟踪式教育矫治；对重点个案人员则"对症下药"，量身定制专门帮扶方案，辅以家庭访问、亲子课堂、亲子运动会等多种家庭亲子教育工作，帮助罪错未成年人认知过错、重返社会。以"再犯"预防为核心，配套研发罪错未成年人再犯风险与帮教效果评估系统，以40余个量化指标对罪错未成人再犯风险进行科学评估，予以分级分类，破解未成年人"重复违法犯罪率"高居不下的难题。积极延伸罪错未成年人帮扶矫治服务，依托民政部门涉案未成年人关爱帮扶创投项目，以公益创投资金形式吸纳社会力量参与，与诸暨市"心起点"家庭指导服务中心合作"迷途知返 枫景依然"涉案未成年人帮扶计划、罪错未成年人帮扶教育等创投项目，为涉案未成年人在帮扶矫治的基础上，同步进行家庭教育指导、家庭关系修复等，多措并举助力涉案未成年人恢复家庭和社会功能，截至2024年3月，已对390余名涉罪未成年人开展观护帮教工作。"星海守望"平台自2021年1月上线运行以来，开展线上、线下帮教活动1000余次，帮助罪错未成年人走上正途、回归社会，诸暨市未成年人犯罪人数明显下降。目前已形成家居式帮教机制、罪错未成年人人格甄别机制、社工督导培训机制、司法社工工作考评机制等经验。

2. 健全公安机关涉错未成年人帮扶机制

传承"帮人要帮心、浇树要浇根"理念，在巡特警大队设立"警暖少年"工作室。18个派出所成立先锋队，由精干民警、辅警作为专职帮扶人员；吸纳退休老民警、蓝鹰教官团等组成帮扶人才库，并同关工委、检察院、律师、民间公益组织等协同，对2019年以来参与打架斗殴、盗窃案件的未成年嫌疑对象开展关爱、帮扶，截至2023年底，已帮扶230人次。为每位被帮扶未成年人建立"帮扶档案"，逐例分析偏差成因，制定个性化方案并落实针对性帮扶举措，包括进行经常性谈心谈话，"每日微聊、每周电谈、每旬面见",定期召集帮扶对象家人参与恳谈等。注重帮扶对象正向激励和社会融入,邀请帮扶对象参与"一米阳光"等社会组织开展的志愿活动。为达到法定工作年龄未成年人提供厨师、汽车维修等职业技能培训,截至2023年底,已为68名帮扶对象提供实习和就业岗位。邀请已退出帮扶体系、表现较好、口碑较好的帮扶对象,以"同龄人""过来人"身份讲述亲身经历,帮助其他帮扶对象。在"警暖少年"工作室运行中,注重部门和社会协同,如关工委人员应邀在工作室担任辅导教师,2023年开展团辅课30堂,走访152次,组织专职女性工作人员开展卖淫未成年少女关爱帮扶工作。

3. 健全司法机关未成年人社区矫正机制

诸暨市社区矫正管理局与诸暨市心理卫生协会合作,对未成年社区矫正对象开展心理个案服务,帮助改变错误的认知,增强法律意识,避免再次触犯法律;帮助提升信心,改善亲子关系;帮助做好职业生涯规划指导、链接社会,提升社会支持,促使未成年社区矫正对象回归社会,解除社区矫正。坚持严格管理与依法保护相结合,对多次违反社区矫正监督管理规定的对象提请收监执行。

(四)健全保护体系

开展涉未成年人矛盾纠纷预防、排查与化解,未成年人困难救助,危机干预等工作,严惩侵害未成年人犯罪,构建全方位未成年人保护体系。

1. 开展涉未成年人矛盾调解

加强涉未成年人矛盾纠纷预防、排查与化解工作,实行矛盾纠纷调解、心理干预疏导、家庭教育指导、危难救援救助等一体化服务,实现矛盾纠纷预防全覆盖、化解百分百。如教体局在学校成立"小小义工"组织,开展校内校外调解、志愿服务,并赴校外担任防诈宣讲员、讲解员、爱心使者。组建班级"小法庭",让学生成为化解矛盾纠纷的"小法官""小娘舅",就地解决问题,实现"小事不出组,大事不出班"。设立"阳光护苗"品牌调解工作室,在每个学校设立校园纠纷调解室,健全"市-镇-学校"三级校调组织。调解员由司法、教育部门专职人员和有工作经验的老干部、老校长等担任,学校调解工作经费纳入教育经费预算。教育、公安、司法等部门组成联调组，对校园欺凌、非正常死亡等重大复杂纠纷第一时间介入，及时联合调处。截至2023年底，共调解校园纠纷380余起，纠纷受理率、调解成功率、协议履行率100%。校调工作相关经验在全省、全国交流，得到中央级媒体报道。

2. 开展未成年人困难救助

针对问题未成年人和留守儿童等重点对象，开展"幸福来敲门"等公益帮扶活动，健全孤儿、困境儿童、留守儿童关爱保护体系。一是开展关爱保障。上调孤儿养育、散居孤儿和事实无人抚养儿童养育标准，2023年分别达2575元/月、2060元/月。开展节日慰问和助学补助，2023年六一儿童节累计发放节日慰问约27.63万元。实施助学活动，2023年对符合条件的孤儿和困境儿童发放10000元/人助学金，对低保低边家庭事实无人抚养儿童累计发放50万元助学金。积极开展司法救助，对因案致困、因案返贫的未成年人家庭，申请发放司法救助金，为涉案未成年人送去温暖和关爱。二是健全孤儿和困境儿童福利保障体系。对福利机构养育孤儿、社会散居孤儿、困境儿童等分类施保。依托市未成年人救助保护中心，指导乡镇（街道）未成年人保护站日常运作，村（居）民委员会设立儿童主任摸排散居孤儿和困境儿童、城乡留守儿童底数，将信息录入"浙里护苗"信息管理系统及时更新，实行动态管理，与乡镇未成年人保护站同向驱动。通过市、镇、村三级联动，为未成年人提供精神慰藉、入户探访、救助帮扶等关爱服务工作。2023年诸暨市建成绍兴市级"枫桥式"未保站2家、省级品牌未保站1家。引导群团组织、社会组织、专业社会工作者、志愿者参与孤儿及困境儿童关爱服务工作。实施"添翼计划"，为贫困家庭重病和残疾儿童提供集中养育和康复训练，2023年为10名贫困家庭儿童减负25万余元。实施"儿童主任+社会工作者"服务模式，2023年共实施20余个儿童公益创投项目。诸暨市越民生义工团牵手600多名流动儿童，圆梦助学111人，实现了87个困境儿童的新房梦，为困境儿童、留守儿童送出爱心书桌141套，2023年为22位困境学生发放圆梦助学金36450元。

3. 开展未成年人危机干预

团市委在市社会治理中心设立"青枫护航12355"青少年服务窗口，

联合社会组织开通"12355"心灵花园线上咨询平台，同检察院青少年违法犯罪预防治理平台协作，组建青少年维权专家队伍，开展矛盾调处、法律援助、心理咨询等未成年人权益维护公益服务和"不'童'凡响"未成年人社会情感技能提升项目。针对有心理疾病、自残自杀倾向等重点儿童，由心理咨询、教育、法律等专业人士进行危机干预。关工委开展特需学生心理辅导，2023年帮助数十名学生从厌学、严重网瘾到恢复上学和融入学校生活。

三、经验启示

习近平总书记强调："当代中国少年儿童既是实现第一个百年奋斗目标的经历者、见证者，更是实现第二个百年奋斗目标、建设社会主义现代化强国的生力军。……各级党委和政府、全社会都要关心关爱少年儿童，为少年儿童茁壮成长创造有利条件。"[①]党的二十届三中全会通过的《中共中央关于进一步全面深化改革 推进中国式现代化的决定》提出，"要加强和改进未成年人权益保护，强化未成年人犯罪预防和治理，制定专门矫治教育规定"。

要践行新时代"枫桥经验"，坚持党的领导和多元主体参与相结合、源头预防和罪错矫治相结合、立足法治和综合治理相结合，实现自律和他律、刚性和柔性、治身和治心、人力和科技相统一，推动未成年人"六大保护"形成合力、取得实效。

（一）党建统领：强化"一核多元"主体协同

未成年人保护工作是一项社会化、系统化的工作。要树立大治理观念，发挥党的领导政治优势，健全制度、落实责任、搭建平台。要整合资源，既要强化牵头部门主体责任，在公检法司等相关部门设置未成年人保护工作机构、岗位，明确工作职责，又要注重高效协同，推动执法部门与教体、妇联、团市委等单位之间的协作，联合企事业单位、行政

---

① 《习近平寄语广大少年儿童强调 刻苦学习知识坚定理想信念磨练坚强意志锻炼强健体魄为实现中华民族伟大复兴的中国梦时刻准备着 向全国各族少年儿童致以节日的祝贺》，《人民日报》2020年6月1日。

村（社区）、社会组织、学校、家庭等多种主体构建全方位、立体式的未成年人保护网络，更加深入推进"六大保护"相融互通，形成未成年人保护工作"一核多元"主体格局。

坚持家庭监护优先，细化家庭监护职责，守好监护人"第一关口"，提升家庭支持能力。要强化基层基础，健全基层网格，设置乡镇大网格，社区、学校中网格，小区、校内微网格，将未成年人纳入网格。要关注特殊群体，如特异体质、特殊心理（暴力倾向、虐待动物、敏感自卑、焦虑孤独等）、特别家庭（流动家庭、离异家庭、留守家庭、单亲家庭、再婚家庭、隔代抚养等）未成年人，军烈属子女未成年人等。推进未成年人工作专业化规范化建设，构建专群结合队伍，培育未成年人思想教育、罪错矫治、心理关爱等领域的社会组织，承接政府购买服务项目。

（二）防治结合：强化"六大保护"融通发力

习近平总书记强调："法治建设既要抓末端、治已病，更要抓前端、治未病。"[1]注重源头预防、做实诉源治理是最有效的保护。要采用预防、帮教、保护、惩治等多种手段，织密未成年人保护网络。

一要健全预防机制。坚持问题导向，发现并推动解决涉未成年人案件背后存在的未成年人保护痛点、难点和深层次问题，围绕未成年人健康成长和发展需要，健全检察建议、公益诉讼、情况通报、联合督导、工作会商等机制；落实未成年人教育主体责任，运用新媒体平台、技术和讲座、阅读、影视、研学等方式开展红色文化、传统文化、普法教育、品德教育、心理教育，提高未成年人自我保护、预防违法犯罪的主体意识；净化未成年人成长环境，减少不良文化、风气、场所影响，加强图书、网络、手机、游戏等载体内容规范，防范"毒教材"，对未成年人"追星"进行引导，预防充值、打赏纠纷和手机、游戏沉迷问题；严格未成年人不宜进入场所管理，对电竞酒店、文身馆等进行专项整治检查。

二要强化罪错矫治帮扶。发挥公安、法院、检察、司法等部门帮教功能，完善罪错未成年人专门教育矫治机构；强化"涉罪、严重不良行为、不

---

[1] 《习近平主持召开中央全面深化改革委员会第十八次会议强调　完整准确全面贯彻新发展理念　发挥改革在构建新发展格局中关键作用》，《人民日报》2021年2月20日。

良行为"未成年人分级预防、干预、矫治体系。多一所专门学校、多接收一个孩子，就能多挽救一个家庭，甚至更多家庭。要建优用好专门学校，理顺工作机制，细化建设标准、人员配备、经费保障、教育内容，促进专门学校在法律规定框架内开展矫治教育，保障接受专门教育未成年人的合法权益。

三要健全保护机制。开展学校等未成年人集中场所消防安全和食品卫生检查监督；长效开展校园欺凌整治工作，落实学校主体责任，健全学校防欺凌工作领导小组工作机制，公布举报邮箱、电话，健全法治副校长责任制，设置校园卡定位功能；强化教育部门与公安、检察等联动，加强对学校周边巡逻检查与综合治理；坚持"双向保护"，除帮教涉罪未成年人外，通过司法救助、综合救助、法律援助、心理疏导、身体康复、生活安置、复学就业等方式，加强对未成年被害人的关爱救助，帮其走出阴影。建设应用"一站式"办案场所，推行"一站式"询问、救助等机制，避免反复询问取证对未成年人造成"二次伤害"。

四要依法从严打击侵害未成年人犯罪。以"零容忍"态度，依法严惩暴力伤害、拐卖儿童、性侵等侵害未成年人犯罪。检察机关要强化侵害未成年人案件立案监督、侦查活动监督，加大对教唆、引诱、强迫未成年人开展违法犯罪、组织未成年人进行违反治安管理活动罪、引诱未成年人加入黑恶团伙实施犯罪等打击力度，斩断社会不良人员伸向未成年人的"黑手"。

（三）技术赋能：强化数字与心灵治理

加强数字技术赋能，推动大数据、人工智能等数字技术在未成年人思想教育、场所管理、帮扶监督、社区矫正等场景的应用，建立线上法律宣传、校园数字安防、线上心理咨询关爱、在线校园矛盾纠纷多元化解等平台，畅通信息渠道、强化部门协同，提升未成年人保护工作智能化水平。建立未成年人违法犯罪预防治理平台，与公安执法办案信息、视频监控、旅馆住宿登记等系统连接。强化未成年人网络、智能设备管理，防止其游戏、网络上瘾。推进语音识别、视频监控、人脸识别等技术的依法、合理运用，打造数智校园，实现校园视频监控全面覆盖、全面推进线上监管，在学校厕所等区域安装校园语音识别报警装置，当厕所中发出呼救声时，学校管理人员电脑或手机终端会识别并发出报警信号，管理人员可立即与事发现场通话并赶往处置。聚焦食品药品安全、信息网络安全等重点领域，通过数据碰撞主动发现批量监督线索，精准发现类案背后社会治理漏洞，促进诉源治理与综合保护机制的完善。通过大数据智能分析，及时发现未被纳入保障的事实无人抚养儿童，以检察建议、支持起诉等方式开展监督，保障困境未成年人权益。

来自家庭、学校、社区、社会等方面的情感支撑，是预防未成年人产生心理问题的"防波堤"。要健全未成年人心理健康工作联动机制，构建部门、学校、社区、家庭、医疗卫生机构等协同的心理健康服务模式，建立未成年人心理"早宣传、早筛查、早发现、早干预"服务机制。健全社会心理服务体系建设，坚持从心源出发化解由心理问题引发的未成年人违法犯罪，实现市、乡镇（街道）、行政村（社区）三级平台和基层医疗机构心理门诊全覆盖。成立专家顾问团、指导队伍、骨干队伍及志愿者队伍，引入第三方组织。强化对未成年人的心理关爱，开展未成年人心理科普宣传、心理检测、心理咨询、心理疏导、心理治疗等活动，帮助其塑造健康的社会心理，从心理本源上防范和预防犯罪。健全学校心理咨询工作转介机制及危机干预制度，帮助学生化解心理危机。发挥家庭、学校监护教育作用，加大对父母、教师的培训，纠正学校、家长、学生"唯成绩论"的理念，督促家庭、学校为未成年人营造温暖、友好的环境。

参考文献：

［1］陈京春，潘超英，张芸.新时代"枫桥经验"的实践：预防青少年新型违法犯罪数字治理研究［M］.北京：中国检察出版社，2022：223-228.

［2］本刊编辑部.心理健康教育亟待解决的十个问题［J］.教育家，2023（52）.

［3］方增泉，祁雪晶，元英.数字治理视域下互联网平台未成年人保护现状与建议［J］.社会治理，2024（1）.

［4］季美君，季锦波.未成年人沉迷网络游戏的原因及对策［J］.预防青少年犯罪研究，2024（1）.

［5］贺凌.有效防治未成年人犯罪的几点思考［J］.法制博览，2021（2）.

［6］龙正凤.网络性侵害未成年人犯罪特点及防治研究［J］.湖北警官学院学报，2023，36（5）.

［7］廖序典.关于我国防治未成年人犯罪的思考［J］.法制与社会，2020（3）.

［8］谭杰.协同共治：我国未成年人网络保护的制度建设与未来进路［J］.广东青年研究，2023，37（4）.

［9］王译.罪错未成年人分级处遇规则的体系建构［J］.中国刑事法杂志，2022（5）.

［10］杨贤，李景忠，王宇.未成年人犯罪问题调查与研究：以检察机关为视角［J］.法制博览，2023（36）.

［11］苑宁宁，吴则毅.《未成年人网络保护条例》的立法背景、思路与逻辑［J］.少年儿童研究，2024（2）.

打造新时代"枫桥经验"企业版

中共诸暨市委党校　田胡杰

预防化解

党的二十大报告明确指出，在社会基层坚持和发展新时代"枫桥经验"。中国式企业是社会主义市场经济的重要主体，是社会经济活动的主要参与者，是引领经济社会发展和技术创新的重要力量。党的十八大以来，随着中国特色社会主义进入新时代，"党和国家对全面深化企业改革、加快转变发展方式、提高发展质量和效益提出了更加迫切的要求，对规范管理、提高依法治企水平和风险防控能力形成了更加严格的约束，对进一步加强企业党建、深入推进党风廉政建设和反腐倡廉工作提出了更高的标准"[①]。对此，在企业治理中坚持发展新时代"枫桥经验"，形成中国式的企业治理模式，对于完善企业治理，预防重大经营风险的发生，构建和谐劳动关系，推进平安企业建设，实现企业的经济效益、管理效益与社会效益具有重要意义。

诸暨市是"枫桥经验"的发源地，也是浙江省县域经济发展的样板之一。统计资料显示，2022年全市仅规模以上工业企业就有1279家，总产值达150多亿元[②]，其中的浙江富润股份有限公司（以下简称富润集团）、海亮集团有限公司（以下简称海亮集团）、浙江洁丽雅纺织集团有限公司（以下简称洁丽雅集团）、国网浙江省电力有限公司诸暨市供电公司（以下简称国家电网诸暨市供电公司）等，不仅是诸暨市企业的优秀典型，更是在企业治理中坚持发展新时代"枫桥经验"的代表。总结提炼诸暨市在企业治理领域运用新时代"枫桥经验"的实践探索，不仅拓宽了新时代"枫桥经验"应用研究领域，也为社会主义市场经济体系下推进我国企业治理提供了一套可复制、可借鉴的方案。

---

①　褚宸舸：《企业"枫桥经验"的创新与启示》，《人民法治》2019年第18期。

②　绍兴市统计局、国家统计局绍兴调查队：《绍兴统计年鉴2023》，中国统计出版社2023年版，第87—88页。

一、在中国式企业治理中坚持发展新时代"枫桥经验"的理论基础

（一）内涵界定

1. 新时代"枫桥经验"

20世纪60年代初，在全国农村社会主义教育运动中，浙江绍兴枫桥干部群众创造了"发动和依靠群众，坚持矛盾不上交，就地解决，实现捕人少，治安好"的"枫桥经验"。此后，"枫桥经验"在实践中不断丰富发展，特别是党的十八大以来形成了特色鲜明的新时代"枫桥经验"。其科学内涵是坚持和贯彻党的群众路线，在党的领导下，充分发动群众、组织群众、依靠群众解决群众自己的事情，做到"小事不出村，大事不出镇，矛盾不上交"。①

2. 中国式企业治理

现代企业治理主要源自资本主义市场经济条件下的企业实践，一般而言，主要是指企业为实现其竞争目标与使命、保持经营活力、提升效率和质量、激发创新、提高企业收益等经济目标而制定、实施和可持续实施的管理策略、方法、措施、组织架构和人员分工。企业治理是企业决策、管理和控制的过程，旨在实现企业经营利益最大化。中国式企业治理既符合现代企业治理的一般规律，同时又具有中国特色的客观性，所以中国式企业治理是基于中国文化、社会、制度基础和企业实践，形成的具有中国特色并且行之有效的企业治理模式。

（二）中国式企业治理的基本特点

党的二十大报告指出："完善中国特色现代企业制度，弘扬企业家精神，加快建设世界一流企业。"中国式企业治理是中国特色社会主义市场经济发展的产物，是中国式现代化在企业治理领域的生动体现，其基本特点表现在

---

① 陈文清：《坚持和发展新时代"枫桥经验"提升矛盾纠纷预防化解法治化水平》，《求是》2023年第24期。

五个方面：一是以人民至上为根本立场。企业治理的本质是协调企业相关方的利益与关系的过程，观点立场决定其方式方法。西方企业的资本主义性质，导致其坚持利润最大化和大股东至上的根本立场，这也是其劳资矛盾、社会矛盾难以调和的根本原因。"以人民为中心"是中国特色社会主义市场经济的发展理念，是马克思主义"人民性"的集中体现。中国式企业治理实践是以"站稳人民立场、把握人民愿望、尊重人民创造、集中人民智慧"为指引，"探索以企业为平台，股东、员工、客户、社区等利益相关者共建共享共治的企业治理新范式"①。二是坚持守正创新的科学态度。中国式企业治理现代化是中国式现代化的重要组成部分，中国式企业治理体现的是"变与不变""继承与发展""共性与个性"等辩证统一的守正创新的理念：既立足本国、本企业实际，又善于吸收借鉴他国企业治理的成功经验；既重视中华优秀传统文化的治理理念，又懂得在扬弃中吸收应用；既传承弘扬我们党在革命、建设、改革时期的企业管理经验，又结合当代的特殊实际不断丰富创新。三是以问题导向为基本原则。企业治理具有鲜明的实践性特色，在实践中发现问题、解决问题，进而推进企业不断发展。中国式企业治理聚焦于推进解决中国式现代化实践中遇到的新问题、新情况，根据中国特色社会主义市场经济的客观规律，形成与时俱进又因地制宜的企业治理经验，从而更好地推进中国式现代化进程。四是以系统观念为思想方法。系统观是基础性的哲学思想与工作方法。在推进中国式现代化的伟大征程上，中国式企业治理需要从系统思维、系统观念出发并加以谋划，通过把握和处理宏观与微观、长远与当前、整体与部分、一般与特殊、本质与现象、质变与量变、主要矛盾与次要矛盾、矛盾的主要方面与次要方面等关系，从系统的角度谋划企业的发展方向与发展模式，从战略全局的高度谋划企业治理的创新。五是以胸怀天下为格局情怀。中国式企业治理最鲜明的特色是企业治理已经从利益价值属性发展上升到使命价值属性。具体而言，就是中国式企业治理强调以实现中华民族伟大复兴与构建人类命运共同体为战略考量，将企业从过往关注短期利益与内部效率的束缚中解脱出来，逐步转向聚焦长期利益与社会福利的和谐发展，创造引领社会进步和推动国家发展的企业价值，为探索解决人

---

① 朱宏任：《全面开启中国式企业管理创新实践》，《红旗文稿》2023年第21期。

类面临的共同问题作出中国企业的贡献。①

（三）在中国式企业治理中应用新时代"枫桥经验"的重要意义

新时代"枫桥经验"在推进中国式企业治理中具有四方面的积极意义：一是应用新时代"枫桥经验"是加强党对中国式企业领导的必然要求。充分发挥党组织总揽全局、协调各方的作用，把党的领导贯穿始终、落到基层，是"枫桥经验"历久弥新的最大优势和根本保证。在企业的实际经营中加强党的领导，以加强党的基层组织来夯实企业运行的基础，不仅是中国企业的优良传统，更是中国企业发展壮大的根本保证。二是应用新时代"枫桥经验"是中国式企业贯彻党的群众路线的必然要求。针对基层治理问题，新时代"枫桥经验"强调依靠群众，预防纠纷，化解矛盾，维护稳定，促进发展。职工是中国式企业的基本主体，企业的经营管理要充分依靠职工，发挥职工的主观能动性，把各类问题、纠纷消灭在萌芽状态、解决在基层。同时，新时代"枫桥经验"始终坚持人民至上，一切依靠群众、一切为了群众，始终以人民群众的根本利益为重，把人民满意作为根本标准。企业是一个小社会，中国式企业治理强调以人为本，始终坚持"职工的事再小也是大事"的理念，在实际经营中既要依法依规，又要合情合理地处理好企业利益和职工切身利益的关系，全心全意依靠职工办企业，办好企业让职工有个依靠，发展成果让职工共享。三是应用新时代"枫桥经验"是中国式企业推进企业平安建设的必然要求。坚持发展新时代"枫桥经验"的目的是，要最大限度地发挥"枫桥经验"在社会基层协调经济社会关系、预防化解社会矛盾、有效维护社会稳定的积极作用，确保社会既充满活力又和谐有序。中国式企业不仅要抓好日常的生产安全，维持企业平稳运行，创造良好的"硬"环境，也要关注职工思想动态、行为规范的稳定，及时解决矛盾纠纷问题，构建企业和谐的劳动关系，为企业发展创造和谐稳定的"软"环境。四是应用新时代"枫桥经验"是中国式企业参与社会治理、履行企业社会责任的必然要求。党的二十大报告指出，要在社会基层坚持和发展新时代"枫桥经验"。这赋予了新时代"枫桥经验"在全面建成社会主义现代化强国中的重要使命。构

---

① 张璐、白裕、张强：《中国式企业：内涵特征、演化逻辑与实现路径》，《科学研究》2024年第1期。

建共建共治共享的社会治理格局，需要多元社会主体的有序参与，中国式企业是中国特色社会主义市场经济的重要主体，具有从业人员多、社会关注度高、影响面广等特点，在参与社会治理方面具有特殊优势。新时代"枫桥经验"是党领导人民创造的一整套行之有效的社会治理方案，为完善中国式企业参与社会治理明确了思路和方向，有助于进一步发挥企业资源、技术和人才等要素在社会治理中的积极作用。

二、在中国式企业治理中坚持发展新时代"枫桥经验"的实践探索

"枫桥经验"已经从地方经验发展成为中国特色基层社会治理的一面旗帜、成为"中国之治"的一张"金名片"。不仅有富润集团、洁丽雅集团、海亮集团、国家电网诸暨市供电公司等这些"枫桥经验"发源地的企业，还有如中国远洋海运集团有限公司（以下简称中远海运）等央企，都在各自的企业治理中坚持和发展新时代"枫桥经验"，开启了中国式企业治理的探索实践。

（一）加强党的领导，将党建引领融入企业治理的全过程

《中国共产党国有企业基层组织工作条例（试行）》明确规定，坚持和加强党的全面领导，坚持党要管党、全面从严治党，突出政治功能，提升组织力，强化使命意识和责任担当，推动国有企业深化改革，完善中国特色现代企业制度，增强国有经济竞争力、创新力、控制力、影响力、抗风险能力，为做强做优做大国有资本提供坚强政治和组织保证。

富润集团可以说是全国最早在企业治理中创新发展"枫桥经验"的企业。其前身是国营诸暨针织厂，1982年以当时的诸暨县工业局拨款10万元和港澳同胞捐赠的针织旧设备创办起家。当时是一家300多人的国营小厂，由于技术、产品的落后，在创业初期企业的经营就困难重重。1986年，在县委办任职的赵林中临危受命担任厂支部书记兼厂长。经过持续不断的改革创新，企业逐渐摆脱经营困境，培育了诸暨市第一家在上海证券交易所上市的

本土企业。在企业40多年的发展历程中，富润集团始终坚持中国特色社会主义制度下的企业定位，始终坚持以党建为引领，听党话、跟党走，在党的领导下走社会主义市场经济的路，把提高企业效益、增强企业竞争力、实现资产保值增值作为企业发展的出发点和落脚点。始终坚定不移地抓好企业党建，不断规范企业管理行为，加强企业文化建设步伐。同时，作为"枫桥经验"发源地的企业，富润集团从1996年开始，就把"枫桥经验"与企业治理密切结合起来，形成了涵盖职工工作、生活管理、民主管理、表彰先进等内容的《富润控股集团经常性思想政治工作条例》（以下简称"六十条"），并在"六十条"20多年的执行过程中对其进行了修订完善，被誉为企业版"枫桥经验"的典型。在制定和执行"六十条"的过程中，富润集团充分发挥企业党组织的政治优势，切实加强职工思想政治工作，重视职工的利益诉求，关心职工的工作、学习、生活等方方面面，千方百计就地化解矛盾，使企业走上了稳步健康的发展道路。比如，在20世纪90年代国有企业改革解困背景下，富润控股集团按照诸暨市委、市政府的决策部署，10年间兼并了当地22家困难国有企业和两家较大集体企业，接收职工9450名，并实现了兼并的平稳过渡。这个成绩的取得，其源动力就是运用了"枫桥经验"中夯实党建这一根本保证。所以，在富润集团有这样一个共识，就是在任何时候，不管企业牌子怎么换，管理体制怎么改，内部机制怎么变，企业党组织的战斗力和党员的先锋示范作用不能削弱，执行党的政治纪律和政治规矩不能放松。

中远海运于2016年2月5日在上海正式成立，由中国远洋运输（集团）总公司与中国海运（集团）总公司重组而成，是国务院国有资产监督管理委员会直接管理的涉及国计民生和国民经济命脉的特大型中央企业，是我国海运行业中在企业船舶治理领域坚持和发展新时代"枫桥经验"的典型。2021年，中远海运党校与绍兴枫桥学院合作，打造远洋船舶版"枫桥经验"，通过狠抓"三基建设"，提高船舶党组织战斗力。一是健全基本组织，构筑坚强战斗堡垒。狠抓组织建设，不断优化调整，做到应建必建、全面覆盖。按规定完成支部换届工作，因人员调整、干部岗位变动等导致支部委员出现缺额的，按规定届中增补，规范进行选举工作。高质量建设公休船员党支部，让休假党员有组织归属感，有力促进公休党支部的凝聚力、号召力，确保船舶党建"海陆通、无空档"。二是建强基本队伍，打造高素质党员干部队伍。加强和改进船舶政委队伍建设，充分利用船舶政委现有资源组织协调船舶政委的选拔、招聘、任用及管理，做到全员、全过程、全方位培养与管理，优化队伍结构，提升队伍素质。认真做好党员在船、公休全过程的教育、管理、监督和服务，规范外聘、劳务船员党员的教育管理监督。加强廉洁从业教育，要求重点领域、重点环节的船员签订《廉洁从业承诺书》。三是完善基本制度，夯实基层党建工作。严格执行组织生活制度，强化内部监督制约，提高基层党建工作的制度化、规范化和科学化水平。扎实做好党员发展、党员经常性教育工作，结合船舶党支部实际制定学习教育制度，把准政治方向，严守规矩纪律，扎实推进学习教育常态化、制度化。建立政治关怀机制，重视党员的成长进步；健全生活关怀制度，解决党员在工作和生活中的实际困难；建立党内结对帮扶制度，不断增强基层党组织的吸引力和凝聚力。

国家电网诸暨市供电公司成立于1998年，是一家以电力、热力生产和供应业为主的企业，是国家电网系统中最早践行"枫桥经验"的地方电力企业。多年来，该企业运用"枫桥经验"推进企业治理的经验做法，多次在《新闻联播》《新闻直播间》《坚持发展"枫桥经验"——中国基层社会治理现代化之路》等节目中被报道。该企业牢牢抓住新时代"枫桥经验"精神内涵，发挥党建在电力生产、销售等环节中的引领作用，通过强化基层组织建设，打通党建与人民群众之间的"连心桥"。一是加强组织建设。做到电网建设到哪里，供电服务就提供到哪里，党组织建设就延伸到哪里，党员责任区建设就覆盖到哪里，党员先锋模范作用就发挥到哪里。通过全面系统建设，将党建工作与电网建设、电力服务有机结合。比如，通过创新党员管理方式，基层党组织在诸暨市110千伏建业变电所建设、两区电力专班推进、能耗双控落地、迎峰度夏高温保电等一线的战斗力、凝聚力得以进一步发挥。二是开展支部联建。通过城市社区"契约化"共建形式，与陶朱街道涌金社区、大唐街道庄余霞村等行政村（社区）开展支部结对共建活动，拉近企业与群众的距离，及时了解群众用电难题，宣传安全用电知识，解决涉电矛盾纠纷。与中国移动开展"党建和创"活动，发挥党建工作的价值引领力和创造力作用，在互联、互补、互动中实现理论同学、组织同建、品牌同铸、服务同行、成果共享，通过强强联合建设"永不停电的基站"，让群众有更多的获得感和幸福感。三是积极开展志愿服务。关注困难群众与弱势群体，提供义务上门维修电路故障、用电安全隐患排查等服务，做亮"暖心灯"志愿服务品牌，关注"空巢老人"，联合开展"厕所革命"志愿服务项目。自2018年1月起，已累计帮助低保"空巢老人"改造厕所329户，该"厕所革命"项目获青年志愿服务大赛全国铜奖、浙江金奖。

（二）坚持以人为本，完善体制机制，构建和谐劳动关系

中国式企业坚持以人民为中心的发展理念。职工是企业的基本主体，是企业一线的劳动者，为企业创造效益、为社会创造财富，同时职工也是"社会人"，需要通过获取劳动报酬来实现个体的社会生存。因此，依靠职工、尊重职工、服务职工，构建和谐劳动关系，加强职工凝聚力，是保障企业长远发展，促进社会和谐稳定的重要任务。

富润集团无论在日常的企业生产经营中，还是在兼并重组、改革改制等企业发展的重要关头，都始终坚持以职工为本的原则，强调"职工的事再小也是大事""全心全意依靠职工办企业，办好企业让职工有个依靠，发展成果让职工共享"的理念。这在集团负责人赵林中讲述企业发展历程的具体事例中得到了很好的体现。在兼并诸暨毛纺织厂时，赵林中在会上只讲"合并"而不谈"兼并"。他说："兼并的说法容易给人的心理上感觉是一种歧视，你的企业不行了，我的企业经营得好，那么我来兼并你，我就高你一等。"他坚持认为，"两家公司合并是缘于改革，我们对改革的态度一是坚定，咬住青山不放松；二是认真，全心全意依靠职工；三是敢闯，有创新意识，企业需要的是符合市场的管理和运行机制，机制必须转换，观念必须转变"。后来，经过多年发展，富润集团成为拥有万余名职工，20多亿元资产，跨行业、跨地区的大型综合性企业集团。针对兼并后接收的职工越来越多，有人建议把兼并过来的"包袱"卸掉一些，可在赵林中心里，这不是"包袱"，而是责任。所以每次兼并，富润集团都会为这些职工开出"菜单"，为职工提供安置的门路，职工根据自己的能力、特长和兴趣自选出路。他讲道："要安排职工总是有办法的，关键是看你对职工有没有爱心、工作有没有耐心、办事有没有诚心。"比如，在兼并商业企业所属百货大楼的改制

中，富润控股集团专门开出了20个"菜单"，职工经过选择并试用后如果不合适，还可以自己制作"菜单"，进行岗位调整。为此，富润集团还专门设立了一个再就业工程部，要求做到一个岗位一个岗位地抠，一个职工一个职工地精心研究，尽最大可能让职工人尽其才，各得其所。从1992年至2003年，富润集团先后6次对21家国有困难工业、商业企业实施兼并，总共承接债务9亿多元，接收职工9415名，没有因为企业原因把职工推向社会。这其中，富润集团主要靠的是自身的"软实力"，即"全心依靠职工办企业，办好企业让职工也有个依靠"的理念，化解了兼并工作中的各种矛盾，完成了"精简分流各得其所，妥善安置拓展就业"的安置工程。另外，为帮扶弱势群体，1996年集团成立了"困难职工基金会"，至今共募集到救助资金1900余万元，累计捐款10多万人次，救助特困、困难职工17000多人次，救助金额1800余万元，成为职工抵御困难的坚强后盾。对于退休老同志，每年春节富润集团都精心组织大规模的离退休人员慰问，60多个慰问组成员的足迹遍及诸暨城乡退休职工居住的每一个角落，做到一个不漏地慰问到位。

作为综合运力全球第一的海运企业，中远海运始终坚持船员队伍是集团核心战略资源，截至2022年底，中远海运主船队船员共计4万多人，自有船员占比近70%。面对这样一支庞大的船员队伍，中远海运始终坚持党的群众路线，做好船员的关心关爱工作。首先，关心船员的切身利益，不断增强系统内部协调性，主动向上级有关部门争取有利条件和优惠政策，积极推出船员薪酬统一整改、船员部分税费减免、船员统一换装等重大举措，进一步增强了船员们的获得感、幸福感、安全感。比如，2019年，船员薪酬统一整改正式落地，自2020年1月1日起到2023年底，对于一年在船航行超过183天的远洋船员，其工资薪金收入按50%计入个税应纳税所得额。船员部分税费减免，是党和国家对航运产业的高度重视及对远洋船员的关心厚爱，是中远海运党组长期坚持不懈努力争取的结果。其次，关注船员身心健康。一是在船员上船前利用专业心理测评系统对所有船员进行心理测评，对疑似有心理问题的船员进行适当心理干预，并建议其到专业医院做进一步诊治，并对诊治情况进行跟踪，"两排查一教育"覆盖面100%；二是利用船员上船前培训机会，对船员进行基础心理知识培训，使其了解和掌握基本心理问题产生的原因及缓解压力的方法等；三是对在船船员定期进行心理排查，对有问题船员在船进行心理疏导的同时，及时将情况反馈给公司心理门诊部，进行进一步心理干预。最后，关注船员家庭困难，实施"红蓝共建"，建立海嫂联络站①，采取"走访慰问制"②和"应急互助制"③实施关爱行动。这不仅促进了公司船员队伍的深度融合，助力公司深化改革和船员队伍安全稳定，更有利于调动广大船员家属参与船舶安全生产、船员队伍建设、和谐企业建设的积极性。

（三）强化基层基础，把矛盾纠纷化解在源头

在企业的日常生产经营过程中，企业与职工之间、职工与职工之间、职工与家庭之间都不可避免地会发生矛盾纠纷，这不仅会影响企业的正常发展，对社会的和谐稳定也是不利的。

为及时化解矛盾纠纷，保障企业平稳运行，富润集团专门设立劳动争议调解小组。根据"六十条"规定，当职工与公司、厂、分厂、部门发生劳动争议时，职工和企业方都可向劳动争议调解小组提出调解要求。调解小组应本着办事认真、处事公正的精神，对争议事件做细致的调查和合情合理的调处，并积极做好思想政治工作，使职工和企业的合法权益得到维护，争议矛盾得到化解，促进企业的安定团结。争议双方以书面形式提出的调解要求或报告的调解事件，调解小组要在一周之内完成第一轮调解工作，针对比较严重的调解情况，则要做到不过夜。调解结论都要有书面答复、备案存档，并报告监事会。对调解不服的，争议双方可向上一级仲裁机关申请仲裁。另外，针对信访问题，富润集团还专门设立信访办，有针对性地及时化解企业改革中出现的各类矛盾。同时，要求信访工作做到程序化，比如职工反映问题要按集团《信访工作条例》规定程序有序进行，信访办人员要做好热情接待工作，所有信访件要及时受理，专门记录、专

---

① 海嫂联络站以地级市为单位成立，每个联络站设立站长，充分利用地方资源，稳定船上、稳固后方。

② "走访慰问制"是指公司每月安排人员到海嫂联络站进行慰问。

③ "应急互助制"采取自愿捐款和社会捐款等方式，建立互助基金，用于支付船员应对突发情况。

门回复。

国家电网诸暨市供电公司践行"枫桥经验",立足基层基础,坚持抓早、抓小、抓苗头,做到重心下沉、关口前移、把握主动,实现风险管理从被动应对转向主动预防。一是推动漏电保护全覆盖。该公司固化"政府主导、电力推动、多方参与"的农村漏电保护器管理机制,实现农村安全用电源头管控。健全定期更换机制、长效运维机制,每年开展农村漏电保护器调换工作"回头看",对漏电保护器运行情况逐户(处)进行排查整改,确保安装投运面100%、装置规范率100%。二是加强树线隐患矛盾治理。将农村树线隐患整治纳入全市防汛应急处置工作中,划拨专项经费,联合乡镇(街道)开展树线隐患治理,降低线路故障发生率。建立电力联合执法中心,由政府、供电公司、村社共同出资建立资金池,强化与乡镇(街道)、行政村(社区)的联系联动,组建乡镇(街道)电力行政执法队伍23支,开展电力设施防外破、私拉乱接整治等工作。三是推动实施农村公共服务电力配套提升工程。每年出资2000万元以上,对电力基础设施相对薄弱的行政村(社区)进行改造,逐步将行政村(社区)电网各项供电指标提升到与城市相同标准。特别是针对农村电网无环网、联络弱、调电难"三大短板",在供电基本单元中创新开展电网"强身健体"计划,实施公专线联络工程、跨区域联络工程,通过有效联络提升供电可靠性。

中远海运借鉴运用新时代"枫桥经验""三治融合"的理念,加强船舶治理工作。首先,以船舶自治尊重引导船员。调研中发现,船员的劳务费分配、价值观念、评优评先与职务晋升等,是船舶管理中最易发生矛盾纠纷的方面。究其原因,主要是船舶管理者与船员之间缺乏有效沟通,船员与船员之间缺乏自治管理与协调沟通机制,而劳务费分配、评优评先与职务晋升等工作中的公开、公平、公正是化解矛盾纠纷的前提。对此,中远海运要求相关远洋船舶在船舶党支部引领下,实施民主管理,成立船员群众性组织,船员内部问题由船员内部协商解决,强化船员自治的基础作用,促进民事民议、民事民办、民事民管,从源头预防矛盾发生。其次,以船舶法治规范约束船员。法治是中远海运的核心理念和全体员工的自觉遵循。船舶党支部和船舶管理层充分发挥新时代"枫桥经验"中的法治保障作用,善于运用法治思维和法治方式,解决涉及船员切身利益的矛盾和问题。船

预防化解

员"依法"就是要守法，不违法；"合规"就是要符合政策要求和规章制度，操作规范化、程序化、制度化。最后，以船舶德治教育引导船员。船舶党支部紧紧抓住德治"软实力"，发挥社会道德约束、集团企业文化熏陶力量，规范船员在船行为。教育引导船员自觉践行社会主义核心价值观，将集团发展理念和经营宗旨内化于心、外化于行，提升船员的归属感、忠诚度，激发船员的行动力、创造力，实现船员与集团同呼吸、共命运，船员队伍能打硬仗、能吃苦、肯奉献。充分发挥中华优秀传统文化优势，通过道德榜样、家训家风、生活礼俗的潜移默化作用引导规范职工行为，平息矛盾纠纷。

（四）明确主体责任，积极参与基层社会治理

党的二十大报告强调要建设人人有责、人人尽责、人人享有的社会治理共同体。中国式企业不仅是社会主义市场经济的重要主体，也是社会治理的重要主体，肩负着服务社会、参与社会治理的责任。

富润集团在生产经营过程中，始终坚守政治纪律、安全生产、环保、税收、规范运作五大底线，基本做到"小事不出下面公司，大事不出集团，矛盾不上交政府"，为构建良好的社会营商环境、安全生产环境发挥了积极作用。同时，富润集团牢牢树立绿色发展理念，积极探索建立现代企业制度，运用现代企业管理办法和管理模式加强传统产业改造提升，引进新技术，培育新产品，减少资源浪费，把企业做强做大，把产品做优做精，同时积极投身公益事业，承担社会责任，为诸暨经济高质量发展作出积极贡献。

多年来，国家电网诸暨市供电公司始终坚持"枫桥经验"中"一切为了群众，一切依靠群众"的工作方针，以共建共治共享为导向，不断完善社会用电服务体系。一是融入市、街道、社区三级城市用电规范化管理组织，选派公司业务骨干担任各乡镇（街道）农电办副主任，形成政府主管、供电指导、多方参与的城市用电管理格局，推动市电办组建586人的电工队伍，划分74个网格小组，依托社区便民服务中心搭建社区表后社会化、标准化、规范化服务平台，提供用电服务咨询、安全用电宣传、表后电器维修等十项业务，实现"组团式"服务全覆盖。二是加强"电力老娘舅"队伍建设。

2018年以来，在诸暨市10个供电所选聘"电力老娘舅"252名，实施网格化管理、组团式服务，通过提前介入、主动服务将涉电矛盾纠纷化解在源头，实现由事后处置向事前预防转变，有效防范和减少涉电矛盾纠纷的发生。同时，建立健全"电力老娘舅"管理机制，制定"电力老娘舅"调解工作规范制度，保障调解工作规范有序。与专业矛盾调解培训机构签订战略合作框架协议，在培训师资、合作办学等方面深化合作，提升"电力老娘舅"调处化解矛盾纠纷、服务一方社会和谐的能力。三是推进"枫桥式供电所"建设。以防范和化解"表后、线外、用户侧"涉电矛盾为突破口，打造政府放心、人民满意、社会认可的"枫桥式供电所"，当好电力先行官，架起党联系群众的"连心桥"。截至2023年底，"枫桥式供电所"已经在绍兴市47个供电所推广。

洁丽雅集团是全国纺织行业的龙头企业，在棉纺织产品领域具有重要地位，该企业虽然是一家诸暨本土企业，但心系国家边疆建设。2010年，洁丽雅积极响应中央"对口援疆"号召，签约落户南疆第一师阿拉尔市，投资27亿元，建设现代化全产业链品牌毛巾产业基地。洁丽雅集团积极拓展招工渠道，大量招收少数民族员工，一方面通过培养少数民族骨干员工队伍、自主编译维汉双语培训教材、设立少数民族国语培训中心等举措，一大批原本在家务农的少数民族同胞成功转型为现代产业工人，走上了勤劳致富的道路。另一方面在企业园区内部建立清真食堂，以及包括大型舞台、电影放映、室内篮球、超市餐馆、医务室等在内的一应俱全的活动中心，全方位打造温馨舒适的工作和生活环境，并通过创新"双通道"管理模式，充分发挥党、团、工会等组织作用，大力开展"帮一对十"民族团结活动，"以情系人、以爱留人"，极大地提高了少数民族员工的留存率。在技术援疆方面实施创新驱动战略，成立南疆首家院士工作站，通过技术创新、工艺创新，有效延长了当地的农业产业链，提升农产品附加值，增加南疆棉农的经济收益，同时充分利用当地优质棉花资源，主动对接国家"一带一路"倡议，通过健全当地棉纺织全产业链引领绿色发展，进而促进当地传统产业转型升级，为国家"一带一路"建设，构建中华民族共同体作出了积极贡献。

三、在中国式企业治理中坚持发展新时代"枫桥经验"的经验启示

第一，在中国式企业治理中坚持发展新时代"枫桥经验"，要坚持加强党的领导。从"枫桥经验"60年多的发展历程看，党的领导是新时代"枫桥经验"活的灵魂。中国式企业治理要发挥党建引领功能，完善党总揽全局、协调各方的领导制度体系，把党的领导贯穿企业治理全过程、全领域、各方面。要倾听群众诉求，遵循从实践中来、到实践中去的认识规律，在事关改革的重大事项上，要做到问计于民、问策于众，凡事要以干部职工满意不满意、高兴不高兴、愿意不愿意为根本出发点，发挥干部职工识别矛盾的敏锐性和解决矛盾的能动性，实现内部治理中党的领导地位与群众主体地位的高度统一。

第二，在中国式企业治理中坚持发展新时代"枫桥经验"，要坚持走好党的群众路线。走好党的群众路线是"枫桥经验"的生命力所在，在中国式企业治理中坚持发展新时代"枫桥经验"，一方面要依靠和发动职工。民主管理是社会主义民主在企业管理中的具体体现，也是企业治理的重要组成部分，所以要完善职工参与制度，让职工参与企业治理，保障职工的参与权、知情权、监督权等，实现职工在企业治理中的民主参与、民主决策、民主管理、民主监督。另一方面要服务职工。坚持以职工为本，尊重和保障职工的生存权和发展权，将维护职工权益摆在首位，在企业与职工之间形成一种"命运共同体"的关系，进而推动和谐企业的构建。

第三，在中国式企业治理中坚持发展新时代"枫桥经验"，要坚持发展与平安相统一。经济发展是社会进步的物质基础，作为市场经济的重要主体，企业是推动经济发展、创造社会财富的重要力量；同时，企业平安也是平安社会的重要组成部分，企业的生产经营安全关系到社会的平安和谐。所以，企业在坚持发展新时代"枫桥经验"过程中，要明确发展与平安"两手都要抓，两手都要硬"的观念。在推进企业效益增收的同时，时刻不忘平安是企业发展的基础和底线，平安无保障，发展等于零，

要"认真履行安全生产主体责任，做到安全投入到位、安全培训到位、基础管理到位、应急救援到位，确保安全生产"，要强化企业每一个成员的安全意识、树立安全理念、狠抓安全措施落实、守牢安全堤坝、筑牢安全防线，做到安全教育不断线、安全宣讲不断档、安全检查不落空、安全整改渗到底。

第四，在中国式企业治理中坚持发展新时代"枫桥经验"，要积极履行企业的社会责任，参与社会建设工作。积极承担起社会责任，参与中国式现代化建设，是中国式企业区别于其他经济性质企业的鲜明特征。企业要依法经营、诚实守信、发展创新，为国家发展创造财富，增加国家税收、外汇，增加就业岗位，满足群众的就业需求等。另外，企业也要承担起对职工、消费者、周边社区的责任，不仅要注重企业道德、安全生产、环境保护等，也要积极投身于社会公益慈善事业，保护弱势群体，为社会和谐作出积极贡献。

预防化解

健全基层社会治安防控体系

中共绍兴市上虞区委党校　林洋　陈玉婧
绍兴市公安局　斯校坤

一、面临形势

党的二十大报告强调，"国家安全是民族复兴的根基，社会稳定是国家强盛的前提"，明确提出要建设更高水平的平安中国。实践中，完善基层社会治安防控体系，是推进平安中国建设的重要举措；加强基层社会治安防控体系建设，也是推进市域社会治理体系和治理能力现代化的内在要求。现阶段，我国正全面建设社会主义现代化国家，地方层面以习近平法治思想、总体国家安全观和习近平总书记关于平安中国建设的重要论述为科学指导，强化系统观念、法治思维、强基导向，以开展"全国社会治安防控体系建设示范城市"创建活动为载体，持续推进防控体系现代化建设，增强治安防控的整体性、协同性、精准性，认真抓好防风险、保安全、护稳定、促发展各项措施的落实，为经济社会发展和人民安居乐业创造安全稳定的社会治安环境。

在此背景下，浙江省绍兴市准确把握基层社会治安防控体系建设显现的新机遇。在国家顶层设计方面，《中共中央关于加强新时代公安工作的意见》《关于加快推进社会治理现代化开创平安中国建设新局面的意见》等统领性政策文件相继出台。党的十九届四中全会强调，必须加强和创新社会治理，完善党委领导、政府负责、民主协商、社会协同、公众参与、法治保障、科技支撑的社会治理体系。党的十九届五中全会也将"统筹发展和安全"原则纳入"十四五"规划。浙江省延续习近平总书记在浙江工作期间作出的平安浙江建设决策部署，把"大平安"理念贯穿平安建设全过程，这一领域的首部基础性、综合性法规——《浙江省平安建设条例》实施后，平安浙江建设正式迈入规范化、法治化新阶段。在地方探索方面，绍兴市严格按照社会治安防控体系建设"十四五"规划,制定《2023年全市公安机关社会治安防控体系建设工作方案》,推进"一圈七网"建设26项重点任务,深化社会治安大巡防活动,完成《绍兴市社会治安防控体系建设"十四五"规划》中期评估,被公安部命名为全国首批社会治安防控体系建设示范城市。

然而,绍兴市的基层社会治安防控体系建设也面临一些新挑战。主观层面上,公安、司法、综治等职能部门的理念、方式,与基层群众对公平、正义的追求和对参与、监督的诉求仍有差距。例如,公安系统主动警务、精准警务、预防警务理念未全部树牢;新形势下,基层干警群众工作、信息应用等方面的能力尚未全面提升。又如,重大决策社会风险评估、社会矛盾纠纷多元预防调处化解、信访突出问题化解等制度体系尚有待完善。客观层面上,道路交通、消防、安全生产等重点领域的风险隐患不同程度存在,特定条件下易被放大;宗族力量较强、传统观念浓厚等多种因素,对治安防控政策执行产生一定阻力,基层治理公共性相应弱化;数字技术、元宇宙等概念正颠覆传统治理模式,技术对治理主体的"异化"和隐形"控制"初现端倪;网络的在线效应和即时效应更加显著,对基层治理的影响越来越大,社会舆情管理形势也越发严峻。

二、主要做法

学理上,韧性理论作为一种分析工具已被运用在很多方面,如社会韧性、经济韧性、城市韧性等。基层韧性治理是一种新型治理模式,它融合了社会治理、弹性治理、合作治理等多种治理观念。[1]韧性是基层社会运行的基础,也是实现基层善治的内容,更是统筹基层社会发展与安全的路径选择。推进韧性治理理念、能力和体系的现代化转型,就是要提升基层治理水平,筑牢治安防控根基。从韧性视角开展对基层社会治安防控体系建设的研究,具有坚实理论依据和重要实践价值。

一方面,基于对基层社会治理的主要特征与韧性需求分析,初步提出绍兴市基层社会治安防控体系包括的理念、主体、布局、运作、方式这五个维

---

① 于永达:《基层韧性治理的理念与实践举措》,《人民论坛》2024年第2期。

度的基本要素，形成研究框架（见图1）。

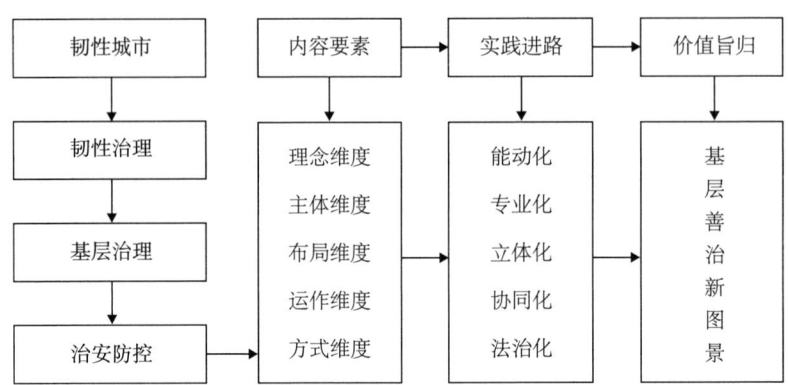

图1 绍兴市基层社会治安防控体系的解释性框架

另一方面，立足学术界通说，社会治安防控体系是以维护社会公共秩序和提升社会公众的安全感为目标，在党委和政府的领导下，以公安机关为主导，社会力量广泛参与，通过整合社会资源，由违法犯罪防控网络及其运行机制所构成的系统工程。[①] 2024年1月14日召开的全国公安厅局长会议对维护公共安全提出总体要求，即严密整体防控，进一步完善立体化信息化社会治安防控体系，助力韧性安全城市建设，保持社会面安定有序。这为各地区加快实现基层社会安全和韧性治理的协同增效提供了直接的理论支持和鲜明的政策导向。为把握机遇、迎接挑战，近年来绍兴市深入贯彻习近平总书记关于平安中国建设的重要指示精神和关于政法工作的重要论述，严格按照习近平总书记"加快建设立体化、信息化社会治安防控体系"[②] 重要指示，把"示范城市"创建活动作为"一把手"工程来抓，强化组织领导、统筹协调、资源整合和制度建设，通过实施以下有力举措，实现"示范城市"创建活动取得预期效果，基层群众的安全感、幸福感、满意度有明显提升。

（一）理念维度：推进治安防控体系能动化建设

较之于以往的被动警务，现代警务情景下能动警务的典型特征就是主

---

① 贾宇：《建设立体化信息化社会治安防控体系》，《社会治理》2017年第1期。

② 《习近平在中央政法工作会议上强调　全面深入做好新时代政法各项工作　促进社会公平正义保障人民安居乐业》，《人民日报》2019年1月17日。

动、前置及社会性。对基层社会治安防控体系建设而言，能动警务被官方确定为全新的警务治理模式，对绍兴市治安防控体系建设具有理念跃升的现实意义。

一方面，在顶层设计上彰显能动理念。绍兴市突出重点、以点带面，加快推进"县乡一体、条抓块统"高效协同治理模式，深化社会矛盾纠纷调处化解中心建设，持续打通基层治理"四平台"和全科网格，迭代升级涉稳风险隐患大排查、大化解、大落实行动，健全基层社会治理"大平安"机制，总体提升风险预测预警预防能力和基层警务治理现代化水平。

另一方面，在中层执行和基层落实上融入能动理念。一是推进新时代"枫桥式"系列创建活动。以枫桥警务为运行模式，以枫桥指数为量化指引，统筹开展"枫桥式"十大创建工作。2023年，全市共计4个派出所入围浙江省"枫桥式派出所"（在全省占比第一名），2个交警中队入选"省枫中队"，柯桥区拘留所、上虞区看守所均获评全省第一批"枫桥式监所"，具有代表性和示范性的枫桥警务模式被选为全省新时代"枫桥经验"标志性成果，"枫桥式"协同治理也被推荐为全省高质量发展建设共同富裕示范区最佳实践案例。二是推进基层警务共同体建设。逐级引导三警力量、行政资源、义警组织等多方资源入驻警务治理共同体，整体实现基层治安防控流程由联动迈向联体。例如，借助众多的行政村（社区）治保调解组织，建设多个义警组织，把物联会等纳入绍兴义警框架，以便有序引导社会力量参与基层治安防控体系建设。为更好地运行警务共同体，绍兴市公安局通过主动对接市委办、市委政法委、市信访局等职能部门，实现"12345"和"110"平台数据对接互通。同时，通过严格落实《绍兴市非警务事项协同处置机制实施方案》，初步实现62个乡镇（街道）落地非警务事项协同处置机制，同时组建7×24小时值守的即时处置队伍，专门负责快速处置非警务事项。三是推进基层社会情感治理。全域倡导主动干预方法，鼓励社会心理服务力量助力基层平安建设，各区、县（市）组建反家暴联盟，健全心理服务体系和疏导机制、危机干预机制，强化对重点关注对象进行多次心理疏导，最大限度消解基层社会戾气。全力推行认罪认罚从宽执法和说理式执法；提高刑事和解渗透率，严防"民转刑"等案件发生，实现基层治安法律效果与社会效果相统一。全面实践"四事四早"现代执法理念，包括诸暨市设立

"帮扶团""亲友团"、矛盾调解室推进"防调一体化",嵊州市设立"先锋调解岗"开展说理式执法等,以降低行政复议、行政诉讼发生率等。

(二)主体维度:推进治安防控体系专业化建设

社会治安防控体系专业化建设,既是公安系统应对复杂多变治安形势的本然要求,也是加快推动公安工作现代化进程的应然举措。绍兴市积极应对机构职能、人员编制等方面的实然困境,以"做精机关、做优警种"为主要目标导向,遵循"做强基层、做实基础"的行动路径,践行数字化改革理念、方法,以"情指行"一体化合成作战中心为"大脑"、大部门大警种为"躯干"、基层网格化勤务警力为"手脚",逐步打造科学完备的基层警务组织体系,为本市域基层治安防控体系建设提供主体性力量、内生性动力。在打击专业化、勤务动态化、服务便捷化中,初步构建集约高效、智慧灵敏、专业实战的现代公安基层安防工作大格局,总体实现该领域内"专业的事由专业的人做,专业的人干专业的事"。

其一,深化"情指行"一体化合成作战体系改革。绍兴市公安局明确把"公安大脑"建设列入年度工作重点和局党委会定期研究议题,在坚持党建统领的根本原则下,按照"机构虚拟、实体运作"的推进思路,不仅着重优化诸多软硬件,完善常态、专项、安保等不同场景中的一体化合成作战机制,而且制定《绍兴市公安机关App整改任务清单》,下架淘汰App应用,多次引入新的大数据应用,有效升级现代警务指挥体系,形塑绍兴市公安机关"指尖"警务。2023年,市局及柯桥、上虞、诸暨、嵊州公安局获评浙江省"公安大脑"建设年度优胜单位(在全省占比第一),共有10个项目摘得最佳单项奖(数量高居全省第二位);"行刑衔接"成功入围公安部智慧警务创新案例,"微访问新域名"反诈模型获得第一届全国公安机关大数据智能化应用大赛一等奖,"防一机两用适配器"等项目也获评全国公安基层技术革新三等奖。其二,深化大部门大警种制度改革。绍兴市根据治安形势、重点任务、上级要求的诸多变化,对公安机关机构设置、职能配置进行调试性优化,对机构人员、不同警种进行职能整合、业务融合,促使全市公安机关的机构职能体系事权更加清晰、运行更加高效,基层治安防控体系建设的系统性、整体性也愈加明显。截至2023年底,已建立绍兴公安战略发展委员会、绍兴公安研究院，组建17支创新人才战队，2个警种、5个项目获得省厅比武前三名。改革过程中，同步实施智慧警务"五智工程"，推进前端视频建设工作，并完善"浙警智治"平台绍兴版，深化大数据联合创新实验室建设等，有效提升各类警种专业工作的便捷度、信息化。其三，深化派出所警务机制改革。实地调研、多方论证，确立整体智治、系统集成、协同高效的评价标准，建设运行派出所"两队一室"，推进队室融合、力量整合，提升基层治安防控工作的综合效能。制定《绍兴市警务站（室）星级评定办法（试行）》《绍兴市公安派出所警务站（室、点）标准化建设运行规范》，对市域内基层警务站（室）进行不同程度的提档升级，"一体化"规范运行联勤警务站，探索推进网上警务站（室）建设。拓展社区警务覆盖面，已建立791个社区警务团队，广泛发动行政村（社区）干部、志愿者、乡贤等积极力量进行基层治安防控工作。有序开展"百万警进千万家"活动，2023年度总计防范宣传13万次，五防宣传覆盖人数高达68.8万人次。围绕基层警务站（室）建设运行，融入基层社会程度、治安实效发挥力度等不同情况，试点开展"群众最喜欢的十大警务室"评选活动，以更好地践行党的群众路线，提升群众工作能力。

（三）布局维度：推进治安防控体系立体化建设

按照社会治安防控体系建设的总体部署，立体化是社会治安防控体系建设的首要之义，其实质在于整合好多方力量、运用好多种方法，对诸多基层治安问题实施多层次、多角度的防控、防治。社会治安防控体系应当具有结构上的合理性与功能上的合理性。[①]绍兴市注重按照点、线、面相结合的基本要求，对政治安全风险、基层涉稳风险、特定安全风险进行分层式、渐进性治理。在推进基层社会治安防控体系建设过程中，一部分"存量"问题能基本解决，一部分"增量"问题能有效控制，一部分"变量"问题能有力防控，继而有针对性地提升应对基层社会各类风险的综合能力，有力维护社会大局持续安全稳定。

第一，防范化解政治安全风险。适时开展政治类重点人员动态排摸，实

---

① 王晓滨、张旭：《创新立体化社会治安防控体系研究——以结构功能相关律为关照》，《北方法学》2015年第2期。

时预警、动态掌握重点人员相关轨迹，避免出现失控漏管情形；严格落实宗教场所管控整改和主体责任，抵制境外不法宗教势力渗透；科学打造反恐防恐统一阵线，全面提升防御恐怖袭击能力，包括推进重要部位人像识别全覆盖等。以重大事件、重要节点为例，绍兴市公安层面提高政治意识和政治站位，贯通搭建市、县、场馆、卡口的"1+6+5+2+N"指挥运行架构①，逐级推进护航亚运"八大行动""金盾"行动，全力做好指挥侧、赛事侧、城市侧、保障侧等各项工作，在亚运会期间圆满实现"五个坚决防止""四个确保""三个满意"②的工作目标。第二，防范化解基层涉稳风险。全面落实《涉众型重大政策决策社会风险评估工作指引》，推动绍兴市涉稳风险隐患闭环管控机制建设，提升基层涉稳风险的预测、预警、预防和处置化解能力，畅通涉稳风险全量信息推送渠道，大范围落实风险隐患交办、督办等应对机制，探索建立评估责任倒查机制，实现风险隐患收集、研判、传递、化解、反馈"双循环"闭环运行，使"大平安"建设进程中基层涉稳风险最小化。仅2023年，绍兴市现发命案、五类严重暴力犯罪案件全部告破，已采取刑事强制措施14387人。同年，上虞网络水军案被选为"百日打谣"全国十大典型案例，全国第一例非法生产销售"司美格鲁肽"案获得公安部贺电，夏季治安打击整治行动绩效晾晒全省第一名。第三，防范化解重点人员、物品及行业风险。精准研判有力防范特定安全风险，压实各级党政包保责任，以"万无一失"标准做好工作。强化对重点人员管控，对异动人员试行积分制管理，常态开展基础排查、精准管控、源头稳控，确保管得住、管得好、不出事。强化对重点物品的管控，严格落实枪支弹药、危爆物品、剧毒化学品等特殊物品的源头管控和流向控制，实之又实、细之又细地增强重点物品管控质效。强化对重点行业管控，加强网吧、旅馆、寄递等行业协会建设，加大无人机、网约车、网约房等新兴行业管理，并用好远程视频、手机基站信号等技术手段强化跟踪检查，从而多策并举强

---

① "1+6+5+2+N"指挥运行架构：绍兴市本级、6个区、县（市）、5大亚运场馆、绍兴收费站和柯桥收费站及其他待定部分。

② "五个坚决防止""四个确保""三个满意"：坚决防止危害国家安全和社会稳定的重大政治性事件、坚决防止大规模群体性事件、坚决防止重大公共安全事件、坚决防止重大舆情事件，以及坚决防止其他可能影响亚运会顺利进行的事件。确保政治安全、赛事安全、舆情安全和社会面安全。让人民群众满意、让运动员满意、让国际社会满意。

化安全基础，构建重点领域的立体化管控体系。

（四）运作维度：推进治安防控体系协同化建设

在基层治理视域下，协同是系统内各要素和模块之间的协作，并基于系统新结构和特征共同运作从而达到的更高效状态。基于学术界研究成果，治理就是对合作网络的管理，指的是为了实现与增进公共利益，政府部门和非政府部门（私营部门、第三部门或公民个人）等众多公共行动主体彼此合作，在相互依存的环境中分享公共权力，共同管理公共事务的过程。[①]将协同治理应用于基层治安决策和实施的过程中，需要公安机关汇集各项资源包括人、财、物等，推动治安防控体系协同化实践建立在各要素有机整合基础上。基于此，绍兴市结合经济社会发展实际，选取经济领域犯罪、民生领域犯罪作为重点打击对象，在基层治安防控中强化各地区、各部门的协同合作，建立多边机制；积极倡导协商民主和共同决策、综合施策，探索良性沟通联络机制。由此，初步构建协同治安防控的治理新路径，形成基层社会治安工作的强大合力。

一方面，协同打击经济领域犯罪。绍兴市公安系统联合审判系统、检察系统等公权力机关，对非法集资、传销等涉众型经济犯罪，有序可控化解；对易发生、典型性的经济犯罪，集中力量整治。同时，加强境外追逃追赃工作力度，强化境外缉捕追赃措施；加强资金追溯查控工作，提升情报导侦实战水平。2023年，绍兴市强力推进"猎狐"行动，累计侦办侵企案件139起，抓获犯罪嫌疑人193名，挽回企业经济损失7.3亿元。[②]在22个省市建立26个在外越商商会警务联络室，组建徽商、豫商、粤商等警企联络室10家，辐射近2700家在外越商企业，挽回经济损失3.3亿元。另一方面，协同打击民生领域犯罪。在传统侵财类案件方面，集聚各种资源手段，推动实现快破案、多破案。将深化全民反诈行动纳入市政府民生实事，推进市、县两级反诈中心实体化运行，改造全民反诈平台，推动市、县、镇、村四级反诈体系协同运作；开展"反诈脱口秀""反诈主题辩论赛"等系列活动，组建市、

---

① 陈振明：《公共管理学——一种不同于传统行政学的研究途径》，中国人民大学出版社2003年版，第87页。

② 本文数据若无特别注解均来源于绍兴市公安局。

预防化解

县、乡镇（街道）三级预警劝阻队伍。在黄赌毒违法犯罪案件方面，巩固黄赌犯罪合成作战、多元侦办、动态整治等工作机制，全面提升公安机关等多部门打击质效。推进"清源断流""云战9号"等专题整治行动，推行禁种铲毒无人机的扫毒工作，并依托枫云智慧禁毒系统，完成公安部禁毒情报技术中心科技攻关项目；分级纳管重点吸毒人员，实现禁毒知识进中考。在食药环知违法犯罪案件方面，以知识产权为例证，考虑到侵犯知识产权犯罪日趋复杂化，相关犯罪产业利益链条日益隐蔽分散等现实挑战，绍兴市公安机关紧密协同市场监管、文广执法等行政监管部门，着重围绕商业秘密、著作权、专利权、商标权等合法权益，组织联合打击行动，探索行刑共治路径，加强知识产权刑事执法专业力量建设，引领基层一线执法能力不断提升。此外，绍兴市根据《浙江省数字化改革总体方案》，依托"141"基层治理体系，在上下联动、左右协同的同时，同步打造"枫桥式"协同治理场景应用，形成"一中心统筹、二专线并轨、三平台耦合、四层级响应"的工作格局，为推动"强街优社"、打造新时代"枫桥经验"城市样本提供有力的体制机制保障。

（五）方式维度：推进治安防控体系法治化建设

公安机关作为法治中国的建设者、推动者、践行者、捍卫者，就成效和目标而言，法治公安的内在意蕴是：在每起案件解决中彰显公平正义，对每位公民的合法权益及时保障；执法环节注重使用柔性方式，规避过多的、非必要的强制性措施；对执法监督问题能理性客观对待，把公安权力关进"制度的笼子"。绍兴市公安系统锚定全省、全国公安执法示范单位创建目标，深化法治公安建设，坚持法治思维，力求严格执法、严把质量，保障权益、注重温情，宽严相济、张弛有度，提高公安队伍的执法质量和执法业务的公信力，为基层社会治安防控体系建设夯实法治基础、增添法治智慧。

首先，加强执法监督。绍兴市注重压实局、所队、专兼职法制员等多级监督责任，强化执法源头监督，狠抓执法源头管控，有条件地实行法制员派驻制度，实现基层治安防控"三位一体管理"。着重强化重点环节的适时视情监督，强化顽疾问题的互相制约监督，强化多警种的合力合并监督，整合审计、信访、政工等多方监督资源，构建绍兴公安机关内部大监督、大审查格局。例如，绍兴市集中开展有案不受、行政案件质量提升、久侦未决等典型问题整治，推动公安行政监管现代化进程。其次，加强执法评价。依托智慧民意感知体系，建立执法社会化评价机制，将全流程警务数据全量汇集，统一平台沉淀，自动短信回访，接受群众评价。优化"枫桥式"政务服务指数平台，深化"一网通办"改革，打造"驻企警务e站"场景，开展"一窗通拍、全域应用"改革试点，深化"云帮办"在二手车市场等网点的场景化应用建设，基层群众对公安政务服务的满意度明显提升。最后，加强执法调适。增强执法办案管理中心运行质效，实现"一站式"办案、智能化管理、全流程监督，打造安全、规范、集约、智能、高效的执法办案基地。深化刑事快办机制，建立跨警种的专业办案队伍、法检简案团队入驻执法办案管理中心，推进刑事案件繁简分流工作，形成简案快办的"绍兴样本"。采取"派驻管理+服务外包"形式，完善刑事诉讼涉案财物管理中心运行模式，优化涉案财物返还处置机制，通过一体化管理、换押式移交，科学管理涉案物证，有效服务基层治安防控实战。2023年度，绍兴市公安系统简案快办、执法社会化访评综合满意率分别是60.5%、99.2%，上虞、诸暨、新昌三地中心均被评为浙江省一级中心，非正常死亡事件处置规范也被评为公安部优秀执法制度。

三、经验启示

韧性，是现代城市可持续发展的特质；安全，是现代城市生存和发展的要件。在基层社会，"进行韧性治理的根本目的就是提升基层治理能力现代化，满足人民群众对美好生活的愿望"[①]。总体而言，绍兴市已将基层社会治安防控体系建设及示范城市创建工作上升为党政工程、民生工程，在基层社会治安防控体系建设"十四五"规划指引下，不仅进行"一圈七网"建设26项重点任务，深化社会治安大巡防活动，而且完成《绍兴市社会治安防控体系建设"十四五"规划》中期评估，并被公安部命名为全国首

---

① 刘兆鑫、赵蔚琳：《党建引领社区韧性治理：内在机理与实践策略》，《公共治理研究》2024年第2期。

批社会治安防控体系建设示范城市。举例来说，仅2023年度，绍兴市公安机关强势推进"金盾""雷霆"等行动及常态化扫黑除恶斗争，刑事治安、电诈警情就分别同比下降15.3%、6.3%；常态推进安全生产隐患大排查、大整治，生产安全事故起数、死亡人数同比下降11.1%、12.5%。这些直观的官方数据有力说明，绍兴市在基层治安防控体系建设方面获得明显实效。当然，为进一步贯彻落实党的二十大及二十届中央国家安全委员会第一次会议精神，加快建设基层社会治安防控体系，在走向基层善治过程中实现基层安全体系和能力现代化，通过对绍兴市基层社会治安防控体系进行调研，初步发现在该市基层治安工作的诸多实践探索中，至少存在以下五个层面的借鉴意义值得探讨。

（一）党建统领：凝聚基层治安防控体系合力

1. 坚持理念引领

基层党组织是实现基层治安防控体系和治安防控能力现代化的关键主体和牵引力量，对基层治安治理发挥着决策作用、指挥作用。一是继续贯彻落实大党建理念。在区级层面，加强总体谋划、具体指导、督查落实，共同推动党建统领基层治安工作；在乡镇（街道）层面，推进体制改革，弱化经济管理职能，强化党建工作、基层治理职能；在行政村（社区）层面，推进社区居委会去行政化，发挥基层党建的融合优势，提升公共安全效能，达到善治目标。二是继续贯彻落实服务型理念。基层治理在一定意义上是服务工作，基层党组织的服务意识、水平直接影响治安防控工作满意度。坚持人民至上，加强服务供给侧结构性改革，完善基层治安方式方法，实现基层群众对安全、幸福的基本目标。坚持抓早、抓小、抓苗头，加强心理服务和危机干预，培育群众理性平和的社会心态；紧盯干扰基层安全的"小恶""小乱"，注重关口前移、源头预防，力求发现得早、处理得好。

2. 坚持组织引领

一是强化领导核心。始终强调党对基层治理的领导权，发挥党在基层治安防控中的政治领导力、群众组织力、社会号召力，将党组织的核心领导优势转化为基层安全治理效能。始终强调作风建设永远在路上，恪守党的政治纪律和政治规矩，引导各类治安力量捍卫"两个确立"、做到"两个维护"，将思想和行动统一到建设更高水平的平安中国上来。二是优化治理组织。以各类基层党组织为内核，以"一中心、四平台、一网格"等治安主体为外围，形成"小核心－大团队"基层治安防控架构。以做实基层工作、做强基层能力为实践重点，推动基层治理重心下移，为治安防控提供更多的内生性资源。以纵向到底、横向到边为布局要领，推进各项党组织工作全覆盖、无死角，放大各领域、各单位党建统领的"外溢"效应，进而形成"聚合"态势，追求治安防控的内涵发展、系统增效。

3. 坚持机制引领

一是建立矛盾多方化解机制。对各类基层社会矛盾与危机，既分主次、类别，也分阶段、规模进行精准处置，严格落实治安类矛盾纠纷实地走访、电话回访等制度，掌握当事人具体情况，跟踪矛盾纠纷发展态势。紧跟基层警务数字化发展趋势，推进公安系统大数据创新，实施更大范围立体防控，全面分析治安类矛盾纠纷，灵活运用研判结果，对涉稳人员等做到底数清、情况明，以规避"民转刑、刑转命"案件的发生。二是建立平战快速转换机制。对基层安全风险、突发事件制定平战转换方案，加强战时治安理论研究，推进战时训练规范化、常态化，强化全领域联通、全警种联动的快速反应和高效处置网络，构建战时治安"反射神经"。预防阶段，进行风险评估、应急预案制作演练及社会风险教育动员等工作，优化预警和应急保障机制；干预阶段，完善公安、应急、司法、综合执法等单位应答机制，逐步细化各类情况应急响应程序和防控措施，全面提升基层单位应急处突能力。

（二）多元共治：激发基层治安防控体系活力

1. 重视平安类社会组织参与

一是提供要素保障。发挥平安类社会组织管理工作领导小组作用，压实民政等业务主管单位职责。推进社会组织培育孵化枢纽平台建设，对以平安建设及治安治理为主要业务的新社会组织进行培育指导。设立基层治安委员会等机构，形成以行政村（社区）为平台、社会组织为载体、社会工作专业人才为支撑的联动机制，为社会组织参与基层治安防控体系建设提供政策指导、培训和支持。二是促进平安建设。发挥平安类社会组织自治性、组织性、灵活性等特点，引导平安守护、义警、帮教扶困、矛盾纠纷调处化解等多类型社会组织开展安全知识讲解、法治宣传教育、巡逻巡查、交通执勤、禁毒宣传等细节性平安建设活动，以践行新时代"枫桥经验"，探索"群防群治"新模式。三是兼顾提前防范。清理"僵尸型"平安类社会组织，对未参加年检的进行整改，甚至办理注销登记。打击非法社会组织，实施专项行动方案，落实新闻媒体不得宣传报道非法社会组织活动。引导该类社会组织配合背景审查，杜绝违法失信人员参与内部管理决策，化解社会组织领域风险。

2. 选择性引入市场适配机制

在基层治安实践中，市场机制有益于通过调整利益主体的供需行为，改善公共服务，这就需要在治安治理中吸纳市场化机构和成员，为治安防控注入新鲜血液。一是创新志愿服务渠道。打造志愿服务信息平台，联合多元化主体，以大数据技术整合诸多志愿服务力量参与弱势群体保护，协助公安机关打击侵害老年人、妇女、儿童等群体利益的违法犯罪，重点守护好此类特殊群体的公共安全。二是借力专业优势群体。依托网络科技公司专业力量建立基本数据库，根据基层警务资源人数分布情况，以行政力量引导建立特色队伍，实现人人有提升、所队有典型、工作有品牌，打通党群工作、警民关系的"最后一米"，提升基层治安掌控力。三是打造网络治安矩阵。成立与运行网络治安治理新阵地，构建起党委和政府、网络企业、网民个体等传统和新兴治理主体相结合，共同引导网络生态良好发展、参与基层治安防控的格局，在网络舆情应对中实现协同治理，包括信管部门监测预警、主流媒体正面报道等。

3. 发挥好民间治安规范作用

民间治安规范是与国家治安规范相对而言的，具体是指社会在维护治安秩序过程中自身或基于民间的协商而产生，依赖社会的自觉自愿遵守或民间的强制力来运作的社会规范。①民间治安规范属于非正式制度资源，因其灵活

---

① 宫志刚:《治安学导论》，中国人民公安大学出版社2015年版，第84页。

多样、开放民主的比较优势，更适应基层治安治理工作需求。以数量众多、分布广泛的村规民约为例，充分利用劝戒性乡规民约和惩戒性乡规民约，借鉴诚信积分制将行政村（社区）成员遵规守约情况予以信用量化。其一，将治安治理事务分解为不同的积分规则。按照地方政府确定的治安防控目标，将不同的治安治理事务予以分类，并设置对应积分事项和分值。其二，通过诚信档案记录行政村（社区）成员积分情况。以某一行政村（社区）为单位，设立家庭诚信档案，将家庭成员的不同治安防控参与表现予以信用化，通过积分累计方式予以记录和呈现。其三，通过自治方式落实积分制奖惩。以年度或者季度为基本单位，对行政村（社区）成员社会诚信状况予以评定，按照积分规则进行奖励或惩罚，促进基层治安治理可持续进行。

（三）法治保障：提升基层治安防控体系定力

1. 充分运用法律手段

在立法层面，坚持实践导向，立足基层治安防控体系建设的迫切需要，适时进行《中华人民共和国治安管理处罚法》等相关法律法规的立改废释，以及一系列配套政策的制定完善工作。坚持问题导向，针对这一领域诸多重点难点问题，按照"圈层查控、单元防控、要素管控"思路，优化维护公民、法定代表人等合法权益途径，从法治建设层面化解矛盾纠纷，并从源头方向能动地预防各类侵权案件发生。在执法层面，优化警力配置、升级勤务模式，加强食品药品、安全生产、生态环境保护、网络平台安全等重点领域基层执法。改进基层执法理念、创新治安治理手段，加强重点问题联治、特殊人群联管、平安建设联创，着力解决基层群众反映强烈的突出问题。在司法层面，深化司法体制改革，推进刑事司法与行政执法的有效衔接，提高办案质量和水平。实施宽严相济政策，着重打击严重暴力犯罪，持续推动扫黑除恶斗争，全力推进电信网络诈骗等突出犯罪。加快执法司法制约监督体系改革，深入推进政法队伍教育整顿，增强基层执法司法公信力。在守法层面，加强基层群众法治宣传教育，充分利用地域文化等本土资源增强"八五"普法工作的参与度和特色性，全力提升公民法治素养。深入实施法治文化阵地提升工程，繁荣发展社会主义法治文艺，建设社会主义法治文化，弘扬社会主义法治精神，形成"守法光荣、违法可耻"的社会风尚。

预防化解

2. 拓宽依法治理渠道

在基层依法治理方面，促进基层政府法治建设，如发挥工商联、总工会、团委、妇联等社会组织"联系广泛、服务群众"的积极作用，引导其进行依法自我管理，并督促其抓好本系统参与社会治安工作。促进基层群众依法办事，如深化民主法治示范行政村（社区）创建，把现代法治元素融入文明村镇、文明家庭建设，打造依法治理有效阵地。在行业依法治理方面，优化行业规章制度，完善法人治理结构，实现业务标准程序完善、合法合规审查到位的法治化行业治理。运用教育、预防、监管、惩治等方式维护行业发展秩序，减少市场经济类违法犯罪，促进市场主体依法经营、重信守诺。在专项依法治理方面，加强公共卫生、防灾减灾、突发事件等多方面的法治创建活动，加强互联网、金融等多领域新业态的依法治理，并实施强基补短板专项治理行动，加强乡镇（街道）、行政村（社区）等多层级治安状况评估工作。

3. 释放法治优势效能

一是强化治安治理体系。树立系统思维，在更大范围统筹发展与安全，强化国家安全保障体系，立体化、信息化建设社会治安防控体系、社会矛盾预防化解体系及网络综合治理体系，汇聚法治助力基层治安的强大合力。健全法治吸纳民意、汇集群众智慧工作机制，充分发挥公安派出所、检察室、人民法庭、司法所、法律服务所等基层政法机构联络民心、服务百姓的基础平台作用。二是增大法治衔接力度。在大量的基层治安事件处置中，加强与同类办案单位捆绑作战，在案件定性、调查取证、法律适用等环节实施专业、及时的法律协作。办案单位也应注重与法检两院、纪委监委、社工部等部门沟通对接，在"无缝对接"中推动治安类案件合规起诉、公正判决，最大限度地减少社会对抗，促进基层安全稳定。三是提效执法监督管理。通过按需点课、送课上门等方式，开展基层治安类执法培训和执法指导服务，鼓励执法人员参加法律职业资格考试，大力培养"一专多能"的执法人员。通过法律监督、舆论监督、人大政协监督等手段，纠正受立案环节的执法问题，防止有案不立、降格处理、以罚代刑，利用治安权力插手民事纠纷等失范情形的发生。

（四）科技赋能：拓展基层治安防控体系能力

1. 融入数字治安技术

面向算力时代[①]，基层治安防控体系建设仍需加大科技支撑力度，推动数字化改革与"大平安"建设深度融合，提高社会治安风险能动预警与防范化解能力，促进基层平安工作更智能化、精细化。一方面，继续普及"公安大脑""浙警智治""警网融合"及治安防控类预警模型等数字设施、平台，逐步缩小数字鸿沟。如采用"两微一端"等新媒体，适度公开治安防控数字手段和过程，保障治安主体知情权，提升数字技术赋能基层善治的均衡性。另一方面，作为技术赋能治安防控的关联体，企业要注重依法使用、保护信息，遵守现代科技伦理，对治安治理中的风险和漏洞，加强分析预警和研发创新。领导干部要有意识提升数字素养，增强数字治理能力，助益基层治安工作减负增智，提升群众工作质量。此外，广大基层群众要积极适应数字治安新变化、新要求，恪守数字文明规范，如养成良好的数字品德，树立正确的数字价值观等；积极参与数字化监督和公共安全治理，增进基层治安空间的共识与合作，提升治安治理资源的配给效度，为夯实基层公共安全协同治理体系发挥作用。

2. 防范技术治安风险

一方面，国家层面加大对大数据、公共安全等领域的科研支持力度，关注数字治安技术融入基层治安防控的国际动态。推动数据开放共享的立法工作，包括数据共享的专门立法等，明确开放数据规则与场景运用规定。引导专业研究机构与企业、社会组织等开展联合攻关，优化基层治安方案设计，提升其安全性。另一方面，政府层面加固数字防火墙建设，实施全流程防护，降低数字信息安全风险；整合安全生产、食品安全、社会治安、社会矛盾等领域的数据库，发挥大数据风险研判、智能决策作用。同时，加强治安防控风险的智能模拟，常态化开展应急演练，提升基层治安治理韧性；完善监测运维体系，优化权限管理、分级审批、日常安全教育、法律责任追查

---

① 人类生产力发展由人力时代、蓄力时代、动力时代进入第四个时代——算力时代，以芯片和软件平台为主的计算能力正改变人类生产方式、生活模式和科研范式，因而算力也代表着人类智慧发展水平。

等相关环节，保障基层治安工作的数字安全。最终，在全面践行"局部安全""主动安全"等新安全观的前提下，逐步完善基层治安防控体系建设进程中的现代技术安全治理体制机制，全方位构建高质量、高稳定性、高可靠性的现代化数字安全体系。

（五）文化支持：增强基层治安防控体系动力

1. 夯实治安治理的文化基础

基层治理是基层社会发展的中心工程，从一定意义上讲是"人心治理"，这对推进国家治理体系与治理能力现代化至关重要。促使文化成为渗透人心的重要力量，在基层社会治安防控体系建设中具有不可替代的地位。第一，对中华优秀传统文化的内涵特质进行甄别提炼，发掘其中适应现代公安工作的有益文化元素，如"孝为先""和为贵""无讼""亲邻和睦"等治理智慧，推动中华优秀传统文化资源创造性转化和创新性发展，实现其与现代文化和现代警务治理规则有效结合。第二，制定专项开发和保护政策，形成以政府部门为主导，以企业、社会组织、基层群众为治安主体的长效工作机制，加大人力、物力和财力投入，重视对一定区域内的地域文化进行保护和传承，如吴越文化、巴蜀文化、关东文化、西域文化、广府文化等，利用灵活形式，拓展丰富载体，推介向上向善的社会风尚，营造和谐有序的文化氛围，实现地域文化与基层治安工作的融合发展。第三，因地制宜、因人制宜，突出特色、推树典型，收集乡土文化和都市文化资料，整理相关历史文献，建立文化档案库；建设乡村历史文化和现代都市文化场馆等文化展示设施，开办乡土文化与城市文化论坛等社会交流活动，并大力发展文化事业和文化产业，在多措并举中把乡土文化和都市文化中蕴含的崇德向善、见贤思齐、勤恳务实、诚信友善等优秀传统文化因子发扬光大。

2. 推进文化支持治安治理

首先，以社会主义核心价值观为引领推进治安治理，充分发挥社会主义先进文化、革命文化（红色文化）的显著作用。如推广"红色文化+治安治理"新模式，培育红色组织，邀请老党员、革命后代等解决调处矛盾、传承历史等难点问题；传播红色文化，夯实道德根基，引导基础群众明是非、辨善恶、守法律、知荣辱，为推进基层治安防控凝聚精神力量。其次，从人民主体性角度强化基层文化建设，体现基层文化实用性、生活化。如依托新时代文明实践所（站）、"邻剧场"等阵地，以文化活动为媒介连接基层群众，建设"左邻右里·守望相助"的民生幸福街区；弘扬志愿精神，建立邻里互助志愿者驿站，组建特色志愿服务团队，并通过行政村（社区）基金会爱心互助平台，实现群众互助。最后，提升文化品质，科学处理个体与群体等的辩证关系。如打好物质文明建设和精神文明建设两张牌，推进基层治安防控诸多主体获得更加健康、完整的品格与人格；结合国情、民情、社情，传承、融合、创新更多不同类型的文化，在更多新型的治理文化基础上，以治理文化的发展推动治安防控工作持续发力，为基层善治增添既柔性又特殊的力量，夯实"中国之治"的基层基础。

参考文献：

［1］中共中央党史和文献研究院.习近平关于基层治理论述摘编［M］.北京：中央文献出版社，2023：21.

［2］龚维斌.社会治理新论［M］.北京：人民出版社，2021：29.

［3］俞可平.治理与善治［M］.北京：社会科学文献出版社，2000：261.

［4］魏礼群.中国社会治理通论［M］.北京：北京师范大学出版社，2019：42.

［5］王均平.治安学［M］.武汉：武汉大学出版社，2016：123.

［6］达仁道夫.现代社会冲突［M］.林荣远，译.北京：中国社会科学出版社，2000：67.

［7］刘庆，施文凯.基于整体性治理理论的基层政府治理创新研究［J］.东岳论丛，2024，45(2)：160-166.

［8］吴国邦.乡村基层治理的假想科层关系及其法治悖论：基于"草根—科层"框架的质性研究［J］.探索与争鸣，2024(2).

［9］杨开峰，仇纳青，郭一帆."三治融合"：重塑当代中国基层社会与基层治理［J］.公共管理与政策评论，2024，13(1).

［10］崔晶.调适与弥合：基层"缝隙治理"中的政策执行研究［J］.理论与改革，2024(1).

［11］刘益东.底线思维与科技审度：高风险社会治理的要义与进路［J］.哲学分析，2024，15（1）.

［12］李小波，李远海.基层治安治理中的"情治"逻辑及当代价值［J］.北京行政学院学报，2023（6）.

［13］黄晓春.党建引领下的当代中国社会治理创新［J］.中国社会科学，2021（6）.

［14］景跃进.中国农村基层治理的逻辑转换：国家与乡村社会关系的再思考［J］.治理研究，2018，34（1）.

［15］宫志刚，李小波.社会治安防控体系若干基本问题研究［J］.中国人民公安大学学报（社会科学版），2014，168（2）.

［16］贺雪峰，刘岳.基层治理中的"不出事逻辑"［J］.学术研究，2010（6）.

［17］杨青玖.牢记嘱托 推进浙江公安工作现代化［N］.人民公安报，2023-11-25（3）.

［18］徐慧.治安防控体系建设中治安基层基础工作完善研究［D］.北京：中国人民公安大学，2018.

［19］王续南.公安基层治安管理工作初探［C］.2019全国教育教学创新与发展高端论坛论文集（卷六），2019：103-104.

三

依法治理

调解法治化的实践探索

中共绍兴市委党校　尹华广

党的十九届四中全会通过的《中共中央关于坚持和完善中国特色社会主义制度　推进国家治理体系和治理能力现代化若干重大问题的决定》指出："坚持和发展新时代'枫桥经验'，……完善人民调解、行政调解、司法调解联动工作体系，……努力将矛盾化解在基层。"2021年1月，中共中央印发的《法治中国建设规划（2020—2025年）》指出："坚持和发展新时代'枫桥经验'。充分发挥人民调解的第一道防线作用，完善人民调解、行政调解、司法调解联动工作体系。"党的二十大报告明确指出："在社会基层坚持和发展新时代'枫桥经验'，……及时把矛盾纠纷化解在基层、化解在萌芽状态。"作为预防化解矛盾的基础形式，调解在坚持和发展新时代"枫桥经验"中有着举足轻重的地位。在新时代"枫桥经验"中，调解与法治的关系如何？调解有无实现法治化，若有则为如何运作？围绕这些问题，本文综合运用问卷统计、个别访谈、召开座谈会等多种形式开展调研，并系统梳理了"枫桥经验"发源地枫桥镇的相关做法，分析了当前调解法治化中存在的困难与问题，总结了以调解法治化助推新时代"枫桥经验"法治化的若干启示。

一、对调解法治化的基本认识

2022年7月17日，由中国政法大学法治政府研究院主办的"调解法治化的中国实践与理论保障"研讨会在北京举行。会上，不同专家学者及实务部门的同志对调解法治化从不同视角提出了自己的观点。中国政法大学校长马怀德教授认为，调解发展关键在于法治化，调解法治化主要体现在调解的合法性原则、调解协议的法律约束力、调解必须在法律框架范围内进行等方面。全国人大宪法和法律委员会副主任江必新强调，调解不能突破法治底线。中国法学会副会长甘藏春认为，要重视调解的制度供给问题，加强调解组织专业化建设。

关于调解法治化，学术界目前主要形成四个方面的研究视角：一是关于调解与法治的关系研究。张波认为，现代调解建立在法治主义之上服务于法治的治国方略与法治相兼容。二是法治在调解中的作用研究。季卫东、易平认为，通过调解可以使法律得以形成和发展。范明志认为，充分发挥人民调解化解矛盾、解决纠纷的功能，必须增强调解方式法治化、调解效力法定化；调解可以成为习惯法析出的一条制度化轨道。三是调解中法治如何具体运用的研究。刘筱文认为，关系距离、社会控制、社会分层、社会分工、文化对人们在调解中运用法律或情理都起作用。季卫东认为，民主自治是法制化与调解的结合点。四是法治化已经是调解的趋势。于浩认为，制度化程度不断加强构成人民调解的未来发展趋势。杜承秀认为，渐趋法制化是人民调解制度发展历程中十分明显的表征。

由上可见，调解法治化是理论界与实务界均已认同的一个概念，但对其内涵、外延特征等多种属性还未形成共识。本文主要从调解的法治化运作这个视角开展研究，侧重从调解主体法治化、调解手段法治化、调解依据法治化、调解结果法治化四个环节或者说四个层面开展研究。

当下中国正处于社会转型期，也是矛盾凸显期，日益增多的各类社会纠纷如何解决，是我们当前面临的重大课题。现代社会纠纷解决的最佳方式是法治，但是中国社会转型期也是法治的形成期、发展期。所以，我们需要一个既能促进社会纠纷解决，又能促进法治发展的机制，而调解的法治化，能担当起这两方面的功能。因为调解不仅具有解决社会纠纷功能而且具有促进法治发展、实现中国特色法治现代化的功能。预防化解矛盾是"枫桥经验"的直接表现形式，是"枫桥经验"的根，调解法治化则是实现"枫桥经验"这种功能的突出形式，是"枫桥经验"的核心内容。"枫桥经验"自诞生以来，一直致力于预防和化解矛盾，以将矛盾解决在基层、解决在当地为己任，创造了许多预防、化解社会纠纷的典型经验。"枫桥经验"发源地调解法治化的实践，为我们研究调解法治化提供了典型的实证材料。所以在当下转型期的中国，研究"枫桥经验"中的调解法治化，具有重要的价值与意义。

二、探索调解法治化存在的问题与不足

随着社会主义市场经济的不断发展，基层群众市场意识、经济意识、权利意识、法律意识逐渐增强，社会由熟人社会转向半熟人社会乃至陌生人社会，社会矛盾越来越复杂、多发。原来的人情型、道德型案件的调解模式越来越不适应这种矛盾变化的需求，现实社会需要调解法治化的运行模式。但对于此新事物的探索，基层仍面临诸多挑战，也存在一些问题短板。

（一）思想认识方面

各方对调解法治化是否需要推进尚未达成广泛共识，对传统道德型、人情型调解转向现代专业型、法治型调解趋势缺乏足够的研判和把握，对于是否需要推进调解法治化还存在不少争议。主管部门的一些同志对探索调解法治化还不够主动和自觉，工作中存在避重就轻现象，把更多时间与精力放在应付具体事务上，而没有从整体、全局、系统的视角思考问题。基层的一些调解员在探索调解法治化中缺乏思想准备、行动意识、责任意识、担当意识，有些地方甚至出现了避实就虚、看到困难绕道走的现象。其具体表现形式有很多，如公安派出所调解案件数量明显增加，而村一级调解案件的数量却在逐渐减少就是明显的表现。

（二）体制机制方面

一方面，现有调解特别是作为主体的人民调解强调非正式制度性，无论是人员的组成、调解的手段、调解的依据、调解的结果等都具有典型的非正式性。如村一级调解人员主要由村干部或村民担任，他们是体制外人员，特别是村民担任的调解员，他们可以说没有任何正式资源，完全要凭借个人的能力、威望等非正式资源调解案件。他们调解的手段主要还是运用传统的道德、人情的方法，这对于以经济类型为主的矛盾纠纷作用甚微。调解的依据以人情世故、风俗习惯为主，显然不能满足市场经济条件下以利益为主的当

依法治理

事人诉求。由此造成的是调解很难达成协议，即使暂时达成协议，当事人也很容易反悔。另一方面，从调解法治化的角度而言，法治资源、法治依据、法治手段的运用、法治的强制性保障实施等又主要存在于正式制度之中。如基层最典型的调解法治资源主要集中在公安派出所、乡镇司法所、基层人民法庭，乃至基层检察室等基层政法力量之中。调解法治依据则主要是正式的法律规定，特别是《中华人民共和国民法典》的相关规定，而这些规定很少有村一级调解员能全面系统地掌握。调解法治手段的运用对于基层政法系统而言非常广泛灵活，既可以自行调解、委托调解，也可以指导调解。调解的法治强制性保障实施，对于基层人民法庭而言，其作出的调解书的效力等同于法院判决书的效力，可以直接强制执行；对于公安派出所而言，调解不成可以做出治安处罚决定，因而对当事人双方的调解有着明显的威慑力。而一般的人民调解协议书，也必须经法院审查并进行司法确认后，才能具有强制执行效力，因而强制性保障实施的力量在法院而非基层人民调解委员会。此外，一方面调解法治化运作得好的调解委员会主要在乡镇以上级别的调委会；另一方面调解法治化的需求量最大、最薄弱的环节却在广大村、居调解委员会中，特别是村调解委员会。

（三）工作能力方面

现在基层干部、调解员的综合工作能力有了长足的进步，但在调解相关法律知识运用这个专业领域，工作能力进步的速度赶不上现实需求的力度。在经济发达的乡镇（街道）中，一些村（居）民要么在市场中当老板，要么去打工。经过长年在市场中打拼，其市场意识、经济意识、权利意识、法律意识都明显增强，他们之间的纠纷也大多是与经济相关的纠纷，他们希望以法律的方式解决问题，维护自己的正当权利。而很多基层干部、基层调解员的法治水平、法治素养无法满足群众的这种现实需求。

（四）工作方法方面

受传统调解模式的影响，一些基层干部、调解员擅长以传统的人情、道德等方式调解案件，这对于家庭纠纷、邻里纠纷等传统型矛盾纠纷仍然是有效的。但是随着经济的发展，传统型矛盾纠纷主要演化成了经济型、专业化的现代型矛盾纠纷。一方面，针对以经济化、法律化为特征的现代新型矛盾纠纷，很多基层干部特别是村（居）一级干部解决问题的办法不多，所以出现了经济越发达，村（居）一级反而调解不好矛盾纠纷的现象。另一方面，随着智能化特别是人工智能的发展，不仅网络型智能化矛盾纠纷增多，而且越来越要求调解以智能化方式进行，如调解过程中广泛使用微信，特别是新冠疫情期间浙江广泛使用的浙江解纷码。而广大调解员特别是村（居）一级的人民调解员普遍年龄偏大、文化水平偏低，对于智能化矛盾纠纷的调解及以智能化手段调解矛盾纠纷心有余而力不足。一些年轻的、文化水平高的调解员虽然能熟练掌握智能化手段，但对传统道德、人情世故、调解的基本方法与技巧掌握明显不够。

三、"枫桥经验"发源地绍兴市枫桥镇探索调解法治化的实践

（一）枫桥镇调解组织的设置

枫桥镇目前有村（居）人民调解委员会31个；企业人民调解委员会19个；镇调解委员会即枫桥镇人民调解委员会1个；驻村分中心调解室3个，即镇东调解室、镇南调解室、镇西调解室；志愿者调解委员会4个，分别是枫桥调解志愿者联合会、枫桥大妈调解室、红枫义警调解室、家事纠纷调解室；专业性、行业性调解委员会8个，分别是交警中队的交通事故调解室、劳管站的仲裁调解庭、供电所的电力纠纷调解室、诸暨市二院的医疗纠纷调解室、市场监管所的消费纠纷调解室、辖区中小学校的校园调解室、汽配与服装等行业的行业调解室，以及其他专业性、行业性调解组织；此外，还有枫桥司法所的人民调解室、枫桥法庭的诉前调解室、枫桥派出所的治安调解室、枫桥检察室的刑事和解室、品牌调解的老杨调解中心及律师调解的俞岚工作室。枫桥镇上述调解组织被统合进诸暨市枫桥镇联合调解中心，形成组织网络机制，进一步实现调解法治化。

（二）枫桥镇调解法治化的实践

从前述诸暨市枫桥镇联合调解中心的设置可以看出，作为"枫桥经验"

发源地的枫桥镇实行的实际上是一种大调解，是人民调解、行政调解、司法调解相结合的调解。其调解法治化主要体现在以下四个方面。

1. 调解员的法治化

所谓调解员的法治化，是指在调解中由相关法律工作人员或法学专家担任调解员。对于司法调解而言，其调解人员主要是法庭的法官；行政调解中有政法部门，如枫桥交警中队，其调解员是专门的法律工作人员；也有一些非政法部门，如劳管站的调解员并非专门的法律工作人员，但也越来越倾向由懂法律特别是相关专门的法律人员担任调解员。在人民调解的调解员中，主要通过两种方式实现调解员的法治化：一是聘请在职的法律工作人员担任调解员，如枫桥镇的人民调解委员会聘请枫桥公安派出所、枫桥检察室、枫桥法庭、枫桥司法所在职人员担任人民调解员。枫桥镇的医疗纠纷调解室的调解员主要由两个专家库组成，一个是医学专家库，主要由医疗方面的专家组成；另一个则是法学专家库，主要由专职律师与法学方面的专家组成。二是聘请退休的法律工作人员担任调解员，如枫桥法庭的诉前调解室聘任了一名退休法官担任调解员，枫桥派出所老杨调解中心的杨光照同志，就是枫桥派出所退休的民警。在退休前，他就一直在从事调解工作，并取得了非常大的成效。枫桥镇的老百姓非常爱戴他，他在全国的知名度也非常高，曾被评为全国人民调解能手、全国人民调解专家、CCTV2018年度十大法治人物，习近平总书记曾两次接见他。《人民日报》对他的事迹有专门的报道，中央电视台以他为原型，已经拍了两部电视连续剧。

"枫桥经验"中调解员的法治化，充分体现了正式制度与非正式制度的结合。正式制度主要体现在司法调解、政法部门的行政调解由在职法律工作人员担任调解员，这些调解员是在职国家工作人员，他们是以国家名义行使权力，具有典型的正式制度特性。另外在人民调解中，如医疗纠纷调解室由专职律师和法学专家组成法学专家库承担调解任务，他们是在职工作人员，同样也具有明显的正式制度特性。非正式制度主要体现在人民调解中，很多村（居）人民调解委员会的调解员是由村（居）民担任的，他们来自群众，更体现了非正式制度特性，如有像杨光照这样的退休法律工作人员担任调解员。至于正式制度与非正式制度的结合主要体现在作为公检法司的相关在职工作人员，一方面他们在司法调解、行政调解中是以正式制度的身份出现，对相关案件进行调解；另一方面他们往往也是枫桥镇人民调解委员会聘请的兼职调解员。当他们以人民调解员的身份调解案件时，就不再是以正式制度的身份出现，而是以非正式制度的身份出现。所以，在这些工作人员身上，就体现了正式制度与非正式制度的结合。对于退休后被聘请为人民调解员的法律工作人员，此时他们本来的身份是以非正式制度出现的，但他们退休前的身份、工作岗位对其调解民间纠纷也是有很大影响的，所以这也是一种正式制度与非正式制度结合的体现。另外，在人民调解的案件乃至司法调解、行政调解的案件中，往往也会出现一些在职国家工作人员担任调解员与民间调解员共同调解案件的情况。这也是正式制度与非正式制度相结合的一种形式。

2. 调解手段的法治化

所谓调解手段的法治化，是指在调解案件过程中，以各种方式依靠专业法律工作人员指导纠纷调解的情形。在此方面，作为"枫桥经验"发源地的枫桥镇枫源村曾经有一个典型的案例。

案例一：绍兴市诸暨市枫源村，是"枫桥经验"发源地枫桥镇下辖的行政村。中央电视台曾对该村发生的一起民间纠纷案进行详细报道。村中有三兄妹，两个哥哥一个妹妹。他们的父母过世后，给他们留下了三间房子，但没有留下遗嘱。两个哥哥认为，按照农村的风俗习惯，女孩子不能继承父母遗产，房子应该归他们两兄弟所有。而妹妹则认为，法律有明确规定男女平等，并且父母在世时，她也尽了一定的赡养义务，所以房子她也应该有份。纠纷发生后，三兄妹自己不能解决，就找到了村里的调解员。调解员因法律知识不够，他觉得双方都有道理，不知如何处理。在这种情况下，他打开了自己办公桌上的电脑，电脑中有一个"法官指导调解QQ群"，通过QQ连线的方式，调解员与枫桥法庭的法官进行了沟通。法官对三个当事人和调解员作出了解释：根据相关法律规定，男女平等，女孩子也可以继承父母的遗产，而且一般情况下应该均分。同时也规定，父母在世时同父母生活在一起时间长、尽赡养义务多的人可以多分；同父母生活在一起时间短，尽赡养义务少的人可以少分。根据法官的解释，调解员最终给这三兄妹达成调解协议：父母所有的遗产按照4：4：2的比例进行分割，两个哥哥各得40%，妹妹得20%。三兄妹的遗产纠纷案例就此得到解决。

依法治理

在该案中，村一级的人民调解员依靠"法官指导调解QQ群"解决了调解中的法律难题。这一方法现在在枫桥镇的人民调解中已经得到了普遍的应用，而且有所发展与提升。除了运用QQ进行指导外，微信、钉钉、专门调解的App、线上调解、共享法庭等均已得到普遍运用。进行人民调解指导的人员除法官外，枫桥公安派出所驻村的民警、担任所驻村法律顾问的专职律师、枫桥镇司法所的工作人员等均担负起了网上指导人民调解的任务。

"枫桥经验"中调解手段的法治化，充分体现了正式制度与非正式制度的结合。其正式制度主要体现在枫桥法庭法官、枫桥公安派出所民警、专职律师所担任的法律顾问、枫桥司法所工作人员等的身份具有正式制度的特性，他们的行为体现了正式制度性，指导人民调解是他们本职工作之一，并非义务劳动。非正式制度性则体现在人民调解的民间纠纷上，从本质上说它属于非正式制度。作为该民间纠纷调解主体的村（居）人民调解员一般是由村（居）干部或村（居）民担任，他们的身份具有非正式制度性。正式制度与非正式制度的结合，首先在于调解手段运用人员的结合，即作为正式制度的人民调解指导人员与作为非正式制度的人民调解员的结合。其次在于调解手段方式的结合。以上述案例为例，该案之所以最终得到圆满解决，就在于作为正式制度的法官依据国家法律作出的解释与作为非正式制度的调解员按照农村风俗习惯作出的调解结果的结合。

3. 调解依据的法治化

所谓调解依据的法治化，是指调解的主要依据是法律，而非人情、道德；换言之，法排在第一位，情与理排在第二位，而非中国传统调解中的情－理－法的排序。在这一方面，枫桥镇的调解中也有相关典型案例。

案例二：当事人是浙江步森服饰有限公司江西籍民工陶某；受害人是浙江绍兴枫桥工业园区保温瓶厂老板冯某。

简要案情：2013年10月18日，步森服饰有限公司民工陶某夫妻俩驾驶一辆轿车开至绍大线义桥头路段时，枫桥工业园区保温杯厂老板冯某驾车同向行驶。当冯某加速超车时，发生惊险动作，虽未造成交通事故，但陶某以妻子（怀孕）受惊吓为由，指责谩骂冯某，冯某见状不肯罢休，停车后到陶某车窗处责问陶某。在责问时，冯某用餐巾纸砸向陶某，陶某先下手为强，伸手一拳打向冯某眼部造成冯某左眼受伤。冯某受伤后报警，经民警协调，当场由陶某支付300元医药损失费，案结事了。第二天，冯某的眼睛伤情加重，视力模糊，转入杭州医院治疗，经医院检查，冯某左眼视力模糊损伤视力下降至0.01，经过20多天的治疗，共花去医药费12000余元，后经法医鉴定，冯某的人体伤害程度为轻伤。冯某出院后，请求老杨调解中心调解。

调解经过：老杨调解中心受理后，首先对双方当事人分别进行谈话，征求意见意向。在与陶某谈话时，陶某认为自己的行为是对方引起的，自己没有过错，并强调自己的妻子是孕妇，冯某的惊吓超车动作，对妻子造成精神损伤，要求赔偿精神损失费30000元并保证孩子出生无事，而对冯某的伤害损失拒绝赔偿；或者他提议各自损失自付，不愿参与调解解决。受害人冯某则要求行为人陶某全额赔偿医药损失费、误工费、赔工费等各类损失费50000元，必须当面赔礼道歉；其故意伤害行为应追究法律责任，并表示该行为不是为了索要赔偿，而是为了出口气、讲个理，要个说法。

针对双方当事人的请求，调解员又多次上门为行为人陶某进行法律疏导，以理说服他，并讲清伤害案件行为造成的后果，冯某的伤情经鉴定已构成轻伤。根据《中华人民共和国刑法》第二百三十四条，故意伤害造成他人身体损害轻伤以上的应追究刑事责任，可判处三年以下有期徒刑、拘役、管制。调解员给行为人陶某明确了三项原则：一是应承担法律责任；二是应承担民事赔偿责任；三是应认识行为过错，应当赔礼道歉。经过连续三次的疏导教育，行为人陶某认识到自己行为的过错和应当承担的法律责任。从不想调解、不愿调解到自愿请求调解。此时，调解员又给行为人陶某讲清认识高低、态度好坏就是诚心、就是金钱，受害人是企业老板，只要有认识、有态度，能赔礼道歉，赔偿问题都可商量。经过多次工作后，陶某的认识态度明显转变，并表示愿意当场向冯老板赔礼道歉并赔偿各种损失费用。

调解结果：根据双方当事人的意愿，双方当事人于12月8日到老杨调解中心调解。在调解中，老杨首先强调了依法的原则和违法所承担的法律责任及民事赔偿责任，其次说明按法律的赔偿标准计算各类赔偿为35000元。此时陶某主动起立，向受害人冯某赔礼道歉，并连续三次起立鞠躬致歉。由于陶某真心认错，得到了冯某的认可与谅解。冯某从请求赔偿50000元降至一次性赔偿30000元。双方在十分友好的气氛中握手言和。冯老板为照顾陶某之妻是孕妇，便在30000元赔偿款中抽出2000元送给陶某，作为陶某妻子

依法治理

的营养补偿费。此时，陶某流下了激动的泪水，并当场赞扬"枫桥人都是好人"。

"枫桥经验"中调解依据的法治化，充分体现了正式制度与非正式制度的结合。以上述案例为例，其正式制度主要体现在案件调解的依据是法律，而非人情、道德或其他因素。当事人最终能达成协议，最根本的原因还在于法律相关规定的压力。其非正式制度性体现在，案件的调解成功并非仅仅只有法律一个因素，人情、道德在其中的作用也不可或缺。在法律的压力下，人情、道德也起了很大的辅助作用。最终，冯某能返还给陶某2000元钱，正是人情的充分体现。正式制度与非正式制度的结合，体现在该案中是法律与人情、道德的结合，正是两者的结合才使该案得到了圆满的解决，既从法律上解决了问题，又从心理上解决了问题。

4. 调解结果的法治化

所谓调解结果的法治化，是指调解协议的执行以法律的形式予以保障，可以强制执行。司法调解协议与法院判决具有同样的效力，可以强制执行。根据《中华人民共和国行政诉讼法》的相关规定，行政调解协议也可以向法院申请强制执行。根据《中华人民共和国人民调解法》第三十三条第一款、第二款规定："经人民调解委员会调解达成调解协议后，双方当事人认为有必要的，可以自调解协议生效之日起三十日内共同向人民法院申请司法确认，人民法院应当及时对调解协议进行审查，依法确认调解协议的效力。人民法院依法确认调解协议有效，一方当事人拒绝履行或者未全部履行的，对方当事人可以向人民法院申请强制执行。"在调解结果法治化方面，枫桥调解中也有典型案例。

案例三：王某与李某为朋友，从2016年开始在枫桥镇合伙租店面做服装生意。虽然生意赚了些钱，但两人在此过程中也积累了不少矛盾，因此2019年他们决定散伙。散伙过程中就一些财产分割的事情未能达成协议，双方到枫桥镇人民调解委员会请求调解。在枫桥镇人民调解委员会调解员的调解下，双方达成了调解协议。协议达成后，双方立即到枫桥人民法庭对该人民调解协议书进行了司法确认。司法确认后，作为当事人一方的王某不愿意履行已经确认的人民调解协议，李某请求枫桥人民法庭强制执行。最后，枫桥人民法庭对该人民调解协议进行了强制执行。

"枫桥经验"中调解结果的法治化，充分体现了正式制度与非正式制度的结合。就上述案例而言，法庭对人民调解协议书的司法确认，对人民调解协议书的强制执行，具有典型的正式制度的特性。而人民调解委员会对案件的调解，下达的人民调解协议，则具有明显的非正式制度的特性。因此，两者的结合体现了正式制度与非正式制度的结合。人民调解协议由自愿履行到可以申请法庭进行司法确认，申请法院强制执行，体现了人民调解结果由非正式制度向非正式制度与正式制度相结合转变的过程。

四、新时代"枫桥经验"中调解法治化实践的启示

（一）发挥正式制度与非正式制度相结合在推进调解法治化中的作用

1. 要充分发挥正式制度在调解法治化中的作用

调解是有着深厚文化底蕴的具有中国特色的司法制度，无论是司法调解、行政调解还是人民调解，都离不开正式制度在其中的重要作用，调解法治化更是如此。具体而言，在司法调解的法治化中，要充分发挥法庭法官在下列方面的优势：对事实认定、法律适用等方面有专业权威的见解，其见解可能构成法院判决的主要判断。这让司法调解在某种程度上成为一种法律影响、判决影响下的调解，更有利于双方当事人认清自己的权利与义务、得失与利弊，从而更有利于双方当事人的妥协，更有利于达成调解协议。在行政调解的法治化中，要充分发挥行政工作人员特别是有法律专业知识行政工作人员的作用，发挥行政调解制度设计的作用，让更多的事项通过"调"的形式得到解决，而非"断"的方式得到解决。在人民调解的法治化中，正式制度则主要体现在借外力，或者说将外力变成内力。如调解员可以聘请在职或退休的法律工作人员或法学专家担任，调解过程中可以通过QQ、微信、钉钉、腾讯会议等多种形式向法官、专职律师、司法行政工作人员获得法律专业上的帮助，对人民调解协议可以进行司法确认，使其具有可执行性等。

2. 要充分发挥非正式制度在调解法治化中的作用

调解无论是司法调解、行政调解还是人民调解，归根结底都是当事人意愿自治前提下的协议或妥协，因而从本质上来说具有非正式制度的特性，

调解法治化也不例外。要充分发挥非正式制度在调解法治化中的作用，就应当与"枫桥经验"的基本精神结合起来。"枫桥经验"自诞生以来，就是关于坚持群众路线、坚持夯实基层基础的经验。调解法治化也应该坚持走群众路线，坚持夯实基层基础。具体而言，在司法调解中，应发挥基层人民调解委员会、基层人员调解员的作用，对于更适合基层人民调解委员会调解、基层人民调解员调解的案件，可以委托或者邀请基层人民调解委员会、基层人民调解员参加该案件的调解，调解方式可以是单独调解，也可以是与法官联合调解，最终以法院名义形成司法调解协议书。行政调解特别是基层司法所与基层公安派出所等基层工作人员进行的调解，要深入基层、深入群众，充分发挥非正式制度的作用，在查明事实、分清是非、明确责任的基础上进行调解。在人民调解中，要充分发挥基层人民调解委员会、基层人民调解员擅于运用情理调解的优势，将人情、道德与法律紧密结合起来进行调解，让当事人对调解过程、调解结果既"身"服又"心"服。

3. 要充分发挥正式制度与非正式制度相结合在调解法治化中的作用

调解无论是司法调解、行政调解还是人民调解，都既具有正式制度的特性，又具有非正式制度的特性，将正式制度与非正式制度相结合是调解的显著特性，调解法治化也是如此。要充分发挥正式制度与非正式制度相结合在调解法治化中的作用，就需要既重视调解法治化中的正式制度，又重视其非正式制度，更要重视两者的结合。于此而言，"枫桥经验"中的调解法治化带来的启示是：要坚持实事求是、与时俱进。以司法调解法治化为例，在基层人民调解委员会作用发挥大、基层人民调解员素质高的地区，可以更多地运用委托调解；在社会组织发达、作用强的地区，可以聘请社会组织的相关人员到法院、法庭成立专门的调解室，协助法官进行司法调解，如枫桥法庭就有乡贤调解室、"大妈"调解室、行业调解室等调解组织。在基层人民调解委员会作用发挥不大，基层人民调解员素质不高，社会组织不发达的地区，则更多地采取邀请调解的方式，可以邀请当事人所在地的村干部、当事人家庭中有权威的长辈参与调解。当然，这是一个动态发展的过程，同一地区可能出现基层人民调解委员会的作用发挥不大，基层人民调解员素质不高，社会组织不发达，但经过一段时间发展后有所改变了，此时司法调解就可以由邀请村干部、当事人亲属调解变为委托调解，甚至邀请相关社会组织在法院、法庭中设立专门调解室进行调解。该原理当然也适用于行政调解的法治化与人民调解的法治化。与此同时，在调解法治化过程中，要充分发挥共享法庭、在线矛盾纠纷多元化解平台（ODR）、浙江解纷码等多种智能化平台的作用。

（二）发挥法治思维在推进调解法治化中的作用

1. 要树立群众路线与法治思维相结合的理念

习近平总书记指出，要"善于运用法治思维和法治方式解决涉及群众切身利益的矛盾和问题，把'枫桥经验'坚持好、发展好，把党的群众路线坚持好、贯彻好"[①]。树立群众路线与法治思维相结合的理念，一要坚持群众路线与制度思维相结合。推广"三上三下三公开"的民主决策、民主管理、民主监督的全过程人民民主治村制度，以长效机制实现矛盾纠纷的根本解决。二要坚持群众路线与权利思维相结合。推广信访代办制等制度，让群众通过维权实现维稳。三要坚持群众路线与底线思维相结合。推广农村法律顾问调解村级疑难复杂案件做法，以党建引领基层社会治理法治化，确保矛盾纠纷化解中的法治底线、政治底线不可逾越。

2. 完善以法治思维和法治方式化解矛盾纠纷的机制

习近平总书记指出，"各级党组织和党员、干部要强化依法治国、依法执政观念，提高运用法治思维和法治方式深化改革、推动发展、化解矛盾、维护稳定、应对风险的能力"[②]。一要运用法治思维与法治方式从源头上化解矛盾纠纷。在调解过程中，要更加注重依法调解，要加强行业性、专业性人民调解组织法学专家库建设，把绝大多数矛盾化解在基层、化解在萌芽状态。二要运用法治思维与法治方式完善大调解工作体系。要健全人民调解、行政调解、司法调解联动协调的制度保障机制，做大做强镇级矛盾纠纷调处化解中心，增强其化解矛盾纠纷的整体功能。三要运用法治

---

① 习近平：《把"枫桥经验"坚持好、发展好　把党的群众路线坚持好贯彻好》，《人民日报》2013年10月12日。

② 《习近平法治思想学习纲要》，人民出版社2021年版，第146页。

思维与法治方式建立矛盾化解长效机制。要用法治化方式建立矛盾化解的预测、预警、预防长效机制，建立矛盾的事前、事中、事后排查解决长效机制。

（三）发挥其他因素在推进调解法治化中的作用

1. 强化基层导向，选优配强调解法治化力量

牢固树立关口前移的超前意识，更加注重前置防线、前瞻治理、前端控制、前期处置，最大限度把各类矛盾风险防范在源头、化解在基层、消灭在萌芽状态。创建镇村治理平台，通过组织改变、制度重塑建立镇级社会治理中心，承担社会风险研判、矛盾纠纷调处等职能，变"多中心"为"一中心"，实现力量集成、功能集合、治理集效。发挥村级主体作用，打造行政村（社区）会治理工作站全覆盖，以村两委干部、网格员、民/辅警为核心力量，以"5+X"社会组织为辅助力量，镇村联动促进专群结合，实现调解法治化多方力量参与、协同的有效探索。完善基层调解法治队伍建设，全面落实与提升"一村一律师、一村一警察"协助调解制度。

2. 坚持持续改革，理顺调解法治化的体制机制

调解法治化与调解社会化、专业化一样，要建立健全矛盾化解甄别疏导机制，推动人民调解、行政调解、司法调解衔接联动，形成多层次、社会化、全覆盖的"枫桥式"矛盾纠纷大调解体系。坚持发展网上"枫桥经验"，提升和完善在线矛盾纠纷多元化解平台，开发推广"共享法庭""浙江解纷码""矛调枫桥经验""枫桥民声"等数字化平台，实现矛盾从"上门"到"上网"的转变，推动矛盾纠纷"一键解决"。努力打造专调、诉调、警调、检调和访调一体化联动的矛盾纠纷调解平台，系统衔接专业调解、访调对接、警调对接、诉前调解、检治联动调解等工作机制，实现"一窗式受理、一揽子调处、全链条化解"。构筑一张全域覆盖、全链条畅通的矛盾纠纷分类分流精细化解网络体系。

3. 加强教育培训，提高基层人民调解员调解法治化水平

传统的人民调解员绝大部分是兼职，基本没有法律背景，法治思维严重不足，在化解基层矛盾中往往是"重政令轻法律、重权力轻责任、重经验轻

规范、重感情轻法规"。为此，可以重点通过加大司法行政系统的培训、法院培训等，提升基层人民调解员的整体素质。同时加强专职调解员配备力度，吸收退休调解员，成立调解专家库和律师调解工作室，开展品牌调解室，以优秀人民调解组织、调解员的模范带头作用，带领整个基层人民调解员化解矛盾纠纷法治化水平的提升。

4. 培育社会组织，催生调解法治化社会力量

坚持有效市场和有为政府相结合，以开放性架构吸纳社会力量参与社会治理，扩面推行红枫义警协会等社会组织的标准化建设，重点扶持发展法律专业调处类、综治维稳类社会组织，巩固形成"定向孵化、购买服务、流程监管、绩效评估"市场化运行闭环，实现专业人做专业事、志愿者做自愿事。要特别聚力推动社会组织参与调解法治化，使社会组织调解法治化活动可量化、可追溯、可考核。

5. 注重实践探索，积极推进调解法治化的创新发展

聚集数字化改革和现代化治理"双向融合"，上线运行"枫桥式"治理大脑，在调解法治化方面真正做到"以算力换人力，以智能增效能"。借全域数字化改革的东风，用好人民法院在线服务平台为群众提供更便捷的司法调解服务，运用浙江解纷码平台进行调解法治化智能分类分流，进一步整合数据共享、预测预警、全域纠纷调解等功能。

参考文献：

［1］张波.论调解与法治的排斥与兼容［J］.法学，2012（12）：55-61.

［2］朱奎.乡村人民调解中的法律运行：基于豫东N镇的考察［D］.贵阳：贵州大学，2022.

［3］季卫东，易平.调解制度的法律发展机制：从中国法制化的矛盾入手［J］.比较法研究，1999（Z1）：369-377.

［4］范明志.规范化：基层人民调解工作的发展趋势［J］.人民论坛，2019（2）：76-77.

［5］邵华.排斥与融合：论调解对习惯法"中心化"的证成［J］.法学杂志，2013（2）：87-93.

依法治理

［6］刘筱文."法"与"情理"的选择：对农村和城市人民调解制度的分析［J］.天津商学院学报，2003，23（6）：54-56.

［7］季卫东.法制与调解的悖论［J］.法学研究，1989，11（5）：21-25.

［8］于浩.人民调解法制化：可能及限度［J］.法学论坛，2020，35（6）：140-147.

［9］杜承秀.人民调解法制化进程中若干突出问题刍议［J］.学术论坛，2013，36（11）：191-195.

"大综合一体化"行政执法改革

中共绍兴市委党校　刘开君

"改革开放是党和人民大踏步赶上时代的重要法宝，是坚持和发展中国特色社会主义的必由之路，是决定当代中国命运的关键一招，也是决定实现'两个一百年'奋斗目标、实现中华民族伟大复兴的关键一招。"[1]改革也是推动高质量发展的动力源，是破解难题、推进共同富裕的金钥匙。行政执法改革，一头连着政府，另一头连着企业和群众，是行政机关履行政府职能、管理经济社会事务的主要方式，是全面推进依法行政、建设法治政府的重要环节，在优化营商环境、密切干群关系、推动中国式治理现代化中发挥着重要作用。从重塑体制机制新优势的视角看，深化推进"大综合一体化"行政执法改革是浙江忠实践行"八八战略"，引领"创新深化、改革攻坚、开放提升"的具体实践表现形式。由于我国的体制机制处于快速调整和完善之中，科层制组织与广阔治理疆域相结合，长期以来行政执法领域的顽瘴痼疾始终影响着国家治理现代化提升的效果，已经成为各级党委、政府和人民群众都关心关注的焦点议题。2022年1月，中央全面深化改革委员会把浙江省"大综合一体化"行政执法改革列为国家试点。浙江选择在绍兴市柯桥区开展再试点工作，其他地区同步推进，旨在为全国行政执法改革探索可行路径。2023年5月，浙江省综合行政执法改革办公室在柯桥区召开了全省现场会，总结推广柯桥经验。目前，柯桥区已经基本完成试点任务。总体上，柯桥改革采取了标准化与差异化相结合的思路，既注重构建标准化基层行政执法体系，又注重因地制宜、因事制宜、因时制宜，指导各地各部门根据实际需要，塑造差异化品牌。

---

① 习近平：《在庆祝改革开放40周年大会上的讲话》，人民出版社2018年版，第19页。

一、柯桥区"大综合一体化"行政执法改革试点具有重要价值

柯桥区"大综合一体化"综合行政执法改革是全省行政执法改革的一部分，具有重要的探索性、引领性、示范性价值。根据浙江省综合行政执法改革办公室的批复意见，旨在通过柯桥区的先行先试破解行政执法难点、堵点、痛点问题，构建职责更清晰、协同更高效、机制更健全、行为更规范、监督更有效的区域行政执法体制机制，发挥基层创新实践优势，提升基层治理现代化水平。因此，柯桥区的改革试点价值至少表现在以下三个方面。

（一）开展"大综合一体化"行政执法改革是贯彻落实中央决策部署的重要举措

行政执法是连接群众和政府的重要环节，始终受到中央和地方各级党委、政府的高度重视，尤其是柯桥区作为"试点中的试点"，承载着习近平总书记的殷切期望。早在2005年8月26日，时任浙江省委书记的习近平同志到原省政府法制办调研时就提出要推进行政执法体制改革，要从源头上解决多头执法、重复执法、交叉执法的问题。经过近20年持续改革深化，浙江行政执法改革始终行进在全国前列。2014年，党中央要求"根据不同层次政府的事权和职能，按照减少层次、整合队伍、提高效率的原则，合理配置执法力量"。[①] 为此，浙江率先探索推进行政执法体制改革，并取得一定成效，为推进全国"大综合一体化"行政执法改革奠定了基础。2022年1月，习近平总书记等中央全面深化改革委员会委员同时对《浙江省加快推进"大综合一体化"行政改革试点工作方案》作出重要批示，赋予浙江省整体推进行政执法体制改革的重大政治任务。因此，浙江坚持把"大综合一体化"改革作为全面贯彻习近平法治思想、建设法治中国示范区的

---

① 《〈中共中央关于全面推进依法治国若干重大问题的决定〉辅导读本》，人民出版社2014年版，第17页。

关键抓手，作为打造"重要窗口"、实现"两个先行"的标志性成果。[①]

（二）开展"大综合一体化"行政执法改革是再造浙江制度优势的重要探索

现代政府普遍遵循马克斯·韦伯科层制组织原则设置组织体系，在享受科层制便利的同时，也无法免除科层制组织的弊端。改革开放以后，我国行政执法体制逐步建立并伴随我国社会主义市场经济体制改革需要而不断进行调整优化，特别是浙江依靠"发展出题、改革破题"持续塑造体制机制优势，并持续推动制度优势向治理优势、治理优势向发展优势转变。行政执法领域的改革也是如此。总体上看，我国行政执法体制经历了"行政执法机构初步设置与分散赋权""相对集中行政处罚权改革""从相对集中过渡到综合执法改革""全面深化综合行政执法改革"等发展阶段，为各个时期的经济社会发展提供行政执法领域的制度支撑。然而，随着中国特色社会主义市场经济体制的逐步完善，行政执法领域的弊端也逐渐暴露出来。基于科层制组织职能"分殊化"需求，在职能部门设置不同类型的专业性行政执法机构，导致了整个执法体系的分散和机构臃肿。浙江省在推动"大综合一体化"行政执法改革前，一般市、县两级行政区域差异化拥有42支行政执法队伍，不同执法队伍之间的多头执法、重复执法、交叉执法问题成为体制改革的顽瘴痼疾。同时，经济社会发展的变迁速度超过政府机构改革速度，再叠加"部门本位主义"引发执法空白，影响了经济社会正常秩序的维护，也让行政执法广受诟病，难以体现政府执法目的。为此，浙江开展"大综合一体化"行政执法改革，正是要发挥浙江改革精神，以图再造体制机制新优势，力求为实现中国式现代化贡献更多浙江经验。

（三）开展"大综合一体化"行政执法改革是建设现代法治政府的生动实践创新

"有法可依、有法必依、执法必严、违法必究"是法治化的基本要求，

---

① 刘乐平、余勤、钱祎：《浙江省"大综合一体化"行政执法改革推进大会召开 袁家军讲话》，《浙江日报》2022年3月1日。

也是浙江省打造"整体智治、唯实惟先"现代政府的基本要求。长期以来，由科层制组织和超大治理疆域相结合衍生出来的"条块分割"行政管理体制引发的政府部门职能碎片化、政策碎片化、治理碎片化和执法碎片化，成为推动行政执法体制改革和效能一体化提升的重要制约因素。与此同时，不同职能部门的执法机构以乡镇"七站八所"的形式存在，力量分散薄弱，专业知识不足，从而造成"看得见的管不着、管得着的看不见"问题长期存在，严重影响了法治政府建设和营商环境提升，深受企业和群众诟病，严重困扰着基层政府现代化转型。为此，2020年以来，浙江推动"整体智治、唯实惟先"现代政府改革，全面推动实施"县乡一体、条抓块统"改革，采取"派驻＋联络"等方式推动县级职能部门执法力量下沉乡镇（街道），以乡镇（街道）为治理单元和执法单元，整合各职能部门站所的执法力量，逐步推进乡镇（街道）"一支队伍管执法"。同时，借助数字化工具推进实现各专业执法部门、综合行政执法部门重构整体性行政执法体制和监督体制，推动基层治理体系和治理能力现代化。由此可见，"大综合一体化"行政执法改革是浙江为打造现代政府贡献的生动实践创新。

二、柯桥区推进"大综合一体化"行政执法改革的主要做法

综合考虑科层制组织原理和浙江改革实践，"大综合一体化"行政执法改革就是整合分散的执法力量，推进实现专业执法力量和综合行政执法一体化的执法，以解决多头执法、重复执法、交叉执法等引起的执法扰民问题。其中，"大综合"是指基层执法需要以群众期盼为导向，将原属各业务主管部门的行政执法事项综合起来赋权于乡镇（街道）。"一体化"是指以乡镇（街道）为基本治理单元和执法单元，与各业务主管部门下沉到乡镇（街道）的行政执法力量实现有机整合，实现"县乡一体、条抓块统"。概括而言，2022年以来，浙江推进"大综合一体化"行政执法改革攻坚，并选择绍兴市柯桥区作为"试点中的试点"。浙江省综合行政执法改革办公室赋予柯桥区全面推广运用"一码和一证据包"，加快实现"4个100%"，加快推进"大综合一体化"执法监管数字化应用与"基层治理四平台"贯通，完善行政执法组织架构，建立乡镇（街道）赋权事项运行评估和动态

调整机制，探索建立下沉执法人员认定标准，推进执法装备标准化建设，探索推进基层综合执法"营房"标准化建设，强化跨部门、跨层级执法监督协同，率先破题其他改革难点、堵点、痛点问题等十个方面的改革试点任务。这些改革重点蕴含着标准化和差异化两个方面的改革理念、思路和举措。

（一）柯桥区推进"大综合一体化"行政执法改革的标准化举措

标准化主要是按照浙江省和绍兴市的要求，推动基层行政执法的组织体系、制度机制、执法流程、设施保障等方面的规范化建设，以推进基层综合行政执法体系和能力现代化。

1. 优化整合行政执法队伍，实现"一支队伍管执法"

执法力量分散是造成多头执法、重复执法、交叉执法、执法空白等问题的直接原因，因此推动分散的行政执法力量整合成高效精干的执法队伍，实现乡镇（街道）"一支队伍管执法"就成为浙江省深化行政执法体制改革的重要选择。一是在省级层面，按照"1+8"的机构框架设置行政执法机构。坚持"应统尽统"，按照"1+8"的机构设置框架撤并、优化、整合42支升级行政执法队伍，同时精简教育、民宗、民政、水利、人防等33支行政执法队伍。其中："1"是指综合行政执法部门，"8"即专业性执法部门。市、县两级行政区按照不超过"综合执法+市场监管、生态环境、交通运输、文化市场、农业、应急管理、卫生健康、自然资源"的种类范围设置专业性执法机构，除生态环境、交通运输等专业性强和执法数量庞大需要市级层面统筹以外，其余6支执法队伍以区、县（市）执法为主。积极推进行政执法类公务员的分类管理。嘉兴市、余姚市被列为地方行政执法队伍人员编制规范管理国家试点，在浙江警官职业学院建立全省综合行政执法培训基地。二是市、县两级行政执法队伍控制在"1+8"之内。除生态环境、交通运输等专业性强和执法数量庞大需要市级层面统筹以外，其余6支执法队伍以县级为主。在区级层面，柯桥区采取浙江省和绍兴市"1+8"的标准构建执法队伍。三是乡镇（街道）层面，采取"派驻+联络"的方式优化人员配置。要求区级层面各执法队伍70%的人员采取"派驻"和"联络"两种方式，下沉乡镇（街道），推动执法重心下移。所谓"派驻"，就是派遣县级执法队伍人员直接常驻乡镇（街道）执法站所，日常人事管理和工作安排由站所负责。所谓"联络"，则是对那些由于年龄、家庭、工作需要等原因无法长期在基层站所工作又属于改革需要下沉的人员，指派其承担相关乡镇（街道）的联络员。乡镇（街道）基层执法站所需要人员提供信息、专业知识、工作协调等方面服务时，随时与联络员沟通，联络员则必须无条件为乡镇（街道）提供相应支持。省级要求60%区县力量下沉基层，各地均超额完成指标，柯桥实际下沉人员达82%，其中"派驻"占70%、"联络"占12%。

2.综合集成行政执法事项，实现"一张清单明权责"

行政执法机构的职能如何设定才较为科学合理？这是"1+8"行政执法机构改革之后首先需要解决的问题。一是明确原则定规矩。坚持"权力规则化、规则数字化、数字智能化、赋权动态化"的原则，根据省级清单和市级清单，全面梳理、科学编制、动态发布以"执法目录总清单+综合执法清单+专业执法清单+乡镇执法清单"为主要内容的行政执法清单，所有执法机构和执法队伍都根据清单开展行政执法，做到"清单之外无执法"。从法治视角看，"清单之外无执法"是用制度规范行政执法权的有效措施，为行政执法权划定了边界，旨在杜绝行政权力的恣意妄为和自我膨胀，从源头上推动行政执法规范化和制度化。二是全面落实省级权力清单。认真对照省级层面42个行政执法职能部门的执法事项形成执法目录总清单，总体上以年度为时间管理区间，对监管执法事项总目标进行动态调整。2021年底，浙江省共梳理、审定、公布行政执法事项总清单12502项、市县综合行政执法事项749项、乡镇综合执法事项633项。从2020年至2022年，浙江省司法厅连续3年公布"综合行政执法事项统一目标"，分别公布综合行政执法事项488项、261项和612项，[①]把各类执法事项全部纳入行政监管执法事项总目录之中，做到"清单之外无权力"，最大限度地把行政权力"关进制度的笼子"。2023年以来，根据改革成效，柯桥区已经将乡镇差异化赋权事项目录从600项左右压缩到100项以内。各设区市根据各自改革部署，原则上以年度为时间管理区间，动态调整综合执法清单和专

---

① 参见浙江省司法厅：《浙江省综合行政执法事项统一目录（2020年）》《浙江省新增综合行政执法事项统一目录（2021年）》《浙江省新增综合行政执法事项统一目录（2022年）》，浙江省人民政府网站，https://search.zj.gov.cn。

业执法清单。各区、县（市）根据乡镇（街道）执法需求和行政执法改革的统筹安排对乡镇（街道）进行差异化赋权，原则上以年度为时间管理区间，动态调整对各乡镇（街道）的行政执法清单，为乡镇（街道）"一支队伍管执法"提供制度依据。三是乡镇（街道）实现"一支队伍管执法"。所谓"一支队伍管执法"，就是在乡镇（街道）层面以综合行政执法队伍为主，整合或者联合其他执法队伍共同开展执法工作。这样可以达到两个目的：一是实现各支执法队伍的力量和资源整合；二是避免不同执法队伍多头执法、重复执法和交叉执法问题，从制度设计上减少执法扰民和执法扰企现象发生的概率。

3. 构建管用的制约监督体系，实现"一体化执法监管"

原本分散在行业主管部门的行政执法权，其监督管理和行政执法均在同一个部门，构成了"同体监督"，导致行业主管部门既当"裁判员"又当"守门员"，行政执法的公平公正受到质疑。原来归属行业主管部门的行政执法权被划转至综合行政执法部门后，如何实现行业主管、行政执法、执法监督的相互制约就成为需要解决的制度问题。为此，浙江省采取省级顶层设计和地方探索相结合的方式，持续深化"一体化执法监管"改革。一是省级行业监管与行政执法分工协同。在省级制度设计层面，着力理顺主管、执法与监管三者之间的关系，明确规定执法事项被划转综合行政执法部门后，原来的行业主管部门仍然需要承担监管职责。在分工上，除固定监管对象的定向检查外，以日常巡查为主的监管主要由综合执法部门承担；制定监管规则和监管标准、定向检查等其他监管工作由原来的行业主管部门承担。行业主管部门要为综合行政执法部门开展执法活动提供技术支撑，向综合行政执法部门移交违法活动线索、举报信息及涉案初步证据情况；综合行政执法部门要接受行业主管部门的行政执法业务指导，建立考核制度，强化协同配合，筑牢监管执法链条。省级部门负责指导各行业主管条线，落实监管主体责任，配合综合行政执法队伍开展执法工作，不得干预下级部门事项划转，努力实现全省"一盘棋"。二是地方层面探索全链条监管。在地方探索层面，绍兴市探索编制了处罚事项、监管事项、职责边界"三张清单"，尝试厘清源头监管、后续监管、末端执法等各个环节的职责职权，并要求行业主管部门与综合执法部门签订划转事项交接备忘

依法治理

录。全链条监管的本质是对执法过程、执法规范性、执法质量的全面监管,是推动多支碎片化行政执法队伍向"整体智治"转变的关键内容。三是强化党委和政府对综合行政执法改革的双重监管。坚持以习近平新时代中国特色社会主义思想为指导,深入贯彻习近平法治思想,认真执行中央、省级和市级层面的决策部署,成立由中共柯桥区委和柯桥区人民政府主要领导担任"双组长"的行政执法改革领导小组,组织部部长、政府分管领导任第一、第二副组长具体牵头抓总。建立每周改革攻坚例会制度,同步建立"周会商、周晾晒、月通报、月督查"等机制,推行"红旗榜、蜗牛榜"等举措,一体推进改革落地落实,执法事项划转、队伍整合、力量下沉等目标措施。

4. 数字化赋能行政执法改革,实现"一件事重塑执法"

政府职能部门"分殊化"在提升政府部门专业性的同时也增加了协调管理的需求,企业和群众办事经常需要多个部门往返跑。美国学者奥斯特罗姆指出:"根据不言自明的理由,重复服务和交叠管辖被假定为是浪费的,无效率的。机构膨胀和权力分散被看作是引发冲突、引起无序和僵化的源泉。"[①]这正是浙江推动"整体智治、唯实惟先"现代政府改革的组织理论依据,具体表现形式则是从"最多跑一次"到全面数字化改革中的"一件事"场景化应用。在深化推进"大综合一体化"行政执法改革过程中,广泛借助整体政府建设机制,以方便企业和群众办事、优化营商环境为目标,强化数字赋能行政执法改革,通过数字赋能推动行政执法流程再造、职能优化和制度重构。在省级层面,开发了"大综合一体化"行政执法监管数字应用平台,要求各地和各专业执法部门的执法过程全部纳入该平台,集成行政检查、行政处罚、行刑衔接、行政复议、行政诉讼、执法监督等执法全流程要素,推动跨部门数据共享、证据互认,打破各领域、各环节执法中的"信息孤岛",着力推动以"政府履职为中心"的行政执法模式向"以人民为中心"的行政执法模式转变。同时,2022年省级层面围绕渣土运输、湖面治理、农村建房、校园食品安全等60多个涉及企业和群众切身利益的高频事项,广泛开

---

① 文森特·奥斯特罗姆:《美国公共行政的思想危机》,毛寿龙,译,上海三联书店1999年版,第41页。

发或推广"一件事"数字化应用场景。在基层试点中，绍兴市柯桥区全面推广运用"一码和一证据包"（"行政行为码"和"电子证据包"）等10项试点任务，承接"行政行为码"全省试点，推动执法权力行使全流程在线运行、留痕可溯、监督预警，行政检查和行政处罚已经在绍兴市实现自动赋码，行政检查赋码数1.17万个，行政处罚赋码数6261个。[①]

5. 持续创新行政执法方式，努力实现"综合查一次"

采取"1+8"的行政执法机构设置模式之后，专业执法部门和乡镇（街道）综合执法中队之间的执法边界如何划分？行业主管部门与执法部门之间能否实现监管与执法的证据互认？基层不同层次、不同类型的行政执法机构划转整合之后，是否具备专业的执法能力？浙江"大综合一体化"行政执法改革用实践探索对这些问题做出了回答。其中，"综合查一次"是最为经典的改革举措。所谓"一支队伍管执法"就是整合分散在各条块的执法队伍、资源和力量，以综合行政执法队伍为主，针对管理对象（企业或群众）的违法行为只能综合性查处一次，部门间信息共享、证据互认、结果互通。以乡镇（街道）综合行政执法来说，乡镇（街道）执法中队可以采取"乡镇吹哨、部门报道"的形式，邀请其他8支专业行政执法队伍参与对执法对象的执法检查和调查取证，从而实现对一个执法对象"综合查一次"，行业主管部门、专业执法部门、综合行政执法部门，甚至司法部门之间，实现信息共享、证据互认和结果互通。同时，遵循一事不再罚原则，对同一执法对象的一个违法行为，不同执法部门不得重复处罚。自从浙江省综合行政执法改革指导办启动柯桥区"试点中的试点"改革以来，柯桥区累计开展"综合查一次"1.8万余次，减少执法扰企扰民1.6万余次，跨部门监管率达51.58%，最大限度地实现了不同执法机构之间证据和信息共享，最大限度减少执法扰民现象。此外，各地还根据不同的执法情境和执法需求，创造了"柔性执法"（对轻微违法实行首违告知，不处罚）和"教科书式执法"（针对疑难、高频执法事项提供经典执法案例供基层执法队伍参考）等不同的执法方法，从而整体上提升行政执法效能和质量。

---

① 数据由绍兴市综合行政执法局提供。

6.构建权威高效的制度体系，实现"一套制度保障执法"

浙江省承担"大综合一体化"行政执法改革的国家级试点，就是要探索解决造成多头执法、重复执法、交叉执法等执法扰民问题，特别是深层次的体制机制顽瘴痼疾，为我国系统性、整体性、协同性重塑行政执法体制提供制度样本。因此，浙江省始终坚持把制度建设"挺在前面"，坚持用制度管人、管事、管权，坚持立、改、废并重，努力构建具有浙江辨识度的行政执法制度体系，为深化推进"大综合一体化"行政执法改革攻坚提供有力的制度保障。在省级层面，2021年11月25日浙江省第十三届人民代表大会常务委员会第三十二次会议审议通过《浙江省综合行政执法条例》，成为全国首部综合行政执法地方性法规。该法规从立法原则、执法事项、执法协同、执法规范、执法保障、执法监督等维度对行政执法体制改革提供制度框架。同时，还建立"执法清单"及动态调整制度、任务清单制度、专班运作制度、晾晒制度、考评制度、差异化赋权制度等全方位的制度体系，确保"大综合一体化"行政执法改革在制度轨道上顺利推进。特别值得说明的是，绍兴市柯桥区作为承接浙江省国家级试点唯一"试点中的试点"的县级行政区域，在实践过程中结合乡镇（街道）具体情境，探索出了差异化试点建设机制，打造了齐贤街道"一支队伍护航亚运"、柯岩街道"一支队伍保障镇域治理共同体"、华舍街道"乡镇（街道）标准化执法体系建设"等品牌，为其他地区提供了典型示范。

此外，还探索试点了营房标准化、执法装备标准化、执法程序标准化等多项标准化，着力用标准化理念、标准化制度、标准化程序、标准化设施规范行政执法行为。由此可见，"大综合一体化"行政执法改革的标准化做法体现了现代政府的法治理念，表征了"整体智治、唯实惟先"现代政府的制度内涵，期望制度整合、流程再造、数字赋能、方法创新等一整套改革攻坚"组合拳"实现行政执法体制的整体跃升。尤其"一支队伍管执法"叠加数字化赋能，实现了此前难以实现的整体性治理，让政府以一支队伍、一个"界面"、一次执法的形式呈现在执法对象面前，最大程度减少了执法扰企扰民问题，大幅度提升了企业生产经营和人民群众安居乐业的安全感、幸福感、获得感。

（二）柯桥区推进"大综合一体化"行政执法改革的差异化举措

与标准化理念规范和限权理念不同，差异化旨在突出各地的治理基础、资源禀赋、特色优势等基础条件，因地制宜打造各具特色的改革品牌或适用性应用，提升"大综合一体化"行政执法改革的针对性、科学性和有效性。

1. 对乡镇和街道实行差异化赋权

结合2022年乡镇（街道）赋权事项实际执法情况，梳理易发现、易处置的简易高频执法事项，按照中心（乡镇）街道、工业乡镇（街道）、一般乡镇（街道）三档分类分别赋权186、171、146项赋权事项，确保乡镇（街道）接得住、管得好。同时，柯桥区还出台了《镇（街道）赋权综合行政执法事项清单动态调整管理办法》，构建了定期评估和专项调整相结合的赋权事项动态管理机制。2023年，柯桥区根据试点成效对乡镇（街道）差异化赋权事项清单进行了首次调整，印发了《绍兴市柯桥区人民政府关于调整16个乡镇（街道）综合行政执法事项的通告》，对柯桥区16个乡镇（街道）差异化分类赋权事项清单进行调整（见表1）。其中，中心乡镇（街道）更加侧重城乡建设、消防救援、水利、自然资源、生态环境等行政执法事项赋权；工业乡镇（街道）侧重城乡建设、消防救援、水利、自然资源、生态环境等行政执法事项赋权，并增加民族宗教、民防、经信等领域的行政执法事项赋权；一般乡镇（街道）突出城乡建设、消防救援、市场监管、农业农村、应急管理、公安等行政执法事项赋权。

表1　柯桥区行政执法乡镇（街道）差异化赋权事项一览表

乡镇（街道）类型	乡镇（街道）名称	赋权事项	赋权数量	赋权总量
中心乡镇（街道）	柯桥街道、柯岩街道、华舍街道、齐贤街道	城乡建设类	137项	186项
		生态环境类	9项	
		自然资源类	8项	
		消防救援类	12项	
		水利类	9项	
		经信类	2项	
		民防类	2项	
		其他	7项	

依法治理

乡镇（街道）类型	乡镇（街道）名称	赋权事项	赋权数量	赋权总量
工业乡镇（街道）	湖塘街道、钱清街道、杨汛桥街道、马鞍街道、安昌街道、福全街道、马鞍街道	城乡建设类	124项	171项
		生态环境类	9项	
		自然资源类	8项	
		消防救援类	12项	
		水利类	9项	
		民防类	2项	
		经信类	2项	
		民族宗教类	1项	
		其他	4项	
一般乡镇（街道）	夏履镇、漓渚镇、平水镇、王坛镇、稽东镇	城乡建设类	110项	146项
		生态环境类	9项	
		自然资源类	8项	
		消防救援类	12项	
		应急管理类	2项	
		公安类	2项	
		市场监管类	1项	
		农业农村类	1项	
		民族宗教类	1项	

资料来源：作者根据相关资料整理。

　　从赋权事项清单来看，向乡镇（街道）的差异化赋权基本反映了不同类型乡镇（街道）的发展现状、发展前景和群众需求。总体上有三个特点：一是城乡建设类赋权较多。由于柯桥区经济发展较快、经济总量较大、城市化率较高，城乡建设类行政执法事项较多，因此中心乡镇（街道）、工业乡镇（街道）和一般乡镇（街道）分别赋权137项、124项和110项，既有利于乡镇（街道）综合行政执法队伍就地执法，也能维护经济社会秩序，满足群众需求。二是自然资源、生态环境类、消防救援类执法事项没有体现差异化。柯桥区各乡镇（街道）普遍发展较好，土地、山林、河湖等自然资源普遍较为稀缺；同时由于较好地贯彻落实了"绿水青山就是金山银山"理念，目前比较重视对自然环境的保护；此外，城乡发展较快，城乡居民安全意识和安全防护能力还需要进一步提升，因此消防救援和应急管理类行政执法事项差异不明显。三是中心乡镇（街道）和工业乡镇（街道）发展更快，市场主体更多、人流更大，因此更加需要经信类、民族宗教类、民防类行政执法。由此可见，乡镇（街道）差异化赋权是由发展和治理需求决定的，不同地区和不同发展状态地区的镇域治理单元，对综合行政执法权的需求表现出差异性。

2. 打造差异化改革品牌

为突出各乡镇（街道）改革特色，柯桥区推动乡镇（街道）打造差异化改革品牌。

（1）齐贤街道：打造综合行政执法"一码统管"护航亚运"齐贤模式"。2023年杭州亚运会棒垒球馆落地绍兴市柯桥区齐贤街道，柯桥区积极抢抓亚运会和全省未来社区创建机遇，积极打造齐贤棒垒球未来社区，依托棒垒球馆建设，把"三不管"地带转变成为绍兴城市新地标。开发亚运场馆周边监管对象"一码统管"智治项目，构建"护航亚运"驾驶舱，以羊山亚运攀岩中心为圆心，对周边半径两公里范围内的沿街商铺、餐饮店、企业园区、在建工地等进行统一管理，建设"护航亚运"执法监管对象库，关联执法检查信息记录，并对每个监管对象建档赋码，将监管对象分别赋予红、黄、绿三种颜色，视颜色调整检查频次，实现多层次、多领域、全覆盖的综合执法，对街道"园中园、厂中厂"挂牌企业也进行赋码管理，实现"一码统管"。截至2023年底，已实现435个"护航亚运"执法监管对象入库管理。明确执法事项、处罚力度，扩大执法检查范围，对"平安护航亚运"监管区块开展24小时巡查监管和执法，实现接单后15分钟内到场处理1小时内闭环，已开展联合执法90余次，快速高效处置事件253余件。试点以来，齐贤街道实现基层治理四平台、"浙里兴村治社（村社减负增效）"应用与省"大综合一体化"行政执法系统双向有效贯通。有力承接186项执法事项，行政处罚1198起，处置智能传感触发事件5600余起，街面执法巡查力量精简30%，各部门检查频次减少64.3%，执法效率提升58.6%，投诉举报同比下降38.27%，企业和群众满意度达98.5%，改革成效日益凸显。

（2）柯岩街道：开发推广综合行政执法"出租屋管理一件事"。柯桥区柯岩街道依托基层治理四平台、浙江省"大综合一体化"行政执法监管数字应用，以出租房整治"七个一律"为抓手，构建集成了流动人口管理、消防安全培训、出租房安全管理、房东信用管理等信息的"出租房管理一件事"，真正实现出租房屋底数清、居住人员情况清、出租房屋结构清、安全隐患清、违法租赁情况清的多跨协同。柯岩街道综合行政执法"出租屋管理一件事"探索构建了三项制度，确保出租屋能够管得了、管得好。一是探索构建多元协同机制。在按照"属地性、整体性、适度性"原则划分网格体系的基础上，抓实网格内网格团队、执法队伍、代表群众三支队伍。乡镇（街道）、应急、消防、公安、综合执法等部门在网格内开展"最多查一次"的拉网式联动，抓实事前、事中和事后各环节跨部门管理。二是探索构建"红黄绿"动态监管机制。落实三色码赋码监管，对不具备整改条件的出租房赋红码、对正在整改的出租房赋黄码、对验收合格的出租房赋绿码，赋码情况均在出租房屋的显眼位置进行明示，提升群防群治关注度、参与度。三是探索构建全周期长效管理机制。贯通基层治理四平台系统与浙江省"大综合一体化"行政执法监管数字应用，根据网格员对出租房日常巡查的赋码结果等，抓取数据进行归集分析，自动生成巡查要求和执法要求，"点对点"定向发送至专管员、网格员和执法人员，确保一屋不漏、一人不少。采取"一地试点、全域推广"的办法，试点成功后在出租屋管理任务相对较重的中心乡镇（街道）和工业乡镇（街道）全域推广。"出租屋管理一件事"上线以来，累计排查整改安全隐患32896处、处罚211人，隐患整改率达到100%，租房领域未发生一起火灾，火灾发生率同比下降100%，有力推动了"九龙治水"向"一网统管"转变。

（3）安昌街道：探索建立"古镇执法监管一件事"机制。位于安昌街道的安昌古镇紧邻柯桥区委、区政府，既保留了江南古镇的历史风貌，又具有地理位置优势，享受了现代化城市便利，也因此带来了商贸的发展和人员的快速流动，从而增加了古镇监管难度。为此，安昌街道依托基层治理四平台，积极探索建立"古镇执法监管一件事"机制。以实现小事不出镇、大事联合办、专业力量办为目标，加快探索构建"综合执法+联合执法+专业执法"的行政执法体系，依托基层治理四平台统筹开展安昌街道执法协作工作，实现基层执法监管工作的灵活、高效、有力，解决乡镇执法力量薄弱的问题。主要内容包括：一是探索健全跨部门协作机制。由政法副书记牵头定期召开安昌古镇研商会议，由综合行政执法中队牵头组织行政执法"一支队伍"积极参与推进古镇消防、安全、景区创建等行政执法工作。二是探索建立数字化赋能监管机制。健全数字化赋能监管机制，依托基层治理四平台联通古镇重点部位联勤警务站，由公安、市场监管、综合执法、应急消防等四个部门常驻，更好地展现"一支队伍管执法"，为游客和商户提供更便捷的服务。成立古镇临时党支部，探索建立党建引领基层治理机制，协同四部门联合实现共治共享，共同治理好古镇，为游客解答各类问题，帮助游客寻找走失儿童、遗失物品、矛盾协调等，充分体现了服务平台的功能。三是探索建立便民服务协同机制。结合古镇执法监管和便民服务需求点散、量大的特征，探索创造"消防背包勤务"等诸多亮点服务，既展现了"一支队伍管执法"的科学性和优越性，也诠释了古镇监管服务既有速度又有温度的内核，成为古镇一道亮丽的风景线。

（4）华舍街道：打造高效协同的镇域治理综合体。自2022年柯桥区试点以来，华舍街道不断优化行政执法方式，推动镇级社会治理中心与综合行政执法深度融合，着力探索打造高效协同的镇域治理综合体。一是聚多方力量，构"一核三星"共治新模式。街道将原本分散的综治办、司法所、综合行政执法队、综合信息指挥室集中到一幢楼内，形成了以综合信息指挥室为"一核"，以综治办、司法所、综合行政执法队为"三星"的运作模式，群众到治理中心办理登记后，便可依据事件类别被引导至对应区域处置，或交由综合信息指挥室通过系统流转至其他责任条线办理。改革以来，每月协同处置治理类事项超600件，极大地提高了事件处置效率。二是规范化执法，创"一站处置"办案全流程。打造劝导教育区、司法调解区、行政执法区、综合指挥区等功能分区，对群众举报投诉、一般行政案件和行政许可事项进行规范化的分级分类处置。坚持以执法办案的"规范性、公正度"为导向，打造"办案预约、入区登记、询问笔录、案结事了、服务评价"等全流程运行管理系统。改革以来，以街道名义作出的行政处罚案件400余件，数量居全区前列。三是数字化赋能，建立"一屏指挥"运作机制。坚持以事件处置的全流程闭环管理为核心，推动线索录入、派单、监督、管理、处罚、反馈一体化运作，助力多线办从"物理聚集"到发生"化学反应"，提升基层整体智治水平。目前依托系统已完成9462件治理事件，完成1354件部门协同事件，服务群众5585人次，2023年以来，群众总体满意度达到99%。华舍街道打造镇域治理共同体的做法初步具备全域推广的条件，柯桥区正在积极向各乡镇（街道）推广。

三、"大综合一体化"行政执法改革仍需深化突破的短板

"大综合一体化"行政执法改革是中央赋予浙江的重大政治任务，在全省各级党委和政府的共同努力下正全面推进，取得了显著的成效。然而，相对于浙江省委全面贯彻习近平法治思想、建设法治中国示范区的关键抓手，相对于习近平总书记赋予浙江一体推进创新改革开放、打造现代经济体系、建设中华民族现代文明、构建共同富裕体制机制等"四个率先突破"的要求，相对于实现中国式现代化"两个先行"标志性成果的定位，可以说依然处于起步阶段，还存在亟待努力补齐的短板。

（一）制度设计精细度不够，造成各地改革实践差异性大

从制度设计层面看，"大综合一体化"行政执法改革也是基于整治行政执法"碎片化"问题的一种制度创新，依然是"摸着石头过河"的探索式改革，没有现成的先例可以依循，因此从省级层面到县区层面的制度设计较为粗线条，有些措施规定采取了"一刀切"的办法，这对各区、县（市）因地制宜推进精细化改革甚至造成了一定程度的负面影响。实践调研证实，有些"一刀切"的措施在后续改革中得以逐步更正。制度设计不精细的问题主要表现在如下几个方面：一是监管权、执法权、监督权边界划分缺乏明确标准。各专业性执法部门的执法事项向乡镇（街道）赋权，但是各赋权部门依然需要保留监管权限。由于没有从省级或市级层面明确部门行政监管权、行政执法权、执法监督权之间边界的制度依据，极易造成基层在运行过程中的不知所措。二是差异化赋权减损改革成效。由于没有明确各专业性执法部门向乡镇（街道）赋权的清单，一些乡镇（街道）与专业性执法部门达成"默契"（政策执行中的"共谋现象"），乡镇（街道）资源选择性承接"僵尸执法事项"，拒绝承接"高频执法事项"，乡镇（街道）和部门"各取所取"导致

改革演变为心照不宣的"形式化"改革。三是差异化赋权存在"权力部门化"风险。各个专业性执法部门在与乡镇（街道）谈判中占优势地位，事实上强化了部门对事项权力和编制的控制，某种程度上存在"权力部门化"风险。

（二）条块协同制度力度不够，无法实质性降低执法成本

一是数字化平台众多。各级、各部门都热衷于开发数字化应用平台，并希望借此整合其他部门的数字平台，其结果是"谁也整合不了谁"，导致数字平台数量众多，既增加了工作量，又浪费了公共资源。二是各部门之间数据缺乏共享。一些部门把数据当作"核心资源"，设置种种障碍阻挠部门与部门之间、部门与乡镇（街道）之间的公共数据和监管信息共享，无形中增加了乡镇（街道）的工作量，围绕同一执法事项往往需要向不同部门申请协作，尚未实现"一键执法"。三是"事""费""人"矛盾进一步凸显。乡镇（街道）综合行政执法中队力量不足，而区、县（市）专业性执法部门依然保留监管权和执法监督权，也需要相应的人员和经费，进一步凸显"条块"之间"事""费""人"的张力。为此，各地探索建立了联络员制度，然而部门指定的联络员往往无法兼顾基层需求，一些专业执法部门甚至把年龄大的同志派驻到乡镇（街道）。

（三）队伍建设提升速度不够，基层行政执法专业力量相对薄弱

一是身兼多职。乡镇（街道）普遍缺乏既熟悉法律又熟悉基层实际的专业性执法人员，同时乡镇（街道）事务繁杂，一人往往需承担劳动监察、行政执法、违建整治、平安建设等多个领域的事务，这使得基层行政执法人员无法顾及专业提升。二是执法事务繁杂。由于行政执法处罚时间过长，导致执法人员力量不足问题更为突出。在处理具体违法事件过程中，首先需要从日常排查或群众举报中获知违法线索，查清违法事实之后开展调查取证，并作出行政处罚，最后还需要监督执行。同时有可能遭遇行政复议和行政诉讼，整个行政执法过程耗时耗力。三是学习培训不够。基层行政执法人员专业基础相对薄弱，又常常陷入具体事务之中，部分人员自身也缺乏学习的动力，这就使得其知识和能力积累可能滞后于具体实践变化。

依法治理

四、持续深化"大综合一体化"行政执法改革攻坚的几点建议

当前，要注重抢抓浙江打造"整体智治、唯实惟先"现代政府和"两个先行"的历史性机遇，把"大综合一体化"打造成为浙江忠实践行"八八战略"、建设法治中国示范区、推动落实"两个先行"、再造体制机制新优势的制度样板和改革品牌。

（一）进一步优化顶层设计，加快构造整体智治行政执法体系

一是加快"大综合一体化"行政执法改革进程。打破部门思维局限，立足为全省、全国贡献现代化的行政执法改革方案，加速推进"1+6"→"1+4"→"1+2"→"1+0"的思路，逐步提高行政执法的综合性和一体化水平。二是加快构建监管、执法、监督紧密衔接的行政执法体制。适时推出"1+0"行政执法改革方案，先由市场监管、生态环境、交通运输、文化市场、农业农村、应急管理、自然资源、卫生健康等行政职能部门负责行业监管和执法监督，根据监管情况作出行政处罚决定，再交由综合行政执法部门进行执法，执法结果由作出行政处罚决定的部门进行监督。市级和区、县（市）编制管理部门，根据改革目标和事权调剂编制余缺。鼓励编制部门探索行政执法专项编制。三是制定阶段性标准化行政执法目录。"1+0"改革启动前，从市级层面制订并定期调整"综合行政执法目录""专业行政执法目标""乡镇（街道）行政执法目标"三个标准化参考目标，允许各区、县（市）适度微调。特别是在改革过程中，要杜绝"一刀切"式的强制性改革，在制度设计标准化框架内，允许各地市，区、县（市），各乡镇（街道）因地制宜逐步推进"大综合一体化"行政执法改革，允许各地反复试验，找到最优化路径。

（二）进一步深化数字协作，推动构建协同联动的执法机制

在"1+0"改革方案实现以前，推动建立纵向联动和横向协同的行政执

法机制是推进"大综合一体化"改革含金量的重要举措。一是加快行政执法平台整合进度。由行政执法平台整合其他专业性行政执法平台，推动各地、各部门公共数据和监管信息跨地区、跨部门、跨层级共享。加强技术协调，加快推动综合行政执法与专业性执法在"市域层级"归集、过筛、整合，优化改革攻坚进度。二是加快构建线上线下闭环机制。依托省级综合行政执法平台，从市级层面明确行政村（社区）、乡镇（街道）、县级行政执法部门、市级行政执法部门间的权责关系和事项流转程序，形成行政监管、问题发现、执行决定、行政执法、执行反馈、执行监督有序衔接的线上线下一体化行政执法闭环机制。三是构建基层与区、县（市）的协同机制。借鉴外地改革经验，根据事项轻重缓急属性，分类构建"行政村（社区）吹哨、部门报到"和"乡镇（街道）吹哨、部门报到"两种协同机制，确保区、县（市）行政执法部门制度化响应基层执法需求，及时主动与乡镇（街道）执法部门共享信息、沟通交流、协同执法，避免行政执法协作沦为"人情关系化"运作。

（三）进一步强化品牌意识，加大推动行政执法改革先行示范

一是开展执法队伍轮训。加强省、市、县三级纵向联动，依托省、市、县三级党校，三年内分层分类全员动态培训各类执法干部，全域提升基层行政执法人员专业素养和执法能力。分层分类编制《"大综合一体化"教科书式办案指引汇编》《"大综合一体化"行政执法典型案例汇编》等干部培训实用读本，为基层行政执法人员提供常态化学习教材。二是引进高端智库指导改革。鼓励省级和市级层面，从国内高端智库引进具备全球视野和全国水准的科研团队，为全省改革提供理论支撑。定期组织召开省、市级层面的理论研讨会，向高端学术刊物和中央部委推介绍兴改革举措和成效。通过高层级的理论与实践互动，解决目前地方改革中遇到的瓶颈问题。三是加快经验提炼和推广。立足为全省、全国提供行政执法改革示范性方案和"整体智治"现代政府改革方案，加快推动行政执法颠覆性、变革性、突破性改革。及时推动浙江省域、市域、县域阶段性改革方案标准化，并向全省全国推广，提升改革的正向累积效应。

依法治理

五、结语

新中国成立以来，中国用几十年时间走完了西方发达国家几百年走过的发展历程，从而在一些领域具有后发赶超优势，同时这种具有"时空压缩"性质的赶超型现代化之旅，也让很多领域处于动态调整和快速变迁之中，行政执法体制就是这样一种快速发展和动态调整的制度形式。浙江作为东南沿海市场经济先发地、改革开放先行地和民营经济发达地区，在行政执法领域遭遇了"率先成长的烦恼"，使"大综合一体化"行政执法改革这种体现"整体智治、唯实惟先"现代政府制度内涵的改革创新在浙江落地落实。尽管"大综合一体化"依然处于改革攻坚的关键阶段，但是从改革的制度设计、制度理念、改革目标、改革进度、地方动力等方面来看，我们依然可以坚信"大综合一体化"行政执法改革已经成为并将继续成为全国行政执法体制改革的制度样板。

智慧司法赋能基层社会治理

中共绍兴市委党校　赵海丽

自党的十九届四中全会提出"国家治理体系与治理能力现代化"命题以来，法治现代化与治理现代化的关系日益清晰，前者是后者的题中应有之义和重要保障。司法体制改革是法治现代化的关键环节，目标是"要让人民群众在每一个司法案件中感受到公平正义"，赋能社会治理，推动治理现代化进程。该目标要求的实现离不开审判能力现代化的实现，而司法体制改革的持续推进、司法为民理念的不断强化、智能化手段的强力支撑，使现代司法审判公信力得到了修复。诉讼案件的增多，从好的方面看，说明公众对司法的信任程度较高，愿意寻求司法救济，化解矛盾纠纷。审判能力现代化是中国式现代化建设强有力的保障。司法审判是社会治理中极其关键的领域，具有"风向标"的作用。在数智时代来临的当下，司法审判要不断进行智慧化改革创新，促进审判能力现代化，更好地赋能社会治理。

一、治理现代化背景下司法审判改革新形势

古人云"法者，治之端也"，党的十八大以来，习近平总书记多次强调，法治是治国理政的基本方式，要更加注重发挥法治在国家治理和社会管理中的重要作用。党的二十大报告强调："必须更好发挥法治固根本、稳预期、利长远的保障作用。"治理现代化需要法治现代化提供最可靠的保障，把制度优势转化为治理效能，为中国式现代化保驾护航。法治现代化需要对法治建设进行时代变革性创新，将法治理念、法治方式、法治体系与现代科技深度融合。司法审判改革是法治建设的排头兵，发挥着牵引作用。司法审判改革围绕公平正义逐渐深化，伴随数字化时代的到来，智慧司法建设显得非常迫切，必将成为法治现代化的重要推动力。于是，数字法院建设成为了新的

命题，通过数字化将司法审判改革和智慧司法建设耦合，从而实现审判能力现代化，满足时代对司法的现实需求。

（一）司法审判改革的手段越来越智能化

2021年最高人民法院发布的《人民法院信息化建设五年发展规划（2021—2025）》提出，基于大数据管理和服务平台，将构建司法数据中台、智慧法院大脑和司法链综合平台，全面拓展数据和知识服务。司法审判改革逐渐从审理方式方法信息化，向以线上线下融合诉讼、网络审判、人工智能辅助审判为主的智慧法院转变，逐步形成了网络化诉讼、无纸化办案、智能化审判等智慧司法形态，司法为民更具实践性，智慧司法建设步入高质量发展，逐步迈向世界领先水平。智慧司法极大地提升了诉讼从立案到执行整体工作的效能，具有现代化的司法模式特征，帮助司法审判者更快捷地处理司法案件。数字赋能既提升了审判现代化水平，又助推了社会治理的现代化水平，保障了社会的稳定和谐。

（二）司法审判改革的效能越来越正向化

在全面依法治国战略的实施中，司法审判改革全面深化，最高人民法院发布了《关于深化人民法院司法体制综合配套改革的意见——人民法院第五个五年改革纲要（2019—2023）》（以下简称"五五改革纲要"），以审判为中心的司法体制综合配套改革效能不断提升。随着社会转型发展和多元矛盾的产生，熟人社会和陌生人社会的交错，人们更倾向和希望得到法律工具主义认同，于是中国式司法能动理念越来越受到重视，能动司法模式的改革激活了司法审判改革的动力源，通过主动、高效参与到社会治理中，积极服务经济社会发展大局。近些年来，司法审判改革围绕诉源治理、诉调对接、诉讼服务、分调裁审，借力互联网法院、移动微法院等智能化平台，司法为民的能动作用大大提升了司法公信力，托住了社会治理的底线。

（三）司法审判改革的目标越来越现代化

当前处于新发展格局构建关键期，尤其需要法治对公平正义和稳定有序进行维护保障。2019年最高人民法院印发的"五五改革纲要"中强调："为推动经济高质量发展提供优质司法服务，为优化营商环境、推动形成更高层次改革开放新格局营造良好法治环境，为保持经济持续健康发展和社会大局稳定提供有力司法保障。""贯彻实施网络强国战略，全面建设智慧法院。牢牢把握新一轮科技革命历史机遇，充分运用大数据、云计算、人工智能等现代科技手段破解改革难题、提升司法效能，推动人民法院司法改革与智能化、信息化建设两翼发力，为促进审判体系和审判能力现代化提供有力科技支撑。"法治是人类文明的标志，公平正义是法治的内核，司法审判是法治的重要领域，只有借力智能化手段提升审判能力现代化水平，才能更好地服务和保障发展与安全大局。司法审判改革的目标越来越清晰，提出了审判能力现代化的目标要求，唯有司法自身的现代化，才能真正起到为现代化发展保驾护航的作用。

二、全域数字法院建设的绍兴实践与创新

司法体制改革深化进程中，智慧法院建设能成倍提升改革效能。自2015年最高人民法院首次正式提出智慧法院概念以来，全国司法实践层面积极探索践行，在线诉讼平台建设、网络庭审、远程解纷、互联网法院等创新做法逐渐增多。浙江省从2021年开始推行数字化改革，浙江法院系统在此轮改革中相应提出了"全域数字法院"建设的目标要求。绍兴法院紧紧围绕"全域数字法院"各项部署，压实改革责任、对准改革跑道、创新改革应用，形成了一批在全省乃至全国有创新性、有辨识度、有影响力的数字法治应用，带动全市法院数字化水平实现由点到面、从量到质的拓展、提升。

2020年底，针对非诉解纷的诉源工作，绍兴法院专门研发了"非诉解纷掌上分析系统"微信小程序，把在线矛盾纠纷多元化解平台（ODR）作为线上总入口，当事人的诉求通过扫码录入后，便在后台被迅速分类并发送至相应调解组织或行政部门进行线上化解，最后形成诉前解纷质效分析的可视化报告。这一线上解纷闭环机制，促进了解纷质效的全面提升，使得诉前纠纷进入诉讼的仅占约1/3。全市已实现一千余家"共享法庭"全市域覆盖，利用数字化设备技术主动融入"四治融合"的基层治理体系，打通司法"最后一公里"，充分发挥出了基层治理中司法功能的作用。

依法治理

绍兴法院以数字化改革为思路,找准"全域数字法院"改革的重点与突破点,针对问题查找症结,让数字化法治改革更有效。例如,绍兴市中级人民法院(以下简称绍兴中院)建设"诉讼服务一体化"平台,实现案件管辖权智能匹配,为当事人提供智能精准的诉讼服务。又如,法院创新"企业破产一件事"护航共富。该应用场景建成了风险预警、企业接管、协同救治、要素释放、履职监管5个子场景。通过数字化改革提高破产办理效率,挽救陷入困境的企业,最大程度确保破产企业生产不停、职工不散,前端化处置矛盾和风险点。虚假诉讼协同智治、诉讼服务一体化等5个应用获评2022年"浙江全域数字法院"改革"好系列"成果。

绍兴法院的数字化改革着力打破组织边界,融入社会治理的大格局。其"全域数字法院"改革在早期数字赋能的基础上全面开展流程再造、架构重塑,围绕"改革"破题,发挥出了更大的司法效能,最具有辨识度的改革事项梳理如下。

(一)深化执行"一件事"改革,为社会治理提供强有力的法治保障

2023年,绍兴中院根据《浙江省营商环境优化提升"一号改革工程"实施方案》等文件精神,将执行"一件事"改革从数字化改革项目迭代为营商环境优化提升"一号改革工程"跑道,推动市委全面深化改革委员会出台工作方案,创新提出3大方面12项举措,为深化执源治理,提高执行质效,优化营商环境提供机制保障。

1.完善综合治理,从源头切实解决执行难大格局

一是加强党委领导。各级党委每年听取执行"一件事"改革工作和人民法院执行工作汇报,发挥总揽全局、协调各方的政治优势和组织优势。2023年8月,诸暨市召开全面深化执行"一件事"改革工作会议,专题部署深化执行"一件事"改革工作。二是加强人大及常委会监督和政协民主监督。聘请48名绍兴两级六地的人大常委会监察司法工委、工商联工作人员、人大代表和政协委员组建专家团,对重大疑难复杂的执行案件组织听证、提出意见、进行监督、参与协调。三是深化多跨协同联动机制。将绍兴两级六地的政府部门、金融保险机构、企事业单位等450余家协作单位纳入执行"一件事",联审、办证、查解封、查冻扣等各类联动事项均可在线上实时办理。

截至2023年底，线上发起协作事项45万余次。

2. 聚焦执源治理，健全自动履行为主的长效机制

一是将执前督促纳入基层社会治理。出台《执前督促履行工作指引》，建立网格员协助送达、查找当事人、协查财产线索、督促履行、化解涉执信访等工作机制。二是对"万人失信率"进行晾晒考核。将"万人失信率"纳入法治建设考评，对各区、县（市）"万人失信率"从低到高排名并相应赋分，切实推动执源治理工作走深走实。三是精准实施"信用修复"。开展信用修复专项行动，对达成执行和解或已履行完毕的被执行人员，及时屏蔽失信信息，进行信用修复。

3. 遵循当事人"一件事"理念，切实兑现胜诉权益

一是大力提升执行工作效率。执行"一件事"构建在线协作、司法拍卖、车辆查扣、案款发放等各个维度14个多跨协同应用场景，累计向3.2万人次发放3.5亿元执行款，公安协助扣车287辆。二是深入实施执行工作规范化提升工程。开展漠视侵害群众利益问题专项治理、执行领域专项督察、终本案件"回头看"、"带租拍卖"专项检查等一系列行动，切实查处对当事人"冷硬横推"、案款发放不及时、终本案件不规范等突出问题。三是开展"五大专项执行"实现重点突破。开展"发挥执行职能，助企纾困保民生"、"暖春"根治欠薪，以及为优化法治化营商环境集中执行的百日攻坚"雷霆行动"、异地集中执行、刑财案件专项清理等五大专项执行行动，切实加大对中小微企业、农民工工资的保护力度，助力营商环境优化提升。

4. 取得的主要改革成效

执行"一件事"改革以"小切口"成就"大应用"，从绍兴的"一地试点"到全省推开，成为全省数字化改革的标杆应用。2023年7月，浙江省委全面深化改革委员会会议听取执行"一件事"改革汇报，得到省委领导充分肯定。执行"一件事"改革以来，执行事项办理时间从平均1个月缩短至1天，财产处置用时缩短40%；买卖合同平均执行天数48.88天，比年初下降30余天；民事裁判申请执行率52.44%，环比下降1.66%。从多部门往返到"最多跑一次"，改革缩短办事时间、简化办事流程、提升办事体验，老百姓、执行干警的获得感和满意度都得到了显著提高。相关经验成效得到有关领导批示肯

定，并在全国、全省级别的会议上多次交流推广。执行"一件事"改革入选全省多跨场景重大应用清单，先后获评市"政法百佳"、绍兴市改革创新发展突出贡献奖、浙江省改革突破奖银奖，被浙江省委政法委评为"十大好应用"，被浙江省委改革办评为"最佳应用"，被绍兴市委改革办纳入"具备申报国家重要改革试点条件的改革"。

（二）深入推进"破产一件事"改革，赋能营商环境优化提升

绍兴法院针对破产审判存在沟通协同难、破产管理人履职保障和有效监管难、程序推进难、风险隐患多等实践难题，按照省委、市委关于数字化改革的部署，推进实施"破产一件事"改革，以横跨数字经济、数字政府、数字法治的一体化改革创新，提升防范化解破产企业重大风险能力，持续优化法治化营商环境，有力服务经济稳进提质。

1. 数据集成，全流程精准智管

企业破产前精准"画像"。在企业破产前，归集企业案件、融资、监管信息，通过算法模型对企业现状、前景等整体状况精准"画像"。破产程序启动前对具有挽救价值的企业及时制定止损策略，保护市场主体，如越城区人民法院针对新冠疫情和"双减"政策影响下中小微企业和培训机构破产骤增的现状，通过系统预警机制，挽救了25家确有发展前景的暂时危困企业；在破产办理中集成企业财产状况、股权变更等31项基础数据，精准掌握企业生产经营和资产情况，利用大数据助力最合理破产处置方案选择。又如柯桥区人民法院审理的某公司破产案中，法院受理后第一时间掌握大量涉诉纠纷和在建工程停工风险信息，通过引入投资人的清算转重整方案，最终实现无一起工程烂尾、无一起欠薪纠纷、无一起群体信访的社会效果。

2. 府院联动，机制创新破难题

针对破产办理中存在的现实难题，绍兴中院坚持能动司法，创新府院联动规则，破解现实难题。针对破产财产处置难题，以府院联动发文的形式，允许符合条件的不动产分宗处置，降低了破产财产处置难度，提高了破产财产价值。针对破产程序中的税收债权核销难题，以法院、税务两家机关共同发文的形式允许无法得到清偿的死税核销，为破产企业注销扫清了障碍。

3. 数字赋能，价值增值稳就业

通过数字化手段提高企业重整效率，实现破产财产保值增值，破产企业重获新生。如浙江姐妹服饰有限公司系诸暨一家港澳台独资小额破产企业，依托府院联动机制，清算转重整成功后不仅提供了就业岗位，还创造了外汇收入，成为数字服务经济的典型案例。

4. 要素集中，汇聚力量促创新

集中优势资源，实现破产办理新突破。例如在精功集团有限公司等九公司合并破产重整案中，绍兴法院研发了破产信托数字化场景，把信托优势用于破产处理中，使破产重整获得了一条新的融资渠道。通过研发档案电子化场景，解决了破产档案保管难题，并为档案改革提供先行探索。通过研发终本库被执行人画像识别场景，让诚实标准客观化，未来可偿债能力可视化，提高个人债务集中清理案件的成功率，让诚实而不幸的人重获新生。

5. 赋能营商环境优化提升

一是工作成效显著。"企业破产一件事"应用于2021年8月在诸暨市人民法院试点，2022年5月在绍兴两级法院推广，同年6月在浙江省全面推广。目前已有27个行政部门和46个金融机构入驻协同，434家管理人在线履职，140余个事项一网通办。全省审结破产案件7623件，核销金融债权620亿元，盘活土地204万平方米，处置厂房161万平方米，补偿安置职工9209人。2023年，绍兴地区审结企业破产案件363件，通过破产程序化解不良金融资产152.23亿元，盘活土地937.15亩、房屋70.8万平方米，安置职工1163人。收回债务所需时间为0.39年，收回债务所需成本为0.89%，回收率为66.32%，远超营商环境办理破产指标考核值。二是重大成果丰硕。"企业破产一件事"应用先后入选了2023年《法治蓝皮书·中国法院信息化发展报告》和2022年政法智能化建设创新案例，获评全国新时代"枫桥经验"优秀案例、浙江省数字化改革"最佳应用"和绍兴市"枫桥式"标志性实践成果，展现了改革的理论高度。三是推广前景光明。"企业破产一件事"应用被浙江省委改革办列为"一地创新，全省共享"一本账S0，入选全省数字法治系统一本账S3和浙江全域数字法院改革应用一本账S4，最高院官微、《法治日报》头版头条刊发相关改革经验，浙江省《数字化改革（除险保安篇）》

第1期作专题介绍,被浙江省委政法委评为"数字法治好应用",获相关领导批示肯定。"企业破产一件事"应用还通过最高法院法研中心与阿里技术公司的合作,获取全国层面的法院数据源和外部数据源,拓展了数字化应用底层数据源,为应用的全国推广奠定了基础,充分展示了应用所获得的高度认可和光明的推广前景。

(三)开发"虚假诉讼协同智治"应用,维护司法秩序和司法权威

为持续健全"不敢假、不能假、有假必惩"的工作机制,有力遏制虚假诉讼多发态势,破解虚假诉讼靠前识别有难度、被动查处占比高、处罚规制不够严、协同治理待加强等痛点难题,2022年,由绍兴中院牵头嵊州市人民法院和三门县人民法院合作设计开发建设的"虚假诉讼协同智治"应用,于同年7月上线试运行,并于11月在全省推广运行。"虚假诉讼协同智治"应用具有数据采集无感化、预警流程智能化、评定分析自动化、数据成果可视化等特点,该应用嵌入浙江法院一体化办案空间,联通全省法院业务系统,主要有以下功能。

1. 人案智能画像

该应用基于风险人群类型、户籍、社会关系等多项基础信息,结合起诉案件风险分布、法院案件分布、人员关系网等情况,利用预警模型及统筹分析,对涉诉人员、案件进行精准画像分析,包含人员、案件基本信息,风险概率、风险构成、关联案件、关联关系信息等内容,并进行可视化展示。同时,该应用建立高风险人员名录库,汇集整合全省虚假诉讼失信人、职业放贷人和重点关注对象等高风险人群的信息数据,为虚假诉讼风险等级识别及法官评判提供参考。

2. 风险智能预警

该应用根据虚假诉讼案件的相似性、当事人的特定特征,对疑似虚假诉讼人、案进行分析,量化虚假诉讼识别业务过程,将整个预防、打击虚假诉讼业务流程中有关的属性用数量的形式表达,再运用过往查实的虚假诉讼案件信息,对新收案件进行过滤,从中筛选出可能存有虚假诉讼风险的人、案,实现实时智能评估案件虚假诉讼风险概率。对人员与案件评定一至五级

风险等级，等级越高、概率越大，越需要法官关注处理。在立案、审理、结案等重要流程节点，对标记存在虚假诉讼风险的案件进行提示，辅助法官精准、高效甄别虚假诉讼线索信息。

3. 分析监管平台

该应用通过虚假诉讼风险智能监管平台的实时、综合、质效分析，全景展现法院虚假诉讼监管情况，对法官履行打击虚假诉讼职责情况进行监管。实时分析以立案、审理、已结案件为基础，展示预警虚假诉讼案件情况；综合分析以风险人员与风险案件为基础，对虚假诉讼情况进行全面统计分析，设计数据驾驶舱，展现工作成效；质效分析对立案、审理阶段涉法官、职称、自定义标签、自定义标签被引用次数、合理怀疑备注等情况进行可视化分析。

虚假诉讼协同智治应用建设坚持多跨协同，推动虚假诉讼识别工作各环节流程再造、制度重构、整体优化，已成为浙江法院打击虚假诉讼工作的重要辅助工具。取得的应用成效主要有：节点前移，主动获取预警线索；流程再造，实现线索流动互通；思路转变，事前审查无感提醒。全省法院打击虚假诉讼的做法得到了时任最高人民法院周强院长的批示肯定，认为浙江的经验值得总结推广。该应用获评2022年浙江省第六批"数字法治好应用"和2022年"浙江全域数字法院"改革"好应用"，被《法治蓝皮书·中国法院信息化发展报告（2024）》遴选作为全国法院26个候选案例之一。

（四）诉讼服务一体化赋能"一站式"诉讼，为群众提供无差别的诉讼服务

为深化司法体制综合配套改革，全面准确落实司法责任制，巩固提升一站式多元解纷和诉讼服务体系综合效能，绍兴中院持续推动诉讼服务理念更新、技术变革、制度重塑，上线"诉讼服务一体化"应用，将跨域立案迭代升级为管辖权智能匹配推送，为群众提供无时间限制、无空间障碍、无群众差别的司法服务，回应人民群众对司法便捷的更高期待。此改革项目获评2022年度"浙江全域数字法院"改革"好应用"，更好地满足人民群众多层次多样化诉讼需求。

1. 管辖权智能识别与标准化立案

根据提交的诉状或者填写的立案必备要素，实现案件管辖智能推荐，直接推送或供当事人选择。网上立案协同处置，上级对下级法院精准监管。建立立案预警系统，实现精准治理。

2. 全市域无差别服务与规范化诉讼

线上线下全贯通，优化在线诉讼服务，引导当事人优先选择诉前调解，对纠纷解决有合理预期。提升窗口服务优质化水平，提供无差异化诉讼服务供给，规范立案标准，以精准的便民服务满足群众多元司法需求。

3. 全方位提升满意度与数字化管控

全域建立诉讼服务事项智能管控，全面完善诉讼服务过程监管体系，全力完善助企纾困全链保护体系。

三、智慧司法建设是审判能力现代化赋能社会治理的有效路径

"全域数字法院"极大地推进了司法体制改革创新，以智慧司法为突破撬动体制改革。智慧司法建设直接推动了审判体系和审判能力现代化建设。2021年以来，浙江省绍兴市两级法院紧紧围绕"全域数字法院"重大改革总体目标和重点任务，努力推动提质升效、制度优化、管理转型、行为变优，借助数字化改革促进审判质效和审判管理现代化转型，改革建设成果丰硕，7个重点项目分别被列为国家级、省级试点。2019年底，24小时自助法院实现市域全覆盖，对线上法院智能工作网站加以整合，优化资源，方便服务群众诉讼解纷，实现了与线下矛盾调处中心等实体的联动。数字化法院建设是智慧司法的基础，是审判能力现代化的重要特征，是赋能社会治理的基础条件。

当然，目前智慧司法建设中也存在一些突出问题，需要在深化数字化、智能化、现代化法院建设中攻坚克难，促进智慧司法服务社会治理。一是上下层级法院的协同推进需要提升。数字化改革可能会在顶层设计和基层创新之间存在矛盾，也就是存在上级交办要完成的任务与自身改革创新的个体需

求之间的冲突。突出表现在基层法院之间，目前尚无法融通共享创新实践的成果数据。相关调研显示，基层法院的创新成果数量较多且各有特色，但这些创新成果之间往往存在形式与内容的差别，甚至互相掣肘，碎片化情况较多。二是与外部数据共享的范围有待扩面融通。各类数据存在于不同的系统中，呈现分散且独立的状态，各自受制于不同的系统及技术维护公司。对智慧法院建设而言，智慧化需要数据的基础支撑，需要融通来自公安、司法机关、政府机构等职能部门强大的数据信息。但在实践过程中，法院与外部的数据共享阻力较多，由客观、主观等多种因素制约，导致数据协同进展缓慢且效果一般。三是司法智能化需要强化用户意识。司法智能化主要借助相关科技公司的外脑，进行司法应用场景的设计开发，而科技公司擅长智能应用开发并不等于擅长和熟悉司法实践，从而导致智能应用开发者和使用者的供需脱节，法官和当事人作为诉讼活动主要参与者的内在需求在现实中容易被忽略。智慧法院项目缺乏用户意识，偏重审判管理和服务，而对智能审判辅助关注不到位。部分项目非但没有从根本上缓解办案人员的负担，甚至还带来了新的工作内容、新的司法管理需求、新的挑战等，这导致法院内部对智慧司法建设存在一定程度的负面情绪和审慎态度。另外，目前司法大数据利用还停留在浅层次的运用分析层面，需要有深层次的分析利用来提升参考价值。解决上述问题需要坚持顶层设计与基层需求良性互动，实现智慧法院建设整体协同；需要坚持深度挖掘与司法协作相协调，推动智慧法院建设高质量发展；需要坚持人本理念，建立以法官和当事人需求为导向的智慧法院研发、运营维护体系；需要坚持以各类算法为主要技术支撑，切实提升司法大数据应用能力和司法场景智能化水平。

在治理体系与治理能力现代化的要求下，行政治理也在逐步发生法治化转型，智慧司法治理正在逐步成为社会治理的重要图景。如何更好地发挥司法能动性，赋能社会治理，实现司法为民，是司法改革创新的目标指向。智慧司法是推动审判能力现代化的重要手段，是赋能社会治理的最有效路径。

（一）创新智慧司法应用，是化解社会矛盾纠纷的有力手段

1. 智慧司法必然提高办案效率

随着科学信息技术的迅速发展，智慧司法建设成效显著，其主要功能是

有效解决诉讼案件爆发式增长和司法资源不足的矛盾，满足人们对司法保护的需求，高效化解社会矛盾纠纷。法律谚语云："迟到的正义非正义。"及时化解矛盾纠纷可以避免矛盾纠纷的激化和伤害，有利于社会的和谐稳定。智慧法院建设中数字化审判模式从纸质化、人工式、实地式转向无纸化、电子化、智能化，极大地提升了办案效率，减少了当事人诉累，保障了公平正义以看得见的方式实现。智慧司法通过信息技术和人工智能的加持，很大程度上实现了电子卷宗无纸化和智能辅助办案系统化，逐步形成了现代化审判模式。在诉讼服务方面，通过诉讼服务网和咨询电话等线上智能化手段，呼应线下诉讼服务大厅等实体平台的建设，形成了线上、线下一起发力的同心圆，为当事人参与诉讼活动提供了高效便捷的司法服务。

2. 智慧司法的逻辑起点应当是权利

权利关系到公民的权益，权利人有权对他人提出相对应的行动要求。权利话语体系所要表达的是，个体的利益很重要，不得随意侵犯，于是构成了要求他人承担相应义务的充分理由。随着世界各国司法改革接近正义导向，以及权利观念与权利意识的增强，社会主体对权利的认同也随之提升，对制度的优劣评价也主要看其是否对权利给予了回应和表达。因此，智慧法院从提高司法效率、降低司法成本、简化司法程序等多角度回应司法改革的要求，其逻辑起点应当是权利。这就要求智慧司法的制度建设，应当以权利为逻辑起点，在程序设计中不仅要关注当事人权利平等的实现，也要关注数字弱势群体的程序权利的保障。智慧司法是司法和技术结合的产物，是司法智能化的体现。智慧法院建设要求在法院的审判和管理工作中运用新兴科技手段，要特别重视应当以权利为起点，以权利保护为基础进行程序设计，以程序选择权为重点制度保障当事人的实体权利，呼应司法改革要求，实现司法公正的可视性、提升司法效率，实现接近正义运动的理念和司法正义的目标。只要兼顾程序和实体效果，智能司法就能成为化解社会矛盾纠纷的有力手段。

（二）完善智慧司法模式，是审判能力现代化建设的重要突破

"没有信息化就没有现代化。"[①] 习近平总书记的深刻论断，为人民法院

---

① 《习近平谈治国理政》第一卷，外文出版社2018年版，第198页。

迈向审判体系和审判能力现代化指明了方向。法院自司法审判信息化建设以来，逐步深化审判智慧化建设，将智能化应用于法院司法服务、司法审判、诉讼执行、司法管理等全领域，探索形成了具有中国特色的数字化司法模式，带动了司法流程重塑、诉讼制度完善、司法模式创新。体现了数字时代人民司法为人民的生动实践。始终坚守司法为民的初心，坚持公正高效的原则，运用现代法治思维，积极提供线上、线下深度融合的便捷高效司法服务，真正通过高新科技手段为司法赋能增效、为群众带来方便，努力实现审判体系与审判能力现代化。智慧法院建设离不开司法体制改革的体制机制保障，反之也为司法体制改革提供信息科技支撑，两者相辅相成、互为条件和基础，不断提升审判与执行质效，共同促进审判体系和审判能力现代化。

1. 坚持创新驱动

创新是现代化建设的重要方法路径。随着科技的不断进步，司法审判现代化建设成为保障客观公正诉讼的重要支撑，需要有智慧化的解决方案去应对司法环境的变化。深入推进智慧法院建设，必须紧紧牵住创新这个牛鼻子，注重创新驱动发展。运用创新思维，强化创新体系和创新能力建设，推动科技创新和司法实践深度融合。以司法数据中台、智慧法院大脑、在线法院建设为牵引，努力突破制约智慧法院高质量发展的关键理论和技术难题。主动融入国家层面的创新体系，以国家实验室重点研发项目为抓手，积极主动构建法院科技创新平台体系，推动形成信息技术与审判和执行业务相互牵引、迭代发展的良好态势。加强智慧法院技术标准确立和规则创新，不断增强智慧法院建设的核心竞争力和社会影响力，促进司法领域的高质量发展。

2. 坚持问题导向

新时代新情况层出不穷，司法实践领域也同样产生了很多新问题需要去破解。只有深入推进智慧法院的数字化建设，借助科技手段，才能真正解决司法新问题。聚焦审判和执行相互分割的问题，通过区块链智能合约等技术深度应用，全面推进审判执行信息互通、数据共享、程序衔接，真正形成司法流程闭环，破解审判和执行分割带来的各种弊病，促进裁判结果实现和执行质效提升。针对执行难问题，不断升级拓宽智慧执行系统功能，进一步运

依法治理

用高科技手段破解查人找物、财产变现、失信惩戒、规范管理等方面难题。针对证据认定质效问题，充分发挥区块链技术公开透明、可溯源、防篡改等优点，完善区块链存证标准和规则，用好区块链存证验证、数据防篡改技术，提升司法审判解纷促和的水平。

3. 建好司法数字生态

司法数字是否开放、健康、安全，直接影响到智慧法院的整体建设。构建良好的司法数字生态，包括司法数字体系、规则、标准、保障等方面。目前司法数字生态有逐渐向好的态势，但要突破数字技术瓶颈，还需要发挥好人民法院大数据管理和服务平台的优势，加强数据汇聚管理，提高数据质量和规范性，建立完善司法数据资源基础制度和标准规范，充分挖掘海量司法数据资源潜力，为优质数据服务打好基础。还需要推动优化政法及相关部门间信息数据共享机制，完善协同平台建设，促进提升整体办案质效。建立健全全流程数据安全管理制度，严格划定技术边界，强化数据安全防护，统筹推进数据开发利用和数据安全保障。在司法对外合作领域，更需要坚持共商共建共享原则，加强同有关国家的司法数字技术部门合作，建立完善的标准规则，推动构建司法网络空间命运共同体。

（三）深化智慧司法改革，是数字赋能社会治理的有效路径

1. 以智慧司法为动能，优化法治效能

推进审判体系和审判能力现代化，司法体制改革和智慧法院建设是"车之两轮、鸟之两翼"。更加注重现代科技与司法工作的深度融合，以互联网技术和信息化手段推动审判流程重塑、诉讼流程再造，让群众打官司更便捷、法官办案更高效、司法公正更直观。要积极推进智慧审判，充分利用互联网技术推进在线调解、在线庭审等工作，创新庭审语音识别、文书智能辅助生成和智能纠错、要素式智能审判等工作。要积极推进智慧执行、智慧服务。扎实推进网上诉讼服务中心建设，提供网上立案、预约立案、跨域立案等诉讼服务，实现"一网通办"。要积极推进智慧管理，推动信息化与审判管理、队伍管理、司法政务管理的深度融合，便利办公办案。加强司法大数据平台建设，加强大数据分析应用，切实将智慧司法的优势转化为治理

效能。

司法是智慧司法中数智技术所改造的客体，数智技术的发达程度是决定司法水平的决定性因素。最高人民法院先后出台了《人民法院在线诉讼规则》《人民法院在线调解规则》《关于规范和加强人工智能司法应用的意见》等，这是人民法院审判体系和审判能力现代化的重要体现，更是关系到实现数字正义的重大课题。

2. 以社会治理为指向，深化智慧司法改革

社会治理是国家治理的重要领域，完善社会治理体制机制，发挥治理的多元主体作用是关键。社会司法需求是国家经济政治社会发展的基本体现，是国家司法机关开展司法活动、履行司法职能的目标取向。不同国家、不同社会制度、不同时期，有着不同的司法需求。当前，我国已经进入中国式现代化建设的关键阶段，高质量发展需要解决落后低能的业态，必定触及一些利益群体，各种利益诉求相互交织，各类新型矛盾层出不穷。全社会对司法机关提出了新任务、新要求，人民群众对司法服务提出了新需求、新期待。司法机关和司法活动如何服从于国家工作大局，如何服务于社会司法需求，已经成为衡量国家司法制度先进与落后的重要标准。运用中华优秀传统文化，依据孔子的中庸哲学思维进行中国能动司法的模式选择，具有十分重要的现实意义。实现司法需求与司法资源的平衡，是我国适度能动司法的必要途径。运用经济学的理论来分析，司法活动是一种消耗一定社会资源并向社会提供司法正义产品的社会活动；而司法资源则是国家运用法律形式确认、调整、控制的，能够满足个体需要的物质条件和社会环境。它作为一种有限的国家资源，是形成司法活动的重要物质基础，并为司法活动提供必不可少的重要保障。由此可见，我国适度能动司法十分重要的一个问题，就是要正确处理好司法需求不断增长与司法资源较为短缺的矛盾，通过努力实现司法需求与司法资源的平衡，为适度能动司法创造一个良好环境。

党的二十大报告指出，要"完善科技创新体系。坚持创新在我国现代化建设全局中的核心地位"。以智慧法院建设为代表的司法实践中的创新探索重大举措，推动了智慧司法新模式日趋成熟，解决了当前司法领域面临的一些堵点、难点、痛点，提升了司法审判体系和审判能力的现代化水平。智慧司法是法治现代化的典型特征和重要体现，也是司法体制改革的方向，但难

依法治理

免会有自身缺陷，如智慧司法在实践应用中存在明显的不均衡，也有可能出现过度应用导致人被智慧司法所困的现象。智慧司法建设作为法治现代化的重要推动力，必须坚持理性和有序原则，必须结合实际循序渐进，必须建立预判预警和应对机制，成为法治现代化建设的主阵地之一，保障数字化也能够以看得见的正义来实现，更有效地在社会治理中发挥司法能动作用，更好地服务于在法治轨道上全面建设中国式社会主义现代化国家。

参考文献：

[1]王运慧.智慧司法：法治现代化的重要推力[J].公民与法（综合版），2023（9）：33-35.

[2]谢登科.在线诉讼的中国模式与未来发展[J].中国应用法学，2022（4）：151-166.

[3]周强.深入推进智慧法院和互联网司法创新发展 加快推进审判体系和审判能力现代化[J].人民司法，2023（1）：4-9.

[4]崔永东.价值导向视野中的司法公信力建设[J].法治研究，2024，151（1）：112-126.

[5]王文，刘玉书.数字中国[M].北京：中信出版集团，2020：83-96.

司法监督赋能基层社会治理

中共绍兴市柯桥区委党校　胡钦晨　杨晓辉　费婷

党的二十大报告提出，在社会基层坚持和发展新时代"枫桥经验"，完善正确处理新形势下人民内部矛盾机制。进入新时代，我国社会主要矛盾已经转化为人民日益增长的美好生活需要和不平衡不充分的发展之间的矛盾。面对这一新的形势和任务，"枫桥经验"也被赋予了新的内涵和使命，不再仅仅局限于传统的矛盾纠纷调解，而是更加注重多元化、综合性的社会治理，通过加强和创新社会治理，推动社会和谐稳定与人民安居乐业。因此，在新时代背景下，传承、弘扬并积极践行"枫桥经验"，将其融入检察环节社会治安综合治理中，以新理念、新方式化解矛盾纠纷，成为新时代检察工作的重要内容。检察机关作为国家法律监督机关，在推进社会治理现代化方面肩负着重要职责。通过借鉴和运用新时代"枫桥经验"，检察机关可以更好地发挥职能作用，促进构建多元化纠纷解决体系，为人民群众提供更加优质、高效的法律服务。绍兴作为"枫桥经验"的发源地，其检察机关在践行新时代"枫桥经验"方面有着得天独厚的优势和丰富的实践经验。近年来，绍兴检察机关紧密结合当地实际，积极探索和创新社会治理新模式，取得了显著成效。本文旨在深入剖析绍兴检察机关如何在新时代背景下践行并创新"枫桥经验"，通过对其创新做法的归纳总结，提炼出可供其他地区参考的经验举措。

一、新时代"枫桥经验"与检察工作的关联分析

"发动和依靠群众，坚持矛盾不上交，就地解决，实现捕人少、治安好"——20世纪60年代，绍兴枫桥干部群众在基层社会治理中创造了"枫桥经验"。从此，"枫桥经验"作为中国基层社会治理的典范，从枫桥出发，

在传承中发展、在发展中创新[①]，体现出持久旺盛的生命力，成为全国政法综治战线上的一面旗帜[②]。2019年，最高人民检察院制定下发《2018—2022年检察改革工作规划》明确提出第21条主要任务，"拓展检察机关参与社会治理工作途径。建立在检察工作中推广、运用、实践'枫桥经验'工作机制"。结合办案建立类案分析机制，加强检察环节预防和化解社会矛盾机制建设，促进共治共享、平安和谐。新时代"枫桥经验"与检察工作在国家治理体系中扮演着不可或缺的角色，它们之间既有着密切的关联，又存在一定的区别。

（一）新时代"枫桥经验"与检察工作在多个方面存在紧密关联性

1. 坚持以人民为中心的工作导向

新时代"枫桥经验"强调一切为了人民、一切依靠人民，及时化解矛盾解决纠纷，维护人民群众的合法权益。而检察机关作为法律监督机关，同样将维护人民利益作为工作的出发点和落脚点，通过依法履行检察职责，保护人民群众的合法权益，实现司法为民。

2. 注重基层社会治理的实践与创新

新时代"枫桥经验"是在基层社会治理中不断探索和创新出来的宝贵经验，它强调基层自治、法治、德治相结合，推动基层社会治理的现代化。检察机关作为国家法律监督机关，其办理的案件绝大多数在基层，办案力量也主要集中在基层，因而必须参与到基层社会治理中，实现法律监督与基层社会治理的有机结合，推动检察工作向基层延伸，保障法律的正确实施。

3. 追求预防和化解社会矛盾

新时代"枫桥经验"注重矛盾纠纷的源头治理和多元化解，通过调解、协商等方式及时化解基层矛盾，维护社会稳定。而检察机关在办理案件时，也注重化解社会矛盾，通过依法公正办案实现案结事了人和，减少社会对立面，促进社会和谐。

[①] 金伯中：《坚持和发展好新时代"枫桥经验"》，《人民日报》2023年11月22日。
[②] 任平：《让"枫桥经验"在新时代发扬光大》，《楚天法治》2018年第34期。

4. 相互借鉴与促进

新时代"枫桥经验"与检察工作都是国家治理体系的重要组成部分，均属于社会治理的重要力量。新时代"枫桥经验"的实践为检察机关提供了宝贵的借鉴和启示。检察机关可以学习和借鉴"枫桥经验"中的有益做法，如群众路线的运用、多元主体参与治理等，不断提升社会治理能力。同时，检察机关也可以将自身的专业优势融入"枫桥经验"的实践中，为基层社会治理提供有力的法治保障。通过加强两者的协同配合可以形成合力，共同推动国家治理体系和治理能力现代化的进程。

综上，新时代"枫桥经验"与检察工作在坚持以人民为中心、注重基层社会治理实践与创新、预防和化解社会矛盾以及相互借鉴与促进等方面都存在着紧密的关联。

（二）新时代"枫桥经验"与检察工作在国家治理体系中各有侧重

1. 工作重心与职责范围

"枫桥经验"主要聚焦于基层社会治理，强调预防与化解矛盾在基层，实现关口前移，注重群众参与和社会协同，致力于构建共建共治共享的社会治理格局。[①]它涉及的范围广泛，包括社区管理、矛盾调解、公共安全等多个方面。检察工作则是以国家法律监督为主要职责，工作重心在于确保法律得到正确实施，维护社会公平正义。[②]检察机关依法行使检察权，对刑事案件进行侦查、起诉，对民事、行政案件进行法律监督，同时对诉讼活动进行监督，保障司法公正。

2. 治理方式与手段

"枫桥经验"注重群众路线的实践，倡导群众自治、德治与法治相结合，注重发挥社会组织、企事业单位、志愿者等多元主体的作用，通过调解、协商、教育等方式解决社会矛盾。检察工作则主要依赖法律手段，通过行使检

---

① 毛佩瑾、李春艳：《城乡基层社会治理的实践探索与完善路径——基于"四治一体"治理模式探析》，《云南社会科学》2020年第5期。

② 卢海德、杨兆汉：《检察机关在构建和谐社会中的职能作用》，《广西大学学报（哲学社会科学版）》2008年第30卷第2期。

察权打击犯罪，保护人民的合法权益，维护社会法治秩序。同时，检察机关也注重法治宣传教育，提高公民的法治意识和法律素养。

3. 权力来源与行使方式

"枫桥经验"的治理力量来源多元化，既有公权力的管理、引导和保障，也有社会力量的积极参与，体现了治理主体的多元性和互动性。检察权作为国家权力体系中的重要组成部分，其权力来源于宪法法律，具有专门性和独立性。检察机关在行使职权时，必须严格遵循法律规定，确保权力的合法性和正当性。

4. 工作目标与价值取向

"枫桥经验"的工作目标在于实现基层社会的和谐稳定，提升人民群众的获得感、幸福感、安全感，其价值取向在于以人民为中心，注重群众的利益和需求。检察工作的目标在于维护国家法律的统一正确实施，保障社会公平正义，其价值取向在于法律的权威性和公正性，强调对法律的尊重和执行。

总之，新时代"枫桥经验"与检察工作在国家治理体系中既相互关联又有所区别，它们共同发挥着维护社会稳定、促进社会和谐的重要作用。

（三）各地检察机关践行新时代"枫桥经验"形成竞争态势

检察机关在践行新时代"枫桥经验"方面有着丰富的实践案例。例如，浙江省舟山市定海区检察院因地制宜，利用入驻辖区社会矛盾纠纷调处化解中心的优势，积极践行"枫桥经验"，推出"一站式"联合接访、简易听证，以及特殊群体"零跑腿"司法救助等检察服务，深受群众好评。[①]上海市杨浦区人民检察院通过制定《上海市杨浦区人民检察院审查案件听证工作规定》，将检察听证融入业务办案全流程，实现业务条线全覆盖，并纳入检察官业绩考评体系和检务督察范围。同时，还聘请38名法律、社会工作、技术专家专业人士作为听证员，并坚持院领导主持公开听证，充分发挥院领导在化解矛盾纠纷中的"头雁效应"。江西省鹰潭市余江区人民检察院通过夯实派驻乡镇检察室、深入普法宣传、强化矛盾纠纷化解等方式，持续打造"吴颂工

---

① 闫晶晶、谷芳卿、项晓晓、杨晓伟、王良辰：《浙江：听民声暖民心简易听证不简单》，《检察日报》2022年6月24日。

作室"检察工作品牌,使检察工作触角连接到镇、覆盖到村、延伸到户。同时通过"订单式"普法活动,深入落实"谁执法谁普法"的要求,增强了群众的法律意识。又如,陕西省西安市人民检察院依托"12309"检察服务与社会治理融合中心,线下进驻综治中心与线上进入城乡社区相结合,延伸检察服务触角,快速、及时解决群众反映强烈的突出问题。同时,与辖区社会治理办、大数据局市民热线部门联动合作,获取海量工单信息使用授权,实现信息共享,进一步提升了检察服务的效率和质量。福建省福州市鼓楼区人民检察院与当地社区网格化管理相结合,创新推出了"检察+网格"的工作模式,通过选派检察官下沉社区网格,与网格员共同开展矛盾纠纷排查、法律宣传、线索收集等工作,及时准确地掌握社区内的矛盾纠纷和违法线索,实现矛盾纠纷的早发现、早介入、早解决。另外,还通过网格平台与社区居民进行互动交流,了解他们的需求和关切,提供更加精准的检察服务。

在新时代背景下,全国各级检察机关都在不断探索和实践,努力将新时代"枫桥经验"融入检察工作的各个方面,提升检察机关的工作效能,以更好地服务人民群众,维护社会和谐稳定,推进国家治理体系和治理能力现代化。

二、绍兴地区检察机关践行新时代"枫桥经验"的主要实践做法

（一）坚持司法为民，注重民生工程检察监督

坚持以人民为中心的发展思想,既是新时代党的根本执政理念,也是新时代"枫桥经验"的核心理念。在检察工作中,践行人本司法,让人民群众在每一件案件中感受到公平正义,是检察机关的神圣职责和崇高使命。

1. 聚焦人民群众身边"小案"

绍兴市检察院秉持"小案件大民生"的理念,注重守住食品药品"安全线",严惩危害食品药品安全犯罪,2023年共起诉制售假劣药、有毒有害食品等犯罪163人,办理公益诉讼案件45件。柯桥区检察院通过部署危害食品安全犯罪人员从业禁止令执行情况专项监督,督促相关部门落实其终身禁

入制度，有效遏制危害食品安全犯罪的发生。新昌县检察院办理的督促整治建筑工地食堂食品安全行政公益诉讼案获评最高检"公益诉讼守护美好生活"专项监督活动典型案例和"百案评析"典型案例。深入开展"断卡""断流""拔钉"等防范电信网络诈骗专项行动，起诉境内外电信网络诈骗人员840人，切断电信网络诈骗的关键链条，严厉打击电诈犯罪集团，减少群众的财产损失。深化公民个人信息保护专项监督，办理涉及侵犯公民个人信息刑事案件43件、公益诉讼案件4件，筑牢个人信息"防火墙"。上虞区检察院研发建筑领域侵犯公民信息监督模型，全市应用后立案监督69人，有效推动了行业监管。

2. 致力于满足群众合理诉求

绍兴市检察院持续强化案件和信访的源头管理，提高通过法治思维、法治方式预防和解决矛盾纠纷的能力。妥善处理群众来信、来访、来电，巩固深化群众信访"件件有回复"，及时办理来信、来访、来电共计2641件，增强群众对检察工作的信任和支持。深入开展信访矛盾源头治理三年攻坚行动，集中开展信访积案治理化解工作，严格落实院领导包案责任制，通过领导接访、包案办理、公开听证等举措，实质性化解19件涉法涉诉信访积案，力争案结事了人和。对58名涉嫌寻衅滋事等非法信访行为的个人依照法律规定给予惩处，倡导群众依法进行权益维护。持续深化新时代"枫桥经验"检察实践，2项检察智慧应用入选全市"枫桥式"标志性实践成果，"一库三员"特色听证解纷工作法入选全市"十佳枫桥式工作法"、全省新时代"枫桥式工作法"。

3. 当好公共利益守护者

在新时代的背景下，绍兴市检察院积极回应人民群众的新期待，全方位加大公益诉讼案件办理力度，维护国家利益和社会公共利益。聚焦乡村振兴、国有财产保护等领域，部署开展公益诉讼专项监督，督促治理耕地、土壤3360余亩，挽回国有资产损失3250余万元；部署开展"保文物、护古城"专项行动，探索利用检察手段加强文物保护，推动组织修缮古桥、古树和红色文化史迹等114处，守护绍兴古城风貌。越城区检察院出台浙江省首个《公益诉讼特邀检察官助理工作规定》，聘请来自文物保护、水利研究等领域的9名专家成为公益诉讼特邀检察官助理。诸暨市检察院开展"红色军事文化史迹"专项监督行动，针对宣侠父故居、宣中华烈士墓、中共诸暨县一大会址等存在的保护性问题，向职能部门、属地乡镇发送公益诉讼诉前检察建议，加强和改善红色革命遗址保护工作协作。柯桥区检察院聚焦绍兴会稽山古香榧群保护工作，制发诉前检察建议书，督促推动濒危、衰弱古香榧树的"一树一策"保护落实。

（二）坚持源头防范，注重风险隐患主动化解

"枫桥经验"强调要增强风险意识，不断提高对各类矛盾风险的预测、预警、预防能力。通过深入分析和研究矛盾纠纷的根源和规律，提前制定具有针对性的措施和办法，从源头上预防和减少矛盾纠纷的发生。

1. 建立涉案风险评估预警机制

发挥大数据在司法办案中的作用，借助统一业务应用软件形成的内部数据平台，全面、系统地梳理历史案件数据，揭示犯罪的内在规律和演变趋势。通过对各类犯罪案件的类型、数量、地域分布等信息进行统计和分析，检察机关能够发现犯罪活动的热点地区和薄弱环节，进而预测未来可能发生的犯罪类型和地区。另外，通过对大量案件数据的比对和关联分析，能够发现犯罪行为的共同特征和潜在规律，从而构建出预测模型。这些模型可以根据当前的社会环境、经济形势、人口流动等因素，预测未来犯罪活动的变化趋势和可能发生的风险点。检察机关还可以利用大数据对犯罪嫌疑人的个人信息、犯罪记录等进行综合分析，判断是否具备再次犯罪的可能性，从而有针对性地制定防范措施和打击策略。如诸暨市检察院深入推进基层刑事犯罪预防，建成全国首个面向农村的刑事犯罪源头防治中心，积极推进农村地区犯罪预防全覆盖。[①]

2. 推进社区矫正检察工作

绍兴市检察院联合市司法局、市中级人民法院、市公安局印发《绍兴市社区矫正执行地确定和变更办法》，完善执行地确定和变更机制，杜绝因社

---

① 张芸：《坚持和发展新时代"枫桥经验"的基层检察实践》，《中国检察官》2023年第15期。

区矫正执行地争议引发的脱漏管问题。组织开展涉企社区矫正对象法律帮扶工作，通过定期开展法治体检和法治宣传，帮助树立依法经营意识，切实防范刑事风险，精准实施法律帮扶，减少和避免重新犯罪，确保相关企业经营行稳致远。越城区检察院采取"集中＋个别""专业＋社会"的教育模式，联合越城区社区矫正管理局、市九里强戒所、律师事务所、派驻民警等，针对涉赌类社区矫正对象开展专项集中教育，并建立"一人一策"个性化矫正方案，邀请专业心理咨询师进行心理干预，从源头上预防社区矫正对象重新犯罪的现象发生，切实提高社区矫正检察监督各项工作的质效。

3. 开展信访风险隐患排查化解工作

绍兴市检察院紧盯重大活动、敏感环节，加强信访信息分析研判和应急处置，密切关注可能导致大量集体上访或者群体性事件的潜在风险和趋势，全面识别可能引起骚乱的关键个体和不稳定要素，跟踪分析苗头性、倾向性信访信息，致力于在问题初期阶段解决矛盾，使纠纷在基层得到妥善处理，做到"早发现、早处置、早化解"，防止形成现实危害，主动做好信访稳控工作。对于发现的信访问题，遵循"谁办案谁负责"的原则，确保每起案件都有明确的负责部门及人员，并对每起信访案件的成案原因及信访风险进行评估，因案因人制订化解方案。对于暂时无法解决并存在上访或制造事端风险的情况，坚持预防为主、预案先行的策略，及时通知并与公安、信访机构等保持紧密协作，提前采取必要的防范措施，精准打击非法信访的违法犯罪行为，扎实推进平安绍兴建设。

4. 推动普法工作与检察主责主业深度融合

办案是检察机关履行法律监督职责的基本手段，也是法治宣传教育生动鲜活的素材。[①]绍兴市检察院建立典型案例库，构建"互联网＋普法"格局，推出"说法时分"专栏，用心挑选具有典型意义和法治宣传教育意义的普法案例，阐释办案背后的法理、情理依据，将法律知识通俗地呈现出来，让法治精神深入人心，充分发挥典型案例的引导、规范、教育作用，扎实推进

---

① 天津市河北区人民检察院课题组：《检察机关参与社会管理创新的路径——以法律监督实践为视角》，《天津法学》2013年第29卷第3期。

"八五"网络普法工作。同时结合工作实际明确普法任务，细化普法分工，压紧压实各部门普法主体责任，让"以案释法"融入检察办案的全过程、各环节，确保"谁执法谁普法"的普法责任制落到实处。上虞区检察院联合相关单位、专业协会、爱鸟人士等，打造浙江省首个法治综合教育基地生态环保展厅，定期在"世界环境日、全国生态日"等重要时间节点开展"爱鸟护鸟"系列活动，邀请曾因非法狩猎而被相对不起诉的人员加入普法志愿者队伍，引导群众树立绿色发展理念，增强环保意识，在环保领域增强法治教育实效。柯桥区检察院依托未检"可为"工作室，联合区司法局、区妇联开展涉罪未成年人"自我探索"的团队辅导、"小小检察官"职业体验等实践活动，通过"走出去"+"请进来"的方式，积极开展寒假法治安全教育，探索更多丰富多彩的普法宣传活动，用法治力量护航未成年人健康成长。

（三）坚持群众路线，注重多元化解矛盾纠纷

党的二十大报告提出，要在社会基层坚持和发展新时代"枫桥经验"，完善正确处理新形势下人民内部矛盾机制，及时把矛盾纠纷化解在基层、化解在萌芽状态。"枫桥经验"的持久影响力和实际效能，根植于其解决矛盾的核心能力。必须紧扣化解矛盾这一关键要素，持续深化对检察和诉讼信访制度的改革，切实做到预防在前、调解优先、运用法治、就地解决。

1. 建立涉检信访"最多跑一次"工作机制

绍兴市检察院构建实行信访案件化办理、信访责任包干、司法救助与息访罢访衔接等六大举措，利用检察服务大厅、检察服务网络平台和检察服务热线"三位一体"的"12309"检察服务中心，强化信访案件化办理，确保全市7日内程序性回复、3个月内办理过程或结果答复，实现在法律规定的时间内给予办结，所有来访一律书面化答复，形成集受理、分流、办理、监督和评价于一体的信访"最多跑一次"体制机制，打好信访"最多跑一次"组合拳，做到五个"百分之百"——"12309"热线电话接通率100%、来信来访答复率100%，答复准确率100%，初信初访案件办结率100%，交（转）办执行率100%。实现让数据多跑路，让群众少跑或者不用跑，方便群众办事，提升群众获得感。

依法治理

2. 开辟涉检信访"绿色通道"

绍兴市检察院始终坚持服务意识，确保控告申诉电话和检察院网站等信访渠道畅通，实现24小时不间断接访，确保所有通过"信访网电"途径提交的诉求都能得到及时的回应和处理。开发"网上检察服务大厅"，集成诉求表达、案件查询、预约接访、答复接收、投诉监督等多功能模块，并探索开发高效的移动应用程序，以便线上处理信访问题。智慧检务融入"12309"检察服务中心和基层检察室建设，以视频接访室为载体，通过远程视频向本市、本省、省外等不同地方、不同级别的检察院反映问题，实现多个检察院联合接访、公开听证、公开答复，建立上下级、跨区域同时接访的新模式，提供跨越千里的"面对面"检察服务，让群众能够在本地便捷地进行"一键式信访"，实现"零跑腿"，促使群众诉求及时妥善地得到解决，就地化解矛盾。优化信访流程，简化群众预约检察长或员额检察官的程序，提高信访工作的效率和群众的满意度，提升检察院的服务质量和公信力。深化部门协作，主动加强与其他部门派驻机构的沟通协调、互相配合，实现涉检信访"一站式"办理，共同推进社会矛盾联动化解，提升信访化解率，持续打造新时代"枫桥经验"检察样板。绍兴市检察院、诸暨市检察院、嵊州市检察院因出色的文明接待工作，被最高人民检察院授予"文明接待示范窗口"和"文明接待室"的荣誉称号。

3. 建强"家门口的检察院"

绍兴市检察院以建强群众"家门口的检察院"为目标导向，采取定期、不定期下沉方式，坚持抓早抓小，注重诉源治理，将检察服务延伸到基层，让人民群众在家门口就能感受到法治的温暖和力量，打通法治服务群众的"最后一公里"，确保检察服务精准化、常态化、高效化。截至2023年底，全市8个基层检察室办理轻微刑事案件423件，民事、行政、公益诉讼案件135件，对"两所一庭"开展执法司法监督23件，[①]推动辖区食品药品安全、环境资源保护、交通安全等关键领域的深入治理和改进，通过"以案促治"的方法促进社会治理体系的完善和提升。探索建立"检治联调"、"五制"调解、"检察+商会"涉企纠纷化解等机制，案件和解率达75%。最高人民检察

---

① 数据出自绍兴市检察院2023年工作报告。

院主要领导来绍兴调研基层检察室建设时，对绍兴市检察院给予充分肯定，诸暨市人民检察院枫桥检察室、嵊州市人民检察院甘霖检察室入选浙江省首批"枫桥式检察室"，数量居全省并列第一名。越城区检察院北海街道人大代表联络站检察工作室正式揭牌，成为全市首个驻人大代表联络站检察工作室，深化检察机关和人大机关联动协作，形成"人大监督＋检察监督"工作合力，实现联系、咨询、反映、处理、反馈、评价的全链条闭环监督。

4. 推行检察案件公开听证

绍兴市检察院高度重视办案过程中人民群众的参与度，充分发挥检察公开听证的作用，不断践行全过程人民民主的检察工作做深做实，以司法公开提升办案科学性、民主性，让公平正义以人民群众看得见的方式实现。建立多元化的听证员队伍，邀请代表委员、企业家、乡贤等社会人士与行业专家、高校学者、律师等专业人士担任检察信访案件听证员，不断扩大公开听证社会参与面，提升人民监督员、听证员的职业、身份、专业等的广泛性和代表性，提高听证的针对性和实效性。近3年来，开展公开听证200余件次，邀请人民监督员监督办案活动190余件次，以民主决议方式促成共识，更全面地反映社会各界的意见和需求，推动基层社会治理依"共识"而"共治"。如诸暨市检察院在某故意伤害案公开听证会上，聘请枫桥镇31名"一肩挑"村党支部书记为检察听证员，发挥他们熟悉当地民情、调解经验丰富等优势，为检察听证走好群众路线、创新发展新时代"枫桥经验"贡献力量。越城区检察院积极探索"检察听证＋"模式，同步做好上门听证、矛盾化解、司法救助、普法宣传等工作。2021年以来，共举行各类案件听证30件，其中妥善处置争议较大或社会影响重大案件9件，促进企业合规、行政履职11件，促成息诉罢访10件。注重以公开听证为契机，开展法治宣传教育。将公开听证会开到人民群众身边，让群众在"家门口"监督案件办理、聆听法治宣讲，通过提升公众法治素养，有效实现了诉源治理，从源头减少违法犯罪风险。

（四）坚持检助共富，注重特殊群体司法保护

特殊群体如未成年人、老年人、残疾人、妇女等，由于受身体、心理、社会和经济等多方面的限制，相较于普通群体更容易受到不法侵害，其合法

权益也更容易受到忽视和侵犯。因此，加强对特殊群体的司法保护，是确保他们能够在法律框架内得到公正对待和权益保障的必要举措。

1. 保障特殊群体合法权益

绍兴市检察院高度重视残疾人权益保障，探索"检察+残联"协作机制，联合绍兴市残联出台保障残疾人合法权益协作配合意见，有效推动了无障碍环境建设公益诉讼提升行动，为特殊人群提供更便利、更安全的出行环境，推动残疾人在社会生活中的平等参与和充分融入。柯桥区检察院坚持打击与保护并重，严惩恶意欠薪行为，针对因违规分包、转包引发的农民工欠薪案件，通过刑、民、检察协同发力，在检察环节成功助力181名农民工追回拖欠工资520余万元，成为农民工的"法律护薪人"。新昌县检察院召开公共交通领域残疾人权益保障公益诉讼公开听证会并提出相应的检察建议，全国残疾人在新昌县实现公共交通免费出行。维护弱势群体的合法权益，2023年依法办理追索老年人赡养费、农民工劳动报酬等民事支持起诉案件共103件。与此同时，新昌县检察院特别关注遇害军人遗属这一特殊群体，携手浙、闽两地5家检察机关、县民政局、退役军人事务局等部门开展联合司法救助和多元社会帮扶，为被害军人遗属提供全方位的帮助和支持，以实际行动传递军地协作的优属温度。积极履行监督职责，维护律师执业权利，纠正49件阻碍律师依法行使诉讼权利的案件，提供5062件次在线阅卷服务，极大地便利律师的执业活动，助推律师执业环境的不断优化。

2. 护航未成年人健康成长

绍兴市检察院严厉打击侵害未成年人权益的犯罪行为，批捕起诉150人，展现"零容忍"的态度和坚定的立场。联合公安等部门健全侵害未成年人案件强制报告制度，明确追责问责制度，确保教育、医疗领域严格执行。坚持教育、感化、挽救方针，不批捕、不起诉涉罪未成年人193人。坚持宽容不纵容，对主观恶性深、犯罪后果严重的199名未成年人依法起诉。加强"双向保护"，帮助涉案未成年人更好地融入社会，对罪错未成年人进行帮教、家庭教育指导等分级干预759次，联合公安建成6个"一站式"办案场所，避免反复询问取证对被害人造成"次生伤害"。针对娱乐场所涉未犯罪案件高发、校外培训机构违法经营等问题，开展专项治理行动。积极打造

"三昧"工作室未检品牌，率先在全国和浙江省开展未成年人文身治理、电竞酒店治理等涉未成年人社会治理工作，办理的多起案件获评最高检典型案例，并通过涉案未成年人帮教、法治宣讲等方式，为未成年人提供综合司法保护。特别是诸暨市检察院打造"星海守望"未成年人违法犯罪预防治理平台，构建起党委统一领导、部门联动协作、社会力量共同参与的未成年人违法犯罪预防工作体系，将新时代"枫桥经验"中的"源头预防""群防群治"等理念融入未检工作。

3. 用好司法救助政策

绍兴市检察机关高度关注因案致贫、因案返贫的困难特殊群体，加大司法救助力度，自主研发了司法救助"束光"应用，对案件当事人信息进行智能研判，及时发现符合救助条件的对象，并精准识别其心理辅导、就业指导等个性化需求，协同相关部门开展"融合式"救助，充分发挥司法救助制度保障民生、化解矛盾、促进息诉息访的功能优势。2022年以来，市县两级检察院共办理司法救助案件260余件，发放司法救助金近400万元。其中越城区检察院积极延伸救助触角，注重司法救助与社会救助的有效衔接，主动联合民政、教育、妇联、残联等机关和组织，在就医就业、教育帮扶、法律援助、心理疏导、社会保障等方面为申请人提供更多帮扶措施；建立"1+N"救助机制，形成"以多元救助为核心，心理抚慰、特殊帮扶等为补充"的救助格局，提升救助效果。

（五）坚持科技融合，注重数字赋能法律监督

党的二十大报告强调，加快建设网络强国、数字中国。实行数字检察战略，将数字技术广泛应用于检察监督办案，以数字革命赋能法律监督，是全面贯彻习近平法治思想，为检察机关法律监督赋能，以检察工作现代化服务中国式现代化的重要举措，也是驱动新时代检察工作高质量发展，更好地满足人民群众新期待、新要求的必然选择。

1. 构建数字监督模型实现精准识别风险

构建数字监督模型是检察机关提升监督效能、推进系统治理和数智检察新目标的重要举措。通过数据共享归集，大数据碰撞、比对和筛查等手段，

可以精准识别风险问题案件并及时发出预警，为检察机关提供更加高效、精准的监督手段。绍兴市检察机关部署"数字检察提升年"活动，研发出23个类案监督治理模型，在社会保险、安全生产、矿产资源等领域打好"法治补丁"，不断释放数字检察"以案促治"效能。如，越城区检察院研发"交通碰瓷"诈骗监督模型，在全省推广使用后立案监督75人，推动建立打击公共交通领域涉保险违法犯罪协作机制，有力保障了人民群众生命财产安全。嵊州市检察院研发的羁押必要性审查系统、越城区检察院研发的"慧眼鉴案"评查智能辅助系统入选最高人民检察院试点，另有1项监督模型在全国大奖赛中获评一等奖，3项监督模型在全省大奖赛中进入十佳，数量居全省第一名。可以说，绍兴数字检察质效持续走在全国、全省前列。

2. 健全类案监督办理机制实现系统化解风险

利用大数据和云计算技术收集各类案件数据，构建全面、系统的类案数据库，对同类案件进行深度整合和归纳，对批量监督线索进行自动筛选、分类和研判，帮助检察人员快速发现类案中的监督重点，并在办案过程中"一揽子"化解风险矛盾，从而有效维护社会稳定和法治秩序。绍兴市检察院研发的"民事裁判文书智慧监督系统"，将绍兴市几十万份民商事裁判文书采集入库，围绕原告、被告、诉讼代理人、案由等要素开展智能分析筛选，查明被执行企业为实现"逃废债"目的而提起虚假诉讼和虚假执行等情形，并将发现的异常线索按地区分别移送柯桥区、上虞区、诸暨市检察院办理。其中，柯桥区检察院发出再审检察建议142份，诸暨市检察院发出再审检察建议96份，实现"个案办理–类案监督–社会治理"的法律监督新路径，取得良好法律效果和社会效果。

3. 推动协同共治实现长效防范风险

新时代"枫桥经验"的核心理念是"共建共治共享"，通过建设统一的数据平台，将各类检察业务数据、案件信息、司法资源等进行集中管理，与相关部门的数据共享和互通，有助于打破"信息孤岛"，实现数据的整合和汇聚，为系统治理、协同治理提供坚实的数据基础，实现社会治理现代化。如，诸暨市检察院构建"检察+"多元协作格局，深化"刑行衔接、检行协作"工作机制，联合市场监管、税务、公安机关，融合运用四大业务系统数据，跨部门、跨领域进行数据集成、数据碰撞，高效确定一批"空壳"公司留存及衍生犯罪线索，在"空壳"公司清理、涉税犯罪、网络黑灰产犯罪三个维度开展行政、刑事同步治理，预防打击"空壳"公司留存及衍生犯罪，促进长效常态治理，在协同共治中实现检察监督常态化。

三、绍兴地区检察机关实践做法对其他地区的经验启示

（一）突出人民主体，把群众路线作为推进社会治理的重要手段

"以人民为中心"是新时代"枫桥经验"的核心要求和实质所在。进入新时代，为了更好地坚持和发展"枫桥经验"，检察机关必须深化以人民为中心的发展思想，把实现好、维护好、发展好最广大人民群众的根本利益作为检察工作的根本出发点和落脚点。党的二十大报告对新时代司法工作提出明确要求，强调"努力让人民群众在每一个司法案件中感受到公平正义"。

检察工作作为司法工作的重要一环，必须把人民群众满不满意作为评判办案质效的最重要标准，秉承以民为本、服务民众的宗旨，注重解决人民群众在法律和检察方面的诉求，用心用情办理与民众利益密切相关的案件，从而真正实现高质效办案。一方面，必须围绕食品药品安全、个人信息保护和反电信网络诈骗等民生领域重点开展专项监督活动，加大监督力度，受理投诉举报，严格查处违法犯罪行为，解决民生重点领域的突出问题，增强人民群众获得感、幸福感和安全感。另一方面，必须注重弱势群体的关怀，深化对妇女、老年人、残疾人、军人等特定群体的权益保护，促进社会公平正义，彰显社会责任感。

"枫桥经验"的核心在于发动和依靠群众。群众路线作为新时代"枫桥经验"的重要法宝，在习近平总书记强调下得以持续发扬，成为新时期贯彻群众路线的典范。检察机关必须深入践行全过程人民民主理念，将业务工作与群众路线紧密结合，健全司法公开制度，确保以人民群众直观感知的方式彰显公平正义，增强群众参与度，保持办案过程及结果的透明度，接受社会监督，实现高质效办案。

（二）突出稳定基调，把化解矛盾作为推进社会治理的必要途径

新时代"枫桥经验"的显著特征之一，便是矛盾纠纷的全域性解决，不仅关注迅速解决眼前的矛盾和纠纷，还致力于修复因这些矛盾纠纷而受损的社会联系，从而最大限度地体现"以和为贵"这一传统文化中的核心价值观念，力求从根源上防止类似矛盾的再次发生。社会矛盾是案件产生的根源，若矛盾未得到妥善处理，新案件的产生就不可避免。检察工作的职责在于缓解社会矛盾，促进民主、法治、公正和正义的实现。如果仅仅处理案件本身、讨论法律条文本身，就不能有效解决矛盾。因此，检察机关在处理案件时，不仅要依法依事实结案，还要致力于解决引发这些案件的根本矛盾，以确保案件的彻底解决。在办案过程中，检察机关还需深入分析矛盾纠纷的成因，追求从源头上治理，力求通过办理一个案件，带动一整片区域的治理，提升检察工作的质量和效率，为社会的长治久安奠定坚实基础。

信访工作和控告申诉检察工作是了解人民群众急难愁盼问题的重要窗口，也是实质性化解风险矛盾，维护公平正义的重要途径。检察机关必须综合运用律师接待、公益律师代理申诉、简易听证、社会帮扶等多种方式，畅通和规范第三方参与信访矛盾预防化解制度化渠道，同时有效结合领导包案、司法救助、心理咨询等方式，助推涉法涉诉信访矛盾在法治化轨道上解决，以优质高效的群众接访工作促进控告申诉检察工作高质量发展。另外，必须牢固树立"我把群众当亲人"的理念，既要加大释法说理力度，引导信访人确立合理信访诉求，又要上下联动、多部门协同，寻求解决方案。

（三）突出科技支撑，把数字赋能作为推进社会治理的有力保障

与时俱进是"枫桥经验"历久弥新的重要原因。坚持和发展新时代"枫桥经验"，要充分运用新理念、新方法、新技术，因势而谋、应势而变，不断提高社会治理法治化、智能化、专业化水平。当前，数字革命正以新理念、新业态、新模式全面融入各领域、各行业。在数字中国背景下，《中共中央关于加强新时代检察机关法律监督工作的意见》明确要求，"加强检察机关信息化、智能化建设"。数字检察战略是新时代检察机关深刻把握数字时代发展机遇，主动融入数字中国布局，依法能动履行法律监督工作职责，

提升法律监督工作质效的重要途径，也是践行新时代"枫桥经验"推进社会治理现代化的有力保障。

大力推进数字检察建设，必须立足法律监督的职能定位，充分运用大数据进行深度分析与挖掘，实现传统的"被动受案、个案办理"监督模式逐步转向由点到面、化被动为主动、从简单办理到综合治理的全新模式，全面提升监督工作的质量和效率。

数字检察战略的核心在于彻底破除部门间的数据隔阂，促成内外部数据的交融与共享。目前，全国多地已经积极推进政法协同平台的构建与应用，部分地区的政法机关已成功实施了数据的无缝对接与共享。但我们也必须正视的是，当前"数据孤岛"和"信息隔阂"现象依然明显，限制了数据的全面融合与高效利用。为更好地实现"公检法司等跨部门大数据协同办案"这一目标，各地区与各部门需共同秉持合作共赢的原则，加速推进跨层级、系统、领域及网络的数据实时交互技术，构建高度集成、快速响应、全面融合、协同工作的数据应用生态。

当然，也不能单纯追求数据的全面流通，必须综合考虑数据共享和数据安全两个方面，完善数据安全保护机制，严格落实数据安全交换和管理的规章制度。在必要时设立专门的数据安全监督部门，建立数据分类和分级的保护体系，并建设稳固可靠的基础设施，以确保所有数据的安全性。此外，还需培养办案人员的保密意识，建立数据安全责任制，以防止数据被非法获取、篡改、泄露或滥用，从而实现数据的高效利用和严密保护。[①]

参考文献：

［1］马永定，戴大新."枫桥经验"法治化路径研究：以绍兴市坚持发展"枫桥经验"为例［J］.公安学刊（浙江公安高等专科学校学报），2014（6）.

［2］汪世荣.提升基层社会治理能力的"枫桥经验"实证研究［J］.法律适用，2018（17）.

［3］卢芳霞.基层协商民主与"枫桥经验"创新［J］.浙江工业大学学报（社会科学版），2018，17（2）.

---

① 史常富：《数字赋能开辟检察监督新路径》，《检察日报》2023年12月18日。

［4］余钊飞，罗雪贵.枫桥经验：基层社会治理法治化的历史演进［J］.山东科技大学学报(社会科学版)，2018(3).

［5］陈冀平.努力做好新时代"枫桥经验"理论总结和课题研究工作［J］.公民与法(综合版)，2018(4).

［6］刘树枝.新时代"枫桥经验"基本内涵探究［J］.社会治理，2018(4).

［7］刘开君，卢芳霞.再组织化与基层社会治理创新：以"枫桥经验"为分析案例［J］.治理研究，2019，189(5).

［8］金伯中.论"枫桥经验"的文化底蕴［J］.公安学刊(浙江公安高等专科学校学报)，2004(3).

［9］金伯中.论"枫桥经验"的时代特征和人本思想［J］.公安学刊(浙江公安高等专科学校学报)，2004(5).

［10］王辉忠.坚持"枫桥经验"所蕴含的和谐思想以"两个最大"理念推进公安工作科学发展［J］.公安学刊(浙江警察学院学报)，2008(6).

［11］谌洪果."枫桥经验"与中国特色的法治生成模式［J］.法律科学(西北政法学院学报)，2009(1).

［12］蒋国长，徐向群，施峥.新的历史起点上"枫桥经验"的时代内涵［J］.公安学刊(浙江公安高等专科学校学报)，2009(1).

［13］汪世荣."枫桥经验"：基层社会治理的实践［M］.北京：法律出版社，2008.

四

固本强基

建设基层平安共同体

中共绍兴市委党校 周珊

习近平总书记强调："平安是老百姓解决温饱后的第一需求，是极重要的民生，也是最基本的发展环境。"①长期以来，党中央始终锚定保持社会平安稳定目标，一以贯之、久久为功，全面推进平安中国建设，不断取得新进展。随着新时代我国社会主要矛盾发生历史性变化，平安的内涵外延不断拓展，人民群众对平安的要求标准也越来越高。对于平安建设提出了更大的挑战，影响社会长治久安的新问题也不断出现，"基础不牢　地动山摇"，只有基层保持长久的平安稳定，国家才能保持长久的平安稳定。在新时代背景下，如何确保基层长期平安稳定，如何确保社会长期平安稳定，如何确保平安建设扎实推进，这些都是我们需要解决的重大问题。绍兴市近年来关于基层平安共同体建设上的实践，为不断深化平安建设、提升基层治理效能提供了新的思路。

一、形势任务

21年前，时任浙江省委书记的习近平同志针对浙江发展面临的"先天不足"和"成长的烦恼"，高瞻远瞩、系统谋划，为浙江制定了作为省域发展全面规划的"八八战略"。2004年4月22日，习近平同志主持召开建设"平安浙江"工作座谈会，明确提出要开展宽领域、大范围、多层面的"平安浙江"建设。同年5月10日至11日，浙江省委召开十一届六次全会，作出了建设"平安浙江"、促进社会和谐稳定的重大战略决策，促使浙江成为全国最早提出并全面部署"大平安"建设战略的省份，开启了平安中国建设省域先行探索实践之路。

---

① 《习近平关于社会主义社会建设论述摘编》，中央文献出版社2017年版，第148页。

党的十八大以来，习近平总书记全面推进平安中国建设，使平安浙江建设这一省域层面的先期探索上升为国家层面的战略部署。习近平总书记对平安中国建设作出了一系列重要论述，要求结合创新社会治理、加强法治保障、深化治安综治和维护公共安全等社会治理领域的重点难点问题，不断推进平安中国建设，提高平安建设现代化水平，为开展平安建设指明了前进方向，提供了工作遵循。时至今日，平安中国建设硕果累累，形成了一系列制度性成果和一大批实践性成果。在制度性成果上，主要体现为探索形成了以"基层社会治理体系、社会治安防控体系、社会主义法治保障体系、安全生产责任体系、食品安全监管体系、防灾减灾救灾体系、公共卫生治理体系、应急管理体系、国家安全体系"等为主要内容的平安建设制度体系。在实践性成果上，在全国范围内催生了一大批生动实践和典型范例。这些先行经验又扩散为全国性的效仿学习和自主创新实践，使平安中国建设实现滚雪球式的发展，日益积垒起平安中国建设的大厦。

20年来，绍兴坚定扛起"枫桥经验"发源地的使命担当，坚决落实习近平总书记关于建设"平安浙江"决策部署，"一张蓝图绘到底、一任接着一任干"，坚持党的领导与人民当家作主相统一、经济发展与社会稳定相促进、常态长效与集中攻坚相融合、市域治理与平安建设相贯通、整体谋划与基层探索相结合，推动平安水平实现新提升、发展环境得到新优化、护航能力再上新台阶、基层善治展现新风采、体制机制焕发新活力，探索形成了卓有成效的平安实践成果，生动展现了"中国之治""浙江之窗"的绍兴风景。从平安绍兴来说，走出了两条漂亮的曲线：一条是"上行线"，群众安全感满意率逐年提升，2023年以来，全市矛盾纠纷化解率达99.36%，民转刑案件同比下降75%，群众安全感、满意度分别达到99.66%、99.45%，是全国最具安全感的城市之一；另一条是"下行线"，各类安全生产事故数、死亡人数持续大幅下降，获评"平安中国建设示范市""一星平安金鼎"，入选全国首批社会治安防控体系建设示范城市。其中，上虞区坚持以共建共治共享为导向，在继续深入开展"平安学校""平安家庭"等系列平安创建基础上，创新推行"平安共同体"建设。乡镇（街道）统筹，各部门单位协力，组织区域内平安创建单位成立平安共同体合力共建，积极实施"一区、三核、六共"平安共同体建设模式，形成一大批特色鲜明、亮点突出的平安共创示范区块，将群众需求解决在共同体、矛盾纠纷化解在共同体、平安建设实现在共同体，为建设更高水平、更高质量的平安上虞拓展了全新路径，为新时代"枫桥经验"赋予了更多治理内涵。经过三轮（2020—2022年）建设，全区已建成71个平安共同体，覆盖重点场所4万余家、居民62万余人，基本实现核心区域全覆盖。2023年，上虞区迭代提升平安共同体的建设标准、工作任务、运行机制，打造21个标杆式平安共同体，以平安、法治、共富的基本治理单元助力平安建设，相关做法获《法制日报》《政法要情专报》《法治参考》等报刊刊登，并获"央视频"连续1小时直播报道。2023年，全区刑事治安警情同比下降16.2%，生产安全事故数同比下降16.7%，群众安全感满意度保持在99.3%以上，以高质效平安护航区域高质量发展。

当然，随着世界"百年未有之大变局"加速演进，国际环境发生深刻变化，国内改革进入深水区。近年来，维护社会平安稳定面临的风险挑战更加严峻复杂，平安的内涵也发生了转变，从传统意义上的生命财产安全上升到安业、安居、安康、安心等各方面，人民群众的平安需求日益多样化，对平安的诉求是全方位、多层次的。党的二十大报告把提高公共安全治理水平纳入"推进国家安全体系和能力现代化，坚决维护国家安全和社会稳定"的重要内容，强调"坚持安全第一、预防为主，建立大安全大应急框架，完善公共安全体系，推动公共安全治理模式向事前预防转型"。我们必须积极贯彻落实总体国家安全观，更加深刻理解和把握"大平安"理念，更加牢固树立平安共同体意识，更加强化"统"与"融"的管理力度，深化体制机制改革创新，不断增强防范化解风险隐患能力，推动平安建设取得新的更大突破。平安共同体建设的绍兴上虞案例，正是创新发展新时代"枫桥经验"、不断延伸基层社会治理触角、重塑基层社会治理生态的平安实践范本。

二、主要实践做法

"平安共同体"的核心在于以"大平安"理念为引领，要素式推动平安力量、方法、路径的有机整合，打破了各平安要素之间的壁垒和隔阂，有效破除了各部门在基层治理中"各管各、自顾自"的尴尬局面，实现了平安建设由"要我抓"到"我要抓"、从"突击抓"到"常态抓"的有效转变，通

固本强基

过平安共同体建设有效减少了各类矛盾纠纷、事故隐患，形成了"人人参与创建、人人共享平安"的生动局面。

（一）强化共建链条，在融合赋能上下功夫

1. 有效整合资源

将22家行业主管部门和29个平安要素的力量、方法、路径有机整合，实现平安创建资源由"物理整合"转为"化学聚合"，打造系列平安创建的升级版。

（1）明确平安共同体组织领导体系。在乡镇（街道）层面，建立由党（工）委分管政法的副书记任组长、相关班子成员任副组长、各办线和部门站（所）负责人任成员的工作协调小组。在平安共同体内，建立由一名乡镇（街道）班子成员为队长，所在行政村（社区）主职干部、辖区民警和平安共同体成员单位负责人为队员的工作团队，共同处理平安建设日常事务。

（2）明确采取"6+N"模式，以属地性、整体性、自愿性为原则，科学规划范围，合理甄选组成要素，每个共同体必须包含平安医院、平安学校、平安餐饮、平安家庭、平安企业、平安公路六大平安要素，其他要素视情增加，着力实现共同体内要素共融、优势互补。

（3）明确设置固定议事协调场所，配备必要设施设备，常态化开展日常服务管理工作，融合警务工作站、网格驿站、"关爱之家"工作站、共享法庭、微型消防站、调解工作室等平安建设单元，打造综合性工作阵地。如上虞区盖北镇"葡天盖地"平安共同体，以镇级便民服务中心提档升级为契机，融合"幸福里"网格驿站等元素，以矛盾调解、隐患排查、便民服务等为主线，打造以幸福里商贸综合体为中心，辐射整个集镇区块的平安共同体。

（4）有效整合区域内专业队伍力量。推动区域内部门站所、学校、医院、行政村（社区）干部、网格员，以及社会组织、社会工作者、志愿者、平安主体负责人等力量融合，建立治安巡查、隐患排查、矛盾化解、志愿服务等若干支专业工作队伍，增强平安建设基层组织动员能力。如盖北镇"葡天盖地"平安共同体，在共同体内成立"老乡调解室"，在原先4位新居民调解员基础上加入2名专职调解员，同时吸纳18位本地村民和新居民加入调解员队伍。组建成立"野藤先锋""一家亲调解""乡音宣讲""红袖章巡

防""文明守护""蒲公英"等六支新居民调解志愿服务队，引导当事人快速化解矛盾纠纷。

2. 聚焦合力共建

实施"一区、三核、六共"建设模式，以"夯实平安基础、统筹多方资源、深化平安联创"为重点，突出全区块联动、全链条覆盖、集成化创建、契约化共建，打造一批"高标准、零隐患"平安共同体区块。

（1）健全"基层党建＋社会治理"机制。聚焦基层治理力量分散、功能不全、末梢不畅等问题，探索建立"以区域大党委为主体，综合服务和联勤共治平台为两翼"的党建引领城市基层治理新格局。推动非公企业和社会组织党建工作，组建平安共同体党建联盟，将平安建设、社会治理与党建工作有机结合，进一步完善党建引领基层治理各项工作机制。落实基层党支部战斗堡垒作用，分类建立基层党员参与平安建设任务清单，组织开展"平安建设，党员先行"活动，通过"亮身份、保平安、护稳定"示范引领，充分发挥党员先锋模范作用。如上虞区百官街道南丰平安共同体，创新实行联勤工作法，以联勤党支部为工作抓手，由街道的政法副书记担任联勤党支部书记，联合入驻了市场监管、综合执法、住建物管、应急消防、教育体育等站所和部分上级部门职能科室，以及虞城物联会、救援队、"南丰大妈"等平安类社会组织，实现平安联创、矛盾联调、网格联动、物业联评、警务联勤。2023年，全区依托平安共同体排查处置各类问题隐患2万余个，化解矛盾纠纷9215起，矛盾纠纷化解成功率94.77%。

（2）健全平安共同体议事会商机制。定期开展碰头会商，通过线上、线下交流等方式，共同研究协商平安共同体内重大信息、重要事项，清单化、项目化推进专项检查整改、绩效考核等工作，群策群力解决问题。如上虞区永和镇"守红"平安共同体，建立治安巡逻巡查联防、问题隐患联查共治、重点领域专项治理、重要问题集中会商、突发事件应急联动、矛盾纠纷联动调处等工作机制，切实做到隐患标准共同制定、隐患排查共同参与、隐患整改共同研究。

（3）建立全要素全链条平安成果转化机制。明确一个要素建设工作落后即为全体建设工作落后，一个要素建设不成功即为平安共同体建设不成功，推动"一个不少，一处不漏"实现全域平安。如上虞区汤浦镇舜湖平安

固本强基

共同体实行登榜晾晒机制，坚持以优促优，推行"周结算、季亮榜、年评选"，根据公民申请的平安建设事项，在7日内予以审核，查证属实的按照贡献程度赋予"平安币"，如一村民上报反映某企业未落实消防安全规定的情况，成功兑换平安币2个。根据积分情况每季度公布平安建设光荣榜，年度进行"平安建设十件事""平安建设十优家庭"评选活动，营造全域共创良好氛围。

3. 加强协同赋能

聚焦"责任共担、标准共知、问题共商、风险共防、隐患共治、事件共处"六大运行机制，打通壁垒，联系互动。

（1）深化矛盾纠纷联调。协调联动职能部门基层治理最小单元入驻平安共同体，协助辖区党委和政府联动开展涉农涉房、涉法涉诉、婚姻家庭、投资借贷等领域矛盾纠纷排查，加强源头化解，预防重大案（事）件。发掘培养一批经验丰富、热心公益的专兼职调解员，积极参与矛盾纠纷就地调处，将矛盾处置在早、化解在小。如上虞区崧厦街道伞城平安共同体，对"智慧型"办事大厅进行改造升级，打造信访代办、纪检监察、劳动仲裁、公安、检察院、法院六合一的"解纷驿站"和人民调解、法律咨询、法律援助、社区矫正四合一的"公共法律服务站"，协调联动崧厦法庭及检察室，打造具有崧厦特色的老书记调解室、幸福伞家事调解室、彝族人德古会客厅、老兵调解室、伞业商会等调解组织，实现群众事项、矛盾纠纷多元代办化解"最多跑一次""最多跑一地"。

（2）强化安全生产管理。督促平安共同体内各平安主体严格履行安全管理主体责任，定期开展安全隐患自查自纠，形成良好的安全责任意识。每月组织专业力量开展平安检查，帮助辖区企业、主体查找风险隐患，整改突出问题。开展平安共同体无隐患单元创建，发挥示范引领作用，辐射带动区域内外各单位主体共查问题、共清隐患、共创平安。如上虞区丁宅乡"丁安"平安共同体，以消防平安共同体建设为主抓手，将区域内的100多家经营主体有效聚集起来，形成村村联动扑救、数字化管控、第三方监督检查、隐患闭环整改、常态化教育培训、消防队伍梯次培养、设备分地存放、经费保障投入、反面案例警示、执纪问责10项机制，实现区域内消防救援力量显著提升、消防火灾数量明显下降、不死人少伤人、减少人民群众财产损失的安全管理目标。

（3）推动治安防范立体化。建立风险隐患闭环管控机制，全时空、全领域开展专项联动排查，确保风险隐患底数清、情况清、动态清。如上虞区上浦镇仙坛四峰平安共同体组建"网格志愿巡夜队""红袖标"夜间巡防队，对重点区域、多发案地段采取蹲点守候的办法，形成了全方位、全天候、动静相结合的社会治安防控态势。在重点时期，组织平安志愿者在公交站台、主要路口、学校、沿江等重点区域进行值守与夜间巡防，开展网格化巡防、项目化值守。

（二）提升共治效能，在"四治融合"上下功夫

1. 引导公众参与

平安共同体建设必须充分发挥人民群众的主体作用，发展壮大群防群治力量，促进多元主体共建共享。

（1）提供志愿便民服务岗位。利用平安共同体资源优势，对接辖区学校、医院、律所、金融机构等企事业单位，开展政策咨询、法律援助、就业培训、健康义诊、困难救助等志愿便民服务，在助力共同富裕、护企优商、和美乡村建设等方面发挥积极作用，共建"邻里相亲，守望相助"的美好社会。如"江滨平安共同体"吸纳退休干部、社团组织、志愿者、物业等多方力量参与平安建设，将"三师三员"等力量注入平安共同体。全区共培育36个基层治理品牌工作室，补位基层公共服务供求缺口，在平安共同体内开展各类调解服务3600余次、法律咨询13000余人次。

（2）开展多样化宣传。定期组织开展形式多样、内容丰富的平安法治宣传活动，通过发放宣传资料、举办专题讲座、开展应急演练等方式，不断提高群众安全感、电信网络诈骗犯罪防范知识知晓率和平安建设群众参与率。拓宽企业群众参与平安建设的渠道，普及反诈、反邪、禁毒、消防安全、交通安全、食品药品安全、生产安全等各类知识，提升群众自我防范意识。

（3）探索建立"有效参与"的机制。大力培育平安综治、公益慈善等类型社会组织，制定明确的"持续参与"政策，鼓励引导新业态、新就业群体、新居民代表等参与平安建设和社区治理。如上虞区汤浦镇舜湖平安共同体打造"平安银行"平台，定期发布志愿活动预告、开展政策宣传，村民可通过

固本强基

掌上报名参加志愿活动，上传义行相关印证材料，实现义行活动有序参与、在线留痕。目前已申请账号497个，占全村常住人口70%左右。

2. 汇聚网格合力

在建立全区网格员的基础上，积极开展"网格提标"行动，建立健全"人民网格员"机制，营造"人人都是网格员"的良好氛围，率先探索防汛防台、消防、防溺水等贴近群众生活的高频战时场景。

（1）构建"行政村（社区）－网格－微网格（楼栋）"基层社会治理体系。根据平安共同体内行业特点、辐射范围，优化网格设置，统筹部门站（所）、社会组织、志愿者等多方力量下沉网格，每个网格落实"1+3+N"网格治理团队。建立健全"网格吹哨、部门报到"的工作机制，实现平安共同体内重点场所一次检查、全身体检。截至2023年底，上虞全区364个行政村（社区）划分为1073个网格、6557个微网格，解决基层社会治理问题5万余个。

（2）构建"网格+"工作机制。例如，上虞区下管镇管溪情平安共同体探索"网格+党建"，以联新桥村、新民村和振新村等3个集镇村为核心区域，通过全面推进"红网格+微治理"精细化服务管理机制，把支部建在村网格，把党员志愿小分队建在社工专网，进一步延伸党委和政府基层治理触角，通过"党建网格化+网格微治理"模式，切实做到网格内排查隐患及时、化解矛盾及时、信访代办及时。同时，能积极主动接轨镇闲置农房激活发展计划、村级人居环境整体攻坚和"凤还巢"村级集体经济增收行动等全镇经济社会发展各项中心工作任务，编织起一张覆盖全域的社会服务管理"综合网"。又如，上虞区崧厦街道伞城平安共同体把社区警务工作全面融入网格化服务管理体系，打通"警务室+网格"的融合模式，由党政领导、政法协调、公安指导、部门共建，形成警务工作进网格的"警网融合"新格局。通过"网格化管理、组团式服务"及时采集安全隐患、矛盾纠纷苗头、违法犯罪线索等基层社会治理建设动态信息，确保第一时间处置到位。

3. 强化数字赋能

当前，大数据、人工智能等新技术的广泛应用，带来了基层治理模式的革新，实现了资源的高效、优质整合，以及社区治理各主体的责任共担与利益共享，运用数字化技术打造平安共同体，是推动基层治理现代化的应有之义。

（1）完善数字化监管平台应用。在平安共同体中全面推广重点场所网格管理平台等数字化应用，实现重点场所隐患检查反馈快速、责任清晰、整改及时。目前，已入库重点场所4.1万余家，主动发现整改各类问题隐患1.9万余个。如杭州湾产业协同创新中心平安共同体的指挥中心整体架构为"园区大脑＋中枢指挥"，"园区大脑"建设安全环保智慧监管平台，集危化品风险防控、环境监测、应急救援等于一体，布设前端数据与视频感知点位超过1.7万余个，集成省、市、区8个涉及安全生产、环境监测、服务申报等信息化管理平台，建设"危化品安全监管、应急救援、生态环境"3张网。"中枢指挥"组建安全环保应急指挥中心，由上虞区应急管理局、生态环境分局、杭州湾综管办共同组建，实行7×24小时值班、多部门联合、集成指挥、统一调度的工作模式，由指挥中心统一负责线上监测预警、分析研判、信息分送、线下闭环处置核查、突发事故应急指挥等工作，真正实现线上精准监测预警、线下联动闭环的智慧管理。

（2）深化交互式应用开发。如舜湖平安共同体依托原有微信公众号开发拓展平台功能，实现"发现、上报、处置、反馈、评价"的闭环处置流程。人民网格员在日常生活中发现需要行政村（社区）或者乡镇（街道）解决的事件，通过微信公众号上报；行政村（社区）可解决的事件由行政村（社区）处置后，再交由专职网格员直接在公众号上回复反馈；若行政村（社区）无法解决的事项，由专职网格员通过掌上基层进行上报处置。

（三）打造共享样本，在精细治理上下功夫

1. 在特色打造上做文章

各平安共同体结合区域特色，整合优势资源因地制宜，打造了一批有特色、可借鉴的本地化平安成果。

（1）结合本地优秀传统文化。如上虞区小越街道"人和"平安共同体，突出"人和"主题的历史传承，从凤凰井讲起，以历史人文视角讲述元末明初政治家、文学家，明朝开国元勋刘伯温（浙江青田人）与新宅村凤凰井的故事。从红色地下交通站——新宅卷烟厂讲起，重温革命战争时期卷烟厂8位女地下党员与新宅村民紧密合作，战斗在情报战线上的英雄故事。从而引

申出"新"新宅人与新宅本地人之间互帮互助、和谐相处的平安主旨。

（2）结合区域经济特色。如杭州湾产业协同创新中心平安共同体，面向杭州湾上虞经济技术开发区1402家落户企业，以护企优商服务中心作为"全方位、一站式、便捷化"的服务平台，推行"一窗式"受理模式，根据业务范畴进行内部流转，由相关职能部门协同处置。同时，上虞区法学会设立首席法律咨询专家联络服务站和学会联络点，以服务企业发展、服务重大项目、服务纠纷调处、服务风险防控为重点，组织首席法律咨询专家"定期坐诊"，提供"法治体检"、法律咨询、风险评估、矛盾化解等一揽子"解决方案"，切实打通法护营商"最后一公里"。

（3）结合区域平安建设重点工作。如上虞区百官街道南丰平安共同体，因人口基数大而聚焦邻里纠纷调解，设置了AB调解室，运用南丰社区中心"五议一创"议事平台，推动邻里纠纷、物业纠纷、家庭纠纷，包括一些情节轻微的治安纠纷，实现就地化解，化"戾气"为"和气"。

2. 在资源共享上谋实效

按照全域联通、服务畅通、资源融通的思路，各地依托平安共同体有效整合辖区各类资源，进一步提升"共建共治共享"平安基础上的"幸福"指数。本处以上虞区崧厦街道伞城平安共同体为例开展阐述分析。

（1）提升普惠"养老育幼"水平。推进"一老一小"场景建设，通过安心养老院、幼儿园、小学、初中、高中、农贸市场等各类平安共建场所的共同助力，汇聚共建共治的社会合力，将伞城崧厦打造成"服务温馨"的幸福平安共同体。

（2）用足用活区域校企资源。通过开展联合共建，发挥"长海链"党建联合体、浙理工校地共建党建体，以及"红雨伞"强基共富的实效，以共促组织建设、共享党建资源、共办特色活动、共谋各方发展的"四共"模式提升基层党组织的组织力、凝聚力，有效助推基层治理的全域提升。充分发挥伞业商会在企业自治中的作用，抱团参加广交会、举办伞博会，扩大"中国伞城"品牌竞争力。积极引导企业参与社会治理，创立家庭工业点，吸附村内闲散劳动力，建立各类基金，捐资助困，回报社会，促进安定。

（3）深挖乡贤人才富矿。引导乡贤回归，发挥崧厦乡贤资源丰富的优势，创新实施"三个千万"工程，鼓励扶持乡贤助力的村级工程，引导乡贤加入基层治理中，以乡贤力量催生基层善治的文明乡风，汇聚更多乡贤参与基层治理的力量。

3.在服务群众上花力气

平安共同体建设要求坚持人往基层走，政策、资源向基层倾斜，统筹好高质量发展与高水平安全，一体推进保安全、护稳定、促发展各项工作，为推进中国式现代化市域实践创造安全稳定的环境。

（1）以优质服务加强综合安全保障。推动形成点面结合、平战一体的应急力量部署态势，如上虞区百官街道金渔湾平安共同体结合城市社区特点，打造智慧感知指挥、矛盾纠纷化解、平安志愿服务等全链条处置功能区，常年入驻"点亮一盏灯""四驱救援队"等社会组织，做到全时空响应、全方位服务。

（2）以优质服务涵养人才生态。如上虞区盖北镇创新成立"幸福里"新居民治理共同体，集"幸福里"网格驿站、便民服务中心、"一村一幢楼"于一体，构建新居民的生活圈、服务圈、治理圈，提升新居民在盖北的幸福感、获得感、安全感。

（3）以优质服务推进宜居宜业和美乡村建设。如上虞区岭南乡以"共同富裕＋共同平安"为主题，打造共富联盟平安共同体，服务保障农创、文创产业发展，加强与浙江省农科院、浙江理工大学科艺学院、绍兴市文联等组织的合作，积极挖掘谢灵运人文故事、许岙战斗红色文化，帮助农户注册品牌商标，打响覆卮山蓝莓、"覆卮红"等一批农产品品牌，畅通民宿与农户之间的沟通渠道，使农产品有良好的销售路径，达到互通共赢的效果。

三、经验启示

新时代"枫桥经验"是党领导人民创造的一整套行之有效的社会治理方案，是社会治理的重要方法论。坚持和发展新时代"枫桥经验"始终贯穿平安建设的主轴主线，深入推进基层平安共同体建设，必须准确把握"枫桥经验"的精髓要义，坚持党的领导这一根本原则，坚守以人民为中心这一根本立场，坚持综合施策这一根本途径，树立关口前移这一根本理念，夯实基层基础这一根本支撑，坚决做到"两个结合"，传承创新新时代"枫桥经验"

固本强基

的工作方法，持续推动基层社会治理现代化。

（一）坚持党建统领，打造基层平安建设"标准单元"

平安建设是一项重大政治任务，是一项系统工程，离不开坚强有力的组织保障。党对平安建设的领导，既体现在各级党委的宏观决策和微观推动上，也体现在党的基层组织在其中发挥的引领带动和调节平衡作用上。推进平安共同体建设，必须始终坚持以党建为统领，充分发挥党委的领导核心和政治保障作用，推动基层党组织建设与基层治理有机衔接、良性互动，把党的领导落实到全领域各环节，把党组织的服务管理触角延伸到基层一线，统筹推动形成党委领导下的平安综治大格局。要坚持党对平安建设的全面领导，充分发挥党总揽全局、协调各方的作用，横向构筑共治同心圆，纵向打造善治指挥链条，切实增强平安综治的向心力和凝聚力。要充分发挥基层党组织战斗堡垒作用。基层党组织是贯彻落实党中央决策部署的"最后一公里"，也是推动基层治理创新发展的关键所在，通过推进基层党组织规范化建设，持续推动基层党建与平安建设互促互进。要着力破解"党建工作虚化、软化""党建与业务两张皮"等问题，进一步优化工作监督考核机制，实施"过程党建"，既重视全过程抓党建，更注重抓党建工作全过程，压实党建工作责任，加强顶层谋划，科学设置党建工作助推平安共同体建设的载体与平台。要着力破解管理"碎片化"问题，进一步协调各部门之间的关系、优化平安共同体治理结构，推动党组织拓展到每个平安建设工作单元，确保体系内各要素的活力被最大限度地激发和释放，最大限度地将党的领导制度优势转化为社会治理效能。要深入推进以党建带群建，将平安共同体作为抓实抓好平安综治的基本单元，充分运用民主协商的方式，调动社会主体的参与积极性，凝聚基层治理的最大共识，统合完成各领域、各层次的"问题联治、工作联动、平安联创"，确保平安共同体建设取得实效。

（二）始终站稳人民立场，全方位保障人民群众安全

习近平总书记在浙江工作期间多次强调，要充分调动广大人民群众的积极性。紧紧扭住群众工作这条主线，主动适应社会主要矛盾新变化，着力解决人民群众急难愁盼问题，更好地满足人民群众对美好生活的向往，努

力让人民群众成为平安建设最重要的实践参与者、成效评价者和成果享有者。当前，平安中国建设、平安浙江建设都取得了突出的成效，回顾过去平安建设的成功经验，其中一个核心就是始终坚持人民主体立场，国家推进平安建设方略归根结底是为了保障人民利益，人民立场是中国共产党的根本政治立场。"民有所呼，我有所应；民有所呼，我有所为"。平安建设为人民群众，平安建设的根本目的在于保障人民安全。平安建设成效如何，平安与否须报告给人民群众，由人民群众来考核评判。只有始终站在人民立场来推进平安建设，将人民安全置于核心地位，我们党才能得到人民群众的真心拥护和坚定支持。我们必须全方位保障人民群众平安，不断提升保障群众权益的能力和水平，努力为人民群众创造良好生存发展条件和安定生产生活环境，才能实现人民安居乐业、党长期执政、国家长治久安。要始终坚持人民主体立场，切实关注群众最关心的社会治安、经济金融、食品药品、生态环境领域等各领域安全问题，保障群众衣食住行安全，为基层人民群众提供更加稳固、持续、高质量的安全保障。要最大限度激发群众活力，充分尊重群众自治、充分发动群众自治，促进群众在城乡社区治理、基层公共事务和公益事业中依法自我管理、自我服务、自我教育、自我监督，努力推动群众自治良性互动、平安建设各项工作良性循环。要进一步拓宽群众参与平安综治的制度化渠道，在平安共同体架构下搭建议事平台，充分发挥村规民约、居民公约作用，让群众全过程、全方位主动有序参与治理。要始终把群众满意作为第一标准，密切群众关系、了解群众心声，切实帮助解决群众的急难愁盼问题，加大群众意见在评判平安建设成果考评中的权重，真正把"评判器"交到群众手中。

（三）牢牢抓住基层基础，打好"三源治理"组合拳

基础不牢，地动山摇。平安建设效果好不好，关键要看基层。平安共同体集合各类平安要素，身处为人民群众提供安全保障、解决矛盾纠纷的第一线，位于密切联系人民群众的最前沿，是平安稳定基础的重要机制保证。必须坚持大抓基层鲜明导向，牢牢抓住基层基础这一本源，进一步强化平安建设重点工作的责任落实和体制保障，以治理能力现代化、人的现代化为主抓手，切实加强警源、访源、诉源"三源"的源头治理和前端化解工作，不断

提升矛盾纠纷预防化解法治化水平，切实维护全域社会稳定。要推动平安共
同体建设与网格化治理深度融合，以网格化为切入点，优化治理模式，创新
治理措施，探索平安综治新路径。将党建、公安、综治等多元网格整合，全
面构筑网格化服务管理格局，打造"横到边、纵到底、全覆盖、无缝隙"的
网格管理体系，在平安共同体架构下实现一个网格管全盘，健全和完善基层
社会"系统治理、依法治理、综合治理、源头治理"的工作机制，探索构
建"一张网"采集、"一张网"办理，人在"格"中走、事在"格"中办、难
在"格"中解的服务体系。同时，充分发挥网格员地熟、人熟的优势，严格
履行网格员政策法规宣传、矛盾纠纷调解、社会保障服务等职责，持续加大
对各类人员、重要场所及疑难问题等情况的梳理摸排，推动服务管理向精细
化、精准化发展。要统筹协调好平安综治各项资源，健全和完善"区域统
筹、资源整合、服务联动、共建共享"工作机制，有效整合平安共同体各类
资源，吸纳优秀群团组织，变"单打独斗"为"联合共治"，有效激发基层
治理的"内生动力"。尤其要结合服务保障省委"三支队伍"建设决策部署，
抓实平安共同体组织领导下的各支专业队伍建设，进一步加强平安义警队伍
培塑管控"警源"更有力，进一步扩大调解员队伍规模化解"诉源"更迅速，
进一步健全完善信访代办工作机制消除"访源"更彻底，让人才资源真正成
为推动平安建设的最大动力源。要注重在科学化、智能化上下功夫，数字赋
能推动城市管理手段、管理模式、管理理念创新，让平安共同体运转更聪
明、更智慧。信息时代的大数据发展，使社会治理形态也逐渐发生改变，同
时随着社会矛盾多元化、复杂化，平安风险的多样化、复杂化，对于治理手
段的要求也越来越高，依托数字化手段推进治理现代化是平安建设的必然走
向。可以预见，随着社会日新月异的发展，人民群众对高水平安全的供给需
求越来越高，必须建设覆盖全时段、全领域的检测管理体系，统筹打造一批
管用好用的数字化应用，通过更为便捷、高效、完善的应急反馈机制来适应
新形势、新发展，是满足人民群众对平安综治需求的基本回应。

（四）紧紧把握"两个结合"，创新发展新时代"枫桥经验"

平安共同体建设是绍兴深化践行新时代"枫桥经验"的创新之举，党的
二十大报告指出："中国共产党人深刻认识到，只有把马克思主义基本原理

同中国具体实际相结合、同中华优秀传统文化相结合，坚持运用辩证唯物主义和历史唯物主义，才能正确回答时代和实践提出的重大问题，才能始终保持马克思主义的蓬勃生机和旺盛活力。""枫桥经验"本就是"两个结合"的典范，要在推进基层平安共同体建设进程中更加深入落实好"两个结合"，通过厚植人民群众内心的共同文化价值追求，切实推动平安建设更加有温度、有情怀。要围绕平安共同体建设打造平安文化高地，始终聚焦区域文化共识，强化平安宣传的阵地管理提升把控力、风险应对提升处置力，增强主动性、掌握主动权、打好主动仗，把握好宣传引导的时、度、效，引导社会公众增强对平安文化的认同感。要在平安综治中做到情理结合，坚持以法为据、以理服人、以情感人，以柔性手段疏导情绪、以思想工作增进信任，最大限度争取理解和支持，真正做到春风化雨、以文化人。要运用好、结合好本地家规家训、民风民俗、名人名家、历史渊源等文化资源，如王阳明的"致良知"、王羲之的家训"敦厚退让、敬宗睦族"、始宁文化"崇文尚理"等文化因素，进一步培育特色调解文化，推动形成平安文化与优秀传统文化融合促进的基层治理新风尚。

固本强基

深化基层社会治理网格化

中共绍兴市委党校　杨焕兵

　　党的十八大以来，我国对诞生于本土的网格化治理模式的重视程度不断提高，并逐渐将这一管理模式纳入国家推动基层治理现代化的重要手段之中。党的十八届三中全会提出，要"推进国家治理体系和治理能力现代化"，并且提出要"以网格化管理、社会化服务为方向，健全基层综合服务管理平台"，这是第一次将"网格化管理"写入国家层面文件中。党的十九大报告中指出，要"加强社区治理体系建设，推动社会治理重心向基层下移"。在党的十九届四中全会和"十四五"规划纲要中，我国相继提出"把更多资源下沉到基层，更好提供精准化、精细化服务""不断提升城市治理科学化精细化智能化水平……推动资源、管理、服务向街道社区下沉"。而要想实现"精准化、精细化"的基层治理目标，就必须相应采用"精准化、精细化"的治理方式，也即党的二十大报告中提出的要"完善网格化管理、精细化服务、信息化支撑的基层治理平台""加快推进市域社会治理现代化"。从以上论述不难看出，网格化治理已经成为推进市域社会治理现代化的重要手段，并且得到国家层面高度重视。绍兴市是"枫桥经验"发源地，在基层社会治理领域有着深厚的历史积淀和丰富的治理经验，很多经验做法走在全国前列。其中，应用网格化治理模式开展城乡基层社会治理已经在绍兴市得到普遍推广，并且形成了较为成熟的方式方法，对于绍兴市勇闯中国式现代化市域实践新路子，推进城乡社会治理现代化起到了重要作用。

一、形势与任务

　　新中国成立以来，我国城市社会基层管理体制经历了多次变迁。第一次变迁是20世纪50年代围绕高度集中的计划经济体制建立单位制和街居制，单位成为基层社会管理的主体，并且成为国家对社会成员进行全面管控的渠道，而少数游离于单位之外的社会成员则由街道和社区进行管理。第二次变迁是改革开放之后，随着计划经济的解体，以及城市人口规模增加和人口流动愈加频繁，传统的单位制和街居制模式已经无法适应我国经济社会发展要求，因而逐渐解体。取而代之的是城市居民自治制度和社区制，城市居民通过选举成立社区居委会进行自我管理、自我服务。[①] 而进入 21 世纪之后，由于城市人口迅速膨胀，人口的流动频率不断加快，社会变迁日新月异，社会治理的复杂性空前增加，传统的社区管理模式已经难以适应社会发展状况。与此同时，信息技术发展为管理方式变革提供了新工具，为应对社会变迁、层级考核和管理碎片化带来的治理压力，我国城市社会基层管理模式发生了第三次变迁——网格化管理模式。[②]

网格化管理手段发源于计算机网格化技术理念，其主要思路为将管理对象按照一定标准划分为多个网格单元，利用现代信息技术和网格间协调机制进行信息交流、资源共享，从而达到整合资源、高效治理的目的。[③] 2005 年，北京市东城区率先运用电子网格地图技术，以 1 万平方米为单位，将东城区划分成 1652 个网格单元，将 6 大类 56 种城市部件和 7 大类 33 种城市事件问题都赋予代码，并将上述代码在相应电子网格地图中进行标注。这样，流动巡查人员一旦在网格中发现问题，便立即通过移动终端反馈到城市管理指挥中心电子大屏上，城管指挥中心立即根据分类程序协调相关部门和人员及时解决。其后，这一方法在上海市和浙江舟山等多地得到借鉴应用，均取得显著治理效果。2013 年，党的十八届三中全会从国家治理现代化这一高度对网格化治理作了肯定："以网格化管理、社会化服务为方向，健全基层综合服务管理平台，及时反映和协调人民群众各方面各层次利益诉求。"从此，网格化治理模式迅速在全国范围得到推广应用，成为我国基层社会治理的重要模式，对提升我国基层社会治理效能起到显著作用。[④] 而这一治理模式之所以

固本强基

---

① 陈雪莲：《从街居制到社区制：城市基层治理模式的转变——以"北京市鲁谷街道社区管理体制改革"为个案》，《华东经济管理》2009 年第 9 期。

② 孙柏瑛、于扬铭：《网格化管理模式再审视》，《南京社会科学》2015 年第 4 期。

③ 郑士源、徐辉、王浣尘：《网格及网格化管理综述》，《系统工程》2005 年第 3 期。

④ 竺乾威：《公共服务的流程再造：从"无缝隙政府"到"网格化管理"》，《公共行政评论》2012 年第 2 期。

能在我国产生并快速推广，主要源于两方面因素：一是信息化技术背景下，公共管理方式变革浪潮兴起；二是我国在国家大转型过程中面临着复杂艰巨的治理任务，对社会治理体制机制创新提出了新要求。

（一）社会变迁与治理方式变革

进入工业社会以来，伴随管理科学化、专业化和劳动分工，官僚制或科层制成为各个国家盛行的公共管理方式。传统的官僚制以多层级和职能分工为特征，各个管理层级和部门等级分明、权责明确。这种集权化和专业化管理方式虽然具有较高管理效率，但是同时也存在层级过多、条块分割和部门壁垒等弊端。这导致层级之间、部门之间协调难度加大，管理过程当中既存在交叉重叠，也存在管理漏洞和空隙。随着西方由工业社会逐渐进入后工业社会，传统官僚制面对现代社会日益复杂的管理对象往往捉襟见肘，甚至大大降低了系统或组织整体的管理质量。因而在20世纪70年代，西方各国掀起一场新公共管理改革运动，旨在打破日益僵化、低效的传统官僚制的桎梏。简单概括起来，新公共管理改革强调公共管理的职业化、分散化和市场化，并突出竞争机制和激励机制。

但是这场持续20年之久的改革运动并未得到普遍认可，其产生的一系列新问题引起诸多争议，比如弱化政府责任、条块分割、缺少协同等问题依然存在，并且造成社会治理的碎片化问题等。与此同时，由于现代人类社会活动的影响，环境污染、生态危机、自然灾害、公共卫生危机、战争、恐怖主义等不稳定因素显著增加，"风险社会"成为现代社会的突出特征。面对上述重大公共事件和风险因素，单独的部门、机构均难以应付，必须通过各个部门的紧密合作和协调才能应对。而进入20世纪90年代之后，信息技术的发展使得部门之间的协调和沟通成本大大降低，层级和条块通过信息管理平台进行整合成为可能。因此，作为对新公共管理改革弊端的反思，一种新的"整体性治理"范式应运而生。整体性治理强调以问题为导向，问题的解决是治理的逻辑起点，而非从部门职能划分出发进行治理。这一治理范式紧紧围绕解决问题的终极目标，统合一切可以协调的部门、机构和资源进行治理，而非各自为政。我国网格化管理正是伴随信息技术革命之后产生的整体性治理和"无缝隙政府"的管理思潮，针对传统官僚制和碎片化治理存在的弊病而诞生的。

（二）转型期我国社会治理形势与要求

改革开放的历史过程就是我国经济社会不断转型的过程，然而从人类社会历史变迁和各个国家发展经验来看，我国的转型是在超大规模的人口和经济社会体量被压缩在极短的历史时间当中进行的。由于体量庞大、转型时间较短，这一转型过程必然伴随大量复杂深刻的经济社会矛盾和治理难题。一方面，社会的急剧转型大大改变了原有的社会结构和利益关系，随着社会群体不断分化，利益关系更加错综复杂，利益摩擦和冲突更易发生。另一方面，快速变迁的社会现实与政府管理手段滞后之间存在极大张力，新问题、新挑战层出不穷，急需在这时对治理路径和方式方法不断进行创新。而进入21世纪之后，我国社会层面又出现了一些新的重要特征和现象，成为我国进行网格化管理方式变革的重要诱因。

1. 我国国家与社会力量关系发生重大变化

自改革开放之后，我国经济社会最重大的转型发生在经济体制层面，即经济上由高度集中的单一计划经济体制转向社会主义市场经济体制。与此同时，建基于经济体制之上的社会管理体制也发生了重大变革。其中，在城市主要表现在单位制解体，单位对职工大包大揽的管理方式逐步消解，城市基层社会管理逐步向社区制和居民自治制度转变；在乡村则是人民公社解散，代之以家庭联产承包责任制和村民自治制度。总之，无论是城市还是乡村，国家力量对社会成员的控制强度大大减弱。而随着经济社会体制变革不断深化，强国家-弱社会的力量关系也不断发生变化，国家力量控制的领域和范围不断缩小，民间社会组织大量产生，社会力量逐渐增强，社会各群体的自主性和独立性大大增强。[①] 国家与社会力量关系的变化拓展了基层社会自治空间，同时壮大了基层社会自治力量，为基层治理方式现代化变革提供了社会基础。

2. 网络迅速普及对政府治理权威带来挑战

随着网络普及，我国社会信息化程度不断加深。截至2023年6月，我国

---

① 朱仁显、邹文英：《从网格管理到合作共治——转型期我国社区治理模式路径演进分析》，《厦门大学学报（哲学社会科学版）》2014年第1期。

网民数量已经达到10.79亿，互联网普及率达到76.4%，其中网民当中使用手机上网的比例达到99.8%。①在信息化时代，公众获得信息的渠道大大拓宽，信息的传播速度大大加快，信息传播范围迅速拓展，给政府治理带来了一系列挑战。一方面，大大增加了政府的网络舆情应对难度。近年来，国内很多案例都证明，社会当中一个微小波动都可能通过网络被急剧放大，任何一个热点事件都能够通过网络迅速进行大范围传播，一旦政府部门不能快速应对，就可能迅速引发网络舆情。另一方面，对政府透明度提出更高要求。在信息化时代，公众获取信息更加方便快捷，管理者与公众之间的信息差大幅度缩小，同时民众对政府信息披露的范围和效率有了更高期待，如果不能及时满足公众对信息披露的诉求，则会损害政府在公众当中的权威和公信力。在上述背景下，基层政府必须及时准确发现、反馈和解决问题，这就要求基层政府必须不断细化治理单元，增强巡查力度，提高信息传递和处理效率。

3. 乡土中国向城市中国转变，社会治理结构发生重大变化

现代化的标志之一就是城市化，但是在改革开放之前，我国城市化水平一直维持在较低水平。这一时期中国社会的整体结构仍然是典型的"乡土中国"，因而社会治理的主要场域一直是乡村社会。改革开放之后，我国城市化进程不断加快，城市人口规模迅猛增加，常住人口城镇化率由改革开放之初的18%（1978年）飙升到当前的66%（2023年），②中国整体社会结构已经由"乡土中国"转变为"城乡中国"，并逐步迈向"城市中国"。在由"乡土中国"向"城乡中国"和"城市中国"转型的进程中，城市社会在中国整体社会治理场域中的重要性不断凸显，甚至将逐步成为我国社会治理的主要场域。不同于传统的乡土社会，现代城市社会人口集聚规模更大，流动性更高，利益关系和阶层结构都更加复杂，但同时又具有明显的陌生化和原子化特征，治理难度和复杂度成倍增加，城市基层社会需要以整体性治理理念协调各种资源进行治理。但是在传统的条块分割管理模式下，不同部门各自为政，治理碎片化问题突出，迫切需要构建新的治理格局，打破条块分割，形成整体性治理格局。

---

① 中国互联网络信息中心（CNNIC）：第52次《中国互联网络发展状况统计报告》。
② 国家统计局：《中华人民共和国2023年国民经济和社会发展统计公报》。

二、绍兴市网络化治理的主要实践做法

近年来，绍兴市不断坚持和发展新时代"枫桥经验"，深入发掘党建引领社区"契约化"共建、驻村指导员和"民情日记"三张"金名片"中蕴含的"党建统领、为民利民、力量下沉、共建共享、精密智治"等丰富内涵，在城乡社区全面开展"兴村治社、强网壮格"工程，以变革理念重塑网格治理体系，为加快推进市域社会治理现代化、全力打造新时代共同富裕地提供有力支撑。

（一）全面构筑根基坚实、全域覆盖的网格治理格局

习近平总书记多次就基层工作发表讲话指出，"基础不牢，地动山摇"。网格治理效果要好，网格治理底座就要打牢，网格治理的首要任务就是通过科学设计，建立起根基牢固的网格治理基础骨架。绍兴市在推进网格治理过程中，高度重视网格治理基础框架构建，在网格布局、人员配备和职责分工等方面采取一系列举措，构建起"社区-网格-微网格"三级治理格局，并在全市域范围推广覆盖，为充分发挥网格化治理效能打下坚实基础。

1.科学设置网格，优化网格布局

网格化治理要科学化、精准化，首要问题在于网格设计的科学性和精细化。绍兴市根据新发展阶段网格的新定义、新使命，综合考虑管理宽度、复杂程度、重大事件防控等因素，对网格进行科学划分。一是载荷相适，科学划分网格。行政村以自然村、村民小组为单元划分网格；社区一般以小区为单元划分网格，开放式居住区以若干楼院为单元划分网格，每个网格覆盖300—500户；同时，根据小区规模大小和治理复杂度可适当进行网格划分调整，比如融合型大社区大单元等情况复杂社区，每个网格一般覆盖200—300户；楼宇商圈、各类园区、工业社区、国际社区、学校、医院等特殊区域，根据情况划分专属网格或纳入邻近网格管理。截至2023年底，绍兴市共划分网格7200个左右。二是触角延伸，细分楼宇微网格。在科学划定网格基础上，行政村（社区）按照方便高效原则，设立微网格或划分楼

固本强基

栋单元延伸治理触角，其中微网格一般覆盖50—80户。2023年，绍兴市按照"1网管80户联200人"的标准，已经将7200多个网格细化为4.2万多个微网格，切实提升精细治理能力。三是多网整合，建设治理"一张网"。针对多网并存、网格概念不一等情况，绍兴市各乡镇（街道）深化网格整合，大力推进基层治理"一张网"建设，实行市县乡"三级过筛"，推动市场监管、消防、综治等各类基层网格整合融合，对辖区内所有网格实行集中归并、统一命名、编号管理，实现乡镇（街道）以下形成一套体系，归集形成"行政村（社区）-网格-微网格（楼道、楼栋）"纵向贯通的三级治理格局，实现治理触角一贯到底。

2. 配强网格力量，重塑治理团队

实现高水平基层社会治理，离不开高素质治理队伍支撑。绍兴市严格按照浙江省委相关部署要求，并结合绍兴市社会治理特点，建立起一套网格治理队伍选人用人模式，确保"人到格中去"，并不断提升网络员的整体素质。一是配齐基础网格团队。严格落实浙江省"1+3+N"网格队伍配备模式，每个网格均按照该模式进行人员配备。其中，"1"即1名网格长；"3"即1名专职网格员+1名兼职网格员+1名网格指导员；"N"即网格内的"两代表一委员"、其他包联干部、基层党员干部、在职党员、志愿者等多元化力量。二是选优配优网格队伍。不断优化网格工作人员选拔机制，坚持把专职网格员放到行政村（社区）干部队伍建设中统筹考虑，让网格队伍专职者更专、兼职者更优。坚持网格长由行政村（社区）两委干部担任，专、兼职网格员从行政村（社区）干部、专职社区工作者、楼道长、党员骨干等社区优秀代表中选拔。同时，对照每万城镇常住人口不少于18名社区工作者标准，面向社会选配专职社区工作者，根据需要担任专职网格员。截至2023年底，全市每万城镇常住人口配备社区工作者已经不少于14名，融合型大社区大单元等情况复杂的社区达到18名；预计到2024年底，绍兴市所有社区网格员都将配备到位。三是广泛吸纳多元力量参与。大力开展"分类定级、组团包联"、党建联建等活动，积极吸纳"分类定级、组团包联"下沉的机关干部和国有企事业单位工作人员，以及"契约化"共建单位工作人员担任网格指导员，不断充实网格治理队伍。截至2023年11月，绍兴市越城区共有5万多名党员到行政村（社区）、网格报到，党员报到率和活动覆盖率达98%以上；党员干部参与服务活动50余万人次，解决群众各类问题5.2万余件。四是强化激励考核。坚持从严管理，压实主管部门、乡镇（街道）和行政村（社区）各方责任，实行专兼职人员全员捆绑考评，探索推行专职网格员星级管理，建立不合格网格员退出机制。同时，注重运用评先评优、推优入党等方式进行强化激励，探索打通专职网格员上升通道，不断激励网格员创先争优。

3. 厘清网格职责，优化职能分工

在传统条块分割的治理方式中，作为最基层的执行单位，城乡社区往往承担多个条线、多个部门的指令任务，导致基层工作负担过重，治理效率低下。为破解"上面千条线、下面一根针"的基层治理困境，绍兴市坚持"条抓块统"原则，清晰界定网格与上级各条线和各部门的关系，确立网格工作准入清单，不断优化网格职能分工。一是划定职责范围。制定职责清单，规定政治引领、信息采集、矛盾化解、风险感知、服务群众、协同上级、应急处突等七方面网格职责，为网格工作覆盖范围划定边界。二是建立网格事项准入制度。区、县（市）社会治理中心按照"党建统领、经济生态、平安法治、公共服务"四大领域，完善准入清单，建立审查机制，严格规范网格事项范围，切实为基层减负。三是明确团队分工。明确行政村（社区）书记，网格长，专、兼职网格员的具体分工，建立起行政村（社区）党组织书记负总责，网格长统筹协调，专、兼职网格员具体落实，网格指导员负责指导协调的职责分工体系。此外，微网格长、楼道（栋）长、在职党员等按照平时亮明身份、主动服务、常态备战，战时迅速响应、就地报到、投入战斗原则，参与所在网格、楼道（栋）管理服务。

（二）全面构建支撑有力、高效协同的组织保障体系

任何一套治理模式的有效运行，都需要有与之对应的组织体系提供支持保障。为保证网格治理体系常态、稳定、高效运行，绍兴市不仅建立了根基坚实的网格治理框架，还从党建统领、工作统筹和考核评价等三个方面构建起支撑有力的组织保障体系，确保网格治理工作运转流畅、指令通达、精密协同、高效运转。

固本强基

1. 强化基层党建统领

习近平总书记多次强调，全面建设社会主义现代化国家，全面推进中华民族伟大复兴，关键在党。加强党的领导是基层社会治理保持正确政治方向，不断提升基层凝聚力、战斗力的重要保证。绍兴市网格化治理工作高度重视党建这一重要任务，时刻把党建统领摆在突出位置。一是坚持支部建在网格上。每个网格设立一个党支部或党小组，由党员网格长或网格团队中的党员骨干担任网格党组织负责人，实现全市域网格党组织覆盖率100%，不断织密基层组织网引领网格治理。二是全面推进红色物业、红色业委会。推动党员在社区党组织与物业、业委会交叉任职，提升社区党组织统领能力。建立健全"社区党组织+小区党支部+楼道党小组""小区党支部+业委会+物业服务企业"的"三纵三横"组织架构，形成横向到边、纵向到底的社会治理新架构。三是强化"双网融合"。结合市域社会治理现代化试点"政治引领"项目，实施"红色根脉强基工程"，强化"党建网"与"治理网"融合，实现党建资源与治理资源双向贯通。探索融合型大社区大单元等情况复杂的社区发展，打造上虞南丰等46个片区化党群服务综合体，推动网格内基层党组织和党员在防疫抗疫、除险保安等重点工作中，发挥最小单元的最佳要素作用。四是开展"网格强身、机关瘦身"、党建"联建共建"行动。探索机关退职领导干部下沉担任网格指导员，推动机关单位、警务站（室）、综合执法等人员力量下沉担任兼职网格员，引导退休党员干部、退伍军人、社会组织及广大群众积极参与网格治理，不断夯实网格力量。

2. 强化各级工作统筹

推动基层社会治理体系和治理能力现代化需要强化各层级工作统筹，既要明确各方职责分工，又要保证各条线、各部门整体协同，"如身使臂，如臂使指"。绍兴市围绕基层网格化治理组织体系，既强化各层级工作分工协作，又高度重视最基层网格组织资源投入，不断增强网格治理组织统筹力度。一方面，明确各级职责，强化统筹协调。绍兴市委负总责，加强统筹协调，及时研究解决重大问题。区、县（市）党委负主体责任，整体谋划推动网格治理，严格落实领导班子"包乡走村"制度。乡镇（街道）具体抓，班子成员直接联系网格。组织、政法、民政部门抓好统筹，编办、公安、财政、人力社保、建设、农业农村等部门各司其职、通力协作。另一方面，推动资源下沉，强化网格保障。对网格治理任务重，特别是融合型大社区大单元较为集中的乡镇（街道），加强编制支持，探索建立基层编制周转池制度，安排部分编制实行单列管理，用于人员力量下沉；针对网格细分、人员增配等情况，根据需要强化投入保障；网格承担条线任务的，按照"费随事转"原则整合下拨相应工作经费，充分保障网格团队人员办公场所，确保网格治理协同有力、高效运转。

3. 强化治理考核评价

网格化治理效能的发挥需要建立有效的激励约束手段，调动治理团队工作的主动性、积极性。绍兴市围绕网格治理队伍考核评价，建立了一套明晰权责、公正高效的激励约束机制，形成能者上、庸者下、劣者汰的干事创业氛围，不断激励网格治理队伍提高治理能力和水平。一是考核评价清单化。按照网格化治理的主要内容将考核评价划分为网格日常管理和网格事项办理两大板块，其中网格日常管理确定了网格党支部运行、网格信息公示、网格议事协商、网格业务培训和网格应知应会五项内容；网格事项办理要求网格团队聚焦实战实效原则，结合基层社会治理实际，发挥信息员、调解员、服务员职能，按照一般任务、重点任务开展全领域、无缝隙巡查走访。二是考评方式精准化。为避免考核评价"一刀切"，绍兴市针对网格治理工作采用分级、分类、分段，正面清单和负面清单相结合的考评方式。按照"市级指导、县级统筹、乡镇（街道）落实、行政村（社区）协同"的原则，各区、县（市）单位根据要求，结合本地工作实际制定考评办法，突出对重点任务办理完成质效评价，并设立三项正面清单和四项负面清单。三是考评结果绩效化。根据考评结果，对受考评网格进行一定处罚或奖励。对考评结果为优秀的网格团队给予经费奖励，对网格长、专兼职网格员和网格指导员实行捆绑考评，将行政村（社区）党组书记和网格指导员的年度考核与所负责网格工作的评级考评挂钩。对年度考核结果为"合格"的网格进行约谈、提醒，年度考核结果为"不合格"或连续2年考评结果为"合格"的网格，将触发网格成员淘汰机制。

（三）全面形成平战一体、快响激活的基层治理机制

党的二十大报告指出："完善网格化管理、精细化服务、信息化支撑的基层治理平台，健全城乡社区治理体系，及时把矛盾纠纷化解在基层、化解在萌芽状态。加快推进市域社会治理现代化，提高市域社会治理能力。"网格化治理模式的诞生，正是为了破解传统治理方式中条块分割、碎片化等治理难题，实现基层社会精准化、精细化治理。绍兴市以全国首批市域社会治理现代化试点城市建设为契机，全面推进整体网格智治，加强党建统领，注重数字赋能，在全市范围形成网格全面覆盖、指令一贯到底、事项及时流转、服务精准到位、事件迅速响应的基层治理体系。

1. 建立平战转换运行机制

着眼推动网格高效运行、多跨协同、平战迅速转换，健全平时"吹哨"机制，构建和完善信息收集、问题发现、任务分办、协同处置、结果反馈闭环。一是建立分层分类办理机制。需县级相关职能部门承接办理的，由乡镇（街道）"吹哨"派单。针对多跨事件处置难题，强化县级社会治理中心枢纽作用，集成运行监测、矛盾调处、协同流转、应急指挥、督查考核、分析研判功能，加强对职能部门的统筹协调。二是立足平时需要，强化考核管理。着眼解决网格事件报小不报大、报易不报难等问题，建立和完善乡镇（街道）对县级职能部门测评考评机制，加大"下考上"权重。三是立足战时需要，强化平时准备。健全行政村（社区）、网格与包联部门常态联系机制，推动应急演练向网格延伸。完善战时响应机制，适应应急处突等需要，突出扁平指挥、高效动员、精密管控，推动网格全面嵌入县乡村应急体系。

2. 健全快响感知预警机制

现代社会人口、资源、信息流动速率不断加快，社会利益结构日益复杂，矛盾纠纷不断增加，同时随着经济社会变迁不断提速，各领域风险也大大增加，对社会治理机构的感知能力、反应速度和处置水平都提出了更高要求。绍兴市紧扣"七张问题清单"，健全落实"问题发现靠党建、问题发生查党建、问题解决看党建"机制，强化网格前哨探头作用，不断通过网格治理深化快响感知体系。加大风险排查力度，建立网格重点人员、重点场所、重点事项三张清单，加强走访巡查和分析研判，及时发现并解决问题。围绕安全生产、消防安全等专业性较强的事项，加强专职网格员专业化培训，努力提升防范风险、发现问题水平，提升风险排查能力，及时将风险隐患、矛盾纠纷化解在萌芽状态，真正实现"小事不出楼道、大事不出网格"。比如，越城区马山街道打通矛盾调解中心与"基层治理四平台"数据通道，通过双向派单和数据共享，形成了受理事件分级到上传"基层治理四平台"，再到网格员、网格长、街道和区级部门处理的规范化矛盾处理流程。2023年1月到10月底，受理各类纠纷调解863起，成功调处831起，矛盾化解率达96.3%。建立健全常态联系走访机制，推动网格团队成员全覆盖结对联系管理服务对象，定期进行全员走访，及时精准感知居民服务需求，及时为居民提供个性化、精细化服务。比如，柯桥区大渡社区通过网格巡查，精准对接"一老一小"重点群体服务需求，推出"常青课堂"、"银龄达人"工作室、"小DO假日乐园"等品牌活动，不断提升社区服务水平。

3. 完善"一网通达"数治机制

现代信息技术发展为管理方式变革提供了有效的工具手段，各层级、各部门可以通过数字化平台实现资源共享、信息互通、管理协同。绍兴市作为全国数字化改革的前沿阵地，一直高度重视运用数字技术开展社会治理，通过数字赋能不断提升基层治理智慧化水平。建设"数智枫桥"基层智治大脑，打造"浙里兴村治社（村社减负增效）"应用，构建基层整体智治格局，系统解决基层减负长效化等问题。推出"城市枫桥·网格e家"，以网格"微治理"实现服务群众"零距离"。强化网格对"141"基层治理体系的承载能力，推动"县乡一体、条抓块统""大综合一体化"行政执法、"上统下分、强街优社"等重大改革从乡镇（街道）、行政村（社区）向网格延伸，将改革举措切实落网入格。加快"浙里兴村治社（村社减负增效）"应用迭代升级，推动该应用在网格落地运用，真正实现治理任务"上统下分"、项目进度"一网统揽"、工作成绩"实时晾晒"。建立网上"民情日记"等民情信息反馈工具，加强居民户籍地、居住地、工作地等信息联通，畅通线上、线下社情民意反映渠道，交互联动提高网格工作、服务治理、队伍管理的智慧化水平。强化数字应用统合，加强"浙里兴村治社（村社减负增效）"应用与"基层治理四平台""基层治理大脑"等其他各类网格相关应用的贯通融合，大力推动应用与各层级各领域平台、功能、体制机制贯通，实现各平台应用不断向下拓展、集成，形成省－市－县－乡－网格"五级联动"工作网络。2023年，

固本强基

全市103个乡镇(街道)实现"大综合一体化"与基层智治体系两大应用贯通全覆盖,基层智治综合应用共向"大综合一体化"执法监管数字应用推送事件线索373条,实现100%闭环处置。

三、经验启示

诞生自绍兴的"枫桥经验"虽发源于农村,但在市域社会治理现代化推进过程中,其基本精神和方法已经被广泛应用于绍兴市城市基层社会治理实践中。"全科网格""整体智治""红色物业""红色业委会"等一系列基于网格化治理理念的实践做法,正是"枫桥经验"应用于城市基层社会治理的生动体现,为探索市域社会治理现代化提供了新思路、新经验。

(一)不断优化网格治理格局

党的十八届三中全会提出,要推进国家治理体系和治理能力现代化,而这一理念的重要体现就是治理方式和治理体系的科学性。在基层社会治理中,网格化治理方式科学性的一大体现便是科学合理的网格治理格局,包括载荷相适的网格布局、坚强有力的网格团队,以及清晰明确的网格治理规则等。绍兴市在网格化治理格局构建过程中,网格划分、人员配备、职责分工、规则制定等方面的工作都是紧紧围绕治理目标,按照科学原则、采用科学方式推进的,比如网格划分规模既遵循了相关标准,又根据社区具体情况设置了弹性范围。要通过科学方式不断优化网格治理格局,就要坚持以人为本,以提高治理效能为目标,按照相关部署要求并结合社区具体状况,运用电子地图、地理信息系统等技术工具,科学划分网格、微网格,合理配置治理资源,做到网格布局与社区治理能力相适配、治理资源与社区需求相匹配,实现社区治理效能最大化。要加强网格团队建设,科学组建网格团队,从社区干部、优秀党员、社区工作者等群体中优中选优,配强网格力量;不断加强能力培训,提升网格队伍风险防范、应急处突能力;建立激励约束机制,不断优化网格队伍整体素质。要建立起清晰明确的网格治理规则,确保网格治理工作规范化、标准化、常态化,实现基层社会治理由"人治"向"制治"转变。

（二）不断强化基层党建统领

中国共产党的领导是中国特色社会主义的最本质特征。中国近现代历史反复证明，我们之所以取得新民主主义革命的胜利，并在新中国成立后从一穷二白到取得一系列社会主义现代化建设伟大成就，关键就在于中国共产党的坚强领导。在基层社会治理中，中国共产党的领导同样发挥着无可比拟的重大作用。首先，基层党组织在社会基层已经长期存在，是基层社会分布最为广泛，运行最为成熟、严密的组织，是基层治理团队重要的组织资源。其次，基层党组织是中央权威在基层的延伸和代表，坚持党的领导是确保正确的政治方向、有效统合各方力量的重要保证。最后，群众路线是中国共产党的重要法宝，基层党组织能够有效发动和依靠群众，进而有助于基层社会真正建立起共建共治共享的治理共同体格局。随着基层社会治理单元不断细化、治理触角不断向网格单元延伸，基层社会"微治理单元"的党建工作愈加重要。绍兴市作为"枫桥经验"的发源地，在基层社会治理中一直秉持着"枫桥经验"中"坚持党的领导"的重要内涵，如在开展网格化治理过程中，坚持将支部建在小区上，党组织下沉到网格上，不断擦亮绍兴市党建引领社区"契约化"共建、驻村指导员和"民情日记"三张"金名片"，在社区推广"红色业委会""红色物业"，将"党建网"与"治理网"双网融合，充分发挥基层党组织在基层社会治理中的统领作用，不断将基层党组织的政治优势、组织优势转化为基层社会治理效能。在基层社会治理中，要不断坚持党建统领，跟随治理单元变化及时将党组织嵌入网格；坚持发动和依靠群众，吸纳各类治理主体参与基层社会治理，持续释放基层党组织的治理效能。

（三）不断深化治理数字赋能

2020年4月，习近平总书记在浙江考察杭州城市大脑运营指挥中心时指出，让城市更聪明一些、更智慧一些，是推动城市治理体系和治理能力现代化的必由之路。信息化、数字化、智能化已经成为我国当前和未来社会的重要特征，信息技术已经成为我国社会治理的重要手段。党的二十大报告指出，要"完善网格化管理、精细化服务、信息化支撑的基层治理平台"，就是要以网格化治理格局为基本框架，以信息化技术手段赋能基层社会治理，

固本强基

为城乡社区居民提供精准化、精细化服务。绍兴市的具体实践表明，数字技术主要从三个方面赋能基层社会治理：组织管理、信息感知和便民服务。比如通过建立"浙里兴村治社（村社减负增效）"、"141"基层治理体系、基层智治系统和"大综合一体化"等数字平台，纵向贯通各层级、横向打通各部门，既打破了条块分割和碎片化治理状态，又将事项流转从线下转到线上，实现派单、接单、跟踪、监管、上报、评比等全流程"一屏统揽""一键直达"，大大减轻了基层行政负担。同时，融合各平台功能，打通各层级信息传递网络，充分发挥网格员信息采集与"吹哨"功能，实现信息实时反馈、瞬时反馈，大大提高信息感知效率，为及时化解矛盾纠纷、防范风险隐患留足时间空间。通过建立微信公众号、小程序、手机应用、网络平台等，开通政务服务与便民服务线上办理功能，让数据"多跑路"，群众"少跑腿"；同时通过信息平台及时准确地对接居民服务诉求，提升社区服务精准化、精细化水平。

打造新时代基层德治高地

中共绍兴市柯桥区委党校　俞鸿　吴雨晴　吴晓灵

一、基层德治高地建设的现实必要性

基层治理是国家治理的基石和最末端，也是服务群众的最前沿。随着我国经济社会的快速发展，传统的基层治理制度越来越凸显局限性。只有通过对基层社会治理制度的持续创新，更好地满足人民的需要，使人民的基本利益得到切实的保护，人民的满意度、认同感和归属感才能得到进一步提高。党的二十大报告中提出，要"健全共建共治共享的社会治理制度，提升社会治理效能。在社会基层坚持和发展新时代'枫桥经验'"。社会治理的最佳选择，就是将矛盾纠纷化解于未然，将风险隐患消弭于无形。党的二十大报告同时指出，要"发展壮大群防群治力量，营造见义勇为社会氛围，建设人人有责、人人尽责、人人享有的社会治理共同体"，要"提高全社会文明程度。实施公民道德建设工程，弘扬中华传统美德"，"推动明大德、守公德、严私德，提高人民道德水准和文明素养"。这与国家"十四五"规划纲要和《中共中央关于党的百年奋斗重大成就和历史经验的决议》关于社会治理的要求一脉相承，其中前者提出了实现"社会治理特别是基层治理水平明显提高"的目标，后者强调"要健全党组织领导的自治、法治、德治相结合的城乡基层治理体系，推动社会治理重心向基层下移"。

（一）以德治国方略要求加强基层德治建设

2018年9月，习近平总书记在主持中共中央政治局第八次集体学习时强调："我国农耕文明源远流长、博大精深，是中华优秀传统文化的根，要在实行自治和法治的同时，注重发挥好德治的作用，推动礼仪之邦、优秀传统

固本强基

273

文化和法治社会建设相辅相成。"就德治而言,我国的德治思想是由儒家政治理念衍生出来的,地方宗族、乡绅都是通过儒家的纲常伦理来维持基层的安定,提倡用伦理道德去感化、教化百姓。在儒家学说中,道德不是施政手段,相反政治服务于道德,主张德治高于法治。我国自古以来就有以德治国的传统,而现代社会中的德治则是对传统德法的进一步发展。在现代社会中,德治的内涵要比传统社会中的丰富得多。在传统道德的精髓之外,还包含了社会公德、职业道德、家庭美德、个人品德等。道德准则的功能表现为把社会的道德观念内在化,并对人们的行为产生潜移默化的影响。2014年5月,习近平总书记在北京大学师生座谈会上指出:"核心价值观,其实就是一种德,既是个人的德,也是一种大德,就是国家的德、社会的德。"构建一个新型的、共建共治共享的社会治理模式,就要将社会主义核心价值观、中华民族传统美德同社会治理有机地融合起来,完善法治工具的不足,借助道德规范的力量对社会进行管理,提高民众的基本素质和道德水平,对个人行为进行自觉规范,从根本上缓解社会矛盾。

费孝通在《乡土中国》一书中提道:"从基层上看去,中国社会是乡土性的。"[1]"乡土性"指的是中国社会从基层角度来讲,是一个深受亲情关系、裙带关系、邻里关系影响的熟人社会,在人际交往中人情具有举足轻重的作用。基于我国独特的社会属性,德治在社会治理体系中具有非常重要的作用。党的十九大报告指出,要"深入实施公民道德建设工程,推进社会公德、职业道德、家庭美德、个人品德建设"。2018年3月,习近平总书记在参加十三届全国人大一次会议重庆代表团审议时,就法治与德治关系作了深刻阐述,强调"要既讲法治又讲德治""把法律和道德的力量、法治和德治的功能紧密结合起来"。在党的十八届四中全会第二次全体会议上习近平总书记也曾强调,"治理国家、治理社会必须一手抓法治,一手抓德治,既重视发挥法律的规范作用,又重视发挥道德的教化作用,实现法律和道德相辅相成、法治和德治相得益彰"[2]。在基层治理中,既要发挥法治的刚性保障作用,也要发挥德治的"软治理"效能。

---

① 费孝通:《乡土中国》,人民出版社2008年版,第1页。

② 习近平:《加快建设社会主义法治国家》,《理论学习》2015年第2期。

（二）基层治理现代化要求推动基层德治建设

一个国家治理体系和治理能力的现代化水平很大程度上体现在基层，基层强则国家强，基层安则天下安，必须抓好基层治理现代化这项基础性工作。①现代化是一种全面性的社会转型，是由传统的农业社会向现代工业社会的变迁过程，是一种根本性的跨越。中国式现代化正处于向第二个百年奋斗目标迈进的重大历史关头，在基层治理问题上提出了更加清晰的治理现代化命题。马克思指出："历史什么事情也没有做……正是人，现实的、活生生的人在创造这一切……历史不过是追求着自己目的的人的活动而已。"②人类社会发展的过程是人的活动的过程，也是人的发展的过程，所以治理现代化不但需要实现"物"的现代化，更应该突出"人"的现代化，即实现人民群众的自由全面发展，不断增强人民群众的获得感、幸福感、安全感。

在基层治理方面，德治思想源自中华优秀传统文化，是基层治理的重要组成部分。相较于传统"德治"，现代"德治"的内涵更具时代性，对实现社会治理现代化具有重要意义。要不断提高基层治理人员的道德修养，加快建成一支高素质、高水平、高标准的职业化队伍，以此促进基层社会治理工作质量及效率的整体提升，而这需要在基层治理中将德治建设摆在突出位置。

（三）德治建设面临的新挑战要求提高治理水平

随着中国特色社会主义进入新时代，社会主要矛盾发生重大变化，基层治理要以满足广大人民群众对美好生活的需求为出发点，社会结构、利益格局需要不断调整。而基层是社会治理的"深水区"和"攻坚点"，问题复杂、矛盾频发、治理难度大。受市场经济的影响，传统文化遭受剧烈冲击，德治的制约功能正逐渐减弱。

在过去的几十年里，由于城乡发展差距日趋扩大，越来越多的年轻人选择在城市生活就业，社会经济转型也为农村人才提供了更多、更好的就业机

---

① 李军仁：《向全国各族人民致以美好的新春祝福 祝各族人民幸福吉祥祝伟大祖国繁荣富强》，《人民日报》2021年2月6日。

② 《马克思恩格斯文集》(第一卷)，人民出版社2009年版，第295页。

会，城镇对农村的"虹吸效应"越来越显著，农村人才大量外流，农村共同体日趋离散化、碎片化，使基层失去了共同体固有的温情和关怀。群体的示范与监督功能也随着年轻人外出而失去了影响和教化对象，基层德治主体和文化传承出现了断层，致使优秀传统道德的价值功能逐渐弱化，基层的凝聚力、向心力也随之下降，基层德治的效果面临巨大挑战。

目前，随着乡村振兴战略的不断推进，部分年轻人开始选择回乡创业，但由于传统基层德治的衰败，新的治理形式尚未形成，基层出现了治理空心化。同时，农村生产方式的变革使传统的小农经济转变为现代产业体系，传统道德习俗的约束已经不能很好地满足基层治理的需求，亟须建立起与时俱进的、更契合现代基层治理的德治高地。

二、绍兴市建设基层德治高地的主要实践做法

近年来，为了更好地治理基层，绍兴各地在德治高地建设上不断创新探索。例如，柯桥区马鞍街道亭山桥村以"文化治村"作为村庄治理特色，践行"以文化人"的理念，从曾经的后进村蜕变为第三批全国乡村治理示范村。始建于20世纪50年代的老山海小学，可以说既是亭山桥村的文脉所在，也是乡愁情怀的寄托之地。2017年，村里决定把已经卖给企业当厂房的老山海小学旧房收购回来，投入资金进行改造，变成了乡贤"娘舅"工作站和道德大讲堂，成功调解各类矛盾纠纷，还打造成了市、区两级干部培训基地。此外，亭山桥村还在村庄中心地带打造村民文化广场，组织集体文化活动，让村民们在热闹的文化氛围中提升了幸福感、自豪感。亭山桥村通过文化和社会主义核心价值观的浸润，在乡村振兴、村庄治理等方面取得了显著成效。可以说，绍兴正在积极探索运用"枫桥经验"提升城乡治理水平，通过提高公民素质，净化社会风气，不断提升社会治理效能，积极打造市域德治高地。

（一）加强德治宣传，提高全民素养

绍兴市充分发挥历史文化名城的优势，注重以文化人、以文养德，通过结合丰富的人文资源，充分利用好道德讲堂、文化礼堂等阵地及网络平台，

培育好道德宣讲力量，加大宣传力度，不断增强群众道德意识和荣誉感，提升群众道德水准和文明素养，促进基层道德实践主体意识的广泛觉醒。一是组建师资队伍，加强基层宣讲。以形势政策教育与法治道德教育为主要内容，将党的创新理论与乡风文明、文化建设相融合，做好基层宣讲工作。绍兴市组建了社科人文宣讲团，在全市范围内筛选师资和课程方向，跨县域开展宣讲活动。如，柯桥区利用区委党校师资、"五老"宣讲团等力量，每年赴基层宣讲超过300场次，受教育群众超过20000人次。上虞区积极搭建展示平台，通过"我为上虞城市代言""青春偶像微宣讲"等活动，让道德典型走到台前、走向群众，充分发挥各类先进模范的示范引领作用。新昌县打造"新昌好人、新时代好少年、文明家庭代言人"三支文明传播队伍，县委宣传部联合妇联开展"最美家庭"评选与宣讲活动，举办"最美家庭"故事分享会，2023年共计开展宣讲活动16场次。二是利用网络平台，深化舆论宣传。随着数字时代的到来，互联网已经高度普及并被广泛应用，成为信息传播最快捷的工具。绍兴市充分利用网络宣传这个平台，加强舆论引导。例如，柯桥区利用"小柯开讲"品牌，整合柯桥区委党校"不一样的思政课"子品牌，制作微课视频，每年发布微课教育视频70个以上。嵊州市也在媒体平台定期推送移风易俗相关作品和宣传短视频。上虞区迭代升级"虞小娥"文明实践直播间，围绕群众关注的热点问题开展系列直播活动，打响上虞"青春之城"公益直播品牌，同时依托电视台、百观新闻手机应用等媒体加强文明城市创建宣传，开展公益广告展播、最美系列展示等，传播文明理念、倡导文明行为。上虞区还扩大新时代文明实践视频号宣传效应，按照文明小剧场、随手记文明、文明小课堂、文明好榜样、文明"益"起来五大板块进行主题化视频摄制，不断引流，提升文明话题热度。

（二）发挥"好人"效应，营造崇贤风尚

绍兴市充分挖掘和利用道德资源，通过在全社会定期开展"好人"评选活动，加强对其事迹的总结提炼和宣传推广，在全市营造浓郁的崇贤尚德、见贤思齐的良好风尚，为建设德治高地创造了良好的条件。如，越城区以名人广场、科文广场、崇德街等广场街道为依托，制作好人宣传栏58块，打造好人阵地，通过加强宣传倡导，持续放大"越城好人"品牌效应。柯桥区

固本强基

让城市好人成为城市的榜样，形成铺天盖地的宣传效果，让好人有面子、有尊荣感，让好人的家属以好人为骄傲，形成全社会尊重好人、学习好人、效仿好人，从善如流的氛围。上虞区制定发布《上虞区道德模范、身边好人礼遇实施办法》，举办"上虞好人"颁奖典礼，在百官新闻客户端及上虞区新时代文明实践指导中心公众号等新媒体上设立好人专区，集中进行好人先进事迹展播，树立"好人有好报"的鲜明价值导向，营造学习好人、礼遇好人、争当好人的良好社会氛围。嵊州市加强好人礼遇工作，在中心广场规划建设"好人公园"，引导身边好人更好地发挥榜样作用、展现道德力量、引领文明风尚，努力营造"尊重好人、礼遇好人"的社会氛围。新昌县推广"好人工坊"，拓展好人的影响力和感染力。

（三）坚持问题导向，开展专题活动

绍兴市以问题为导向，针对某一社会不良风气和现象集中进行整治，以点带面推进德治工作。这种专题整治针对性强，借助行政力量往往能起到立竿见影的效果。近年来，绍兴市深化"千万工程"，开展"践行村规民约 破除陈规陋习"等各类移风易俗主题活动2900余场次，对培育文明乡风起到了很好的促进作用。例如，豪华宴席、天价彩礼的沉重负担让不少年轻人结不起婚，绍兴市总结推出越城区"新风菜单制、金牌厨师制、礼堂准入制"等管理机制，以新风菜单移风易俗作为切口，进一步提高市民文明素质和社会文明程度。越城区以"零礼金"村创建为抓手，落实《开展高价彩礼、大操大办等农村移风易俗重点领域突出问题专项治理工作方案》，深化"零礼金"村试点。柯桥区开展了垃圾分类、文明出行、文明养犬、文明观赛等主题活动。上虞区开展文明出行、违法停车和制止餐饮浪费等专项行动，实施"弘扬雷锋精神 遇见青春之城"学雷锋志愿服务月，以及"社区邻里月""孝亲敬老月"等主题月活动，同时积极践行"浙风十礼"，将每月5日定为全区统一的"青春有礼"实践主题日，集中开展形式多样的群众性文明实践活动。新昌县结合"去礼堂吧"平台，持续推进"我们的节日"主题活动，深化道德评议、善行义举、移风易俗等工作，营造文明向上的社会风尚。儿童和青少年是绍兴未来的希望，抓好他们的早期道德教育非常重要，是打造德治高地的基础性工作。为此，绍兴市开展了"童心向党""扣

好人生第一粒扣子""春泥计划"等主题教育实践活动，近年来累计开展各类活动4000多场次，参与人数35万余人次。上虞区充分发挥乡村学校少年宫作用，广泛开展"扣好人生第一粒扣子"等主题教育实践活动，不断提高青少年道德素养和心理健康教育水平。

（四）选树先进典型，发挥示范引领

"榜样的力量是无穷的"，通过选树先进典型，发挥先进典型的示范引领作用，对抓好社会风气、提升文明程度起到独特的作用。这里的典型是广义的，不仅包括先进个体（例如各地涌现出来的好人），还包括家庭、单位、社区、窗口等。以家庭为例，绍兴市以全国文明村镇国测为抓手，加强家庭文明建设，2023年开展"文明绍兴　越家温暖"系列活动；联合开展绍兴市第二届家文化节，发布千村家庭文明宣传行动、万户好家庭创树引领行动等家庭家教家风建设十大项目。许多乡村大力挖掘身边的道德模范和先进典型，如开展星级文明户评比，开展"最美儿媳""最美婆婆""最美志愿者"等先进典型选树，成为加强乡风文明建设的有效抓手。诸暨市健全最美培育选树机制，开展年度志愿服务先进典型、身边的道德模范等评选表彰活动，动态更新好人墙、道德长廊。新昌县开展"建设好家庭，涵养好家教，传承好家风"家庭文明建设活动，取得了很好的成效。近年来，浙江省正着力推进"浙江有礼"省域文明新实践，依托新时代文明实践中心等阵地，大力倡导践行以"敬有礼、学有礼、信有礼、亲有礼、行有礼、帮有礼、仪有礼、网有礼、餐有礼、乐有礼"为主要内容的"浙风十礼"，弘扬"爱国爱乡、科学理性、书香礼仪、唯实惟先、开放大气、重诺守信"时代新风，让每一位浙江人都成为文明浙江的代言人和受益者。绍兴市以此为契机，探索推进"有礼窗口""有礼单元""有礼地标""有礼实践"建设，截至2023年底已有33个"有礼"项目获评省"浙江有礼·四个一百"，同时加强有礼地标宣传推广，打造有礼大道，在景区、公交地铁站、新时代文明实践阵地等3000多个点位设置有礼地标。越城区倡导全民学礼，践行"浙风十礼"，打造以文明实践中心为龙头，城南、稽山片区为依托的"浙江有礼·幸福越城"的文明实践先行示范区。柯桥区持续打造"浙江有礼·柯桥有爱"实践品牌，开展"百行行百礼"和"有礼选树"活动，创建有礼阵地14个，设立

固本强基

行业"有礼窗口"83个，引导各单位积极参与精神文明建设工作。上虞区广泛开展"有礼街区""有礼小区""有礼楼道""有礼窗口"创建活动，2023年评选产生56个"有礼小区"、224个"有礼楼道"、60个"有礼窗口"。[①]这些"有礼"行动，对于培养良好社会风气、促进人际和谐、彰显城市优质形象起到了积极的作用。

（五）建立制度约束，规范道德行为

将德治元素融入村规民约、组织规章、行业守则和职业规范中，拓展至企业、商圈、专业市场、社会组织等，通过建章立制，可以为公民道德行为习惯的养成提供有约束力的外部保障，成为加强德治工作的一个重要方向。在柯桥区湖塘街道香林村，相传清光绪年间井水清澈似镜，由于村民在井中淘米洗衣，井水逐渐变得浑浊，于是村长下令立下"公禁"石碑，全村约定井水只能饮用，否则会受到惩处。此举颇见成效，井水很快恢复如初。"古井公约"的美谈折射出先民的契约精神。沿着历史的传承，香林村通过征集全体村民的意见，表决制定了一部完备的村规民约。这部公约共25条，既有"尊老爱幼、家庭和睦"的道德倡导，也有严令禁止的"清规戒律"，以及违反公约后采取的措施。此前有几户村民在房前屋后乱堆乱放，村干部几次上门劝导都无济于事。村里按照公约将这几户村民上墙通报，并取消了他们当年的煤气补贴等福利。从此，村里再也没有出现这样的现象。嵊州市也围绕"办酒不铺张、礼金不攀比、丧葬不迷信"等七项重点，将移风易俗的内容落实到村规民约中，制定家宴中心准入制度并上墙公示，与党员干部、村两委干部、农村厨师等重点人群签订承诺书1.8万余份，分发《文明节俭操办婚丧喜庆事宜倡议书》1.1万余份，实现了道德行为的刚性化约束。

（六）突出鲜明导向，强化道德激励

虽然内因起根本作用，道德行为的选择主要来源于人的内在价值理念，但外因对人的行为选择也有重要的影响和制约，所以外部力量的调节也很重

---

① 数据来自上虞区文明办交流材料。

要。例如，对不良行为公开曝光，发布优劣"红黑榜"、诚信承诺书等，给当事人造成外部压力，形成倒逼力量，从而优化行为选择和社会风气。如，上虞区定期评选并通报"十佳十差"点位、餐饮"红黑榜"，联合公安等部门曝光车辆不礼让行人、行人闯红灯等不文明行为，倒逼群众养成文明习惯，同时建立媒体监督曝光台，聚焦车辆乱停乱放、农贸市场环境差等"老大难"问题和不文明现象，推出《每周一问》曝光栏目11期，起到了很好的舆论监督和约束效果。对不良的行为、现象进行曝光批评，对好的行为、现象要进行正向激励。有些乡村将遵守规范的定性评价转化为具有可操作性的量化赋分，如积极参与村级事务、集体活动、志愿服务，维持好自家房前屋后的环境，以及各种口碑、家风、品质都能转化为村民的积分，这些积分不仅可以兑换米面粮油等生活必需品，还能申请贷款，从而让乡村居民认识到，遵守道德规范对个人、家庭和社区的积极作用。柯桥区也开展了道德积分兑换活动，2023年12月1日，柯桥区启动年度志愿服务"礼遇积分"兑换工作，安排了新华书店、供销超市作为供应方。道德状况还可以成为授信的重要依据，如新昌县深化"道德银行"建设，若农户的信用状况、道德行为达到一定标准，就对农户放款。2023年共计授信户数406户，授信金额8700万元；贷款户数214户，贷款金额5200万元。①这样，通过德治激励物化机制，"无形之德"就转化为"有形之得"，在让群众更有获得感的同时，更能起到正面导向作用。

（七）尊重群众主体，发动全员参与

群众是实践的主体，也是德治高地建设的主体，因此必须采取各种形式，创设多种途径，调动群众的积极性。事实上，只有"大家一起干、好坏大家判、事事有人管"，才能激发出群众的主人翁意识，公民道德建设才能深入人心，获得源源不断的内生动力。越城区招募组建由热心市民组成的城市管理观察员、古城守护官队伍，以"随手拍"、暗访抽查等方式，实时反馈家门口的楼道小广告，能随手处理的由志愿者处理，无法处理的及时上报平台，建立问题"发现–派单–处理–督办–反馈"的工作机制。上虞区精

---

① 《绍兴市文明办2023年工作总结和2024年思路》。

心组织"文明创建在身边"短视频征集大赛，大力挖掘、宣传文明城市创建中的先进典型、经验做法，不断激发群众参与文明城市创建的热情，实现群众从"袖手看"到"拍手赞"，再到"动手干"的转变。在受人尊重的老者、退休教师、退休干部、党员、乡贤等群体中组建道德评判组织或者从中选拔道德活动的发起者、组织者、推动者、监督者，针对不良社会行为进行评理、劝说和监督，更能为基层群众所接受、认可。这些组织还可以在基层民主协商、普及法律法规、调解矛盾纠纷、促进乡村和谐方面发挥积极作用，助力构建人人有责、人人尽责、人人享有的道德治理共同体。越城区切实发挥村规民约和红白理事会、道德评议会、村民议事会和禁毒禁赌会"一约四会"的作用，不断推动农村精神文明建设工作深入开展。上虞区充分发挥各村红白理事会作用，破除陈规陋习、倡导文明新风，新办简办红白喜事5000余场次。诸暨市健全和完善乡风文明理事会"走亲式"劝引工作法，夯实7项管理机制，加大宣传引导力度，加强重点领域突出问题管理，不断巩固移风易俗成果。嵊州市健全红白理事会、道德评议会等"四会"基层群众组织。新昌县推进"好人工作室""好人工坊"试点工作，开展矛盾调解、倡导新风、好人风采展等活动近百场。群众的力量和智慧是无穷的，让群众积极参与，可以从中汲取更多更好的德治工作思路，提升德治工作的水平。一些地方开展文明创建点子有奖征集活动，一些地方通过网络平台征求意见建议，这些都是在群众中集思广益的做法。如，嵊州市围绕移风易俗开展文艺作品原创大赛，评选产生一等奖3名、二等奖5名、三等奖8名。

（八）加强志愿服务，引导奉献社会

志愿者队伍不仅有助于加强社会参与、改善社会治理，更有利于弘扬奉献国家、社会和家乡的精神。近年来，绍兴市十分重视各类志愿者队伍建设。杭州亚运会期间，绍兴市依托各级文明实践阵地、志愿服务岗招募9类城市志愿者近万人，开展"喜迎亚运会　志愿我先行"等主题活动9000余场次，参与群众70余万人次；组织参加浙江省志愿服务项目大赛，"'厕所革命'——解决农村低保空巢老人'如厕难'"志愿服务项目入选2022年度全国学雷锋志愿服务"四个100"先进典型；启动"万朵鲜花送雷锋"志愿服务主题月活动，发起"迎亚运学雷锋全民志愿行动倡议"，开展万名志愿者进万村、学雷

锋等志愿服务活动7700余场次，服务群众超50余万人次。[①]越城区以争当平安和谐守护者、城市管理观察员、幸福越城体验员、文明出行参与者、有礼窗口代言人等十大风尚引领者为先导，突出全民志愿共行，开展区域文明新实践志愿服务活动，2023年全区新增志愿服务信用总时数165.2万小时，彰显越城新时代志愿风采。柯桥区依托志愿浙江系统和志愿柯桥系统，积极构建"15分钟志愿服务圈"，每万人志愿活跃者率达到18.81%。[②]诸暨市打响"全城志愿"品牌，深化"暖心十事"志愿服务，大力推广"乡村公益会场"联盟、"社区百管达人"等各类便民服务，推动志愿服务实现精准触达，激活村嫂、党员、乡贤等公益力量，打造爱心食堂"帮共体"，实施精准消责、"金福"培育等创优行动，实现每个食堂"叫好又叫座"，稳定持久运营。

（九）建设实践阵地，打造文明堡垒

新时代文明实践中心作为学习传播科学理论的大众平台、加强基层思想政治工作的坚强阵地、培养时代新人弘扬时代新风的精神家园、开展中国特色志愿服务的广阔舞台、发展社会主义先进文化的活动阵地、组织群众性普法宣传教育活动的大讲堂、滋养移风易俗的文明沃土，是基层宣传群众、教育群众、引领群众、服务群众的基本场所，是打造德治高地的重要平台。绍兴市深入挖掘和汲取中华道德文化精髓，以培育与践行社会主义核心价值观为统领，持续深化新时代文明实践中心建设，印发《绍兴市新时代文明实践中心建设测评标准（2023年试行版）》，打造"志愿浙江·越平台"，打通志愿活动与实践活动数据，推动全市2072个文明实践阵地常态化开展文明实践活动；组织新时代文明实践中心建设评估验收，6个区、县（市）评级均在A⁻以上；开展新时代文明实践先行示范所、站推选活动，评选先行示范所12家、先行示范站44家。[③]在此基础上，依托各级新时代文明实践中心，大力加强社会公德、职业道德、家庭美德、个人品德建设宣讲。柯桥区按照文明实践阵地"五有"标准，统一制作了上墙展示内容的模板和可视化标识，

固本强基

---

① 《绍兴市文明办2023年工作总结和2024年思路》。

② 数据来自柯桥区文明办交流材料。

③ 《绍兴市文明办2023年工作总结和2024年思路》。

对中心16个实践所、295个实践站进行统一的标准化升级，为规范化运作奠定了坚实基础。上虞区依托文明实践阵地，开展"送戏下乡""群众文化月"等活动累计500余场，在活动中不断丰富移风易俗内涵，推动形成文明乡风、良好家风、淳朴民风。①

（十）加强党建引领，确保德治方向

在公民道德建设中，各级基层党组织起着领导核心作用，无论是组建各类道德组织、志愿服务组织，还是开展各类主题活动、评比选树示范典型、进行宣传宣讲，都离不开基层党组织的统一领导和指挥协调。在加快德治高地建设过程中，基层党组织要锚定方向和目标，制订科学的计划和方案，落实具体的行动和措施，解决实际存在的矛盾和困难，同时要坚持以人为本，把唤醒群众、组织群众、动员群众，走好新时代群众路线作为基本理念，综合运用行政、经济、法律、数字化等手段，激发群众活力，培育社会组织，加快形成党委统一领导、党政齐抓共管、群团协同发力的工作格局。例如，为解决志愿服务深入持久有效的问题，地方党组织应发挥主导作用，出台鼓励引导措施。2023年，绍兴市委宣传部联合市民政部门设立500万元志愿服务基金，依托绍兴职业技术学院建立志愿服务学院、志愿服务培训基地，筛选130个项目建立志愿服务项目库，组织开展志愿服务先进典型展示交流活动等，这些措施往往是民间力量难以做到的。基层党组织还要做好方向引导，如以党政部门为主，引导社会成立各类道德基金，其资金被用于崇学助学、敬老祝寿、拥军优属、扶危救困及公益服务购等领域，这样既解决了政府财力不足的问题，又充分利用社会的力量解决了许多实际困难。越城区管好用好新时代文明实践基金，进一步加强对各类道德模范、优秀志愿者及各类城市建设者的关心关爱，对社会上涌现的好现象、好做法积极进行宣传表彰和推广。诸暨市全力办好"暖心十事""我为环卫工人送早餐"，让2200余名环卫工人享受每周两次的免费早餐，"我为家乡带个货"发动200多名返乡青年成为公益带货主播，助力家乡发展，社会影响都非常好。

---

① 数据来自柯桥区文明办交流材料。

三、绍兴市打造德治高地的实践做法对其他地区的启示

绍兴市打造德治高地的实践做法，充分体现了理论指导、党建引领、综合施策、以文化人、载体创新、群众主体、市域特色等实施原则，对于更好地坚持、发展和运用新时代"枫桥经验"，加强社会有效治理，营造良好的社会风气和社会环境起到了十分重要的作用。具体来说，绍兴市的实践做法对其他地区有以下八个方面的经验启示。

（一）坚持理论指导、强化思想认识，这是建设德治高地的根本前提

基层治理是国家治理的基石。习近平总书记指出，治理国家、治理社会必须一手抓法治、一手抓德治，既重视发挥法律的规范作用，又重视发挥道德的教化作用，实现法律和道德相辅相成、法治和德治相得益彰。[①]一般来说，法治是治理国家的基本方略，德治是治国理政的重要方式。历史证明，凡是既重视法治又重视德治的国家，治理效果都比较好；单纯靠法治或德治，都难以把国家治理好。当然，时代在发展，社会在进步，数字化治理或者说将智治融入法治、德治，使两者发挥更好的治理效能是必然趋势。自治是局部领域的自主治理，属于治理主体的一种区分。依靠法治与德治两种基本方式，同样需要融入智治元素，故国家治理的基本方式应以法治为主，辅之以德治。德治虽为辅助，但无论是在历史上还是在现实中，都具有十分重要的地位。党的十八大以来，以习近平同志为核心的党中央高度重视公民道德建设，立根塑魂、正本清源，作出一系列重要部署，推动思想道德建设取得显著成效，为基层社会治理奠定了坚实的基础。我们要以习近平总书记的重要论述为指导，深入学习国家社会治理理论，强化思想认识，把德治工作放在基层治理重要的位置上，努力建设市域德治高地。

（二）树立系统观念、抓好顶层设计，这是建设德治高地的前置条件

系统观念是马克思主义哲学重要的认识论和方法论，是具有基础性的思

固本强基

---

① 《习近平关于社会主义精神文明建设论述摘编》，中央文献出版社2022年版，第184页。

想和工作方法。社会治理是一项复杂的系统工程,必须树立系统观念,抓好顶层设计。党的十八大以来,以习近平同志为核心的党中央坚持和加强党对基层治理的领导,把服务群众、造福群众作为出发点和落脚点,坚持系统治理、依法治理、综合治理、源头治理,构建共建共治共享的城乡基层治理格局,形成了群众安居乐业、社会安定有序的良好局面。作为基层社会治理的重要辅助手段,德治需要我们坚持系统观念,对党的领导、制度设计、载体策划、社会参与、硬件建设、物质保障等要素进行综合考虑、系统谋划,通过抓好顶层设计,多方面发力,实现整体推进。而建设德治高地作为德治工作的一个更高目标,更需要我们结合市域治理实际,全面分析优势和短板,充分借鉴市域内外的先进经验和好的做法,在各级党组织的坚强领导下,发动全社会广泛参与,形成德治工作的强大合力,从而使基层治理成为绍兴一张响当当的"金名片"。

(三)用好道德资源、实现与时俱进,这是建设德治高地的客观要求

绍兴是全国第一批24个历史文化名城之一,是水乡、桥乡、酒乡、书法之乡和名士之乡,人文荟萃,文化底蕴深厚,拥有极其丰富的文化资源、道德资源,包括各种传说、典故、戏曲、曲艺、名人等,还是"枫桥经验"的发源地。这些都是新时代加强道德建设、打造德治高地的宝贵财富。当然,历史资源要发挥作用并体现其生命力,必须增添时代元素,彰显时代色彩,实现与时俱进。各地可以以绍兴市的实践做法为借鉴,坚持传承发展,激活道德资源。例如,在德治建设实践过程中,可以将名人文化与社会主义核心价值观相融合,全面服务城乡居民的文化需求,提高人们的道德素养。可以传承和发扬新时代"枫桥经验",探索德治对丰富"枫桥经验"时代内涵和夯实基层善治根基的积极作用。这方面诸暨市就提炼出思想教化、风尚淳化、共富感化、人文润化、规约固化的"五化"模式,深化拓展了"浙江有礼·'枫'尚诸暨"文明新实践。越剧是中国第二大戏剧剧种,作为越剧的故乡,嵊州市实施"越唱越响——越剧传唱新思想好习惯"项目,实现理论宣讲出新、出彩、出圈,增强了理论宣讲的感染力,还用唱越剧等方式传播"十礼",充分发挥了地域特色和优势,这些都值得各地学习借鉴。

（四）坚持分类施策、创新载体设计，这是建设德治高地的有效举措

加强公民道德教育，提高公民道德素养是建设德治高地的基础性工程。德治是在提高公民道德素养基础上，借助道德自律、道德约束进行社会治理的手段。无论是基础性的道德教育还是在此基础上的德治，都需要因地、因人、因时制宜，坚持分类施策，才能实现精准发力、降低成本、提高效益。山东曹县在培育文明乡风、良好家风、淳朴民风方面，就坚持了分类施策，如在农村，突出抓好"孝德"工程建设，每年举办孝文化村节，促进孝老爱亲风气的形成；在企业、工商户中，突出抓好"诚德"工程建设，重点解决遵纪守法、照章纳税、诚信经营方面存在的问题；在教育、卫生系统，突出抓好"仁德"工程建设，强化青少年学生个人品德的培养和教师素质的提升，提高医疗系统干部职工素质及服务社会和群众的能力；在机关，突出抓好"爱德"工程建设，着力解决作风不扎实、事业心不强、办事效率低的问题。绍兴市各区、县（市）有特色的亮点工作，基本上都是坚持分类施策、创新载体设计的具体体现。

（五）营造浓郁氛围、实现以文化人，这是建设德治高地的基础工作

人能改变环境，环境也能改变人。在德治高地建设中，如何营造浓郁的德治氛围，实现以环境熏陶人，以文化人、育人，是一个很重要也很基础的举措。近年来，无论是绍兴市，还是其下属各区、县（市），都有许多创新举措，包括红榜黑榜曝光、各类评比表彰、宣讲宣传活动、标语小品设计、文艺演出展示、积分兑换激励、网络视频专栏等，从线上到线下、从硬件到软件、从正面到反面、从城市到乡村、从评比到创建，都做得有声有色、多姿多彩。当然，在营造氛围过程中，各地要多注意信息反馈，及时调整策略，确保投入与产出（成效）形成最优比例。从目前的情况看，一些地方在营造氛围中更多地注重了形式，一些地方还仅仅出于宣传总结的目的，而在以文化人，如何运用环境熏陶人、影响人、改造人方面，办法想得不多，效果也不尽如人意。建议今后把这作为一个研究课题，探索氛围营造、环境塑造在触动人、影响人、感染人、提升人方面的动力机制和可检测实际效果的具体方法，使氛围和环境真正成为建

固本强基

设德治高地的重要基础。

（六）坚持以人为本、发动群众参与，这是建设德治高地的关键因素

习近平总书记指出："要完善共建共治共享的社会治理制度，实现政府治理同社会调节、居民自治良性互动，建设人人有责、人人尽责、人人享有的社会治理共同体。"①建设市域德治高地，同样必须坚持以人为本，发动群众广泛参与，使每个社会细胞都健康活跃。在市级层面，绍兴市开展公益广告征集活动，强化内容共商、阵地共建、价值共享、文明共宣机制建设，推动全社会公益宣传提质扩面成风景，这些都是社会参与的例子。在县级层面，柯桥区向各乡镇（街道）、部门及社会开展"洁美纺都文明共建金点子有奖征集"活动，经过层层评选和实地走访，评出一批"金点子"向各乡镇（街道）推广实施。无论是在乡村、社区，还是在企业，公民道德建设的各种举措都必须以最广大人民的根本利益为根本坐标，都必须建立在解决群众实际问题的基础上，这是建设德治高地的出发点。只有让群众感受到道德建设的温度，群众才会满意、才会配合，这是激发群众社会参与的根本内驱力。

（七）探索虚功实做、强化道德制约，这是建设德治高地的重要思路

习近平总书记指出，"法律是成文的道德，道德是内心的法律。法律和道德都具有规范社会行为、调节社会关系、维护社会秩序的作用，在国家治理中都有其地位和功能"，"法安天下，德润人心"。②道德是非正式制度的规范，是人的行为的价值取向，其基础是人类精神的自律，德治主要通过道德教化约束人的行为。但自律往往不足以约束人的某些行为或者约束某些人的行为，所以需要他律与自律共同发挥作用，实现道德的感召力与道德建设的制度化并行，才能全面提升公民道德建设的执行力。在具体实践中，德治工作要有意识地探索虚功实做，通过看得见、摸得着的方式创造实实在在的载体，让公民道德建设有落点，也能更好地发挥其根本长远的作用。例如，将

---

① 习近平：《在经济社会领域专家座谈会上的讲话》，《人民日报》2020年8月25日。

② 《坚持依法治国和以德治国相结合 推进国家治理体系和治理能力现代化》，《中国纪检监察》2016年第24期。

道德建设纳入村规民约，融入相关组织章程、行业守则和职业规范中，柯桥区湖塘街道香林村秉持"古井公约"的契约精神，通过征集全体村民的意见，表决制定内容完备的《香林村村规民约》，既有"尊老爱幼、家庭和睦"的道德倡导，也有严令禁止的"清规戒律"以及违反公约后采取的措施。将道德建设纳入村规民约、融入到相关组织章程、行业守则和职业规范中的做法非常具有典型性，其他地方也有很多类似的例子。此外，法律是一种正式的制度规范，是人的行为底线，对人的行为调节具有外在的强制力，德治作为辅助手段，需要与法治有机地结合，发挥两者互补互促的合力。

（八）加强党的领导、发挥引领作用，这是建设德治高地的根本保证

习近平总书记指出，"新的征程上，我们必须坚持党的全面领导"，"充分发挥党总揽全局、协调各方的领导核心作用"[①]。在具体实践中，无论是德治高地建设的决策与顶层设计，还是具体的制度设计、政策部署，都必须发挥地方党组织的领导核心作用。在德治工作的具体实施中，要把基层党组织建设成为领导基层德治的坚强战斗堡垒，强化和巩固党建引领基层治理的作用。同时，党组织发挥的是领导核心作用，德治高地建设的具体工作必须依靠相关部门、社会组织和广大群众，这是我们的力量源泉。只有构建起党组织统一领导、各类组织协力协同、广大群众广泛参与的共建共治共享治理格局，才能在建设市域德治高地中形成强有力的依靠。此外，地方党组织和基层党组织还要充分发动党员个体，强化他们的政治身份意识，凸显他们的先进性，使党员真正在引领社会风气、做好志愿工作、服务群众、推动发展的德治工作中发挥先锋模范、示范表率作用。

固本强基

[①] 习近平：《在庆祝中国共产党成立100周年大会上的讲话》，《人民日报》2021年7月2日。

五

数字赋能

数字赋能基层治理：基层智治"141"体系

中共绍兴市委党校　王新波

　　党的二十大报告提出了加快建设"数字中国"的战略目标，并在完善社会治理体系方面强调要"完善网格化管理、精细化服务、信息化支撑的基层治理平台"。这一战略部署不仅为基层治理数字化提供了明确的方向和行动指南，而且强调了数字化在推动社会治理现代化中的关键作用。基层治理数字化不再仅仅是技术层面的更新，而是涉及治理理念、治理模式、治理手段的全方位革新。网格化管理的实施使治理更加精细化，能够针对不同区域、不同群体的具体需求，提供定制化的服务和管理。信息化支撑则为这一过程提供了技术基础，通过大数据、云计算、人工智能等现代信息技术，实现信息资源的高效整合和利用，提高治理的精准性和有效性。

　　绍兴是长三角城市群重要城市，是浙江省重要的经济和文化中心，2023年末全市常住人口539.4万人。作为"枫桥经验"的发源地，绍兴在探索基层治理模式创新上一直走在前列。特别是近几年来，在党中央、国务院"数字中国"战略的指引下，依据浙江省委、省政府数字化改革的指导方针，绍兴市依托经济社会发展和科技创新等多方面的优势资源，顺应以智能制造、数字技术为标志的全球第四次工业化浪潮，全面启动覆盖面广、影响深刻的数字化改革工程。其中，重点改革工作是推动数字技术的发展和体制机制的创新，全力打造了"1612"工作架构。第一个"1"为1个核心平台，即推进一体化、智能化公共数据平台建设，"6"即党建统领整体智治、数字政府、数字经济、数字社会、数字文化、数字法治6个综合应用。第二个"1"即基层智治系统，"2"即构建理论体系、制度规范体系两套体系。

　　本文将以"1612"数字化改革工作框架中的第二个"1"，即基层智治系统为分析对象，从基层治理的实施背景、主要实践做法等方面介绍绍兴基层治理数字化的基本情况及其所蕴含的经验启示，以期为相关部门继续推进基层治理数字化工作提供决策参考，为其他地区开展相关改革提供可以借鉴的经验做法。

一、绍兴基层治理数字化的实施背景

绍兴推进基层治理数字化是贯彻落实习近平总书记和党中央关于"数字中国"建设，以及基层治理现代化战略部署的必然要求，是响应浙江省委、省政府数字化改革和推进省域治理现代化的重要举措，是对经济社会发展和基层治理现实需求的有效回应。这一改革的顺利推进，也得益于绍兴在基层治理领域长期的实践探索和一系列数字化改革的阶段成果。

（一）绍兴推进基层治理数字化的政策要求

党的十八大以来，面对全球数字化的浪潮，以习近平同志为核心的党中央审时度势、高瞻远瞩，逐步提出了"数字中国"建设。2015年12月16日，习近平主席在第二届世界互联网大会开幕式上首次提出推进"数字中国"建设，开启了"数字中国"建设战略。2017年、2018年，"数字中国"先后被写入党的十九大报告和国务院政府工作报告。同时，进入新时代，经济发展和社会转型的持续深化，给基层治理提出了越来越多的挑战。习近平总书记高度重视基层治理工作，多次发表重要讲话，反复强调"必须抓好基层治理现代化这项基础性工作"。2021年4月28日，党中央、国务院出台的《关于加强基层治理体系和治理能力现代化建设的意见》专门强调，要做好规划建设、整合数据资源、拓展应用场景，加强基层智慧治理能力建设。这是以数字技术推进新时代基层治理现代化建设的纲领性文件。2022年6月6日，国务院印发的《关于加强数字政府建设的指导意见》提出："着力提升矛盾纠纷化解、社会治安防控、公共安全保障、基层社会治理等领域数字化治理能力。"2023年2月，中共中央、国务院印发的《数字中国建设整体布局规划》提出，数字技术要全面赋能经济社会发展，推进数字社会治理精准化等要求。数字化成为推进我国基层治理体系和治理能力现代化建设的重要路径。

浙江省是"数字中国"战略的最早实践地之一。早在2003年，时任浙江省委书记的习近平同志就将"数字浙江"纳入"八八战略"的总体布局之中。此后，历届省委、省政府都深刻认识到数字化转型对于提升政府治理能力的重要性，始终将数字技术作为浙江改革的技术支撑和重要手段，以持续的数字化推动省域治理现代化和经济社会发展。从2021年开始，浙江数字化改革进入新的阶段，开始在全省范围内实施数字化改革战略，其特征是以数字化改革为手段，同步推进治理制度创新，逐步实现省域的整体智治和治理现代化。

在此背景下，绍兴市积极响应党中央、国务院，以及省委、省政府关于加强数字政府建设的重大决策部署，结合本地实际情况，于2022年12月30日制定并实施了《绍兴市加快推进数字政府建设实施方案》。该方案明确了数字政府建设的目标和任务，旨在通过数字化手段推动政府治理体系和治理能力现代化，实现政府决策科学化、社会治理精准化、公共服务高效化，并强调通过数字应用系统的开发和使用实现"横向集成、纵向贯通"治理，"不断提升基层社会治理体系和能力现代化"。由此可见，以数字化推进基层治理现代化成为新时代绍兴推进基层治理创新的重要内容。

（二）绍兴推进基层治理数字化的现实需求

近年来，绍兴经济社会快速发展，社会利益主体多元化趋势被持续强化，社会矛盾复杂程度不断提升，这对绍兴的基层治理能力提出了新的要求。特别是在社会治理的现代化进程中，面临着一系列亟待解决的问题和挑战。这些问题不仅关系到基层治理的效率和质量，更直接影响到人民群众的生活质量和满意度。

首先，基层治理面临"上面千条线、下面一根针"的难题。一方面，基层政府在执行上级政策中承受的压力和挑战持续加大。上级政府的各类政策、项目和任务，最终都需要通过基层政府具体实施落地。另一方面，基层政府在人力、物力、财力等方面的能力相对有限，难以应对日益增长的治理需求。因此，绍兴市迫切需要通过数字化改革，为基层政府减负增能。通过信息技术较高地融合嵌入，实现政务流程的优化和自动化，精准发现群众需求，并及时作出有效回应，从而减少基层工作人员的工作量，提高工作效率。同时，数字化手段还可以帮助基层政府更好地整合和利用资源，提升基层治理的整体效能。

其次，基层治理存在政令传递碎片化、资源任务分散的问题。在传统的治理模式下，信息的传递和资源的分配往往缺乏有效的协调和整合，导致政策执行不到位、资源利用效率低下。系统化、集成化的解决方案成为解决这些问题的关键。数字化改革可以通过建立统一的信息平台，实现信息的快速传递和共享，确保政令的畅通无阻。同时，通过数字化手段，可以对资源和任务进行有效整合，实现资源的优化配置和高效利用，提升基层治理的协同性和整体性。

最后，基层治理必须回应群众需求日益复杂化的问题。随着社会的发展和人民生活水平的提高，群众对于基层治理的诉求日益多样化和个性化。单纯依靠政府和传统的"一刀切"式粗放治理模式已经难以满足群众的需求。数字化手段提供了个性化服务的可能，通过大数据分析、人工智能等技术，可以对群众的需求进行精准识别和快速响应。数字化改革为基层政府更好地了解和服务群众，提供了更加精准、高效、便捷的技术支撑。例如，通过在线办事平台实现民生、营商"一件事"一站式办理等方式，可以极大地提高群众办事的便利性，缩短办事时间，提升群众的满意度。

（三）绍兴推进基层治理数字化的基础条件

绍兴市作为基层治理数字化的先行者，其现实基础得益于深厚的历史积淀和坚实的现代化建设。新时代"枫桥经验"的实践，为绍兴市提供了独特的政治和社会条件，推动了基层治理体系和治理能力的现代化。在此基础上，绍兴市不断探索和深化数字化改革，利用信息技术提升基层治理的效率和质量，构建起一个更加开放、透明、智能的治理体系。

首先，新时代"枫桥经验"引领基层治理持续创新。作为"枫桥经验"的发源地，绍兴市根据时势的变化要求不断创新发展新时代"枫桥经验"，并形成了具有绍兴辨识度的市域基层治理品牌，持续推动社会治理模式创新。新时代"枫桥经验"的核心在于强化党的领导，发动群众参与，运用法治思维和法治方式解决社会问题，同时不断尝试运用数字技术提升治理效率。通过深化"枫桥经验"的实践，绍兴市加强了社区自治组织建设，优化了公共服务供给，提高了对群众需求的响应速度。特别是数字化平台的开发运用，如智慧社区、数字乡村、在线政务服务等数字化改革，增强了政策透明度和公众参与度，有效提升了基层治理的现代化水平和社会和谐度。

其次，信息基础设施建设与技术创新能力不断强化。近年来，在"数字中国"和"数字浙江"战略的指引下，绍兴市在信息基础设施建设方面持续发力，加速5G网络的广泛部署和6G技术的研发，致力于打造高速、智能、泛在的通信网络。通过提升网络覆盖质量和服务能力，绍兴市为各个领域的数字化发展提供了强有力的支撑。此外，绍兴市还注重物联网、云计算、大数据等新兴技术的发展和利用，在智慧城市、公共安全、医疗健康、工业升级和农业现代化等方面取得了一大批阶段性成果，为基层治理数字化提供了有力的市域环境。

再次，产业数字化转型与软件产业高质量发展。绍兴市坚持产业数字化转型，推动传统制造业向智能化、绿色化、服务化方向升级。通过实施智能化改造项目，绍兴市提高了制造业的生产效率和产品质量，增强了产业的核心竞争力，特别是中芯国际、长电科技等国内芯片产业巨头的入驻，让绍兴市一跃成为国内领先的集成电路产业基地。同时，绍兴市积极发展软件产业，通过"2515"行动方案[①]，加强软件产业的创新能力和市场竞争力，培育了一批高收入软件企业，推动软件产业成为城市经济的新引擎。这些举措有助于提升绍兴市在全球价值链中的地位，不仅促进了经济结构的优化和高质量发展，也为基层治理数字化提供了有力的软硬件条件。

最后，城市基础设施与公共服务全面提升。近几年来，作为杭州亚运会的协办城市，绍兴市在城市基础设施和公共服务领域进行了大规模投资，涵盖了交通、教育、医疗、环保等多个方面。通过这些投资，绍兴市不仅提升了城市的物理承载能力，还改善了居民的生活质量。例如，绍兴市加强了城市道路、桥梁和公共交通系统的建设，提高了城市的交通便利性和安全性。在教育和医疗领域，绍兴市增加了优质资源的供给，提升了服务水平，满足了市民日益增长的服务需求。这些举措都有助于构建更加宜居、智能和人性化的城市环境，增强了城市的吸引力和竞争力，也为绍兴的市域治理现代化

① 《绍兴市人民政府办公室关于印发绍兴市加快软件产业高质量发展"2515"行动方案（2023—2026年）的通知》。

数字赋能

奠定了物质基础。

二、绍兴基层治理数字化实践：以基层智治"141"体系建设为例①

在党中央、国务院和浙江省委、省政府的战略指引下，绍兴充分利用自身优良的经济和社会发展条件，积极运用数字技术赋能基层治理，取得一系列具有地方标识度的基层治理数字化应用成果，基层智治"141"体系便是其中的典型代表。

（一）基层智治系统的基本内涵

基层智治系统作为浙江省数字化改革"1612"总体架构中的第二个"1"，是数字化改革重大应用在基层集成落地，推动改革成果转化为治理效能的重要载体，主要包括"一体两翼四抓手一保障"："一体"为以重大改革、重大应用在基层集成贯通落地为核心牵引；"两翼"为"141"基层治理体系和基层智治大脑建设；"四抓手"为基层治理"一件事"集成改革、"大综合一体化"行政执法改革、完善"四治融合"城乡基层治理体系、共同富裕现代化基本单元建设集成改革；"一保障"为强化党对基层治理的全面领导。

这一数字化总体架构具有五大主要特征：一是改革融合。基层智治系统是"县乡一体、条抓块统"改革的迭代升级，是全面深化改革、数字化改革、共同富裕示范区重大改革"三位一体"在基层融合推进的重大改革。二是综合集成。把数字化改革党建统领整体智治、数字政府、数字经济、数字社会、数字文化、数字法治六大系统的应用功能在基层综合集成，助推基层治理全面跃升。三是应用落地。根据基层治理重大需求实施重大改革、开发重大应用，推动重大应用在基层落地，实现"一地创新、全省共享"。四是智能辅助。通过建设基层智治大脑，提升运行监测评估、预测预警和战略目标管理能力。五是实战实效。推动基层治理工作经得起实战检验，真正给基层减负赋能。

---

① 本部分内容来自绍兴市委政法委资料。

基层智治"141"体系纵向分为县级社会治理中心、乡镇（街道）"基层治理四平台"、基层网格三个层级。社会治理中心（第一个"1"）统筹整合县级社会矛盾纠纷调处化解中心等各类中心、平台；"基层治理四平台"（中间的"4"）将原综治工作、监管执法、应急管理、公共服务四个平台，统一迭代为党建统领、经济生态、平安法治、公共服务四个平台，重点突出综合信息指挥室这一乡镇（街道）的核心中枢；基层网格（最后一个"1"）通过科学划分，全面覆盖所辖空间、组织、人群，综合集成各要素（治理事项、资源、力量等），打造基层治理最小单元（党建单元、执行单元、智慧单元、承接单元、作战单元）。横向设置党建统领、经济生态、平安法治、公共服务四条跑道，承接六大系统重大应用功能和开发集成基层特色场景应用。一是党建统领跑道，统筹落实党建、组织、纪检监察、宣传、统战、人大、政协、群团等的改革任务和工作部署，主要承接党建统领整体智治、数字社会、数字文化等系统的重大应用功能。二是经济生态跑道，统筹落实经济发展、项目建设、营商环境、城镇建设、乡村振兴、生态文明建设等的改革任务和工作部署，主要承接数字政府、数字经济等系统的重大应用功能。三是平安法治跑道，统筹落实平安综治、信访维稳、监管执法、安全生产、应急处置等的改革任务和工作部署，主要承接数字政府、数字法治等系统的重大应用功能。四是公共服务跑道，统筹落实社会事务、审批服务、便民服务等的改革任务和工作部署，主要承接数字政府、数字社会等系统的重大应用功能。

（二）基层智治系统的阶段性效果

经过近两年努力，绍兴市搭建起了基层智治"141"体系的四梁八柱，加强了社会治理中心"横向协调、纵向联动"的力度，推动基层治理从"事"到"制""治""智"的转变，一批特色案例和标志性成果不断推出。

首先，应用迭代成效显著。"浙里兴村治社（村社减负增效）"应用着眼畅通党建统领整体智治"最后一公里"，综合集成行政村（社区）治理事项资源和力量要素，推动行政村（社区）和网格一体融合，补齐了基层党组织领导基层智治的短板，是贯通基层智治"141"体系行政村（社区）层级的重大应用。该应用成功入围"全国社会治理创新案例（2022）"，相关做法在中央党的建设工作领导小组《党建要报》刊登，得到时任省委主要领导的批示肯定。绍兴持续推进基层智治综合应用与"浙里兴村治社（村社减负增效）"应用融合，有效破解原平台在行政村（社区）一级落地不深、抓手不实的难题，显著提升了基层组织和镇村网格各级干部民情感知和处置能力。

其次，治理手段提升明显。积极推动传统治理方式向现代智治转型，各区、县（市）推出一批特色应用助推基层治理现代化，如越城区"基层数据协同系统"着眼完善网格基础数据，推动最小作战单元高效运行；柯桥区、新昌县使用"雪亮工程"视频资源和智能算法开发视频融合赋能平台，推动基层治理手段从传统向现代智治转型；上虞区创新"网格智治指数"提升网格治理成效。

最后，治理机制持续优化。绍兴持续擦亮党建引领社区"契约化"共建、驻村指导员、"民情日记"三张党建引领基层治理的"金名片"，推动基层治理高质量发展。其中，越城区"浙里共建"实现"一键"智慧管理、"一码"受理民生难事、"一网"兜底社会事务；柯桥区持续迭代升级驻村指导员制度，推动行政村（社区）工作高质量发展；诸暨市开发"矛调枫桥经验"应用，实现乡镇（街道）社会治理中心"一窗式"受理，提升群众矛盾纠纷处置效率；嵊州市"浙里民情"重塑了干部驻村工作全景动态管理体系。

（三）基层智治系统面临的问题

当前，绍兴基层智治"141"体系在基层治理数字化建设中已经取得阶段性成效，要继续推进这一体系建设，更好地破解新形势、新任务下的基层治理工作，还面临着一些问题和挑战。

第一，建设理念上存在误区。主要是把基层智治系统建设简单等同于数字化应用建设，这也是数字化改革的思维误区。数智赋能是基层智治系统区别于传统基层治理模式的关键特征，但基层智治系统建设的核心本质仍旧是对传统治理机制和传统治理方式的改革，是充分体现基层治理体系和治理能力现代化在浙江的生动实践，其着重点是"县乡一体、条抓块统"改革。但当前，在智治系统的建设中，很多干部过分看重基层智治的数字化综合应用开发建设，注重开发各类应用和模型，而忽视在体制机制、职能优化、考核管理、业务流程、力量融合、数据共享上的创新突破，特别是在有效发挥县级社会治理中心牵引、"基层治理四个平台"牵头部门的关键作用和乡镇（街道）实战实效上缺乏有力统筹和具体指导。

第二，"一中心"功能运行不够充分。一方面，县级社会治理中心存在"小马拉大车"问题。根据改革赋予的职责任务，县级社会治理中心负责统筹协调、调度指挥党建统领、经济生态、平安法治、公共服务等四平台，这些职责功能涵盖了政治建设、经济建设、社会建设、文化建设、生态建设等领域，是"五位一体"大治理布局，属于国家治理在一地一域的具体体现。县级社会治理中心的职责范畴涵盖其他各个领域治理任务，显然大大超出了社会治理的职能范围，更是远远超过了县级社会治理中心所具有的治理权限和能力。另一方面，存在"新瓶装旧酒"问题。从运行的实际情况看，县级社会治理中心由原先的矛盾纠纷调处化解中心迭代升级而来，并不能有效实现"四平台"的作用，也不能承接"六大体系"的功能布局。目前，县级社会治理中心的主责主业还是信访和矛盾纠纷调处化解，承担的仍然只是"平安法治"平台的功能。同时，现行机制还导致矛盾纠纷调处化解与镇、村两级脱节，形成县、镇、村三级矛调工作不能有效同步的局面。

第三，"四平台"作用发挥还不平衡。一方面，有的功能平台还没有真正发挥应有作用。调研发现，迭代后的党建统领、经济生态、平安法治、公共服务四平台中，有的平台重点不突出、改革导向不明晰，出现"展示多、实战少"问题，线上、线下工作脱节现象较为严重。如2024年1—2月，绍兴全市"四平台"共处理事件128182件，其中平安法治类事件118691件、公共服务类事件964件、党建统领类事件1035件、经济生态类事件7492件，平安法治类事件独占鳌头，占比达92.6%。另一方面，有的综合信息指挥室还没有真正发挥实战作用。定位为乡镇（街道）党委和政府"核心中枢"的综合信息指挥室在建设中存在不规范、不到位问题。一些地方存在责任不清晰、分工不明确问题，导致综合信息指挥室难以形成各个平台的整体合力。其日常工作大多情况下是由综治办（基层治理办）工作人员负责，而这些工作人员有的以临聘干部为主，其作用还停留在信息上报、流转派单等"收发"层面，基本难以发挥基层治理"司令部""参谋部"的作用。

第四，网格管理还不规范。具体存在三种现象：一是网格员职责定位不明确。根据浙江省委《关于党建统领网格智治 推进基层治理体系和治理能力现代化的指导意见》，全市重新配备了7000余名专职网格员，主要由行政村（社区）干部、专职社区工作者担任。一方面，这些人员名义上是专职网格员，实际则身兼数职、身份混合、职责交叉。在工作内容上，网格员往往行政村（社区）、网格事务"一把抓"，难以分清界限。另一方面，网格员工作的行政化倾向明显。由于他们平时承担了许多行政业务，如政务手机应用打卡、日常检查、专业排查等繁多的条线任务，有的网格员从"为民服务"变成"为部门服务"。二是网格员任务繁重。网格员对于上级部门贯通或增加的职责清单之外的各种任务，往往只能"逆来顺受""照单全收"，从"前哨""探头"成为"全能选手"，存在入格事项扩大化问题，严重增加了网格员的负担。比如，"e行在线"应用贯通后，增加了排查上报电动车销售、维修、回收站点问题隐患等任务；"防汛防台在线"应用贯通后，增加了巡查地质灾害点，上报自然灾害引发的停电、道路中断、通信中断等任务。三是"管""用"不协调。全市各区、县（市）因为情况各不相同，网格员的身份复杂多样。有的是村干部，有的是社工，有的是劳务派遣工，还有的是志愿者、临时用工等，用工性质、能力素养和经费来源各不相同，这为考核激励、教育培训等管理机制的制定实施带来了很大的难度。

第五，缺乏科学有力的考评体系。一方面，基层智治"141"体系运行缺少整体性、系统性、科学性的评价管理办法，县级社会治理中心、"四平台"牵头部门、其他责任单位、乡镇（街道）对自己的职责定位还不够清晰，对干什么、怎么干、干成什么样存在很大的模糊性。在运维工作中感受不到压力，由此产生等待观望、事不关己等心态。另一方面，有些考核项目已经与当前实际工作现状完全不相适应。比如，不少地方对网格员的考核仍旧停留在报送事件数、巡查时长等方面，这也导致大部分乡镇（街道）的"141"基层智治综合应用并没有真正全覆盖、高效率运作，而是由某条办线自行闭环处置。

（四）完善基层智治系统的建议

进一步推进"141"基层智治系统的发展完善，必须按照"全省一盘棋、市级抓统筹、县级负主责、基层强执行"的思路，立足当前工作实际，在下阶段建设中能更加明确功能定位，理顺管理体制、运行机制和考核机制，在全省率先构建网格化管理、精细化服务、信息化支撑、开放共享的基层管理服务平台。

首先，进一步优化相关部门职能。厘清社会工作部、市委政法委、信访局与治理中心之间的管理职能，建议重新明确四条跑道业务牵头部门，按照统分结合原则系统梳理并合理精简各跑道、各层级的工作业务，配套完善相关制度，充分发挥牵头部门作用，压实乡镇（街道）主战职责。

其次，进一步提升网格工作规范化水平。优化党建统领网格智治机制，防止网格工作行政化倾向。制定出台规范网格员管理办法，明确网格员的定位，聚焦重点领域，审定入格事项，制定工作规程，健全专职网格员星级管理、分层分类分级培训、责任捆绑、履职保障等机制，加快探索实施网格工作报处分离和简易事件处置办法，进一步提升网格治理科学化水平。

最后，进一步统筹数字化应用建设。建议由社会工作部牵头负责基层智治综合应用建设，特别是理顺与"浙里兴村治社（村社减负增效）"应用在镇、村、网格三个层级上的业务关系，统筹把关四条跑道的市、县两级相关数字化应用，确保越到基层越集成。

三、绍兴基层治理数字化的经验启示

在探索基层治理数字化的道路上，绍兴市开发和运用的基层智治"141"数字化平台，展现了信息化时代下基层治理模式的革新与突破。通过梳理可以发现，绍兴在探索和实践基层治理数字化的过程中，形成了一系列可复制的经验，具有很大的启示意义。

（一）党建引领——基层治理数字化的政治保障

绍兴基层治理数字化的成功实践，离不开党建引领的深化作用。党建引领不仅为基层治理提供了坚实的政治保障和明确的价值导向，更在加强组织保障、推动政策执行，以及实现基层治理与数字化改革的深度融合中发挥了核心作用。

数字赋能

首先，党建引领为基层治理提供了坚强的政治保障。通过加强党的建设，绍兴确保了基层治理的正确政治方向，使党的路线、方针、政策在基层得到有效贯彻落实。党组织在基层治理中的领导核心作用得到充分发挥，为基层治理的数字化改革提供了有力的政治支持。其次，党建引领强化了基层治理的组织保障和政策执行力度。党组织在基层的广泛覆盖和深入工作，为基层治理提供了坚实的组织基础。此外，通过党员的示范引领和党组织的督促检查，绍兴的数字化改革政策执行力得到显著提升，确保了基层治理数字化建设的顺利推进。最后，党建引领推动了基层治理与数字化改革的深度融合。在绍兴的基层治理实践中，党组织积极探索数字化改革的新路径、新方法，如"浙里兴村治社（村社减负增效）"应用的开发，将党的建设与数字化改革紧密结合，实现了基层治理的智能化、精准化。同时，通过党建引领，绍兴还培育了一批懂技术、会管理的基层治理人才，为基层治理数字化改革提供了有力的人才保障。

（二）高位推动——基层治理数字化的关键所在

在绍兴基层治理数字化的实践中，高位推动被证明是落实基层智治系统建设工作各项重点任务的关键因素。高位推动不仅体现了党委、政府主要领导对基层治理现代化的高度重视，而且通过顶层设计为基层治理提供了明确的方向和强有力的支持。

首先，高位推动确保了政策的连贯性和一致性。绍兴市通过市委、市政府决策，明确了基层治理数字化的总体目标和实施路径，为县、乡两级政府和相关部门提供了清晰的指导。这种自上而下的推动力，使基层治理数字化能够与国家的整体发展战略相协调，确保了政策的顺利实施。其次，高位推动为基层治理数字化提供了必要的资源保障。在绍兴市的实践中，政府的重视使得基层治理数字化项目能够获得充足的资金支持和人力资源。这就为基层治理数字化的技术研发、基础设施建设和人员培训提供了坚实的基础。再次，高位推动强化了跨部门、跨层级的协调合作。基层治理数字化涉及多个部门和层级，需要有效的协调机制来解决可能出现的矛盾和冲突。绍兴市通过高位推动，建立了跨部门的协调小组和工作专班，负责协调各方面的工作，确保了基层治理数字化的顺利推进。最后，高位推动为基层治理数字化的持续发展提供了动力。绍兴市委、市政府的持续关注和支持，确保了基层治理数字化项目的长期稳定发展。通过不断地政策创新和技术革新，绍兴市的基层治理数字化始终保持着旺盛的生命力。

（三）协调推进——基层治理数字化的必备方式

在绍兴市基层治理数字化的进程中，协调推进机制发挥了至关重要的作用。作为落实基层智治系统建设工作各项重点任务的根本，协调推进不仅促进了不同部门和层级之间的有效合作，而且确保了政策的连贯性和执行的一致性。

首先，协调推进的首要作用是整合资源和优化配置。绍兴市通过建立高效的协调机制，实现了治理资源的跨部门和跨层级整合。整合的内容不仅包括人力、财力和物力资源，也涵盖信息和技术资源。通过协调推进，绍兴市能够将有限的资源集中用于关键领域和关键环节，提高了资源的使用效率。其次，协调推进有助于解决治理中的矛盾和冲突。在基层治理数字化的推进过程中，不同部门和层级之间可能会因为利益、职责和目标的不同而产生矛盾和冲突。绍兴市通过协调推进机制，建立了有效的沟通和协商渠道，及时解决了这些矛盾和冲突，保障了治理工作的顺利进行。再次，协调推进促进了政策的连贯性和执行的一致性。绍兴市通过协调推进，确保了各级政府和相关部门在基层治理数字化的政策制定上表现出较强的一致性，同时能够形成较为统一的政策执行标准和操作流程，进而提高政策执行的效率和效果。最后，协调推进为基层治理数字化的持续发展提供了保障。绍兴市协调推进基层治理数字化，不仅能够及时响应治理环境的变化，也能够不断满足治理需求的更新，持续推动基层治理数字化的创新和发展。

（四）专班运作——基层治理数字化的执行策略

专班运作是一种针对特定任务组建的跨部门工作机制，它通过整合多方资源、快速协调决策、明确责任分配、利用专业人才管理、目标导向执行及规范风险控制等手段，显著提升了组织在特定任务上的响应能力和执行效率。在绍兴基层智治系统建设中，专班运作模式发挥了不可替代的基础性作用，成为推动政策执行和确保任务高质量完成的重要保障机制。

首先，专班运作以其高效、精准的特点，有效提升了基层治理数字化的执行效率。绍兴通过组建由多部门、多领域专家组成的基层治理数字化专项工作专班，迅速集结改革资源，形成工作合力。工作专班针对基层治理中的难点、痛点问题进行深入研究，提出切实可行的数字化解决方案。这种集中力量办大事的方式，不仅缩短了决策周期，也提高了政策落地的速度和效果。其次，专班运作还显著提高了任务完成的质量。专班成员均是来自基层治理和数字化改革相关部门的骨干力量，具备较高的专业素养和丰富的实践经验，能够准确把握政策方向和实施细节，确保每一项任务都能够精准对接基层需求，切实解决实际问题。此外，专班还建立了严格的任务管理机制，通过定期调度、督查考核等方式，确保各项改革任务能够按时按质完成。基层治理数字化是一项系统、复杂和艰巨的改革工作，其前提是有健全的专班运作机制，不断优化工作流程，以此为基层治理数字化工作的执行提供组织保障。

（五）群众参与——基层治理数字化的根本要求

以需求为导向、注重群众参与的治理模式，提高了基层治理的精准性和有效性，增强了基层治理的透明度和公众满意度，既是绍兴基层治理数字化改革顺利推进的不可忽略的因素，也是这一改革的重要目标特征。

首先，以需求为导向的治理模式，强调基层治理应紧密围绕群众的实际需求展开。通过深入调研、广泛收集民意，绍兴基层治理系统能够精准把握群众在生产生活中的痛点、难点，从而制定更加符合实际、更加贴近群众需求的治理措施。这种模式的实施不仅提高了治理的针对性，也增强了治理的有效性，使基层治理更加贴近群众、服务群众。其次，群众参与是提升基层治理透明度和公众满意度的有效途径。绍兴基层治理数字化改革注重拓宽群众参与渠道，通过线上、线下相结合的方式，让群众能够更加便捷地参与到基层治理中来。群众的意见和建议得以及时收集和处理，治理过程更加公开透明，不仅增强了群众对基层治理的信任感，也提高了公众对治理成果的满意度。最后，通过群众参与，基层治理能够及时发现和快速响应治理需求。群众的参与使得基层治理系统能够实时感知到社会动态和群众需求的变化，从而迅速作出调整和优化。同时，快速响应群众诉求也会让基层治理更加灵活高效，更好地满足群众多样化的需求。

（六）久久为功——基层治理数字化的不竭动力

在绍兴基层治理数字化的进程中，我们必须深刻认识到，基层智治"141"体系的建设和完善并非一蹴而就的短期工程，而是需要久久为功、持续推进的长期任务。为此，必须注重基层智治系统的持续优化和发展，确保基层治理数字化能够在实践中不断深化、拓展和提升。

首先，坚持久久为功，要注重制定与实施基层治理数字化可持续优化策略。要定期评估系统的运行效果，根据评估结果及时调整系统功能，优化操作流程，确保系统始终与基层治理的实际需求高度契合。其次，坚持久久为功，要增强基层治理数字化的可持续性。为了实现基层治理数字化的可持续发展，应从全局和长远考虑，重视人才培养和技术更新。一方面，要加强基层干部的数字化能力培训，提升他们在基层治理数字化工作中的专业素养和实操能力；另一方面，要关注新技术的研发和应用，及时将新技术引入基层治理数字化实践中，提高系统的智能化水平。最后，坚持久久为功，要从战略高度推进基层治理数字化改革。基层治理数字化要有"一张蓝图绘到底，一任接着一任干"的坚持，要持续出台相关政策，为其提供资金、技术和人才等方面的支持，同时不断加强和完善政策间的协同配合，形成推动基层治理数字化发展的持久合力。

数字赋能

基层社会矛盾风险治理"一网打尽":"数智枫桥"

中共绍兴市委党校　曾云

党的二十大报告特别指出,要在社会基层坚持和发展新时代"枫桥经验",完善正确处理新形势下人民内部矛盾机制,完善网格化管理、精细化服务、信息化支撑的基层治理平台,及时把矛盾纠纷化解在基层、化解在萌芽状态。2023年9月20日,习近平总书记赴绍兴市枫桥经验陈列馆考察调研,再次重申,要坚持好、发展好新时代"枫桥经验",把问题解决在基层、化解在萌芽状态。由此可知,如何有效开展社会矛盾风险防范化解工作,是当前党和国家必须攻克的重要课题。而数智时代的纠纷化解与风险治理,必须改进和创新治理工具,通过数智赋能提升治理的预见性、科学性、精准性和高效性,才能真正"将矛盾纠纷化解在基层,将和谐稳定创建在基层"[1]。

绍兴市作为"枫桥经验"发源地,积极贯彻落实习近平总书记的重要讲话精神,借助数字化改革的浪潮先行先试,开发建设"数智枫桥"综合集成应用(以下简称"数智枫桥"),以现代化的社会治理手段夯实"中国之治"的基石。本文将深入考察绍兴市探索开发"数智枫桥"的一系列实践做法,重点围绕"数智枫桥"为矛盾风险预防化解工作带来了何种实质性效果,是否切实提升了治理效能,具体带来了哪些正面影响,在一般层面上是否可学习、可复制、可推广,未来又该如何迭代升级、赋能增效等系列问题展开讨论,为矛盾风险治理现代化提供绍兴样本。

一、文献综述与分析框架

(一)文献回顾

2019年1月,习近平总书记在省部级主要领导干部坚持底线思维着力防

---

[1]　习近平:《在经济社会领域专家座谈会上的讲话》,《人民日报》2020年8月25日。

范化解重大风险专题研讨班开班式上的重要讲话中指出，要着力防范化解政治、意识形态、经济、科技、社会、外部环境、党的建设等领域重大风险，做好应对任何形式的矛盾风险挑战的准备。事实上，不仅党和国家最高领导人高度重视矛盾风险的防范化解，理论界也持续关注这一重点问题，而且聚焦各地的特色实践举措、围绕"治什么""谁来治""如何治"等相关主题的研究成果已初具规模。

数智文明时代的到来，为应对和解决人民群众对平安建设愈来愈高的期望和需求提供了新的可能，其可"通过数字技术将具体人、地、物、场所以及需求等有效链接，以便能够更好地提前预警和精准识别各种类型的基层社会矛盾"[①]，提高矛盾纠纷预防化解工作的科学化与精细化水平。借助以大数据、人工智能、AI、区块链等为代表的新一代信息技术开发矛盾纠纷预防化解的数字治理场景应用，推动实现矛盾风险预警识别与多元主体治理资源更加敏捷的匹配，达到"消未起之患、治未病之疾"的治理效果，已成为多地政府的创新实践。就学术意义而言，其不仅丰富和拓展了"如何治"的研究视角，也相应地成为互联网时代前沿发展的社会焦点问题。在信息技术的应用下，整个治理体系将更加开放、更加多元[②]，应运而生的数字治理是"将现代数字化技术与治理理论融合的一种新型治理模式"[③]，在理论上是"对新公共管理理论的超越"[④]。已有研究表明，面对社会矛盾风险高发、频发态势且时空叠加交叉[⑤]，工业社会风险、后工业社会风险乃至前工业社会风险相互交织[⑥]，历时态与共时态风险并存、全球化与系统性风险相互缠绕的治理图景[⑦]，信息

数字赋能

---

① 任勇：《重视新时代"枫桥经验"的数字治理面向》，《探索与争鸣》2023年第8期。

② 吴朝晖：《四元社会交互运行，亟须深化数字治理战略布局》，《浙江大学学报（人文社会科学版）》2020年第2期。

③ 黄建伟、陈玲玲：《我国数字治理的历程、特征与成效》，《国家治理现代化研究》2019年第2期。

④ 陈水生：《城市治理数字化转型：动因、内涵与路径》，《理论与改革》2022年第1期。

⑤ 陈宇琳、李强、张辉、刘奕：《基于风险社会视角的城市安全规划思考》，《城市发展研究》2013年第12期。

⑥ 葛天任、裴琳娜：《高风险社会的智慧社区建设与敏捷治理变革》，《理论与改革》2020年第5期。

⑦ 欧阳康、孟小非：《社会预警问题的哲学透析——多维内涵、系统结构及其认知发生过程》，《哲学动态》2019年第11期。

技术的应用使得社会矛盾风险防范能够在很大程度上达到"即时响应"①。具体表现为：在风险预测阶段，数据处理平台可以凭借超级计算和建模能力对通过各种渠道汇集来的多维度全量数据予以动态分析，有效提高风险识别和风险预测的准确性②；在溯源治理阶段，可依托已有的数据基础和功能模块，实现"社会矛盾风险防控'前馈机制－阻断机制－缓释机制－补位机制－校正机制'的闭合循环，从而最大限度消除社会矛盾风险产生的根源，减弱社会风险矛盾可能带来的危害"③。而且，伴随线上纠纷解决机制（ODR）的发展深化，互联网、大数据等数字方式对多元调解机制的纵向提升效应越发显著，在"减弱时间限制、延展空间范围、提升精准度"④等方面优化了纠纷治理。但就当前社会矛盾风险数字治理的具体实践而言，仍面临"事后化解多事前发现少、传统手段多技术创新少、面上落实多精准处置少、系统平台多数据互通少"等问题争议，导致矛盾纠纷化解"流程不畅、效率不高、成效不足、质量不佳"⑤。面对上述困境与挑战，域外有学者聚焦纠纷解决机制运行规律研究，搭建了"纠纷解决三角模型"，提出从线下到线上、从调解员介入到程序员辅助、从调解保密到纠纷数据收集使用与反复利用，改善矛盾纠纷解决的便捷性、专业性和信任体系⑥。也有学者提倡从问题出发，将具体的操作环节总结上升为扫描分析响应评估（Scanning Analysis Response Assessment，SARA）模型⑦，不仅强调创造性地解决问题，还突出了对影响的评价⑧。有鉴于此，国内专家引入SARA模型来构建全量、动态、闭环的数智治理体系，提出基于"扫描"的全量数据汇聚与特征识别、"分析"的风险智

---

① ② ③　周鲁耀、杨文娜：《从风险预警到溯源治理：数字时代社会矛盾风险防范化解的新模式》，《中国应急管理科学》2023年第1期。

④　吕宗澄、夏培元：《"多元解纷＋数字治理"模式下在线调解机制的完善路径》，《南华大学学报（社会科学版）》2023年第6期。

⑤　王康庆：《构建解决社会矛盾纠纷的数智治理体系——基于SARA模型》，《社会科学辑刊》2024年第1期。

⑥　Katsh E., Rule C., "What We Know and Need to Know about Online Dispute Resolution," *South Carolina Law Review*, Vol.67, No.2（2016）.

⑦　Provan K.G., Kenis P., "Modes of Network Governance: Structure, Management, and Effectiveness," *Journal of Public Administration Research and Theory*, Vol.18, No.2（2008）.

⑧　Burton S., McGregor M., "Enhancing SARA: A New Approach in An Increasingly Complex world," *Crime Science*, Vol.7, No.1（2018）.

能预警与精准研判、"响应"的智慧算法推荐与多元协同处置，以及"评估"的全链闭环管控与诉源分流等体系，有效地将风险模型、预警机制、算法推进、智能疏导等数智技术融入矛盾纠纷化解中，提升矛盾风险治理的科学化、现代化、数字化水平[①]。

（二）文献述评

综上所述，目前学术界对社会矛盾风险数字治理的相关研究既有理论视角的拓展，又聚焦实践维度，立足问题导向，对当前的治理背景、治理过程、治理机制、治理困境、治理路径等多重领域进行了细致而又深入的探讨，且在国际观、比较观等方面为后人进一步研究问题、分析问题奠定了基础。但是，互联网信息技术还处在不断发展的进程之中，相对而言，当前学术界的研究领域和研究进展明显滞后于数字技术在社会矛盾风险治理中的应用速度，理论研究和政策创制未完全与时俱进，无法充分从实然的角度去验证应然的理论分析是否合理且有效。因此，必须立足现实，全面考察数智赋能社会矛盾风险治理的结构性、过程性和功能性要素，只有以一种系统性、综合性、全局性的视角透视其真实效果，才能推动理论和实践的双重发展。本文以绍兴市创新开发应用的"数智枫桥"为例，重点考察其治理实践，并以此为样本总结经验，为矛盾风险预防化解工作提供新发现与新思考。

（三）分析框架

与传统的矛盾纠纷预防化解工作模式相比，互联网时代带来的最根本变化就是借助数字化的工具和手段推动"治理理念变革、运行机制重构、治理方式转变、政务流程优化、体制机制调整与资源整合提升"[②]，最终实现矛盾风险的源头防范与精准处置，一言以蔽之，就是"用数字治理"[③]。

① 王康庆：《构建解决社会矛盾纠纷的数智治理体系——基于SARA模型》，《社会科学辑刊》2024年第1期。

② 魏礼群、顾朝曦、倪光南、汪玉凯等：《数字治理：人类社会面临的新课题》，《社会政策研究》2021年第2期。

③ 张晓：《数字化转型与数字治理》，电子工业出版社2021年版，第127页。

数字赋能

实际上，自1998年"数字地球"概念诞生后，数字政府、智慧城市、未来社区等的建设就明显走上快车道，利用数字工具、信息技术改善城市能级、提升服务水平等的呼声也不绝于耳，数字、技术、信息等新要素的适用范围和使用场景也日益扩展。尤其面对社会转型导致的矛盾风险类别多、增幅快、领域广、燃点低等新特征，以数字赋能社会矛盾风险的预防化解几乎成为必然趋势。

2021年3月，浙江省以"排头兵""桥头堡"的姿态率先在全国启动数字化改革，制发《浙江省数字化改革总体方案》，统筹推进"六大系统"建设，其中明确要求，"完善社会矛盾纠纷调处化解体系""建设社会矛盾纠纷调处化解集成应用"。绍兴市积极响应浙江省委、省政府的顶层设计，借助自身深厚的治理底蕴和丰富的治理资源先行先试，开发建设"数智枫桥"，以技术变革重塑矛盾风险防范化解的治理结构和治理过程，不断推动实现治理功能的优化（见图1）。

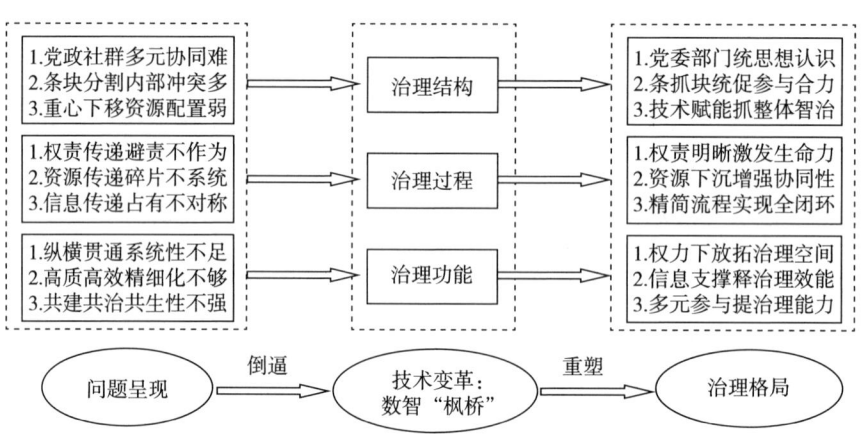

图1 矛盾风险数字化治理的"结构－过程－功能"框架

二、矛盾风险预防化解的问题现状

从有效落实好将"矛盾纠纷化解在基层、化解在萌芽状态"的政策导向和现实需求出发，数字技术能够为矛盾风险的防范化解提供必要的技术支撑。但从现实运作情况看，互联网时代遭遇的矛盾风险治理难题与数字化的技术工具并无直接关联，反而是矛盾风险治理工作存在的各类结构性弊病和过程性问题致使矛盾风险治理在功能发挥上面临一系列问题，具体表现在以下三个方面。

（一）治理结构碎片化

信息技术的引入和无序扩张，加剧了矛盾纠纷预防化解各主体之间的结构性张力，使数字赋能矛盾风险治理出现了适得其反的效果。其结构性张力主要包括以下三类情况。

一是党政社群多元协同难。党的十九届四中全会指出，"中国共产党领导是中国特色社会主义最本质的特征，是中国特色社会主义制度的最大优势，党是最高政治领导力量"。回归到矛盾风险治理，其最关键的要素就是要形成以党组织为主导的多元治理结构。但在具体实践中，如何在中国共产党的领导下，充分调动和发挥各治理主体的主动性与积极性，实现矛盾风险治理体系和治理能力的现代化提升，仍然是摆在党委和政府部门面前的重要现实问题。比如，在基层行政村（社区）矛盾纠纷的排查化解中，如何以政策执行者、资源整合者、利益协调者的角色统筹合力，形成党建统领下纠纷治理的共同体？在各级社会治理中心（社会矛盾纠纷调处化解中心）运行时，如何全面落实党对各个入驻单位及各项事务的领导权？在处理信访矛盾时，如何通过接访、走访、下访等多种形式，重新树立党组织在群众当中的政治引领力和社会号召力？在排查处理越级访、缠访、闹访等现象时，如何协调党政各部门的相关数据和社会组织等社会力量，理智而又高效地解决问题？

二是条块分割，内部冲突多。"条条与块块"是对中国长期以来奉行的行政体制的一种形象比喻，其中"条条即垂直管理，块块即地方分级管理，二者共同构成了中国国家治理体系的关键特征，是调整中国中央集权与地方分权关系，以及部门之间、部门与各级政府之间关系的重要构成要素"[①]。而社会矛盾风险的治理，既涉及横向各块块部门的主责主业，又关系到纵向各条条政府的贯通与配合。在数字化改革和"县乡一体、条抓块统"改革的大

数字赋能

---

① 李元珍：《对抗、协作与共谋：条块关系的复杂互动》，《广东社会科学》2015年第6期。

背景下，有关部门为提高矛盾纠纷的治理效能，纷纷下场建设数字化平台，造成条块任务迅速向基层政府下沉倾斜，而原有人员力量配比却未相应扩充，进而加剧了基层政府的工作负担。并且，由于上级条线之间的区隔与独立，一旦出现矛盾纠纷相关数据的填报与更新，就往往导致基层工作者疲于应付，重复报、多头报等现象时有发生。另外，随着矛盾纠纷的行业性、专业性特征愈加突出，相关行业监管部门也因此成为纠纷化解的主力军，个别纠纷甚至牵涉多个行业监管部门，但在具体处理时，各部门往往互相推诿、各自为政，自上而下输送的指令也不明确，造成纠纷化解的质效和时效均大打折扣。

三是重心下移，资源配置弱。2020年，在响应浙江省委、省政府建设县级社会矛盾纠纷调处化解中心的基础上，绍兴市结合市域社会治理现代化试点城市创建工作，提出县、镇、村三级矛盾纠纷调处化解体系建设，并明确了"六三一"的工作机制，要求90%以上的矛盾纠纷要在镇、村两级就地化解。这意味着，基层作为矛盾纠纷化解的前沿阵地和主要战场，事实上完全承担了矛盾风险防范化解的工作任务。因此，相关的资源配置也应该根据制度的安排与调整向下扎入基层。但是，无论是政府资源、社会资源，还是群众自治资源，均需要与高效运行的科层组织体系相配套，才能实现基层矛盾纠纷化解力量的有效下沉。然而，受限于政府内部条块分割的结构性矛盾冲突，基层政府人员倒挂、人才流失的情况较为突出，无法缓和现实工作中的窘困境地。而且，随着现代化步伐的推进，社会利益分化加剧、群众需求日益多元、矛盾纠纷无处不在，政府部门在治理的过程中往往心有余而力不足，需要进一步发挥人民团体、社会组织、民营企业和人民群众作为"中介者""调解者"的角色效应，以促进互动治理与合作治理。然而，在科层制的长期熏染下，社会组织和村（居）民的参与意识并未完全觉醒，对纠纷化解工作的配合力度仍有待提升。

（二）治理过程内卷化

内卷化作为一个学术用语，被用来描述"一类文化模式，即当达到了某种最终的形态以后，既没有办法稳定下来，也没有办法使自己转变到新的形态，取而代之的是不断地在内部变得更加复杂"①。在中国现行的行政官僚体制下，政府官员尤其是基层干部，"在多次磨砺中拥有了各种手段和策略来应对多样化的结构性变革和政策指令下沉"②，使矛盾风险的治理过程呈现出显著的内卷化特征，概括如下：

一是权责传递避责不作为。从基层面临的实际形势看，矛盾纠纷的排查化解呈现出两条并行运作的主线，"一条是自上而下的科层'发包'控制逻辑，另一条是自下而上的'打包'和'抓包'的反控制逻辑"③。条线部门向下布置任务时，往往以属地管理为依据，使大量与基层不相匹配的事权以政治任务的形式下压，迫使基层不得不在大量的工作考核威逼下以应付、摆平、避责等非正式手段回应，客观上造成了下级拥有的权力有限与上级释放的责任无限之间的循环往复，并进一步扩大了基层在执行相关任务时的扭曲和异化。尽管我国设立了党内问责机制、政治问责机制和行政问责机制等较为明朗的监督制度，且自上而下的监督约束愈来愈向全周期管理的方向发展，但这也令基层在处理矛盾纠纷时无法享有完整的自由权，再次催生了一系列的不作为。当监督与问责停留在痕迹管理与形式主义层面时，基层"九龙治水、各管一摊"的现象将更加常态化。

二是资源传递碎片化不系统。对矛盾纠纷预防化解工作实效开展监督与考核的重要方式之一，就是通过资源的控制来实现自上而下的干预。尤其对基层而言，各条线部门资源的下沉多寡，是决定其是否应付执行过程的关键性变量，也是形成矛盾纠纷化解在基层碎片化状态的重要性因素。由于矛盾纠纷样态的多样化，其涉及的条线部门也非常繁杂，基层处理矛盾纠纷的工作人员一方面需要向上对接极其多元的条线部门，另一方面需要掌握非常人能及的专业性知识。于是，为尽可能地完成上级交代的工作任务和考核指标，基层政府或是扩大编外人员的数量配比，或是采取借调、挂职等手段向上攫取人员，而这种流动性的、临时性的、补漏式的人员结构，又进一步加剧了矛盾纠纷排查化解的碎片化。虽然技术的引入能够在

数字赋能

---

① 刘世定、邱泽奇：《"内卷化"概念辨析》，《社会学研究》2004年第5期。

② 周雪光：《基层政府间的"共谋现象"——一个政府行为的制度逻辑》，《社会学研究》2008年第6期。

③ 张静：《中国社会学四十年》，商务印书馆2019年版，第136—137页。

一定程度上提高该项工作的效率，但基层政府处于金字塔的底端，缺乏必要的资源整合和资源调动能力，无法真正推动矛盾纠纷治理过程的有效转型。

三是信息传递占有不对称。首先，伴随自上而下条线部门资源下沉的，必然是工作任务和工作指标的下沉，而这些任务与指标对基层而言，无疑可以视为一种工作信息。当矛盾纠纷预防化解的工作信息自上而下向基层传递时，基于各层级、各部门关注度与注意力差异形成的信息过筛，不仅使基层在工作任务和工作指标的掌握上无法向上精准回应，"在结果层面便发生了'内卷'"[①]，而且这种信息差还会进一步滋生基层政府的共谋行为。其次，在矛盾纠纷全量信息的掌握上，基层部门处于工作一线，直面矛盾纠纷，从应然层面看具有天然的优势，可以形成完整的、可视性强的纠纷全量图。但在实然层面，自上而下布置的工作任务在标准上参差不齐，基层对纠纷进行排查时侧重点不一，导致最终形成的工作报告无法就纠纷全貌展开分析研讨。而且，不同条线上掌握的信息和内容存在一定的壁垒，基层目之所及往往只有"冰山一角"，这种信息上的壁垒与矛盾风险治理的工作要求相去甚远。最后，信息化改革的投入力度与规模在不同条线部门之间并不同步，涉及多部门协调处理的矛盾纠纷在工作流程和工作环节上存在衔接断档的可能，形成投入高、回报低的负面效应，部门之间的数据壁垒也在客观上加大了矛盾纠纷预测预警的难度系数。

（三）治理功能低效化

结构调整与过程优化的最终目的是实现治理功能的高效性。但从实践来看，基于结构性矛盾与过程性问题的停滞不前，矛盾风险的治理功效呈现明显的粗放式与低效性特征。必须以技术为手段，聚力突破结构性、过程性难题，才能激发数字赋能矛盾风险治理的内在价值。

一是纵横贯通系统性不足。一方面，在横向整合上，基于条块体制的固有特征，自上而下的条线资源的配置要求在各级政府实现整合，以达到资源

---

① 杨华：《县乡中国：县域治理现代化》，中国人民大学出版社2022年版，第165页。

利用的最大化效果。但就基层而言，各职能部门往往因治理目标、治理信息等的碎片化而"分庭抗礼"，无法完成合作治理的整体目标。在矛盾纠纷排查化解上，若政府与政府间、政府与部门间、部门与部门间缺乏有效协作，那么政策冲突与重复信访的现象将无可规避。另一方面，在纵向统筹上，矛盾纠纷排查化解作为一项中心工作，其自上而下的贯通与执行过程，对基层政府与干部的自主性与创新性提出了较高的要求。但在属地管理的桎梏下，"不求有功但求无过"的心态使基层在开展相关工作时存在明显的适应不足与能力短板。另外，在上述结构性矛盾与过程性困境的综合作用下，矛盾纠纷预防化解工作的功能持续性较差。在"摆平就是水平""结案了事""花钱买平安"等错误心态的侵蚀下，在"权小、责大、资源少"等治理困境的搓磨下，基层形成了较为浓厚的形式主义文化，在回应群众需求上一拖了事，在贯彻落实上表态多行动少，在工作成绩上重包装轻实效，"空壳化"现象时有发生。

二是高质高效精细化不够。随着社会结构的深刻调整、经济体制的深刻变革、思想观念的深刻变化，以及利益格局的深刻分化，矛盾风险治理工作的复杂性、多样性、联动性和不确定性愈加突出，对精细化治理的要求也愈加迫切。大数据、云计算、物联网、区块链、AI等数字技术的引入与使用，一定程度上加速了科学、专业、敏捷、韧性的治理机制的产生，但与此同时，也带来了数字隐私、数字鸿沟、技术至上等新的问题。就治理过程而言，网格化管理的全面推广为基层第一时间掌握事态情况提供了工具，但政府各职能部门、辖区内水电热气等公用事业单位、社区、社会组织等各种力量的整合尚存在较大的发展空间，利用信息化平台报送需求的回复时效有待进一步提升。从治理结果看，精细化治理所内含的迅速又精准地识别需求、防范风险、解决矛盾的要求，仍然受限于传统治理方式的弊端，而没有办法获得满足。一系列数字治理的新难题，如信息泄露，也因为体制机制的滞后而无法提出切实有效的解决方案。在需求端，老弱病残等弱势群体可能遭遇数字歧视；在供给端，技术平台的操作者可能因一味追求数据化而在决策时忽视人性关怀。

三是共建共治共生性不强。新形势下，仅仅依靠单一的党委和政府部门难以有效推进矛盾风险的治理工作，只有通过多元主体之间的密切协作，构

数字赋能

317

造共建共治共享的治理格局，才能实现矛盾风险的防范于未然、消解于萌芽。但是，社会组织等社会性力量参与纠纷化解的通道还未完全畅通，尤其是针对行业性专业性纠纷的化解，目前更倾向于公益性质的志愿调解，市场化因素介入少，激励性未得到完全释放。就实际情况来看，社会组织的发展多数面临资金来源不稳定、签约项目不持续、组织运营不独立等现实难题，制约了其在矛盾纠纷化解工作中的作用发挥。另外，党建引领下的社区"契约化"共建模式，为各主体合作共治提供了成功先例，但如何和矛盾风险治理的具体工作有机结合，发挥不同主体的最大优势开展共建工作，还有待进一步的创新与发展。行政村（社区）作为"上面千条线、下面一根针"的终极承接者，在日常事务中存在明显的行政化趋向，法定的基层自治功能一定程度上名不副实。

三、矛盾风险数字化治理的主要做法

2023 年是毛泽东同志批示学习推广"枫桥经验"60 周年暨习近平总书记指示坚持发展"枫桥经验"20 周年，绍兴市作为"枫桥经验"的发源地，始终坚守"小事不出村、大事不出镇、矛盾不上交"的初心使命，牢牢把握数字法治改革的目标任务，积极承接浙江省数字法治社会矛盾风险防范化解重大改革任务的综合集成应用，创新开发"数智枫桥"，不断提高社会治理科学化、社会化、法治化、智能化水平。

（一）治理结构整体性

要有效实现数字赋能矛盾风险治理的乘数效应，首先要从源头上就科层体制下的结构性矛盾破题。为此，绍兴市在开发应用"数智枫桥"时，综合施策，调整形成了整体智治的治理样式。

一是党委部门统一思想认识。为迎接纪念毛泽东同志批示学习推广"枫桥经验"60 周年暨习近平总书记指示坚持发展"枫桥经验"20 周年，市委政法委作为第一责任部门牵头制订了《关于毛泽东同志批示学习推广"枫桥经验"60 周年暨习近平总书记指示坚持发展"枫桥经验"20 周年纪念活动方案》，明确提出要建成一批数字化改革应用，"数智枫桥"赫然在列。为统筹推进开发建设工作,早日建成矛盾纠纷全量掌控、分类流转更加精准、调解资源全面整合、调解机制更加完善、协同应用更加高效、矛盾风险闭环处置的社会矛盾纠纷化解体系,市委领导牵头抓总,对照浙江省委数字法治建设的政策文件和纪念活动的时间节点,多次召开专题研究会谋划工作思路,共同分析指导和解决开发过程中遇到的困难和问题。同时,制定完整清晰的时间表,每周听取进度汇报,动态调整工作方案,有力推动了开发建设工作。并且,充分发挥政法委部门对政法工作的统筹与领导,听取公检法司等部门意见,明确相应条线职责,在观念上步调一致,在思想上认识统一。

二是条抓块统促进参与合力。为进一步解决条块之间的矛盾,破解跨领域、跨部门、跨层级的治理痼疾,2020年10月,浙江省委、省政府部署开展了"县乡一体、条抓块统"试点改革,推动各地在"监管执法、应急管理、纠纷化解、平安建设等重点领域,谋划推出了一批重要、高频、急迫、多跨的基层治理'一件事'集成改革项目"①,并在县域层面普遍推广形成了"141"基层治理体系。绍兴市在此背景下,紧密依托"141"基层治理体系,聚焦矛盾纠纷全量收集、源头防范与多元化解,以"数智枫桥"统筹各方资源,在市域层面探索"162"与"141"有效衔接机制和技术路径,推动实现上下贯通、横向协同。同时,根据实际需求,建立不同用户体系的相应入口端,打造形成多元互动的善治场域。面向市、县两级为主的党政领导,开发基于PC端的党政决策指挥系统;面向镇村网格为主的基层社会治理工作人员,开发基于"掌上基层"的手机端基层治理实战系统;面向社会公众,开发基于微信小程序的群众共建共治系统。

三是技术赋能紧抓整体智治。"数智枫桥"不是另起炉灶的新建应用系统,而是矛盾纠纷治理的数字化集成平台。开发过程始终以业务为牵引,立足"谁来用、给谁用"的工作导向,围绕数字法治一本账S3系统集成各类矛盾纠纷应用。在集成模式上,坚持以浙江省矛调协同应用和基层智治综合应用作为"数智枫桥"的核心主干,搭建四梁八柱,并采取接口对接、组件融合、页面集成等三种模式,以及开发建设相应功能模块来实现集成贯通。在集成应用上,按照市级主导、县级主抓、镇级主战、村级主防、单位主体的

─────────

① 施力维、于山:《县乡一体 条抓块统——推进基层治理现代化的浙江实践》,《浙江日报》2021年11月8日。

数字赋能

责任体系，分级分类实施集成贯通。目前，"数智枫桥"在省级应用贯通基础上，通过基层智治的综合应用集成贯通诉源治理协同应用、"浙里兴村治社（村社减负增效）"、"民呼我为"镇街流转、"枫桥式"协同治理、涉稳风险管控平台等14个应用，并从市、县、镇、村四个使用层级进行业务梳理，不断推动实现数据共享、力量协同、责任压实。

（二）治理过程互动式

从过程来看，仅仅通过结构的转型并不能完全回应矛盾风险治理工作中的能力与需求不匹配问题。要进一步借助数字化手段，在科层体系内部再造并简化治理流程，以化繁为简的决心回应矛盾风险治理的复杂样态。

一是权责明晰激发生命力。制定出台《进一步完善新时代矛盾纠纷多元预防调处化解综合机制的指导意见》等政策文件，明确各级矛盾风险治理主体的权责范围，全新塑造矛盾风险治理的制度规范。在分类分流环节，明确各行专业化解组织、相关部门、乡镇（街道），以及区、县（市）联合专班的化解范围，有效避免实际操作过程中推诿扯皮。同时，建立健全矛盾纠纷源头预防、主动排查、预警预测、多元化解衔接等配套机制，将矛盾纠纷多元预防化解视为平安法治建设的重要内容和基础性工程，通过建立组织领导、强化责任分工、优化考核评价促使成效行稳致远。

二是资源下沉增强协同性。开发"三源"（警源、访源、诉源）共治场景，将基层智治综合应用与警源、访源、诉源的相关应用贯通，强化在乡镇（街道）层面一体高效推进"三源"治理。警源治理是贯通"枫桥式"协同治理应用、涉稳风险预警应用，由乡镇（街道）"大综合一体化"行政执法队伍快速联动现场处置110非警务类警情，以及督促站办所持续跟踪关注、闭环处置110警务类警情中涉风险的矛盾纠纷。访源治理率先贯通浙江省信访局"12345"政务热线和线下信访事件办理平台，在基层智治综合应用上创新开发"民呼我为"流转模块，乡镇（街道）可从"民呼我为"应用将事件一键转至基层智治综合应用进行流转处置，大大提高了乡镇（街道）工作效率。诉源治理贯通诉源治理协同应用，将诉源治理实战应用产生的诉源治理体检报告、司法建议和相关预警预测事件推送至基层智治综合应用，由县级社会治理中心分派流转相应部门及属地乡镇（街道）。同时，迭代升级解纷码，完善司法确认、仲裁相关功能，实现矛盾化解法治化全生命周期管理，有效降低了万人成讼率。

三是精简流程实现全闭环。打造协同分流场景，通过流程再造构建解纷码精准分流化解体系。在县级层面，持续深化完善以浙江省矛调协同应用和ODR为核心的解纷码。在省矛调协同应用中设置调解服务、诉前调解、基层调解三类专窗，对属于行专调解的纠纷，通过调解服务专窗流转至入驻中心的对应调解组织，对中心还未入驻的通过诉前调解专窗推送至ODR调处；对婚姻家庭等更适合由属地调解或在中心及ODR均未入驻对应调解组织的纠纷，通过基层调解专窗推送给基层智治综合应用再流转至乡镇（街道）或相关部门调处；对跨区域、跨部门或疑难复杂的矛盾纠纷，经双方同意，通过基层智治综合应用兜底化解一件事模块由联合专班开展兜底化解。在乡镇（街道）层面，整合构建以基层智治综合应用乡镇（街道）矛调模块和ODR为核心的解纷码。依托基层智治综合应用开发乡镇（街道）矛调模块作为乡镇（街道）社会治理中心和基层法庭统一受理矛盾纠纷的平台，对可调纠纷推送ODR流转调处，对不可调纠纷推送基层智治综合应用流转站办所处置，对咨询服务事项由乡镇（街道）矛调直接办理处置。调解失败的，乡镇（街道）通过基层智治综合应用上报至县级社会治理中心流转处置。在行政村（社区）层面，整合构建以基层智治综合应用兴村治社模块和共享法庭为核心的解纷码。对属于行政村（社区）应落实首调责任的纠纷，通过兴村治社推送至行政村（社区），由行政村（社区）干部协同调解员、志愿者、乡贤等力量处置化解，兴村治社则对行政村（社区）干部进行任务赋分和工作考核，行政村（社区）也可将纠纷或诉求事项通过共享法庭推送至ODR流转调处，调解失败的则继续通过ODR流转至基层法庭进入诉讼程序。

（三）治理功能可持续

一方面，治理结构调整与过程优化为治理功能的可持续提供了充分的条件；但另一方面，治理环境的复杂性和不确定性对治理功能的实现提出了更高的要求，在整体化推进的过程中，治理功能也要相应地进行变革和重塑，从而推动治理现代化。

一是权力下放拓展治理空间。"数智枫桥"的开发应用，为矛盾纠纷就

数字赋能

地化解提供了新的治理模式。在具体执行过程中，通过让矛盾纠纷"一个口子进，一个口子出"，实现群众只进一扇门、化解全流程，向基层政府赋权的同时也取得了响应良好的治理效果。通过矛盾纠纷事项分类受理、归口办理、镇村属地化解、疑难事项县区联合专班兜底化解等分流处置机制，推动法院诉讼服务中心、行政复议中心、专调委、社会组织等线下整体入驻社会治理中心，真正实现矛盾纠纷化解"最多跑一地"；通过将群众来立案大厅诉讼前置至中心调处体系受理流转化解，使诉前纠纷调处数同比增长23.5%，调诉比降至1.92，效果明显；通过110警情与部门、乡镇（街道）高效协同化解，有效发挥乡镇（街道）的属地管理效应，110非警务类警情现场处置时效压缩至30分钟之内，警源类矛盾风险成功处置1600余条，民转刑案件数量显著减少；通过"12345"政务热线在乡镇（街道）线上快速流转处置，为基层赋能、减负、提效，响应事件在乡镇（街道）的办理时效平均缩短1/3。

二是信息支撑释放治理效能。贯通数据端，全量构建智能图库。首先，强化数据归集，构建矛盾纠纷全量库。根据中政委关于矛盾纠纷"8+X"分类和浙江省委政法委关于矛盾纠纷28项分类的要求，将矛盾纠纷数源单位的数据进行归集、储存、清洗、使用。截至2023年8月，已申请35个部门60类矛盾纠纷数据，累计归集相关数据1.2亿条，梳理核心指标80个，为实现矛盾纠纷分级分类、精准分流、统计分析等功能和搭建风险预警算法模型提供有效数据支撑。其次，强化预警防范，绘制矛盾风险分析研判一张图。聚焦源头治理，突出预警预测和感知防范，从基础统计、管理决策、风险感知等多维度开发分析研判模型11个，如民转刑风险模型、矛盾纠纷趋势预测模型等，着力提升风险分析能力和决策辅助能力。最后，强化动态管理，开发中心运行效能监测一张图。充分掌握县、镇两级矛盾纠纷多元化解"一站式"平台的运行情况，围绕纠纷受理、处置流向、时间分布、类型排名、办结时长、录入质量、调解卷宗情况、调解失败情况、超期办结情况等方面进行监测分析，进一步加强考核管理，提升工作质效。

三是多元参与提升治理能力。除搭建横向的"三源"共治与纵向的县、镇、村三级矛盾纠纷化解体系外，为穿透业务层，确保实战运行有力有效，打造了智能调解助手。依托数据资源，与之江实验室共同研发"小枫机器人"人工智能调解助手，群众、调解员可通过语音、文本问答等方式与机器人开展智能交互，获取大量调解成功案例、法律法规和调解技巧等资源信息，助力解决群众在发生矛盾纠纷时不愿意调解，以及非诉调解组织业务水平不高、调解力量断层、传帮带能力不足等问题。在现实实践中，可以有效降低老年人、残疾人、低收入人群、文化水平较低人群等弱势群体在信息技术拥有程度、应用程度上与普通人群的差别，让其同等享有获取相关调解服务的权利与能力，兼顾赋能与正义。

四、创新开发"数智枫桥"的经验启示

本文遵循治理体系和治理能力现代化的基本逻辑，以数字治理理论为依托，按照"结构－过程－功能"的分析框架，聚焦绍兴市创新开发的"数智枫桥"应用，对技术赋能矛盾风险治理的可行性、必要性及其具体路径展开论述研究。结果表明，"数智枫桥"作为融合多种数字平台为一体的整体性应用，有效推动了矛盾风险的前端防范、源头治理和就地化解，为其他地区开展矛盾风险的治理工作提供了有益借鉴。

第一，坚持党建统领这一根本原则。《中共中央关于党的百年奋斗重大成就和历史经验的决议》在总结我们党百年奋斗的历史经验时，明确指出："治理好我们这个世界上最大的政党和人口最多的国家，必须坚持党的全面领导特别是党中央集中统一领导，坚持民主集中制，确保党始终总揽全局、协调各方。"一方面，要在基层网格设置的基础上，探索和创新党组织的活动方式，推动实现党组织在行政村（社区）网格的全覆盖，并以此为依托，站在全局性、战略性和前瞻性的高度对矛盾纠纷预防化解工作进行谋篇布局，统筹协调多元主体，有效整合相关资源，形成有序治理合力。另一方面，要发挥基层党组织的战斗堡垒作用和党员的先锋模范作用，在贯彻落实有关矛盾风险治理的重大决策部署时，以身作则、严于律己，确保有决心、有资源、有能力为群众服务。

第二，坚持以人民为中心这一根本立场。马克思主义最鲜明的特点在于人民性，这也是马克思主义政党区别于其他政党的显著标志。习近平总书记多次强调，坚持人民性，就是要把实现好、维护好、发展好最广大人民根本

数字赋能

利益作为出发点和落脚点，坚持以民为本、以人为本。数智赋能矛盾风险治理，一方面必须转变治理理念，突破以往政府中心主义思维，而以群众的实际需求和问题为出发点开展具体工作，按照事件类别重构办事流程，变"管理者"为"服务者"，才能实现矛盾纠纷就地化解的治理目标。另一方面，要充分发挥群众参与矛盾纠纷排查化解的自主性与积极性，推动构建多元共治治理格局，为推进矛盾风险治理体系和治理能力现代化打造最大同心圆。事实上，早在1963年"枫桥经验"诞生之际，毛泽东同志在和公安部领导的一次谈话中就明确强调："从诸暨的经验看，群众起来之后，做得并不比你们差，并不比你们弱，你们不要忘记动员群众。"[①]如此，才能真正做到听民意、汇民智、聚民力、解民忧。

第三，坚持改革创新这一重要方式。数智赋能矛盾风险防范化解区别于传统纠纷治理模式的关键点和亮点就在于其核心本质仍旧是改革，是充分体现基层治理体系和治理能力现代化在浙江的生动实践，重点是在"县乡一体、条抓块统"改革背景下，按照"全省一盘棋、市级抓统筹、县级负主责、基层强执行"的思路，主动破解新形势、新任务下的矛盾风险治理工作。在具体执行的过程中，要尽可能规避以下认识误区，如过分看重矛盾纠纷预防化解综合应用开发建设，注重开发各类应用和模型，而忽视在体制机制、考核管理、业务流程、力量融合、数据共享上的创新突破；无视"要管没权、不管背锅""上面千把锤、下面一根钉""管而不理，想管没理"等基层困境，把牢"数据即权力"，拒绝数据平台信息的开放与共享。要进一步明确各应用的功能定位，理顺其内在的管理体制和运行机制，从源头上实现各职能部门的有机整合，推动矛盾风险治理工作的有效落地。

第四，坚持技术赋能这一关键要素。互联网时代下，基层矛盾风险治理的难度呈几何倍数增加，只有借助大数据、云计算、人工智能等新的技术手段，在矛盾纠纷全量掌握、标准化清洗入库的基础上，才有可能破解矛盾风险治理中存在的信息孤岛、治理盲区、条块不畅等问题，实现数据线上"领跑"，干部群众线下"零跑"，减轻部门负担，提高服务效能。要深刻认识和科学利用好各类治理技术，使现代与传统、科技与社会交

---

① 杨明伟：《"枫桥经验"的历史来源和现实启示——毛泽东、习近平关注的一个重大问题》，《毛泽东邓小平理论研究》2018年第9期。

互融合，做到技术与治理同频共振、同台唱戏。但与此同时，要防止迷恋工具理性、技术理性，高度警惕和防止出现科层制在技术支撑下过分忽视人的主观作用等现象。要坚持辩证唯物主义的原理和方法，理性看待数字技术的多重功能，立足治理主体的实际需求，强调人的参与体验，关心技术、环境和人之间的互动，提早谋划和出台关于数字使用、数字评估的规则制度，避免陷入"治理低效–技术强化–技术适应–治理低效"的"恶循环"[①]。

数字赋能

---

① 卢扬帆：《超越技术治理：绩效评估与政府绩效的社会再生产》，《学海》2020年第6期。

数字乡村的"整体智治"逻辑：
"浙里兴村（治社）共富"①

中共绍兴市委党校　刘开君

一、问题的提出

　　数字乡村建设不仅是乡村振兴的战略方向和重要抓手，也是建设数字中国的重要内容，更是实现中华民族伟大复兴的必由之路。党的十八大以来，党中央高度重视数字乡村建设，先后出台了一系列政策制度。2019年5月，中办、国办联合印发的《数字乡村发展战略纲要》明确指出，"数字乡村是伴随网络化、信息化和数字化在农业农村经济社会发展中的应用，以及农民现代信息技能的提高而内生的农业农村现代化发展和转型进程"，对数字乡村发展进行了总体性制度设计。2021年7月，中央网信办、农业农村部、工信部等多部门联合制定的《数字乡村建设指南1.0》围绕数字乡村建设作出了具体应用场景规划，架设了长期发展框架，并将"乡村数字治理"作为建设重点。此外，党的十八大以来的历年中央一号文件均将数字乡村作为核心内容，尤其是《中华人民共和国国民经济和社会发展第十四个五年规划和2035年远景目标纲要》等中央高阶政策都旗帜鲜明地强调"建设智慧城市和数字乡村"。总而言之，数字乡村已成为整体带动乡村治理转型升级、公共服务落细落地的重要驱动力，亦成为数字中国和乡村振兴战略的交融点，其建设情况与乡村治理能力现代化、精细化和科学化息息相关。

　　从组织原理来分析，科层制的制度设计旨在构建高效且理性的组织体系，但行政权力的层级节制和职能部门的专业分殊，不可避免地造成了组织在部门、层级和功能上的割裂，其直接后果便是公共服务的碎片化。这种

---

　　① 本文原发表于《中共宁波市委党校学报》2022年第2期，作者王鹭、刘开君。

碎片化的特征，在资源有限、主体单一、环境封闭的乡村地区表现得尤为明显，制约了乡村的纵深发展和全面振兴。当前，数字化技术已经成为全新的生产要素和治理工具，为数字时代的乡村振兴提供了技术支撑和平台保障，被理论和实践部门视为破解乡村政权悬浮化、权力体系碎片化、政策运作"内卷"化、路径依赖锁定化等沉疴的良方。那么，数字技术能否破解乡村公共服务碎片化的困局？如果能，其背后隐含的行动逻辑和内在运行规则是什么？技术治理的迭代升级彰显了怎样的理念升级和模式创新？这些问题成为本文关注的核心议题。

二、文献回顾与研究框架

数字乡村概念的提出时间尚短，各省市仍处于实践起步初期，相应的学术研究素材也较为稀缺。目前，基于数字乡村背景展开的公共服务的研究散见于六个方面：一是建设数字乡村的战略意义和内在价值。在推进"三农"现代化的历史新阶段，打造数字乡村是实现乡村全面振兴的迫切需要、促进城乡融合发展的有效途径、实施"数字中国"战略的主要根基、增强国际竞争力的必要举措、应对全球复杂形势的必然选择，[①]也是弥合城乡数字鸿沟、激活乡村内生动力、发挥乡村主体效能优势的关键所在。[②]二是数字技术在乡村公共服务的应用领域。当前，数字革命浪潮正席卷"三农"领域，特别是在乡村政务服务[③]、医疗养老[④]、项目监管[⑤]、生态保护[⑥]、

数字赋能

---

① 曾亿武、宋逸香、林夏珍、傅昌銮：《中国数字乡村建设若干问题刍议》，《中国农村经济》2021年第4期。

② 韩瑞波：《技术治理驱动的数字乡村建设及其有效性分析》，《内蒙古社会科学》2021年第3期。

③ 毛薇、王贤：《数字乡村建设背景下的农村信息服务模式及策略研究》，《情报科学》2019年第11期。

④ 郭美荣、李瑾、马晨：《数字乡村背景下农村基本公共服务发展现状与提升策略》，《中国软科学》2021年第7期。

⑤ 李利文：《乡村综合整治中的数字监管：以D村经验为例》，《电子政务》2020年第12期。

⑥ 沈费伟、叶温馨：《数字乡村建设：实现高质量乡村振兴的策略选择》，《南京农业大学学报（社会科学版）》2021年第5期。

文化产业①、新闻传播②等方面，数字技术已经逐步嵌入其中，并为这类基础性民生需求提供资源链接和服务渠道。同时，数字乡村建设还有利于延续乡村地域历史文化，重塑乡村在地资源，构建起乡村情感共同体③，促成现代技术和乡村底色的双向耦合。三是数字乡村视域下乡村公共服务供给模式的转型。随着数字技术的引入，"技术治理"④和"技术型自治"⑤的逻辑在实践中不断强化，既推动乡村公共服务走向开放治理、主体协同和前瞻规划⑥，也让"智治"成为与"自治、法治、德治"并驾齐驱的治理模式⑦。四是数字乡村发展进程中的治理理念变革。受制于资源和技术基础限制，现阶段的数字乡村发展仍然呈现出复杂、多变、脆弱、不确定等特征，因此需要在其发展过程中嵌入整体性治理、适应性治理、包容性治理、风险性治理和内生性治理等治理理念，⑧理顺数字乡村的建构逻辑。当然，也不可忽视敏捷治理思维在数字乡村建设中的运用，及其体现出的智治主义、简约主义、人本主义的价值取向。⑨数字技术的加持，促成了乡村社会结构和社群关系双维重构，达到"重新部落化"的效果。⑩五是依托数字乡村模式开展公共服务供给面临的障碍。虽然技术与制度是相互塑造的，但农村地区数字治理的建设状况稍显滞

---

① 范以锦、郑昌茂：《数字乡村文化振兴的路径探析和逻辑建构》，《中国编辑》2021年第11期。

② 公丕钰：《数字媒体环境下参与传播理论及实践价值的在地化探索——基于对清远市"乡村新闻官"制度的考察》，《当代传播》2019年第6期。

③ 沈费伟、陈晓玲：《保持乡村性：实现数字乡村治理特色的理论阐述》，《电子政务》2021年第3期。

④ 沈费伟、诸靖文：《乡村"技术治理"的运行逻辑与绩效提升研究》，《电子政务》2020年第5期。

⑤ 何阳、汤志伟：《迈向技术型自治：数字乡村中村民自治的"三化"变革》，《宁夏社会科学》2021年第6期。

⑥ 赵早：《乡村治理模式转型与数字乡村治理体系构建》，《领导科学》2020年第14期。

⑦ 何阳、娄成武：《乡村智治：乡村振兴主体的回归——与"城归"人口补位路径的比较》，《理论月刊》2021年第8期。

⑧ 沈费伟：《数字乡村韧性治理的建构逻辑与创新路径》，《求实》2021年第5期。

⑨ 韩瑞波：《敏捷治理驱动的乡村数字治理》，《华南农业大学学报（社会科学版）》2021年第4期。

⑩ 师曾志、李堃、仁增卓玛：《"重新部落化"：新媒介赋权下的数字乡村建设》，《新闻与写作》2019年第9期。

后，因此难免带来两方面的问题：一方面，基础设施匮乏导致的治理资源不足和专业人才匮乏，如在数字信息投资、数字信息设备、数字信息消费、数字信息能力上乡村都处于相对劣势[①]，导致数字乡村建设面临"有心无力"的状况。另一方面，制度设计缺陷造成的治理效能不佳，主要表现为"数制"规范模糊化、"数质"基础悬浮化、"数治"联动碎片化、"数智"创新内卷化，最终陷入"数滞"的窘境。[②]六是优化提升数字乡村建设的路径及建议。有学者提出应构建起"顶层设计−基层执行−试点反馈"的三维分析框架[③]，强化数字赋能、赋利、赋智、赋权四条实践路径[④]，切实利用好数字技术提升政策执行绩效的精准度[⑤]，提高数字技术在乡村公共服务方面的实效性。此外，也有部分学者聚焦民族地区[⑥]、西部欠发达地区[⑦]、试点地区[⑧]等特殊类型地区的数字乡村建设情况，挖掘了这些样本运用数字技术提供公共服务的特殊经验，丰富了研究视野。

既有研究对数字乡村建设的理论依据、现实困境和完善路径进行了探索，但在三个方面稍显不足：一是当前研究多为规范性研究，大部分学者基于既有文献和各自专业知识，从逻辑推演和经验判断的角度阐述数字乡村在提供公共服务时应遵循的理念、价值和路径，但案例、访谈等实证研究的支撑不足。二是主要从公共服务透明度、官民沟通过程、服务评价反馈等角度论述数字乡村工程在乡村公共服务过程中的优势，但鲜少回应村级公共服务碎片化这个结构性困境，学术研究的问题意图突出不够。三是观察到了数字技术与乡村治理的耦合关系，但对二者的耦合逻辑缺乏深入论述，也未能对

数字赋能

---

① 陈潭、王鹏：《信息鸿沟与数字乡村建设的实践症候》，《电子政务》2020年第12期。

② 李利文：《乡村综合整治中的数字监管：以D村经验为例》，《电子政务》2020年第12期。

③ 冯朝睿、徐宏宇：《当前数字乡村建设的实践困境与突破路径》，《云南师范大学学报（哲学社会科学版）》2021年第5期。

④ 赵成伟、许竹青：《高质量发展视阈下数字乡村建设的机理、问题与策略》，《求是学刊》2021年第5期。

⑤ 韩瑞波：《技术治理驱动的数字乡村建设及其有效性分析》，《内蒙古社会科学》2021年第3期。

⑥ 陆九天、陈灿平：《民族地区数字乡村建设：逻辑起点、潜在路径和政策建议》，《西南民族大学学报（人文社会科学版）》2021年第5期。

⑦ 吴立凡：《西部欠发达地区数字乡村建设的三个着力点》，《人民论坛》2020年第8期。

⑧ 《国家数字乡村试点地区公示名单》，《电子政务》2020年第10期。

背后的潜在规律作出深描和解释。这些不足为我们深化数字技术赋能乡村公共服务供给预留了研究空间。

本文聚焦长期以来我国农村地区面临的公共服务碎片化痼疾，选取浙江省诸暨市"浙里兴村（治社）共富"的场景化应用为案例，从整体性治理的视角切入，构建出运用数字技术赋能乡村公共服务"整体智治"的分析框架（见图1）。该框架主要着力点如下：第一，归纳了公共服务碎片化的现状，从历史演进的视角分析了问题根源，并将公共服务碎片化视为开展"整体智治"的现实基础。第二，引入整体性治理理念，分析"整体智治"在"浙里兴村（治社）共富"实践案例中的具体做法及其理论意蕴，介绍了数字技术在破解公共服务碎片化问题上的独特价值。第三，运用整体性治理理念，剖析了其在时空维度、纵向维度、横向维度的嵌入过程，阐述了"整体智治"如何借助"场域延伸""权威展演""组织重塑"三种机制，促进乡村公共服务从碎片化供给走向整体性供给。第四，复盘了"浙里兴村（治社）共富"数字平台实施后的成效，并对其进行评价，展望了数字技术在乡村公共服务领域的未来发展趋向。

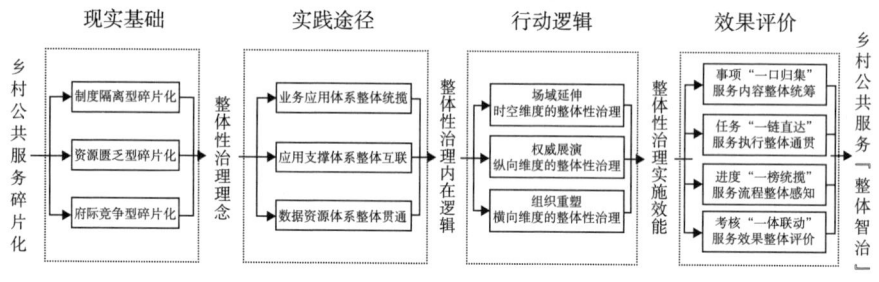

图1　数字技术赋能乡村公共服务"整体智治"的分析框架

三、超越碎片化：乡村公共服务"整体智治"的现实基础

（一）乡村公共服务碎片化的历史成因

乡村的权力体系、空间结构、社会网络和治理资源具有一定的区隔性和特殊性，造成乡村公共服务的碎片化问题较为突出。因政策变迁和农村工作重心的转移，新中国成立以来乡村公共服务碎片化在不同历史阶段，

先后出现了制度隔离型碎片化、资源匮乏型碎片化、府际竞争型碎片化三种类别。[1][2]

第一，公社统合体制下的制度隔离型碎片化。在社会主义革命和建设时期，人民公社被视为一种"庇护性集合体"，统分统配的制度设计让乡村服务供给主体从传统的村庄转移至人民公社。从表面上看，人民公社以乡村公共服务统合者的角色出现，但在实际运作中，由于小农经济所能提供的资源本就有限，加之还需响应"重城抑乡"的政治号召反哺城市化和工业化，导致剩余在乡村公社的公共服务资源更显稀缺，未能实质上改变乡村公共服务碎片化的困境。

第二，摊派筹资模式下的资源匮乏型碎片化。在人民公社制度逐步退出历史舞台后，乡村公共服务资源的多寡高度依赖财政拨款，而以"分灶吃饭"为代表的财政包干制显著增加了中央财政负担，出现了"包活了地方，包死了中央"的悖论。[3]这导致的直接后果是中央用于乡村公共服务的资金逐年压缩，在财政困境下绝大多数的乡镇只能采取"一事一议"的摊派筹资模式来解决乡村治理的公共问题。但是，摊派筹资作为一种非制度性、随机性、脆弱性的资源汲取方式，难以保障乡村公共服务获得稳定的资源输出，依然无力改变乡村公共服务低效供给碎片化、零星式的孱弱之势。

第三，转移支付路径下的府际竞争型碎片化。2003年，农业税改革之后，为了改变"悬浮型"政权公共服务孤悬于上的问题，[4]中央和上级政府通常采取"项目制"对村级公共服务进行转移支付。实际上，项目在经过层层截留后，真正流转至乡镇基层的资源和经费极其有限，还可能因各村间"跑部钱进"和"跑项争资"等非良性府际竞争变得更加碎片化和非均衡化，乡村公共服务长期处于低位徘徊、零散细碎的非饱和供给状态。

---

① 杜春林、张新文：《乡村公共服务供给：从"碎片化"到"整体性"》，《农业经济问题》2015年第7期。

② 张新文、詹国辉：《整体性治理框架下农村公共服务的有效供给》，《西北农林科技大学学报（社会科学版）》2016年第3期。

③ 陈硕、高琳：《央地关系：财政分权度量及作用机制再评估》，《管理世界》2012年第6期。

④ 周飞舟：《从汲取型政权到"悬浮型"政权——税费改革对国家与农民关系之影响》，《社会学研究》2006年第3期。

数字赋能

纵观历史演进脉络，制度缺陷、资源匮乏和行动者自利倾向相互嵌套，共同造成了乡村公共服务碎片化的历史积弊。长期的矛盾积累和不良竞争，令乡村公共服务碎片化问题成为制约乡村治理现代化的重要障碍，亟待破局。

（二）数字乡村：破解乡村公共服务碎片化的实践导向

为破解长期存在的乡村公共服务碎片化问题，数字乡村建设工程被提上政策日程。《中华人民共和国国民经济和社会发展第十四个五年规划和2035年远景目标纲要》明确指出"加快推进数字乡村建设，构建面向农业农村的综合信息服务体系，建立涉农信息普惠服务机制，推动乡村管理服务数字化"。可见，数字乡村作为数字技术和公共管理的耦合体，需要通过"数字化治理"取代"条块化管理"，摒除信息分散化、应用机械化、服务割裂化的体制痼疾，使数据、信息和服务在政府与社会之间、城市与乡村之间，以及不同群体之间顺畅流动与共享。[1]

客观而言，数字乡村工程概念新、投入多、难度大，各地均处于探索起步阶段。总体上，各地主要遵循三条推动数字乡村工程落地落实的路径。第一，侧重信息技术与农业产业结合，推动农业产业科学化种植和精细化养殖，提高传统农业的附加产值。第二，大力引入农村电商业务，利用数字平台解决农产品销售过程中的信息不对称困境，打通市场流通渠道，帮助名优特产打开销路。第三，利用数字技术构建公共服务体系，建立乡村电子政务平台，将传统的乡村公共服务事项从线下搬移至线上，完成乡村公共服务的流程再造和质量提升。其中，第三条路径在贵州、浙江、北京等地的数字乡村实践探索中已经显现出强大实效，在行政审批、便民服务、民生保障等方面效果尤为明显。基于此，有必要对数字乡村的实践模式展开学理分析，挖掘其背后的治理范式和运作机理，以更好地破解乡村公共服务碎片化的困境。

（三）整体性治理：弥合乡村公共服务碎片化的理念建构

乡村公共服务碎片化并非孤立的，而是一种具有全球普遍性的现象。西方自推行新公共管理运动以来，分权、协作和私有化改革成为主旋律，然而

---

[1] 方堃、李帆、金铭：《基于整体性治理的数字乡村公共服务体系研究》，《电子政务》2019年第11期。

这也导致了政府部门之间的职能分化、任务拆解、资源竞争等困境。在此情况下，希克斯认为传统的功能性政府将不可避免地出现目光短浅、缺乏协调、疏于评估等无法自我克服的弊端，从而造成了严重的公共服务碎片化问题。这种公共服务碎片化主要源于三个方面的原因，分别是政府部门间的无心之过、政治人物的故意操弄、政府部门的利益差异。

想要改变乡村公共服务碎片化的困境，关键在于构建整体性政府[①]。在希克斯看来，整体性政府是一种"目标和手段都相互增强"的政府类型[②]，强调政府不仅要在政策、管制、服务提供和监督上保持一致性和连贯性，而且应该将原本交叉分割的服务部门进行整合，以克服部门主义。基于整体性政府概念，希克斯提出了以整合、协同和结果导向为核心的整体性治理理念，强调政府组织应该通过充分的沟通与合作，形成一致的政策目标、统一的政策执行手段、连贯的公共事务合作机制。汤姆·凌则对整体性治理进行了更细致的类型学划分，认为整体性治理应该实现内、外、上、下四个维度的贯通，即对内加强组织内部合作，对外探索跨组织和跨部门协作，对上明确责任考核和激励机制，对下形成明确的工作流程[③]，打破条块分割的治理状态，最终让政府成为一个团结协作、横纵协调的"无缝隙组织"[④]。

在政府科层制组织结构中达成整体性治理目标，有赖于信任构建、信息系统、责任划分、预算平衡和制度设计。其中，信息系统作为整体性治理中的核心要素，扮演着举足轻重的角色。在互联网引发的信息技术革命中，政府的治理方式发生了颠覆性创新，不仅组织层级减少、结构更加扁平、协作渐趋便利，而且更加要求信息公开、透明行政、一站式服务[⑤]，从

① Weihe Z.Post-New Public Management Era of Cross-agency Collaboration: A Review of Perri 6's Holistic Government. *Journal of Social Sciences*, Vol.5（2012）.

② Perri 6.Joined-up Government in the Western World in Comparative Perspective: A Preliminary Literature Review and Exploration［J］. *Journal of Public Administration Research and Theory: J-PART*, Vol.1（2004）.

③ Ling T.Delivering Joined-up Government in the UK: Dimensions, Issues and Problems［J］. *Public administration*, Vol.4（2002）.

④ Pollitt C.Joined-up Government: A Survey［J］. *Political Studies Review*, Vol.1（2003）.

⑤ 曾凡军、韦彬：《后公共治理理论：作为一种新趋向的整体性治理》，《天津行政学院学报》2010年第2期。

数字赋能

而使管理从分散化走向集中化，让行动从部门化走向整体化，让服务从破碎化走向整合化。由此可见，数字技术加持下的整体性治理有助于强化政府组织之间的协调与合作，对于解决乡村公共服务碎片化问题发挥着不可替代的作用。

四、整体智治：乡村公共服务碎片化的破局逻辑

运用数字技术破解公共服务碎片化是大势所趋，但乡村地区由于基础设施不完善、村民媒介素养不健全、数字应用推广不全面，发展也存在一定的滞后性。在诸多实践案例中，浙江省诸暨市"浙里兴村（治社）共富"数字乡村治理模式成效显著，其经验被浙江省委改革办主办的介绍改革经验的权威刊物《数字化改革（领跑者）》刊发，面向全省推介。因此，通过条分缕析、抽丝剥茧的方式对这一模式展开剖析，有助于经验推广和模式借鉴。

（一）案例介绍：诸暨市"浙里兴村（治社）共富"数字乡村治理模式

2020年10月以来，浙江省持续探索推进基层治理现代化，坚持"党建统领、协同高效、整体智治"的原则，开展"最多跑一次""县乡一体、条抓块统"，以及"一件事"场景化应用等改革试点，涌现出诸多亮点经验。在数字乡村建设过程中，作为试点单位的诸暨市，运用整体性治理理念，打造出"浙里兴村（治社）共富"的场景化应用数字平台（见图2），推动实现基层"事项一口归集、任务一键直达、干事一屏掌控、监管一览无余、评价一体联动"，构建党建统领数字乡村建设的"整体智治"新格局，有效破解了乡村公共服务碎片化问题。目前，"浙里兴村（治社）共富"数字治理模式作为浙江省数字化改革"S0"目录"浙里红色根脉强基工程"的子场景，于2021年6月试运行后不断迭代，9月在诸暨全市上线运行，10月中旬在绍兴市各区、县（市）试点推广。整体性治理理念贯穿了"浙里兴村（治社）共富"数字治理模式的全过程，具体体现在三个方面。

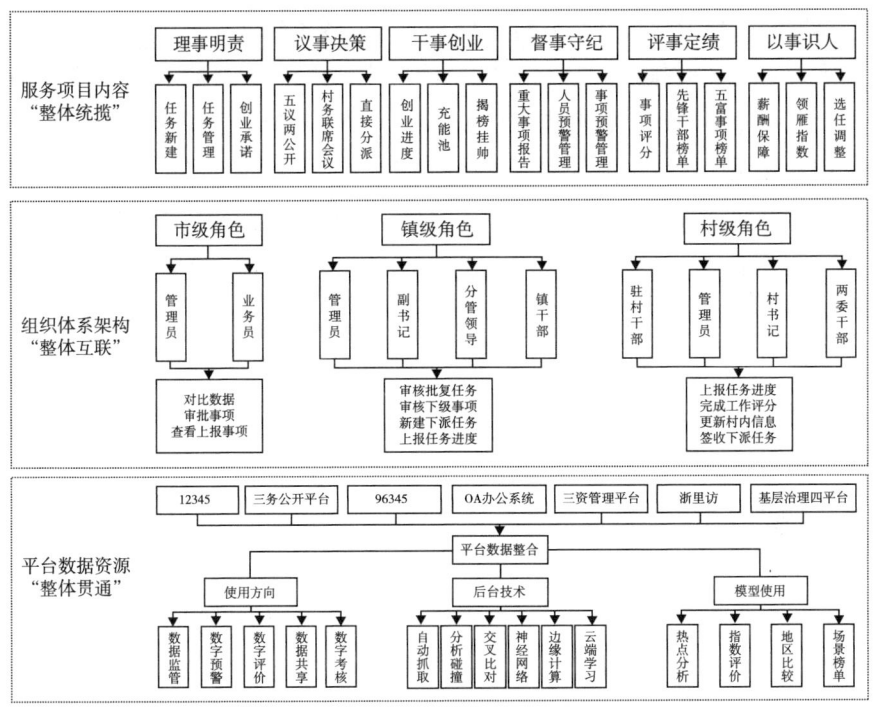

图2　浙江省诸暨市"浙里兴村（治社）共富"数字治理模式

1. 服务项目内容的"整体统揽"

"浙里兴村（治社）共富"场景化应用数字平台以"党建统领、兴村共富"作为主线，将乡村公共服务中原本碎片化的职能进行了整合，把细碎项目整合为六大场景功能：第一，"理事明责"功能。通过对县、乡两级政府服务事项进行过滤筛查，在数字平台中把涉村事项进行分类展示，划分为上级任务、镇级工作、村级上报三大类别，方便乡镇政府通过系统直接赋分下派。第二，"议事决策"功能。所有涉村事项均须按照"五议两公开"原则进行网络公示，村务联席会议、任务派单执行结果也需要及时在网络和数字平台上公开展示。第三，"干事创业"功能。在数字平台上以可视化的方式展示任务完成进度、事项落实结果、清单执行情况，方便村民和村干部掌握干事创业进程。第四，"督事守纪"功能。利用数字平台对村干部展开监督，按照规定时限对其逾矩违规行为、逾期未完成任务、腐败风险行为及时预警，村民可依托数字平台开展网络监督和实名举报。第五，"评事定绩"功能。邀请镇分管领导、村书记、驻村干部在数字平台上对村干部进行考核评

数字赋能

分,系统自动赋予权重并在后台计算,形成绩效考核分数,对村干部干事创业的情况进行实时排位。第六,"以事识人"功能。依托数字平台建立行政村(社区)党组织书记领雁指数评价模型,并将评价结果作为薪酬发放、选拔任用和评先评优的重要依据。总体上,数字平台将原本千头万绪、边界模糊的乡村公共服务内容进行了分类和归集,对最小颗粒度的职能事项展开了合并,明确了相应的权属边界,完成了可视化、全闭环、数字化的综合改革目标。通过对乡村公共服务项目进行梳理并形成完整清单,推动了多级事项"一口子"数字化归集、目录化管理,对不同条线派发的同类事项进行预判,主动赋予镇级整合权限,确保"清单之外无事项",减少村干部在非核心事务上的精力耗损。

2. 组织体系架构的"整体互联"

"浙里兴村(治社)共富"作为一个强调交互性的数字平台,联通了用户中心、交互中心、智能中心,使得每个角色都可以借助智能终端展开评价和互动。比如,在用户中心,市级用户(市级管理员、业务操作员)、镇级用户(镇级管理员、党群副书记、分管领导、驻村干部和普通镇干部)、村级用户(村级管理员、村书记和村两委干部)均可以登录数字平台,对村干部的干事创业情况、为村服务情况、带富致富情况展开评价,确保了评价主体和评价视角的多元性。同时,在交互中心,各角色均可根据数字平台预设的权限,在职责范围内完成任务分派、赋分评分、进度上报等履职过程,从事项签收、决策过程、执行办理到成效反馈,均可以在平台上实时查询,让角色之间的互动和监督变得更加顺畅且便捷。目前,数字平台"浙里兴村(治社)共富"按照两个原则运行:其一,简单事项行政村(社区)干部线上接单、线下办理;其二,复杂专业事项乡镇(街道)协同、市级统筹。不仅实现了繁简结合、难易交叉,而且强化了角色互动,确保工作部署在治理末端顺畅地落细落实。由此可见,组织架构体系的"整体互联",让各角色均能实现对话、交互与互动评价,构成了一种灵动且多元的"非正式联结",弥合了乡村公共服务碎片缝隙。

3. 平台数据资源的"整体贯通"

在信息化时代,数据是数字乡村建设的核心要素。只有让乡村治理数据从沉睡中逐渐苏醒，将原本分散、零碎的数据进行互联互通，打破数据壁垒，才能让数据真正流动起来，形成"监管－预警－处置－反馈"的管控闭环，也才能让乡村公共服务质量高低和服务满意度做到"有数为证"。在诸暨市"浙里兴村（治社）共富"的数字平台中，数据贯通了县、乡、村三级，做到了数据收集和使用的横向协同和纵向联动，达到了整体协同治理的目标。具体而言，诸暨市前期通过摸排确定了数据来源15类43项，打通"基层治理四平台""浙里访""三驻三服务"小管家等12个业务系统，链接起"12345"、OA办公系统等16个数据端口，多渠道采集群众诉求、干部违法违纪等78项核心数据，推动纵向贯通、横向联动的数据共享和信息互通。与此同时，在"浙里兴村（治社）共富"这一庞大的数字平台中，约有从64个部门汇集而来的1000余万条数据，为后续大数据分析奠定了基础。在人工智能技术的支持下，可以对这些海量数据进行自动抓取、分析碰撞、交叉比对，通过边缘计算、神经网络及云端学习，构建出诸如热点分析、指数评价、场景榜单等25种算法模型。这些算法模型在综合荣誉表彰加分、民主测评得分、负面预警扣分等数据后，可被运用于定量绩效考核、数字测评系统和干部述职报告，充分激发村干部干事创业、引领共富的热情。

（二）案例分析："整体智治"破除乡村公共服务碎片化的内生逻辑

诸暨市"浙里兴村（治社）共富"场景化应用为何能够打通党建统领"最后一公里"，促成村级公共服务从碎片化到整体化的转型？这一转型过程遵循着何种逻辑规律？通过对案例进行深度剖析可知，"整体智治"成为贯穿这一过程的内生逻辑，而"整体"和"智慧"更成为破除乡村公共服务碎片化的核心要素。归纳来说，即遵循整体性治理理念的指导，灵活运用数字技术拓展乡村公共服务的场域，从而使政令传导和任务分配的过程变得清晰可见，也让组织结构趋于扁平化、组织运行效率高效化，由此推动了整体性治理的目标达成。具体而言，数字技术在应对乡村公共服务碎片化问题时，体现了时空维度、纵向维度和横向维度遵循三重"整体智治"的逻辑（见图3）。

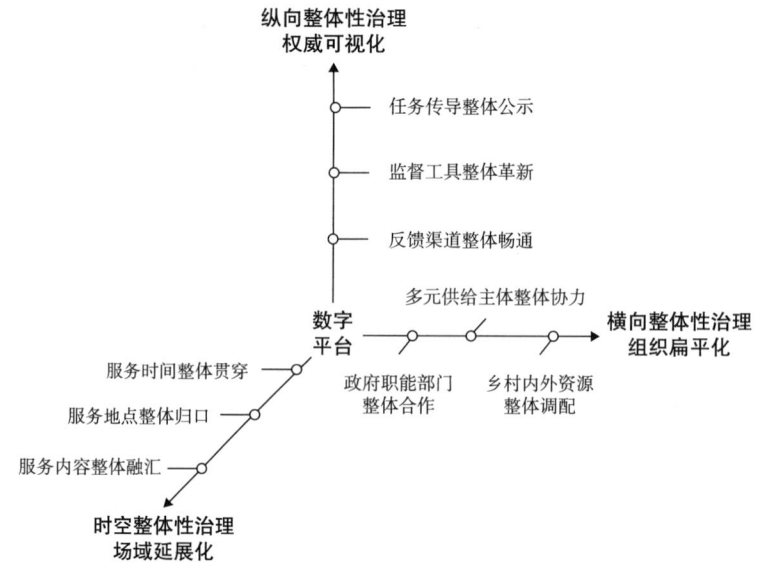

图3 数字技术破解乡村公共服务碎片化的"整体智治"逻辑

1.场域延展化：时空维度的整体性治理

数字技术打破了时间限制和空间屏障，突破了物理时空的边界，允许村民随时随地利用数字平台提出公共服务诉求。很显然，在数字平台构建的虚拟空间中，乡村公共服务的边界日益消弭，逐步演化为全时性、全程性和全域性的服务项目，整体性特征得以彰显。第一，服务时间的整体贯穿。"浙里兴村（治社）共富"场景化应用作为一个7×24小时全时开放的公共数据平台，服务时间贯穿昼夜和假日。村民可以随时登陆平台提出公共服务诉求，且每一项具体而微的诉求均会被打上独一无二的"时间戳"，村干部能够通过回溯事件列表和时间轴线，清晰知晓村民的所思所想、所应所求，从而提升了回应村民需求的处置效率。第二，服务地点的整体归口。在传统乡村公共服务场景中，村民在办理特定事项时可能需要先后前往村级便民服务中心、镇级便民服务中心、县市区的政务中心、各级信访接待服务大厅等服务窗口，从而造成了大量的时间消耗和精力浪费。相比之下，"浙里兴村（治社）共富"数字平台构建起一个"网上议事厅"和"虚拟办事厅"，将所有服务功能在虚拟平台进行了归口管理，做到了线上线下两线贯通。村民借助手机、电脑等智能终端设备，足不出户即可实现"一键通办"，甚至远在千里之外也可进行"远程办理"，打破了乡村公共服务的地域局限。第三，服务内容的整体融汇。当各类数据在"浙里兴村（治社）共富"数字平台中汇聚时，便融合了与乡村公共服务相关的物理数据、社会数据、虚拟数据及行为数据，生成了海量数据池。通过对数据池中的数据进行筛选、清洗、脱敏和挖掘后，能够形成更为多元的数据像素和信息颗粒，丰富数据维度，为乡村公共服务提供更加精确的决策参考。

2. 权威可视化：纵向维度的整体性治理

马克斯·韦伯将现代行政组织的权威分为三类，分别是卡里斯马型权威、传统型权威和法理型权威。其中，法理型权威强调遵章守制，依托正式的法律规范和普遍承认的规则来履行职能和提供公共服务。"浙里兴村（治社）共富"场景化应用不仅是数字工作平台，亦是信息展演平台，主要以一种可视化的方式，将政令、意见和举报等内容从"幕后"展示于"台前"，不仅打破了行政的"无知之幕"，而且令原本的"过程黑箱"被示于人前。这种实时更新状态、公开接受投诉的方式强化了乡村治理的透明性和公正性，倒逼各级政府及其职能部门依法行政和依规办事，从而提升了组织合理合法型权威。第一，任务传导的整体公示。过去的任务下达往往是通过自上而下"发文件""开大会"完成的，但数字技术让任务传导变得异常便捷。按照"浙里兴村（治社）共富"数字平台运行规则，任何涉及村情民意、村庄建设、村级民主的相关文件、决议和方案都必须在该数字平台上公示，对于关涉村民利益的党务、村务、财务等重大事项，不仅要做到结果公开，更应兼顾过程公开，在乡村公共服务的决策、执行、调整、验收阶段都必须主动在平台上公示，充分保障村民的知情权。第二，监督工具的整体革新。相较于传统的监督举报模式，"浙里兴村（治社）共富"数字平台更能减少信息不对称，保护举报者的隐私和安全，允许每位村民都以"观察者"和"吹哨者"的身份参与村务监督，降低了科层制组织运行中的道德风险和逆向选择。在数字平台上，原本出身底层的草根也可以开展对上监督，对乡村公共服务进行涵盖事前、事中和事后的全时段监督，确保服务内容真正得以"在阳光下运行"。第三，反馈渠道的整体畅通。在乡村复杂多变的场域中，村民的利益诉求千差万别，特别是在缺乏意见领袖和对话机制的情况下，普通村民的意见难以"上达天听"。"浙里兴村（治社）共富"数字平台搭建起一个自由的利益表达平台，公开收集村民的批评、劝谏和建议，强化了村级民

数字赋能

主,改变了传统权威"高高在上"的姿态,增强了乡村民主自治的合法性和正当性,提升了乡村公共服务供给的有效性。

3. 组织扁平化:横向维度的整体性治理

在中国的政治语境下,依托科层制建立的组织呈现出"条块结合、以块为主、融条于块"的金字塔型权力结构特征,并形成了分级管理的组织体制。[①]数字技术的出现,让金字塔状的组织结构出现了两种转型趋势:一种是从层级节制的严密的科层结构向扁平化、网络状的组织结构转变,进而促成了公共服务效率提升;另一种则是从以政府职能部门的职能履行为核心向以业务推进为核心进行转变,强化了政府职能部门之间的交互与协作。这两种转型趋势均体现出组织的扁平化趋势和整体联动协同性特征。第一,政府职能部门的整体合作。2019年2月,国家发展改革委等18部门联合印发《加大力度推动社会领域公共服务补短板强弱项提质量 促进形成强大国内市场的行动方案》,从托幼、上学、就业、就医、养老等多个方面提出了27项行动任务,着力补齐农村公共服务短板。但是,这些公共服务的提供涉及教育、财政、人社、广电、体育、资源、商务、文旅等10余个部门,难免存在部门缝隙与合作困境。对此,"浙里兴村(治社)共富"数字平台将多部门任务统一纳入其中,设置统一服务接口,构建起公共服务综合对接云平台,促成了友好与高效的跨部门、跨层级、跨地域的"多跨府际协作"。第二,多元供给主体的整体协力。"双轮驱动"的乡村治理要求乡村公共服务从政府单方供给向政社合作供给转型。当然,地方政府、企事业单位、社会组织、私人部门的统合也需要共享开放的平台,而"浙里兴村(治社)共富"数字平台恰恰提供了相应的信息交换和资源共享机制,让村民、农业经纪人、专业合作社、技术型企事业单位、智库等乡村数字治理主体可以便捷地在平台上"出题"和"问政",构建起融洽便捷的社政协力关系。第三,乡村内外资源的整体调配。内外部资源的合理调配和灵活运用是提高乡村公共服务稳定供给的关键。依托"浙里兴村(治社)共富"数字平台,数据资源、经济资源、志愿服务资源、人力资源等内外部资源便捷高效地实现了贯通、交

---

① 韩啸:《信息技术,组织结构和制度安排何以让虚拟政府成为可能——评〈构建虚拟政府:信息技术与制度创新〉》,《公共管理评论》2017年第1期。

换、共享与统一调配，提高内外互联互通、线上线下融合的效率，进而提升乡村公共服务的稳定性。

综上所述，"整体智治"的理念既有科学系统的内在逻辑，也在实践中彰显了强大的治理效能。2021年12月，浙江省一体化智能化公共数据平台综合评价结果公布，以"浙里兴村（治社）共富"为代表的诸暨市数字平台，其公共数据平台总分排名居绍兴市第一位，进入全省第一方阵，[①]成果斐然。总体上，"浙里兴村（治社）共富"数字平台从四个方面重塑了乡村公共服务的新格局。第一，事项"一口归集"推动服务内容整体统筹。通过全面梳理涉镇、涉村事项准入清单，厘清县、乡、村三级权责边界，统筹形成涉镇一级事项615项、二级事项1916项，涉村一级事项185项、二级事项445项，从整体效能看，一级事项分别精简40%和16%，由此实现了对基层的"减负赋能"。这些事项经由标准编码、判断过筛、同类归集后上线"浙里兴村（治社）共富"数字平台，确保服务内容一目了然、清晰可见。第二，任务"一键直达"推动服务执行整体通贯。"浙里兴村（治社）共富"数字平台强化了乡镇党委和行政村（社区）党组织的权威分配权限和任务下达效率，借助数字系统打开了县、乡、村三个层级的任务通道，打通"自上而下派"与"由下对上评"的双向管路。截至2022年1月，"浙里兴村（治社）共富"数字平台已派单流转事项4万余件，全市5700余名镇村干部已基本养成使用习惯，用户日活跃率达95%以上，服务效率稳步提升。第三，进度"一榜统揽"推动服务流程整体感知。"浙里兴村（治社）共富"数字平台巧妙发挥了"揭榜挂帅"功能，包括村级集体经济发展、医保养老参保率、矛盾积案化解率等33项指标均可以在平台上直观呈现，形成党建统领"1+5"共富榜单矩阵，并通过榜单排名在潜移默化中营造了村级组织间比学赶超的竞争氛围。与此同时，镇村干部履职的全流程必须在"浙里兴村（治社）共富"数字平台上公开公示，让村民随时随地感知干事创业进度和决策执行情况。第四，考核"一体联动"推动服务效果整体评价。由于打通了多个角色、多个主体和多个场景的数据，"浙里兴村（治社）共富"数字平台围绕领导能力、治理成效、群众口碑等6个维度打造出多维动态、立体精准的考核评价体系，

---

① 徐晨晨、王成：《公共数据平台综合评价居绍兴首位》，https://www.zhuji.gov.cn/art/2021/12/30/art_1371583_59065213.html，最后访问日期：2021年12月30日。

提升了考核的精准性和整体性。

五、结论与讨论

数字化已经从根本上重塑了生产方式、生活方式与治理方式。在数字乡村建设浪潮中，数字化技术推动了乡村运行理念、组织、制度、方法的系统性重塑和整体性重构，这种以数字技术为依托、以数字增效为目标、以数字系统为抓手的"整体智治"治理模式，开启和引领了一场乡村公共服务现代化转型的深刻变革，未来有可能成为数字赋能乡村振兴的新路径。对此，还需强调以下五点认知。

第一，"整体智治"是整体性治理理念与数字技术的有机耦合，有效缓解了乡村公共服务碎片化的痼疾。"整体智治"可拆解为"整体治理"和"智慧治理"两个关键词，但并不是两个概念的简单叠加，而是价值与工具、目标与手段的关系，两者互相融合、有机耦合、相互加持而形成的治理新范式。一方面，整体性是乡村公共服务和公共治理倡导的价值诉求和改革目标，以一种系统性和全面性的思维部署工作，打破部门藩篱和职能屏障，推动服务主体有效协同和高效合作，共创乡村治理场域下的公共价值。另一方面，智慧性则为乡村公共服务的精准匹配提供了技术支撑，借助数字技术和智能系统，更加精细化地梳理、整合与排序治理内容，推动乡村公共服务供给与需求之间的精准匹配。通过运用"整体智治"思维，借助数字技术，对乡村公共服务的内容、流程、方式进行重塑与再造，能够有效破解乡村公共服务中长期存在的碎片化问题。如果失去了整体性治理的价值诉求和目标导向，乡村治理数字化进程就成了"无源之水、无本之木"；相反，如果失去了数字化技术的支撑，仅仅依赖人的有限计算能力，无论如何重构组织结构也永远无法解决科层制组织结构中的"职能分殊化"与"制度缝隙"问题，也就无法从根本上实现整体性协同治理的目标。

第二，"整体智治"催生出"新型治理竞赛"，其实质是数字技术加持下的"注意力竞争"。赫伯特·西蒙将注意力的概念引入组织行为学中，强调决策者受自身能力与理性限制，只能在有限理性范围内分配自身注意力以进行抉择。换言之,那些能够进入公共政策议程的政策事项,在一定程度上可以被视为对政府部门之间、不同乡镇(街道)之间、不同行政村(社区)之间注意力竞争的结果。①依此类推,"整体智治"则是借由数字技术开展的"新型治理竞赛"。在数字化技术的加持下,数字平台始终进行着数据汇总、后台计算、模型测算,并将这些数据资源通过复杂的可视化方式,呈现出诸如村干部精准画像、党组织书记领雁指数、两委干部先锋指数此类,并将评价结果作为薪酬发放、选拔任用和评先评优的重要依据。在这场"注意力竞赛"中,乡村公共服务的效果、绩效、满意度以一种直观、动态、简约的方式进行排位竞争,倒逼基层工作人员提升乡村公共服务质量。同时这也从反面启示我们,数字化治理是乡村振兴的一种工具性变革,各地、各部门以数字化为切入点在乡村公共服务供给领域开展竞争,其根本目标是实现通力合作,共同协作破解乡村公共服务供给领域存在的碎片化问题,从而实现以乡村治理为场域的整体性治理变革,而不能陷入"为数字化而数字化"的窠臼。

第三,"整体智治"作为破解乡村公共服务碎片化的数字治理新范式,契合了变革型组织的发展趋向。面对乡村公共服务碎片化这一痼疾,各地探索出了不同的破解路径,如党建引领、乡贤治村、党员结对、项目进村、云端服务等,均体现了"求新求变"的治理方向。"整体智治"作为诸多破局模式中极具典型性和代表性的新范式,将传统治理中的科层工具转化为信息时代的数字工具,让数字技术成为乡村公共服务工作的新抓手、新手段和新载体,力求构建起"线上、线下两线联动"的全体系、全脉络、全贯通的双线服务体系,提高问题解决的实效性。值得肯定的是,在基础设施、技术水平、受众人群均显劣势的乡村开展"整体智治"这项数字实践,本身就是组织敢于突破定势思维、勇于推动颠覆式创新的体现,恰恰彰显了变革型组织的鲜明特征。在新时代,变革型组织更应该追求自我变革、创新驱动、前瞻谋划和灵活适应,审时度势地进行全局性思考和战略性布局,主动谋变革、大胆推变革、切实抓变革,让"整体智治"成为一项既"叫得响"又"推得开"的数字治理新范式。

①　陈新:《注意力竞争与技术执行:数字化形式主义的反思及其超越》,《社会科学战线》2021年第8期。

数字赋能

第四，集成与共享构成了"整体智治"的驱动双轮，实现了数字治理的赋能增权。"集成"与"共享"两个关键词相互衔接，构成了数字化赋能乡村公共服务的完整链条。新兴数字技术已经被广泛运用于乡村治理领域，在重塑乡村治理组织结构、提升乡村治理工作效能、优化乡村公共服务供求匹配、助力乡村振兴等方面发挥了重要作用，加速驱动着乡村社会治理朝着系统集成、精准服务、整体推进的目标前进。在此过程中，数字平台成为服务数据、服务业务、服务流程、服务入口的集大成者，村民只需一次访问即可实现"一网通办"和"一键反馈"，减少了中间步骤。与此同时，通过数字化平台集成的数据资源不是为了束之高阁，而是为了在集成的基础上更好、更充分地利用数据资源，打破政府职能碎片化造成的服务碎片化困境，从而实现更高质量的乡村公共服务供给。"浙里兴村（治社）共富"数字平台作为开放的共享空间，全方位归集整合了本地特色数据、县域数据、回流数据等，且政府内外部主体均可通过直观的方式获取数据索取权限，共享治理权限，问题反馈、任务委派、资源调集、执行办结、综合评价等治理流程均可在数字平台上完成，降低了村级公共服务碎片化的发生概率。

第五，"整体智治"仍面临着媒介素养不足和基础设施滞后的双重困境，可能成为"再碎片化"的诱因。不可否认，数字技术的应用让"整体智治"从理念规划走向实践落地，但仍受多方制约，其中村民和村干部的媒介素养欠缺、乡村地区网络基础设施薄弱构成了最主要的掣肘因素。无论从人口结构还是学历层次上看，乡村地区的网络使用者要么难以流畅自如地操作数字平台，要么对于数字系统抱有抵触心理。同时，尽管我国网络技术发展迅猛，但农村互联网普及率才刚刚过半，部分乡村地区仍然面临着基站数量不足、网络信号不佳、数据加载缓慢等问题，"整体智治"的智慧治理效果难以彰显。在现实中，部分年纪稍长的村民还不会使用数字化工具，而且在广大的偏远乡村地区不少老人还在使用老人机，这都为推行"整体智治"制造了结构性障碍。因此，如果强行"一刀切"地推进数字乡村，必然造成新的"数字鸿沟"和"数字难民"，这必然影响乡村公共服务供给"整体智治"的落地速度和落地质量。如果未能处理好媒介素养和基础设施两个根本性制约因素，则可能让乡村公共服务面临"线下供给不足，线上表达不清"的局面，造成"再碎片化"的现象。当前，各地发展阶段和发展质量的差异性客观存在，无法依靠行政力量强行消除差异，甚至短时间内由于数字化工具的全面应用可能还会加剧地区之间乡村公共服务供给的差距以及群体之间享受乡村公共服务的差距。基于此，在把像"浙里兴村（治社）共富"这样的数字平台向全省乃至全国推广的过程中，务必坚持因地制宜和具体问题具体分析的原则，"一刀切"式的强行推广断不可取。

数字赋能

后　记

2023年9月20日，习近平总书记在诸暨市枫桥镇考察时指出，要坚持好、发展好新时代"枫桥经验"，发动群众、组织群众、依靠人民群众解决自己的问题，把矛盾化解在基层、化解在萌芽状态。一年来，绍兴牢记习近平总书记嘱托，按照中央、省委和绍兴市委总体部署，围绕中央政法委立足预防、立足调解、立足法治、立足基层的实践要求，不断深化新时代"枫桥经验"理论、实践和制度创新，致力于将新时代"枫桥经验"用于实际、用得更好，坚持和发展新时代"枫桥经验"的方向更加明确、机制更加健全、重点更加突出、场景更加丰富，主要平安稳定指标实现稳中有降。

党的二十届三中全会通过的《中共中央关于进一步全面深化改革 推进中国式现代化的决定》要求，坚持和发展新时代"枫桥经验"，健全党组织领导的自治、法治、德治相结合的城乡基层治理体系，完善共建共治共享的社会治理制度。站在新的历史起点，中共绍兴市委党校精心组织编写了《新时代"枫桥经验"：中国式现代化市域实践研究》一书，从党领共治、预防化解、依法治理、固本强基、数字赋能五个方面，对近年来绍兴市坚持和发展新时代"枫桥经验"、推进中国式现代化市域先行的实践探索进行全面归纳总结，并进行了深入分析，具有一定的理论性、实践性和前瞻性，是深化新时代"枫桥经验"实践创新和理论研究的重要参考书。

中共中央党校（国家行政学院）国家治理教研部副主任、二级教授宋世明从百忙中抽出时间，仔细阅读书稿、为本书作序，并对本书的编写提出了宝贵的意见建议。在此，表示衷心的感谢！

本书的编写和出版得到了绍兴市委办、市委组织部、市委政法委、市委改革办等市级部门的大力支持和积极协助。在此，谨向所有支持和帮助本书编写、出版工作的领导、专家和同志们表示衷心的感谢！

　　本书的编写工作在中共绍兴市委党校校委会的领导下、举全市党校系统之力进行，校委会将本书编写工作列入学校 2024 年重点工作清单，多次召开会议讨论书稿编写和书籍出版的具体工作。常务副校长孟志军提出全书的总体思路和编写要求；副校长戴大新修改审定编写提纲和全部书稿；"枫桥经验"研究中心拟定编写提纲、认真审阅书稿并提出修改建议；研究室承担了具体的组织协调、稿件编校和集中统稿等工作；绍兴市党校系统20余名教研人员数易其稿、精益求精，按时高质量完成书稿，为本书的顺利出版付出了辛劳和汗水。

　　本书系绍兴发展研究中心"解读绍兴"系列的第26部成果，也是干部教育培训的参考教材。虽然本书编写人员在编写过程中付出了大量时间和精力，但书中难免存在疏漏和不足，恳请社会各界专家和广大读者不吝指正。

中共绍兴市委党校编写组

2024 年 9 月